Carsten Frerk
**Kirchenrepublik Deutschland**

*„Der Klügere gibt nach!",
freute sich die Frechheit
und setzte sich in die Macht.*

Carsten Frerk

# Kirchenrepublik Deutschland

Christlicher Lobbyismus

Eine Annäherung

**Alibri Verlag**
Aschaffenburg

2015

Carsten Frerk, geboren 1945. Studium der Politikwissenschaft (Dipl.Pol.), Wissenschaftlicher Mitarbeiter am Otto-Suhr-Institut der Freien Universität Berlin (Dr. rer. pol.). Freier Autor und Publizist; zuletzt erschienen *Violettbuch Kirchenfinanzen. Wie der Staat die Kirchen finanziert* (2010) und *Gottes Werk und unser Beitrag. Kirchenfinanzierung in Österreich* (zus. mit Christoph Baumgarten, 2012). Aktuell Leiter der außeruniversitären *Forschungsgruppe Weltanschauungen in Deutschland* (fowid.de).

**Alibri Verlag**
www.alibri.de
Aschaffenburg
Mitglied in der Assoziation Linker Verlage (aLiVe)

Erste Auflage 2015

Copyright 2015 by Alibri Verlag, Postfach 100 361, 63703 Aschaffenburg

Alle Rechte, auch die des auszugsweisen Nachdruckes, der photomechanischen Wiedergabe, der Herstellung von Mikrofilmen, der Einspeicherung in elektronische Systeme sowie der Übersetzung vorbehalten.

Umschlaggestaltung: Claus Sterneck
unter Verwendung von Abbildungen von © Berlin85 – Fotolia.com und
© theevening –Fotolia.com
Druck und Verarbeitung: Interpress, Budapest

**ISBN 978-3-86569-190-3**

# Inhaltsverzeichnis

Worum geht es? .................................................................................. 9
Vorwort ............................................................................................. 15
Einleitung ......................................................................................... 17

**1. Kirchlicher Lobbyismus** ........................................................... 23

**2. Historische Konstanten** ............................................................ 29

**3. Lobbyismus von außen** ............................................................ 37
3.1. Die Kirchen ................................................................................ 37
3.1.1. Katholische Kirche .................................................................. 37
3.1.2. Evangelische Kirche ................................................................ 41
3.2. Kirchliche „Büros" ..................................................................... 42
3.2.1. Rechtliche Grundlagen ............................................................ 44
3.2.2. Das „Böckenförde-Diktum" ..................................................... 51
3.2.3. Kirchlicher Lobbyismus und „Wächteramt" ............................ 52
3.2.4. Wirtschaft und Geldfluss im Raum der Kirchen ...................... 59
3.2.5. Verbände / Lobby-Register in Deutschland ............................. 62

3.3. Kirchliche Büros auf Bundesebene ............................................ 66
3.3.1. Kreise, Cliquen und Sozialkapital ........................................... 68
3.3.2. Ganzheitliche Betreuung ......................................................... 77
3.3.3. Kommissariat der Bischöfe in Bonn / Berlin ........................... 83
3.3.4. Der Bevollmächtigte des Rates der EKD ................................. 96
3.3.5. Beauftragter der Deutschen Evangelischen Allianz ................ 112
3.3.6. Beauftragter der Evangelischen Freikirchen ........................... 120

3.4. Kirchliche Büros in den Bundesländern ................................... 121
3.4.1. Katholische Landesbüros ....................................................... 122
3.4.2. Beauftragte der Landeskirche(n) ............................................ 124

3.5. Deutschlandreise .................................................................. 125
3.5.1. Berlin-Brandenburg / Potsdam ..................................... 125
3.5.2. Mecklenburg-Vorpommern / Schwerin ........................ 129
3.5.3. Schleswig-Holstein / Kiel ............................................. 133
3.5.4. Hamburg ...................................................................... 137
3.5.5. Bremen ........................................................................ 141
3.5.6. Niedersachsen / Hannover ........................................... 146
3.5.7. Nordrhein-Westfalen / Düsseldorf ............................... 151
3.5.8. Hessen / Wiesbaden ..................................................... 162
3.5.9. Rheinland-Pfalz / Mainz .............................................. 167
3.5.10. Saarland / Saarbrücken .............................................. 175
3.5.11. Baden-Württemberg / Stuttgart ................................. 181
3.5.12. Bayern / München ..................................................... 186
3.5.13. Thüringen / Erfurt ..................................................... 191
3.5.14. Sachsen / Dresden ..................................................... 195
3.5.15. Sachsen-Anhalt / Magdeburg .................................... 203

**4. Lobbyismus von innen .................................................. 207**
4.1. Minister gehen, Ministerialbeamte bleiben ..................... 215
4.1.1. Bundespräsidialamt, Leitung ....................................... 222
4.1.2. Bundesministerium des Innern, „Kirchenreferat" ........ 229
4.1.3. Bundeskanzleramt ........................................................ 237
4.1.4. Bundesministerium der Justiz / Referat II B 2 ............ 242
4.1.5. Bundesfamilienministerium / Zivildienst .................... 244
4.1.6. BMZ – Referat Kirche ................................................. 246
4.1.7. Bundesministerium der Finanzen (BMF) .................... 248
4.1.8. Bundesministerium für Bildung und Forschung (BMBF) ....... 250
4.1.9. Auswärtiges Amt – Kirchenreferat .............................. 257

4.2. Kirchenreferenten der Landesregierungen ...................... 258
4.2.1. Baden-Württemberg ..................................................... 262
4.2.2. Bayern .......................................................................... 264
4.2.3. Berlin ............................................................................ 266
4.2.4. Nordrhein-Westfalen ................................................... 269
4.2.5. Rheinland-Pfalz ........................................................... 274

4.3. Bundestag .......................................................................... 275

| | |
|---|---|
| **5. Medien** | **282** |
| **6. Wissenschaft** | **285** |
| 6.1. Staatskirchenrecht | 286 |
| **7. Bundesverfassungsgericht** | **290** |
| **8. Fazit** | **296** |
| Danksagung | 298 |
| Literatur | 300 |

# Worum geht es?

Wir leben in einem demokratischen Rechtsstaat, in dem alle Menschen vor dem Gesetz gleich sind. Niemand darf wegen seines Geschlechtes, seiner Abstammung, seiner Sprache, seiner Heimat und Herkunft, seines Glaubens, seiner religiösen oder politischen Anschauungen benachteiligt oder bevorzugt werden. So ist die Theorie.

In der Praxis sind aber – von den vielen Regelungen, die alle Bürger betreffen, vorerst abgesehen – für mehr als 1,5 Millionen berufstätige Frauen und Männer in Deutschland an ihrem Arbeitsplatz eine Anzahl von Grundrechten eingeschränkt oder gar nicht vorhanden.

Wie kann das sein? Zwei Organisationen haben erreicht, dass Politiker und Juristen ihnen einen rechtseigenen Raum gewähren, in dem eben diese Gleichheitsgrundsätze nur eingeschränkt gelten. Es sind die beiden 'Amtskirchen'.

Das nachfolgende Beispiel aus den Anfangsjahren der Bundesrepublik Deutschland verdeutlicht, welche Privilegien den Kirchen in dieser Phase zugebilligt wurden – die bis heute gültig sind – und wie die wesentlichen Elemente des kirchlichen Lobbyismus funktionieren: Bevollmächtigte, die auf der Arbeitsebene 'Kontakt' halten; Ministerialbeamte, die von sich aus die kirchlichen Wünsche weitertragen; Juristen, die das Grundgesetz kirchendienlich uminterpretieren; ein Bischof, der an Bundeskanzler und Minister schreibt; Ausschussvorsitzende, die die Kirchen um Formulierungen bitten; Behauptungen, die nicht der Realität entsprechen; Bundestagsabgeordnete, die das Gesetz 'durchwinken'.

*Betriebsverfassungsgesetz.* Zu den wesentlichsten sozialpolitischen Wegweisungen in den Gründungsjahren der Bundesrepublik Deutschland gehörte die Frage der Mitarbeiterrechte in Unternehmen. Nach einem ersten Erfolg der IG Metall hinsichtlich der Montan-Mitbestimmung strebte der DGB-Bundesvorstand eine einheitliche Regelung für alle Arbeitnehmer an.

Er wurde überrascht, als die Bundesregierung ein Sondergesetz für den öffentlichen Dienst verabschiedete: das Personalvertretungsgesetz.

Mit diesem staatlichen Personalvertretungsgesetz war der Weg der Dreiteilung der Mitarbeitervertretung und der Mitbestimmungsrechte in Deutschland vorgezeichnet: Staat (Erster Weg, Dienstherr), Tarifparteien (Zweiter Weg, Betriebsräte, Konfliktaustragung) und Kirchen (Dritter Weg, „Verkündigungsgemeinschaft", Mitarbeitervertretungen, Arbeitsrechtliche Kommissionen). Den „Dritten Weg" hatten die Kirchen für sich eröffnet, nachdem sie durchgesetzt hatten, dass das Betriebsverfassungsgesetz für sie keine Geltung hat.

Eine genauere Betrachtung, wie die Kirchen das durchsetzen konnten, verweist auf die Mehrgleisigkeit der kirchlichen Aktionen bis hin zur Verbreitung von Unwahrheiten.

In einem vertraulichen Bericht des evangelischen Oberkirchenrats Otto von Harling (mit Dienstsitz in der damaligen Bundeshauptstadt Bonn) an den Rat der Evangelischen Kirche in Deutschland (EKD) – über eine Besprechung beim Bundesarbeitsministerium in Bonn am 5. Juni 1951 – wird deutlich, wie die Kirchenkanzlei der EKD Themen politisch 'anschieben' konnte.

„Auf Grund einer Anregung der Kirchenkanzlei hatte das Bundesarbeitsministerium die Kirchen und bedeutenderen Religionsgemeinschaften zu einer Besprechung über die Bedeutung der kirchlichen Autonomie auf dem Gebiet des Arbeitsrechts eingeladen. Die Besprechung fand am Dienstag, den 5.6.1951, nachmittags in Bonn statt." Teilnehmer waren fünf Vertreter der Ministerien Arbeit, Justiz, Inneres und gesamtdeutsche Fragen sowie 13 Delegierte von sieben Religionsgesellschaften. „In einer Vorbesprechung der Vertreter der Kirchen [...] war volle Übereinstimmung über die gemeinsam zu vertretenden Anliegen erzielt worden."

Die Kirchen legten ihren „Standpunkt zur Frage der kirchlichen Autonomie auf dem Gebiet des Arbeitsrechts im Sinne des Gutachtens des Kirchenrechtlichen Instituts Göttingen dar". Der Referent des Bundesarbeitsministeriums stellte dagegen insbesondere „die Frage, ob man von einer Besonderheit des kirchlichen Dienstes auch bei solchen Arbeitsverhältnissen sprechen könne, bei denen es sich nur um einfache und mechanische Verrichtungen handle (Schreibkräfte, Heizer, Reinigungspersonal usw.)".

Die evangelischen Funktionäre hielten dagegen, „dass die Frage der Mitarbeitervertretung in den östlichen Gliedkirchen bereits geregelt sei, und dass diese Regelung bisher mit Erfolg von allen staatlichen und gewerkschaftlichen Eingriffen freigehalten worden sei. Keinesfalls dürfe diese Position vom Westen her erschüttert werden." Eine Darstellung, die zu diesem Zeitpunkt nicht mehr stimmte.

„Die Vertreter der Bundesministerien des Innern, der Justiz und für gesamtdeutsche Fragen erkannten den Standpunkt der Kirchen voll und ganz als berechtigt an. Ausschlaggebend wirkte das Votum des Verfassungsreferenten im Bundesjustizministerium, Dr. Geiger, der sehr nachdrücklich betonte, dass die Ordnung des kirchlichen Dienstes ohne Rücksicht auf die Art der Dienstleistung im einzelnen den Kirchen überlassen bleiben müsse, und dass gesetzliche Bestimmungen, die eine grundsätzliche Beschränkung dieser Freiheit darstellen würden, verfassungswidrig sein würden."
[Pöpping, 2005, 316 f.]

Zwischenbemerkung zu den Vertretern der Ministerien: Dr. Geiger (BMJ) war ehemaliger NS-Jurist und katholischer Korporierter, später langjähriger Bundesverfassungsrichter, Mitglied der Gemeinsamen Synode der Bistümer in der Bundesrepublik, Träger des päpstlichen Gregoriusordens und Mitglied der „Juristenvereinigung Lebensrecht". Dr. Gussone (BMI) war der direkte Kontaktmann und Multiplikator von Prälat Wilhelm Böhler, dem Leiter des Katholischen Büros.

In den darauf folgenden Schreiben des EKD-Ratsvorsitzenden Bischof Otto Dibelius an den Bundeskanzler und den Bundesminister für Arbeit (vom 12. Juni 1951) wird darauf hingewiesen, dass den Kirchen aufgrund von Art. 140,1 GG in Verbindung mit Art. 137,3 der Weimarer Verfassung „innerhalb der Schranken des für alle geltenden Gesetzes eine weitgehende und grundsätzliche Autonomie zugestanden" worden sei. Und nach Hinweisen auf die NS-Zeit und dass die Kirchen von totalitären Staaten bedroht werden könnten – als Hinweis auf die DDR, also Bedrohung von rechts und links –, müsse die Kirche auf dem uneingeschränkten Recht bestehen, ihre Angelegenheiten autonom zu regeln.

Es hat offensichtlich Wirkung, wenn der Ratsvorsitzende der EKD, Bischof Dibelius, direkt an Kanzler und zuständige Bundesminister schreibt. (Mit dem Begriff der „Autonomie" ist zudem bereits die Interpretations-Brücke gebaut, wie aus dem Recht auf Selbstverwaltung ein „Selbstbestimmungsrecht" wird.)

In der Dienststelle der Kirchenkanzlei in Bonn ist Oberkirchenrat Ranke kurz darauf (am 28. Juni) perplex und positiv überrascht, was er von Regierungsdirektor Dr. Fitting (Bundesarbeitsministerium) gerade erfahren hat. Er berichtet an die Kirchenkanzlei in Hannover, dass das Bundesarbeitsministerium selbst dem Kabinett – was höchst ungewöhnlich sei – einen Änderungsvorschlag zum Gesetzentwurf vorgelegt habe.

Der Willensbildungsprozess schien sich zugunsten der Kirchen zu entwickeln, doch dann kam von Seiten der Kirchenkanzlei eine Alarmmeldung, dass die Gewerkschaft ÖTV die ihnen nahe stehenden Bundestagsabgeordneten gegen die Interessen der Kirchen „scharf" machen wolle. Die Kirchenkanzlei schickte ihre Instruktionen nach Bonn: „Ich glaube daher, daß es doch gut wäre, wenn auch von unserer Seite versucht würde, den Boden zunächst im Ausschuß nach Möglichkeit in unserem Sinne vorzubereiten, auch wenn die Regierung erfreulicherweise sich unseren Standpunkt zu eigen gemacht hat. Ich glaube, daß man damit der Regierung einen Dienst erweisen würde, auf den sie gerade in Anbetracht ihres verständnisvollen Entgegenkommens rechnen darf. Ich wäre Ihnen daher doch sehr dankbar, wenn Sie sich darüber mit Herrn [Regierungsdirektor] Dr. Fitting verständigen würden, welche Schritte unternommen werden können." [EZA 87/3]

Der Regierungsdirektor aus dem Bundesarbeitsministerium wird also darum gebeten, der Kirche entsprechende Tipps zu geben. Das funktioniert erfolgreich, denn der Vorsitzende des Bundestagsausschusses für Arbeit, Anton Sabel, MdB/CDU, schreibt Ende November 1951 direkt an den Bevollmächtigten des Rates der EKD, Superintendent Hermann Kunst: „Unter Bezugnahme auf Anregungen der Leitung der evangelischen Kirche überreiche ich in der Anlage die Formulierungen des Betriebsverfassungsgesetzes, wie sie vom Arbeitskreis 'Mitbestimmung' inzwischen verabschiedet wurden. In § 83 Abs. 1 und 2 wurde das Problem der Einbeziehung der Tendenzbetriebe geregelt, gleichfalls die Frage der Behandlung der Kirchen. Die Formulierungen entsprechen weitgehend den Wünschen, wie sie von der Vertretung der evangelischen und katholischen Kirche geäußert wurden. Mit vorzüglicher Hochachtung, Sabel."

Doch der Theologe und Oberkirchenrat von Harling von der Kirchenkanzlei der EKD in Hannover ist immer noch nicht zufrieden, als er das Schreiben mit den Formulierungen des Ausschusses bekommt. Es geht ihm vorrangig darum, die Anstalten der Inneren Mission (heute: Diakonie) ebenfalls aus dem Gesetz auszuklammern.

Der Ausschussvorsitzende Sabel (CDU) schreibt entsprechend Anfang Januar 1952 an seinen Kollegen Johann Kunze (CDU, der früher als Schatzmeister der Inneren Mission tätig war), dass der Absatz 2 des § 83 nun so gefasst sei, dass ausdrücklich die caritativen und erzieherischen Einrichtungen der Kirchen genannt seien. Seitens der Vertreter der evangelischen und katholischen Kirche in Bonn seien keinerlei Einwände dagegen erhoben worden.

Ende Januar geht per Eilboten ein Brief des Bonner Büros der Kirchenkanzlei nach Hannover ab, in dem OKR Ranke dringend darum bittet, Ergänzungswünsche zu übermitteln. Die Kirchenkanzlei setzt sich entsprechend umgehend mit dem Vorsitzenden der Fuldaer Bischofskonferenz in Verbindung und schickt ebenfalls an den Ausschussvorsitzenden Sabel ein entsprechendes Schreiben.

Anfang Juni 1952 berichtet die Bonner Außenstelle nach Hannover, dass „alle Anregungen berücksichtigt werden". Darüber sei auch der Centralausschuss der Inneren Mission der EKD unterrichtet worden.

Ebenfalls am 5. Juni 1952 geht das Schreiben an die Innere Mission per Luftpost ab. „Danach sind alle Wünsche der Kirchen und der Inneren Mission zur Hebung gekommen."

Nachdem die Kirchen ihre Sichtweisen auf der Arbeitsebene im Bundesministerium und im Bundestagsausschuss durchgesetzt hatten, konnten sie der parlamentarischen Beratung mit Gelassenheit entgegensehen.

Anlässlich der zweiten Lesung im Bundestag (am 16. Juli 1952) beschreibt der „Schriftliche Bericht des Ausschusses für Arbeit über den Entwurf eines Gesetzes über die Neuordnung der Beziehungen von Arbeitnehmern und Arbeitgebern in den Betrieben (Betriebsverfassungsgesetz)", wie im Ausschuss die Frage der Anwendung des Gesetzes auf Religionsgemeinschaften besprochen wurde: „Völlig ausgeschlossen wurde die Anwendung des Gesetzes auf Religionsgemeinschaften und ihre caritativen und erzieherischen Einrichtungen unbeschadet deren Rechtsform."

Und wieder kommt die Unwahrheit zur Situation in der DDR zur Sprache: „Die Mehrheit der Ausschüsse war der Ansicht, daß die gewählte Fassung zweckmäßig und der Eigenart dieser Betriebe und Einrichtungen angemessen sei, nicht zuletzt im Hinblick auf die Tatsache, daß diese Stellen selbst in der sowjetischen Besatzungszone nicht unter das dortige Betriebsverfassungsrecht fallen, da man ihnen eine gewisse Autonomie eingeräumt habe. Man müsse daher verhindern, daß sich wegen einer Nichtzuerkennung dieser Selbstverwaltungsbefugnis durch die Gesetzgebung des Bundes die Lage der kirchlichen Einrichtungen in der Ostzone verschlechtere."

Wie die arbeitnehmerrechtliche Lage in der DDR tatsächlich aussah, wird in einem westdeutschen Standardwerk, das 1985 vom Bundesministerium für innerdeutsche Beziehungen herausgegeben wurde – das „DDR Handbuch" – genau erläutert: Die Existenz von Betriebsräten war im Osten zeitlich begrenzt. Aufgrund des Kontrollratsgesetzes Nr. 22 (vom 10. April 1946) kam es zwar zur Gründung von Betriebsräten, die jedoch in den Großbetrieben bis 1948 und im Rest bis 1950 (also vor dem westdeutschen Betriebsverfassungsgesetz) wieder abgeschafft worden waren.

In der Dritten Lesung im Bundestag (225. Sitzung am 17. Juli 1952) versuchte die SPD-Fraktion die Anwendung des Gesetzes für Religionsgemeinschaften zu differenzieren und auf den Kernbereich christlicher Tätigkeit zu konzentrieren: die Seelsorge.

Der Antrag der SPD wurde abgelehnt. Beschlossen wurde als § 81 (heute § 118) BetrVerfG: „(2) Dieses Gesetz findet keine Anwendung auf Religionsgemeinschaften und ihre caritativen und erzieherischen Einrichtungen unbeschadet deren Rechtsform."

Das gilt bis heute. Auch wenn das Betriebsverfassungsgesetz später teilweise überarbeitet wurde, an diesen Bestimmungen wagte bisher kaum jemand zu rütteln. Und wenn, bisher erfolglos.

# Vorwort

Die Recherche zu dem vorliegenden Text ist ein erster Versuch, in ein bisher nur wenig bearbeitetes Thema vorzudringen, eine Annäherung. Auch die kirchlichen Lobbyisten lassen sich, wie alle Lobbyisten, nicht gerne in 'die Karten' schauen.

Wollte man nicht nur die nationalen Organisationen betrachten, sondern auch detailliert die Verhältnisse in allen 16 Bundesländern, bei denen – aufgrund der Kulturhoheit der Länder – die „Kirchenmusik" ebenfalls intensiv gespielt wird, hätte diese Arbeit nicht fertiggestellt werden können oder wäre aufgrund der langen Bearbeitungsdauer bei Erscheinen bereits veraltet gewesen.

Insbesondere die Themenbereiche Medien, Wissenschaft und Rechtsetzung sowie Rechtsprechung konnten nur ansatzweise skizziert werden. Vielleicht wird es möglich sein, dazu weitere Studien vorzulegen.

Insofern würde ich mich freuen, wenn diese Arbeit ein Anstoß sein könnte, denn es gibt auf diesem Feld noch sehr viel zu forschen. Für alle Hinweise dazu Danke im Voraus.

Die Haupt-Recherchephase für diese Arbeit dauerte vom Januar 2014 bis zum Februar 2015.

*\*\*\**

Mit diesem Text ist auch die Absicht verbunden, zum Thema „Kirchen als politische Akteure", sowohl ein Buch vorzulegen – mit einer eher journalistischen Darstellung, die leicht zu lesen ist und auf den 'wissenschaftlichen Apparat' verzichtet – als auch parallel dazu eine umfangreiche kommentierte Materialsammlung (als lange Studienfassung), die sich an wissenschaftlichen Kriterien orientiert, d.h. mit längeren Zitaten und exakten Quellenangaben.

Die lange Studienfassung lässt sich im Internet von der Seite *kirchenrepublik.de* kostenpflichtig herunterladen. Sie wird unter dem Titel *Die*

*Staatsflüsterer* publiziert. Die kürzere Lesefassung ist das Buch *Kirchenrepublik Deutschland*, das Sie in den Händen halten.

Nicht bei allen Zitaten (in „Anführungszeichen") ist eine Quelle angegeben, diese finden sich in der Langfassung. Steht dahinter in eckigen Klammern [Meyers, 2012, 348] so handelt es sich um einen Text (Buch/Artikel), der im Literaturverzeichnis am Ende dieses Buches aufgeführt ist [Autor, Jahr der Veröffentlichung, Seitenzahl]. Ist nach einem „Zitat" keine [Quelle] angefügt, handelt es sich um einen Text im Internet, dessen Quelle, unter Eingabe z. B. eines halben Satzes, über eine Suchmaschine schnell zu finden ist.

Berlin, im Spätsommer 2015                                      *Carsten Frerk*

# Einleitung

Berlin: Charlottenstraße 53/54, zentral in Stadtmitte am Gendarmenmarkt, und Hannoversche Straße 5, nördlich, außerhalb des Oranienburger Tors. Zwei Adressen in Berlin, die kaum jemand als politisch wichtig kennen wird.

Keine Adresse wie Platz der Republik, Unter den Linden oder Dorotheenstraße, Wilhelmstraße, Werderscher Markt, Glinkastraße, Mohrenstraße oder Pariser Platz.

Auch ich wusste am Beginn meiner Recherche nicht, dass sich dort die Dienststellen des Bevollmächtigten der EKD und das Kommissariat der katholischen Bischofskonferenz befinden.

Als ich bei einem Kundigen des politischen Berlins anfragte, war ich über seinen Spott irritiert. „Ach so, Sie meinen das Staatskirchenrechtliche Schlaraffenland?" Und er fuhr fort: „Sie werden sich fragen: Ist es denn immer köstlich und lustig im Schlaraffenland? Nein, dort ist es nicht nur fröhlich. Ja, es gibt Bewohner, die sagen, die goldenen Jahre wären wohl vorbei. Manche, denen bisher die Taler wie von alleine in die Taschen flossen, sollen etwas weniger bekommen und sie jammern nun, dass sie verhungern werden. Und die anderen, bisher auf Schmalkost auf kleiner Scholle, wollen an die Quellen des Geldes und sich auch einmal die Taschen und Wänste stopfen.

Und, wo ist der Herr des Schlaraffenlandes? Der Staat! Nein, der Staat ist die Summe seiner Institutionen, Gesetze und Menschen. Es sind die Menschen, die Politiker, Parlamentarier und Ministerialbeamten, die diese klerikale Völlerei erlauben und ermöglichen.

Reisewarnung? Ja, denn das Schlaraffenland ist nicht ohne Feinde – so sehen es zumindest einige der Bewohner. Welche Abwehrmaßnahmen werden uns bei der Annäherung erwarten? Erste Maßnahme der Schlaraffen: Vernebelung, heißt, es gibt uns gar nicht, weder das Schlaraffenland noch diese behaupteten Privilegien." Und das funktioniert? „Ja. Die meisten

Bürger halten das Schlaraffenland für ein Märchen und die wenigsten sind schon selber dort gewesen." Und wenn nicht?

„Zweite Maßnahme: Abgrenzung, heißt, das Schlaraffenland wird ein 'heiliger Bezirk', den man nur mit Erlaubnis der Kleriker und ihrer Handlanger betreten darf. Alle anderen, ohne Erlaubnis: Feinde.

Dritte Maßnahme: Angriff ist die beste Verteidigung – politische Anschauungen, die das verändern wollen, werden vereint attackiert und diffamiert."

Er wurde wieder ernst: „Sie werden sehen, manchmal kann man die Realität nur mit Ironie ertragen. Schauen Sie, was so passiert."

Der Arbeitskreis sozialdemokratischer Frauen (AsF) der SPD in Schleswig-Holstein stellte Anfang März 2015 für den Landesparteitag Mitte März Forderungen nach einer „modernen Demokratie", die „in ihrem Kern laizistisch" sei. Also: Keine religiösen Symbole wie Kruzifixe in Schulen, Rathäusern und anderen öffentlichen Gebäuden, Aufhebung des Tanzverbots an stillen Feiertagen wie Karfreitag, Ethik- statt Religionsunterricht, Rückzug des Staates bei der Erhebung der Kirchensteuer sowie Aufhebung der Ewigkeitsklausel in Kirchenstaatsverträgen.

Anstelle einer politischen Diskussion und dem Abwägen von Argumenten prasselten – von den Kirchen und ihren Freunden – Emotionen auf die SPD-Frauen herab. Der *Schleswig-Holsteinische Zeitungsverlag* (shz) überschrieb die Meldung zu diesen Forderungen mit: „Trennung von Staat und Kirche: SPD-Frauen rüsten zum Großangriff". Der SPD-Vorsitzende in Schleswig-Holstein, Ralf Stegner, der auch Mitglied im SPD-Bundespräsidium und dort zuständig für Innenpolitik ist, meinte zur *shz*: „In der SPD gelte 'selbstverständlich Meinungsfreiheit', jedoch müsse nicht 'jeder Unsinn beschlossen' werden. 'Kulturkampf ist nicht mein Ding.'" Für Rolf Fischer, Sprecher der AG SPD und Kirche, ist der Antrag „unüberlegt, unausgegoren und unglaublich". Der Vorsitzende der CDU-Landtagsfraktion, Daniel Günther, meinte die Forderungen offenbarten eine „tiefe Kirchenfeindlichkeit". Der Sprecher der Nordkirche, Frank Zabel bescheinigte den Autorinnen Unkenntnis: So werde die im Grundgesetz verbürgte Religionsfreiheit infrage gestellt. Und der zuständige Redakteur der *shz*, Peter Höver, auch Vorsitzender der Landespressekonferenz, schreibt, dass diese Forderungen verfassungsfeindlich seien.

Politische Forderungen, die im Zusammenhang mit den Kirchen stehen, sind anscheinend wie ein 'Stich ins emotionale Wespennest', aus dem dann Unterstellungen und Verleumdungen hervorbrechen, um jede sachbezogene politische Diskussion bereits im Ansatz zu beenden.

Die Frauen setzten sich zur Wehr und betonten, dass sie mit diesen Forderungen nicht alleine stehen würden. Da haben sie Recht. Sie haben nicht nur Teile der Jungsozialisten und andere Parteimitglieder hinter sich, sondern auch eine Mehrheit in der Bevölkerung.

Im Einzelnen. Im Oktober 2013 fragte *infratest-dimap*, ob die Befragten der Aussage „Ich bin grundsätzlich für eine klare Trennung von Staat und Kirche" eher zustimmen oder sie eher ablehnen würden. 81 Prozent der Befragten stimmten zu. Aber: Alle Bundesminister der 18. Legislaturperiode (seit 2013), einschließlich der Bundeskanzlerin, legten ihren Amtseid ab mit der Schlussformel „So wahr mir Gott helfe".

Diese Legislaturperiode wurde in Berlin – wie immer – mit einem Ökumenischen Gottesdienst in der katholischen Hedwigs-Kathedrale eröffnet – in Anwesenheit der Bundeskanzlerin und der Präsidenten aller weiteren Verfassungsorgane. Der Leiter des Kommissariats der deutschen Bischöfe bei der Bundesrepublik Deutschland, Prälat Dr. Karl Jüsten, predigte verfassungswidrig – d. h. in Leugnung der Volkssouveränität, Art. 20 GG – und ohne Widerspruch zu ernten: „Gott ist der Herr der Welt, nicht wir."

Bereits 1965, also vor mittlerweile fünfzig Jahren, stellte der Staatsrechtler Prof. Dr. Konrad Hesse fest, dass die Mehrheit der Kirchenmitglieder nur noch nominelle Christen sind: „Nach einem Wort von Karl Rahner leben wir 'in einem Heidenland mit christlicher Vergangenheit und christlichen Restbeständen'; Deutschland ist, wie das 'christliche Abendland' überhaupt, zum Missionsland geworden'." Aber der Bundespräsident war, vor seinen Staatsämtern, ordinierter Pastor.

Auch eine weitere Feststellung verdeutlicht die ablehnende Haltung der Bevölkerung hinsichtlich einer politischen Einmischung der Bischöfe. Der Auffassung: „Die Kirchenoberhäupter sollen nicht versuchen, die Entscheidungen der Regierung zu beeinflussen" stimmen 63 Prozent der Befragten zu, d. h. sie lehnen einen Einfluss der Bischöfe auf die Politik ab.

Wie findet politische Willensbildung aber tatsächlich statt? Werden alle Akteure genannt, insbesondere, werden alle Lobbyisten benannt und werden die Wege ihrer Einflussnahme beschrieben?

Die letzte Frage kann mit einem klaren Nein beantwortet werden. Drei Beispiele und ein Unterschied.

Im November 2013 wechselte der Staatsminister im Kanzleramt, Eckart von Klaeden (CDU), zum Automobilkonzern Daimler und wurde dort

Leiter der Abteilung „Politik und Außenbeziehungen". Eine formale Umschreibung für seine Aufgabe, Verbindung zur Politik halten oder schlichter, Lobbyarbeit für Daimler zu betreiben. Die Medien titelten: „Autolobbyist Klaeden gibt CDU-Amt auf". Kaum war die Diskussion darüber wieder abgeflacht, wurde bekannt, dass der Kanzleramtsminister Ronald Pofalla auf einen Vorstandsposten für politisches Lobbying bei der Deutschen Bahn wechseln soll. Der mediale Aufschrei der Empörung war unüberhörbar.

Katrin Göring-Eckardt, MdB/Bündnis 90/Die Grünen, amtierte von Oktober 2005 bis Oktober 2013 als Vizepräsidentin des Deutschen Bundestages. Von 2009 bis September 2013 war Göring-Eckardt gleichzeitig Kirchenlobbyistin als Präses (Vorsitzende) der Synode der Evangelischen Kirche in Deutschland (EKD). Es hat so gut wie niemanden gestört.

Was unterscheidet also Klaeden oder Pofalla von Göring-Eckart? Der finanzielle Aspekt, dass Pofalla seine Einkünfte verzehnfacht und statt bisher 180.000 Euro voraussichtlich 1,8 Millionen Euro pro Jahr bekommen wird? Und dass diese finanziellen Aspekte beim Wechsel einer Person von Staat zu Kirche und umgekehrt (anscheinend) keine Rolle spielen? Auch Frau Göring-Eckardt hat ihr Kirchenamt ehrenamtlich, also ohne finanzielle Vorteile wahrgenommen. Das ist allerdings ein Ablenkungsmanöver und bereits lobbyistische Legende.

Eine typische Darstellung zum kirchlichen Lobbyismus lautet: „... die kirchlichen Beauftragten setzen sich für den Stopp von Rüstungsexporten ein und für die menschliche Behandlung von Flüchtlingen, und wenn sie versuchen die Liberalisierung der Sterbehilfe zu verhindern oder die Freigabe der Embryonenforschung, dann setzen sie sich zwar dafür ein, dass die Glaubensgrundsätze ihrer Kirchen in Politik umgesetzt werden – finanzielle Vorteile schlagen sie dabei nicht heraus. Anders als jene Vertreter der Autohersteller, die sich gegen strengere Abgas-Grenzwerte für Motoren verwenden: Da geht es schnell um viele Millionen Euro." [Drobinski, 2013, 141]

Für die genannten Themen ist das sicherlich zutreffend, aber zur Aufgabe der Kirchen-'Beauftragten' gehört die Umsetzung aller Aspekte des Staatskirchenrechts in Deutschland und da geht es dann auch und vorrangig um Fragen der Kirchensteuer, um Staatsdotationen und um die öffentliche Finanzierung kirchlicher Einrichtungen. Dabei handelt es sich nicht um Millionen, sondern um Milliardenbeträge. Warum also dieses Verschweigen konkreter finanzieller Interessen der Kirchen?

Vermutlich, weil es zu einer Art „Mantra" (ein ständig wiederholtes 'heiliges' Wort) geworden ist, ein Kernstück vom Feinsten des christlichen Lobbyismus. So schreibt der Jurist und ehemalige Mitarbeiter des Katholischen Büros in Bonn, Leopold Turowski, 1975 im *Handbuch des Staatskirchenrechts*: „Die beiden großen Kirchen vertreten keine eigenen spezifischen Gruppeninteressen, insbesondere keine wirtschaftlichen Interessen, sie müssen vielmehr über den einzelnen Gruppen und deren partikularen Zielen stehen und sind deshalb keine Interessenverbände im üblichen politologisch-soziologischen Sinne." [Turowski, 1975, 197]

Diese lobbyistische Leugnung finanzieller und wirtschaftlicher Interessen ist zwar nicht verwunderlich, aber es ist keine hinreichende Erklärung, warum die personellen Verflechtungen zwischen Staat und Kirche nicht als verfassungsrechtlich problematisch bewertet werden.

# 1. Kirchlicher Lobbyismus

*Generelles / Indirekter Erfolg / Kirchen als Akteure in der Demokratie? / Kirchen und ihre eigene demokratische Legitimation*

Lobbyismus ist für mich nichts 'Anrüchiges', sondern Wesensmerkmal westlicher Demokratie. Zahlreiche Interessengruppen mit unterschiedlichen Zielsetzungen verfolgen bestimmte Zwecke und politische Lösungen müssen sich in einem Interessenausgleich, einem Kompromiss finden lassen. Soweit die Theorie, die von einem gewissen Gleichgewicht der miteinander wettstreitenden Interessen ausgeht. Haben aber alle Akteure einen ähnlich starken Einfluss?

Nun sollte man den 'bestimmten Zweck' nicht ausschließlich auf konkret benennbare Zwecke wie Gesetzesformulierungen, Gesetzesblockaden und Ähnliches begrenzen, sondern unter 'bestimmter Zweck' kann beispielsweise auch genereller Machterhalt verstanden werden. Dies wäre dann eine weitere Perspektive, bei der es sich auch um formale und informelle Netzwerke handelt, in denen politische Absichten geklärt und vorentschieden, befördert oder gebremst werden.

*Generell zum kirchlichen Lobbyismus.* Kirchen sind schon deshalb keine Lobby-Organisationen wie andere auch, da sie ihre Lobbyisten (und die Gefolgschaft) bereits als Kinder in ihre Glaubenswelt, ihre Rituale und Gemeinschaft einüben, kleine Menschen, die dann später Politiker, Juristen, u. a. m. werden.

Insbesondere dieser Aspekt der Emotionalisierung – entweder die Erzeugung von Angst im Kindesalter (vor dem allmächtigen Gott, vor dem Höllenfeuer etc.) oder die Geborgenheit im schützenden „Allmächtigen" –, die dann (verinnerlicht) zu Gedanken wird, die Menschen abhängig, gefügig macht, schafft Einfallstore für kirchlichen Einfluss und vorauseilende Interessenerfüllung: eine mentale Geprägtheit.

Das hat eine spezielle Komponente, die der Leiter des Katholischen Büros in Berlin, Prälat Dr. Karl Jüsten, einmal so beschrieb: „Ich habe vor anderen einen entscheidenden Vorteil. Wenn ich meinen römischen Kragen umlege, bin ich sofort als katholischer Priester zu erkennen." Mit anderen Worten, ein katholisch religiös sozialisierter Mensch (Politiker, Ministerialbeamter …) geht innerlich gleich in die Position der Demut. Gegenüber einem Priester, der ihm als Parlamentsseelsorger auch noch die Beichte abnimmt, also Privates, sehr Persönliches weiß, wie sonst kaum ein anderer Mensch.

Über den Vorgänger von Jüsten als Leiter des Katholischen Büros, Prälat Paul Bocklet, heißt es, er sei in den 22 Jahren seiner Tätigkeit in Bonn „zu einem großen Kommunikator und zum Beichtvater geworden".

Zum Lobbyisten (beispielsweise) der Metall-Industrie wird man nicht schon als Kind erzogen, sondern erst als Erwachsener speziell qualifiziert und motiviert. Es ist deshalb keine Überraschung, welchen großen Wert die Kirchen auf ihren Einfluss in Bildung und Erziehung legen. Insofern charakterisierte es ein MdB mir gegenüber einmal so: „Christliche Interessenvertreter im Bundestag sind keine Lobbyisten, sondern Überzeugungstäter!"

Positiv gesehen könnte man damit eine Parallele zum „Vollblutpolitiker" ziehen, einem Menschen, der nicht nur aus rationalem Kalkül in die Politik geht, sondern dem es ein emotionales Anliegen ist, eine „Herzensangelegenheit" – wie es Bernhard Vogel (CDU) einmal als Ministerpräsident Thüringens formulierte –, die Politik und die Welt nach seinen Vorstellungen (mit) zu gestalten.

*Indirekter Erfolg des kirchlichen Lobbyismus.* Zum Erfolg des christlichen Lobbyismus zählt u. a. auch die Furcht, sich öffentlich kirchenkritisch zu äußern. Zum Beispiel Prof. Dr. Peter Riedesser, Direktor der Klinik für Psychiatrie und Psychotherapie des Kindes- und Jugendalters am Universitätsklinikum Hamburg-Eppendorf (UKE): Er plante, nach seiner Emeritierung 1.000 Professoren zusammenzubringen, jeder gibt 100 Euro, um für 100.000 Euro in den großen Tageszeitungen eine ganzseitige Anzeige zu schalten: „Theologie ist keine Wissenschaft. Wir fordern die Entfernung der Theologischen Fakultäten von den Universitäten!"

Warum nur Plan und erst nach seiner Emeritierung? Aus persönlicher und sozialer Verantwortung: An der Klinik, deren Direktor er bis zu seinem frühen Tod war, arbeiten rund 100 MitarbeiterInnen auf der finanziellen Basis von Forschungsgeldern, Drittmitteln und Spenden. Er fürchtete, dass diese Gelder versiegen würden, wenn er sich öffentlich kirchenkritisch äußere, und wollte die Arbeitsplätze seiner von ihm abhängigen MitarbeiterInnen nicht gefährden.

Was sich bei Prof. Riedesser als die Vermeidung von konkreten Nachteilen für seine Mitarbeiter darstellt, habe ich in diversen Gesprächen mit 'einfachen' Kirchenmitgliedern – vornehmlich, aber nicht nur, Katholiken – gehört. Sie stehen sehr kritisch zur Kirche, würden das aber niemals öffentlich sagen, da es den sozialen Ausschluss aus der örtlichen Gemeinschaft nach sich ziehen würde. Das wäre das Abschneiden der meist über Jahre und Jahrzehnte gewachsenen Verbindungen wie Freundschaften – es würde umgehend die soziale Isolation bedeuten.

Dieser Zwang zur äußerlichen Konformität – die u. a. auch die Kleinkindtaufe als Basis hat – gibt den Kirchen eine gesellschaftliche Bedeutung, da nur die formalen Mitgliederzahlen genannt werden und nicht die Zahl derer, die noch tatsächlich als gläubige Christen zu betrachten sind.

*Kirchen als Akteure in der Demokratie?* Es ist keine Frage, dass alle, die sich zu Fragen der Politik und Gesellschaft äußern, eine persönliche Weltanschauung haben, auf deren Grundlage sie argumentieren. Da mag dann Religion eine Rolle spielen oder auch nicht. Ohne eine Weltanschauung – als Set aufeinander bezogener Grundsätze und Regeln – könnte der einzelne Mensch sich nicht in der Welt orientieren und schon gar nicht politischer Akteur sein. Was befähigt die Kirchen dazu?

Die christlichen Kirchen sind mit Grundsätzen und Regeln ausgestattet, die aus vordemokratischen Zeiten stammen, als zum Beispiel das Prinzip der generellen Gleichberechtigung aller Menschen nicht zum Wertekanon gehörte. Betrachtet man die ersten Artikel des Grundgesetzes – (Art. 1) Menschenwürde, unveräußerliche Menschenrechte, (Art. 2) freie Entfaltung seiner Persönlichkeit, Freiheit der Person, (Art. 3) Gleichheit und Gleichberechtigung, keine Benachteiligung oder Bevorzugung, (Art. 4) Religionsfreiheit, (Art. 5) Meinungsfreiheit, Kunst, Wissenschaft, Forschung und Lehre sind frei u. a. m., so stehen diese Grundsätze in eindeutigem Gegensatz zu biblischen Auffassungen der Diskriminierungen aufgrund des Geschlechts, der Ethnie, der Sexualität u. a. m. Und unsere historischen Kenntnisse um die menschenverachtenden Auffassungen und Verhaltensweisen der katholischen und der evangelischen Kirche in früheren Jahrhunderten stehen dazu ebenso im Widerspruch.

Mit dieser Glaubensgrundlage haben sich christliche Religionen im Prinzip als demokratische Akteure selbst disqualifiziert.

Bischof Dr. Wolfgang Huber hat, als Ratsvorsitzender der EKD, dazu einmal angemerkt, dass die Evangelischen einen „langen Anmarschweg" zur Demokratie hatten, aber schließlich dort angekommen seien. Die Jahreszahl der Ankunft nannte er auch: „Die Christen haben lange gebraucht, um ein konstruktives Verhältnis zur Demokratie zu finden. Ich habe Aspekte dieses mühevollen, aber erfolgreichen Zueinander-Findens an anderen Stellen nachgezeichnet. Noch in der Weimarer Republik war die große Mehrzahl der deutschen Pfarrer demokratiekritisch bis -feindlich eingestellt. Und noch lange nach dem Zweiten Weltkrieg, 1959, konnte sich mein Vorgänger im Amt des Ratsvorsitzenden der Evangelischen Kirche in Deutschland (EKD), Bischof Otto Dibelius, eine Obrigkeit letztlich nur in patriarchalischen Formen denken. Eine demokratisch gewählte Regierung besaß für ihn, da sie prinzipiell abwählbar war, keine wirkliche Autorität. Aber selbst für den Mentor der Bekennenden Kirche, Karl Barth, der in der Schweiz Demokratie von der Pike auf gelernt hatte, waren politische Parteien 'eines der fragwürdigsten Phänomene des politischen Lebens; keinesfalls seine konstitutiven Elemente, vielleicht von jeher krankhafte, auf jeden Fall nur sekundäre Erscheinungen'. [...] Dem langen Weg Deutschlands nach Westen (Heinrich August Winkler) entspricht ein langer, nicht immer rühmlicher Anmarschweg der evangelischen Christenheit zur Demokratie. Aber immerhin: Die Kirchen kamen in ihr an. Im Jahr 1985 erschien die Demokratie-Denkschrift des Rates der EKD."

1985 ist noch nicht so lange her, gerade einmal 30 Jahre, aber immerhin waren das beinahe 40 Jahre nach Gründung der Bundesrepublik Deutschland.

Es stellt sich zudem die Frage, woher Religionen, die sich in der Form von absoluten Monarchien organisieren, so wie die römisch-katholische Kirche und die orthodoxen Varianten, überhaupt eine Legitimation haben, sich in demokratische Findungsprozesse einzumischen? Solange sie selber ihr Führungspersonal nach dem Prinzip mittelalterlicher Wahlmonarchien auswählen, mit einem absoluten Monarchen an der Spitze und einer kompletten Negierung von Grundrechten der Gleichheit und Gleichberechtigung, haben sie keinerlei Legitimation als „Partner" von demokratischen Parteien zu agieren. Eigentlich.

Insofern ist es ein besonderer Erfolg ihres Lobbyismus, dass die Katholische Kirche, die in ihrer Führungsstruktur noch nicht einmal den Anschein von Demokratie verkörpert, es vermocht hat, sich als Gesprächspartner demokratischer Parteien und Parlamente zu etablieren.

Das gilt jedoch nicht nur für die katholische Kirche, denn, um es noch einmal klarzustellen, auch die „Beiträge von protestantischer Theologie und Kirche sind bis in die erste Hälfte des 20. Jahrhunderts in Deutschland ganz gewiss nicht auf die Demokratie zugelaufen". [Jüsten, 2003, 361, Fn 1]

*Kirchen und ihre eigene demokratische Legitimation.* Zur Legitimation einer Organisation, die im demokratischen Diskurs ernst genommen werden will, zählt u. a. die Wahlbeteiligung ihrer Mitglieder – wenn denn Wahlen vorgesehen sind.

In der katholischen Kirche gilt bei der Besetzung der Stellen der Bischöfe immer noch das mittelalterliche Recht des von den Kardinälen gewählten Papstes, der als absoluter Herrscher regiert. Die Priester werden von den Bischöfen ernannt. Demokratie: Keine.

Bei den katholischen Pfarrgemeinderatswahlen gibt es jedoch eine Wahl der Mitglieder, und die Kirche, die um die demokratische Bedeutung dieser Wahlen weiß, betreibt Werbekampagnen wie „Ankreuzen!". Die Wahlbeteiligung ist allerdings bescheiden. Im Bistum Augsburg beispielsweise lag diese 2014 bei insgesamt 12,4 Prozent, mit einer Spannbreite von 5,4 Prozent im Dekanat Augsburg I und 19,0 Prozent im Dekanat Memmingen.

In der evangelischen Kirche hat der Kirchengemeinderat zwar ein Recht zur Ablehnung des Pastoren nach der Probezeit, aber bei den Wahlen zu den evangelischen Kirchengemeinderäten sieht es ähnlich 'spärlich' aus: In der Hamburger Kirchengemeinde Nord-Barmbek gingen im November 2008 von den 4.127 Gemeindemitgliedern 190 zur Wahl, das sind 4,6 Prozent. In der evangelischen Gemeinde Hechingen waren es 2013, gegenüber 10,9 Prozent in 2007, immerhin 13,8 Prozent, und in Baden-Württemberg berichtete die Landeskirche eine Wahlbeteiligung von rund 24 Prozent.

Als demokratische Legitimation kann man das nicht bezeichnen. Bei einem Quorum von angenommen 25 Prozent, d. h. einer Mindestbeteiligung von einem Drittel der Kirchenmitglieder, ab der die Wahl gültig wird, würde von dieser Demokratie-Camouflage der Kirchen nichts mehr übrig bleiben.

## 2. Historische Konstanten

*Staat und Kirche 380 / „1803" / Weimarer Nationalversammlung 1919 /
1933 bis 1945 / Nach der Kapitulation 1945 / Parlamentarischer Rat 1949*

Es sei in aller Kürze verdeutlicht, dass das Thema des Verhältnisses von Staat und Kirche in der Geschichte Europas seit Jahrhunderten, genauer gesagt seit rund 1.600 Jahren, ein 'Dauerbrenner' ist, ein stetiger Kampf des Staates, sich die Kirche zu unterwerfen, sie sich zu Nutze zu machen oder sich gegen die Kirche zu verteidigen. Bis heute.

*Staat und Kirche – die historische Dimension.* In der Geschichte des Verhältnisses von Staat und Kirche ist das Jahr 380 u. Z. von entscheidender Bedeutung: Kaiser Theodosius erklärte in Rom mit seinem Edikt *Cunctos populus* („An meine Völker") die trinitarische Variante des Christentums zur alleinigen Staatsreligion. Alle anderen Varianten wurden als Ketzerei verboten und verfolgt.

Mit weiteren Edikten wurde in den Folgejahrzehnten im Namen des Christentums im Weströmischen Reich so gut wie alles zerstört, was vorher eine römisch-griechische Kultur des Pantheismus, der Bildung, der Alltagskultur ausgemacht hatte: Religiöse Toleranz gab es nicht mehr, Bibliotheken (etwa die Hälfte der Bevölkerung konnte lesen und schreiben) wurden geplündert und vernichtet, öffentliche Bäder wurden geschlossen und verfielen.

Der Historiker Rolf Bergmeier hat in seinen detaillierten Recherchen und Veröffentlichungen (*Konstantin der Große und die wilden Jahre des Christentums* sowie *Schatten über Europa*) die Legende widerlegt, dass es die Germanen gewesen seien oder die sittliche Dekadenz des römischen Bürgertums, an denen das kulturell hoch stehende und machtvolle „Rom" (d. h. das Weströmische Reich) zugrunde gegangen sei. Hauptursache sei vielmehr die religiöse und kulturelle Intoleranz des Kaisers und seiner christlichen Staatskirche, die nur noch ein Denken in „Gut und Böse" kannte, Bildung nur noch auf die Mönche beschränkte – selbst Kaiser konnten nicht schreiben – und sich so zur unentbehrlichen Helferin der staatlichen Macht entwickelte.

Der Bischof von Rom, der 'Hauptstadt-Bischof', vermochte es – mit den damals üblichen Methoden von militärischer Gewalt, Betrug und Fälschungen – in ganz Mittelitalien den Kern eines Kirchenstaates, das „Patrimonium Petri", zu realisieren. Damit hatte sich der Vatikan eine eigene territoriale und finanzielle Machtbasis geschaffen, die ihn vom Staat unabhängig machte. Entsprechend stellte der Bischof von Rom ab dem 8. Jahrhundert die „Frage", wer die 'Pole-Position' innehabe, die Kirche oder der Staat. Die Ansicht des Papstes war eindeutig: Da er den Kaiser salbte und krönte, war dem weltlichen Herrscher „von Gottes Gnaden" nur der zweite Platz angemessen. Karl den Franken, von der Kirche um seiner Verdienste willen – „Heidenmission" und „Schwerttaufe", Abführung des „Zehnten" an die Kirche – „Karl der Große" genannt, scherte das allerdings wenig, er lebte als fränkischer Adeliger in fröhlicher Promiskuität.

Unter seinen Nachfolgern ist dieser Machtkampf eines der großen Themen des Mittelalters (Stichworte: „Investiturstreit", „Gang nach Canossa"). Die Erfolge waren unterschiedlich und unter den Borgia-Päpsten war der Kirchenstaat auf dem besten Wege, ein säkulares Fürstentum zu werden, als die Reformation die katholische Kirche zwang, sich (im Tridentinischen Konzil, 1545 bis 1563) auf ihre Religiosität zurückzubesinnen und Kirche zu bleiben.

*„1803".* Diese Jahreszahl steht stellvertretend für eines der größten politischen Reformprojekte der deutschen Geschichte: die Modernisierung eines „mittelalterlichen Flickenteppichs" auch kleinster (rund 500) 'Herrschaften' zu einer politisch überschaubaren Anzahl von 34 Territorialstaaten. In dem weiteren Begriff der Mediatisierung („Mittelbarmachung") wurden die meisten der Freien Reichsstädte aufgehoben, ebenso wie die Reichsritterschaft. Und, was für unser Thema von besonderem Interesse ist, es wurden unter dem Stichwort „Säkularisation" die letzten 20 geistlichen Territorien aufgelöst, in denen die geistliche und weltliche Macht bei einer Person lag („Fürstbischöfe" bzw. „Fürstäbte"). Sie wurden, als Ausgleich für die 1801 an Frankreich verloren gegangenen linksrheinischen Gebiete, an die weltlichen Fürsten übereignet.

Es war auch ein Machtkampf innerhalb des deutschen Adels, denn die weltlichen Fürsten enteigneten ihre Brüder, Neffen etc. – man musste bis dahin adelig sein, um Bischof zu werden.

Doch mit dem Ende des Kaiserreichs (1806) bildeten sich, mit und ohne Unterstützung Napoleons, Königreiche, was vorher nicht möglich gewesen war. Und diese Könige, das fiel dem König von Bayern 1817 auf, wurden mit einem besonderen Ritual installiert: mittels Salbung und Krönung durch einen katholischen Bischof, eben: „Wir von Gottes Gnaden". Nun waren aber von den zwanzig abgesetzten Bischöfen siebzehn bereits verstorben und da es im Reichsdeputationshauptschluss von 1803 keine Regelung zur Finanzierung ihrer Nachfolger gab, waren diese Bischofssitze nicht wieder besetzt worden. Verhandlungen begannen, der König wollte nur ein Bistum Bayern, er brauchte ja nur einen Bischof, aber die katholische Kirche war stark genug, dass sie die sieben Bistümer erhalten konnte und zusätzlich – nach dem Prinzip von „Alimentierung gegen Legitimierung" – die Bischöfe und die Domkapitel mit einer Apanage durch das Königreich ausstattete. Dafür mussten die Bischöfe dem König einen persönlichen Treueid schwören. So vereinbart im Bayern-Konkordat vom Oktober 1817.

In keinem anderen Reichsgebiet kam eine derartige Regelung zustande. Im Königreich Hannover wurde zwar verhandelt, aber ohne Ergebnis. Im Königreich Württemberg wurde, ebenso wie im Großherzogtum Baden, ein Konkordat verhandelt, fand aber keine Zustimmung durch die Ständeversammlungen. Der Großherzog selbst musste schließlich eine persönliche Apanage für den Erzbischof von Freiburg spendieren.

Eine Begründung für die heute noch gezahlten „Staatsleistungen" mit Verweis auf „1803" hat, historisch gesehen, keine Berechtigung.

*Weimarer Nationalversammlung 1919.* Mit der Novemberrevolution 1918 und dem Ende der monarchischen Verfassung hatten diese Regelungen ein Ende. Eine Demokratie braucht keine religiöse Begründung, sie beruht auf der Volkssouveränität: „Alle Staatsgewalt geht vom Volke aus."

In der Weimarer Nationalversammlung wurde 1919 eine demokratische Verfassung ausgearbeitet, in der auch die Fragen des Verhältnisses von Staat und Kirche und die Finanzierung der Kirchen zu klären waren.

Der evangelische Theologe Friedrich Naumann formulierte dafür die Trennung von Staat und Kirche im Motto: „Freie Kirche im freien Staat": Keine Staatskirche, Beendigung und Ablösung der finanziellen Verflechtungen zwischen Staat und Kirche sowie die Einführung einer reichsweiten Kirchensteuer für Kirchenmitglieder zur Finanzierung der Kirchen durch ihre Mitglieder. Der Staat stellte dafür den Kirchen, die Körperschaften des öffentlichen Rechts blieben, die Steuerlisten der Kirchenmitglieder zur Verfügung. Mehr nicht.

Diese Trennung von Staat und Kirche ist jedoch niemals erfolgt. Der 'demokratische Frühling' der Jahre 1919 bis 1923 war mit der zweiten Reichstagswahl im Mai 1924 beendet und die Hyperinflation 1923/24 setzte andere Themen auf die Tagungsordnung. Für die folgenden Mitte-Rechts-Regierungen von 1925 bis 1932 war die Trennung von Staat und Kirche kein Thema.

Die beiden großen Kirchen hatten sich politisch in der rechten Mitte (das katholische Zentrum) bzw. Mitte-Rechts (evangelische Deutsch-Nationale Volkspartei, DNVP) organisiert. In wenigen Reichsländern (Bayern, Braunschweig, Preußen) waren Verträge zwischen Kirche und Staat (Konkordate) abgeschlossen worden, für das Deutsche Reich jedoch nicht.

*1933 bis 1945*: Düstere zwölf Jahre. Nicht nur die Zeit des Krieges. Terror gegen Demokraten, „Gleichschaltung", Verhaftungen, Konzentrationslager, Holocaust an den Juden. Und die Kirchen? Die evangelischen „Deutschen Christen" sahen sich wieder als Staatskirche, der katholische Klerus arrangierte sich, trotz anfänglicher Vorbehalte, nach der März-Wahl 1933 mit den Nationalsozialisten und trotz einiger Widersprüche trug die Gemeinsamkeit von Antisemitismus und Antikommunismus.

Prominente Christen im Widerstand, wie der evangelische Theologe Dietrich Bonhoeffer, der am 9. April 1945 im KZ-Flossenbürg am Galgen ermordet wurde, waren noch jahrelang im Evangelischen umstritten.

Hart traf es die Zeugen Jehovas, die „Bibelforscher". Auch mit Hilfe der Kirchen, die mit den Nationalsozialisten gemeinsame Sache machten, die „Sektierer" zu verbieten und in „Schutzhaft" nehmen zu lassen.

Ab 1933 wurden von den Nationalsozialisten alle Freidenkerorganisationen verboten. Der Vorsitzende des Freidenker-Verbandes, Max Sievers, wurde am 17. Januar 1944 mit dem Fallbeil der Guillotine ermordet.

*Nach der Kapitulation 1945:* Das Ende des Zweiten Weltkrieges in Europa haben die wenigsten Deutschen als „Stunde der Befreiung" erlebt. Die alliierten Truppen, vor allem die Rote Armee, die den Sieg gegen die deutsche Wehrmacht und ihren messianischen „Führer" errungen hatten, hießen nicht „Befreiungstruppen", sondern „Besatzungsmächte".

Diese Jahre des Elends, des Hungers, der Wohnungsnot, der Flüchtlinge, der Ausgebombten und der Lebensmittelkarten für die Millionen Menschen der einfachen Bevölkerung waren die 'goldenen Jahre' der Kirchen, vor allem der katholischen Kirche. Wie der „Phoenix aus der Asche" trat sie in die Positionen der Vertretung auch der politischen Interessen der Bevölkerung in Deutschland ein.

Die staatlichen Autoritäten waren mit der bedingungslosen Kapitulation Deutschlands zum 8. Mai 1945 nicht mehr vorhanden. Die Alliierten begannen, auf jeweils eigene Weise, einen Wiederaufbau demokratischer deutscher Verwaltungs- und Politikstrukturen. Eine überregionale Autorität bestand nicht mehr.

Während die evangelischen Landeskirchen und die sich neu bildende Evangelische Kirche in Deutschland (EKD) damit beschäftigt waren, ihr „Stuttgarter Schuldgeständnis" zu formulieren, dass sie von 1933 bis 1945 „nicht mutiger bekannt, nicht treuer gebetet, nicht fröhlicher geglaubt und nicht brennender geliebt" hätten, erklärte sich die katholische Kirche, deren Strukturen erhalten geblieben waren, zur Sprecherin der Interessen der Bevölkerung gegenüber den Besatzungsmächten.

Mit dem Nationalsozialismus hätte sie, die katholische Kirche, nichts zu tun gehabt, wäre selbst Verfolgte gewesen und, mit Unterstützung des 'deutschen Papstes' Pius XII., verwahrte sich die katholische Kirche gegen die deutsche „Kollektivschuld" und die „Entnazifizierung". Amerikanische Offiziere beschwerten sich über die Vielzahl von „Persilscheinen", die von katholischen Bischöfen und Priestern für Parteimitglieder und Mitläufer ausgestellt wurden.

Diese Jahre waren die 'Geburtsstunde' eines christlichen Lobbyismus in Deutschland, der seinesgleichen auf der Welt sucht. Unter Leugnung der eigenen Schuld brachte sich die katholische Kirche in die Positionen einer Verteidigerin der 'sittlichen Werte' eines Volkes, dem sie diese Werte allerdings erst wieder beibringen wollte.

In dieses politische und gesellschaftliche Vakuum hinein positionierte sie sich als moralische Autorität, was von vielen Deutschen dankbar angenommen wurde. Der Übergang von einer nationalsozialistischen Gesinnung zur autoritären Mentalität des dogmatischen, katholischen Klerus war unproblematisch – man musste nur weiter der Obrigkeit folgen.

Die Alltagsprobleme lagen ohnehin woanders – in den Hamsterfahrten, im Schwarzmarkt, im Überleben –, auch dort stand die katholische Kirche den Menschen hilfreich zur Seite mit 'elastischen Moralvorstellungen', dem 'Fringsen'. Der Erzbischof von Köln, Josef Kardinal Frings, hatte erklärt, dass der Diebstahl von Kohlen und anderem Lebensnotwendigen moralisch erlaubt sei, wenn man es sich denn nicht anders beschaffen könne.

*Parlamentarischer Rat.* Im Wiederaufbau demokratischer Strukturen waren 1946 bis 1948 erst Parteien auf Länderebene gegründet worden, Landtagswahlen hatten stattgefunden und Landesverfassungen waren formuliert worden.

Auf dem Weg zu einem nationalen Staats- und Politikgefüge tagte im August 1948 auch der „Verfassungskonvent" in Herrenchiemsee, der im Auftrag der Ministerpräsidenten der Länder die Grundsätze eines ersten Verfassungsentwurfs für den geplanten Parlamentarischen Rat ausarbeitete. Der Verfassungskonvent betonte die ausgeprägt föderale Struktur eines künftigen Staatsaufbaus und verzichtete, unter dem Aspekt der vorgesehenen Kulturhoheit der Länder, auf die Berücksichtigung von Kirchenfragen in einer Bundesverfassung.

Bei den Verfassungsberatungen der Länder, in denen die CDU maßgeblich war oder die Mehrheit hatte, waren die katholische Kirche und die CDU bereits aktiv gewesen und hatten christliche Grundsätze und Forderungen in den Verfassungen von Nordrhein-Westfalen, Rheinland-Pfalz, in Baden-Württemberg und in Bayern verankern können – wie die Bekenntnisschulen, das Elternrecht, das Erziehungsziel einer „Ehrfurcht vor Gott" –, die jetzt anscheinend in der Bundesverfassung nicht berücksichtigt werden sollten.

Der Vorsitzende der katholischen Fuldaer Bischofskonferenz, Erzbischof Josef Kardinal Frings schickte seinen Domkapitular Wolfgang Böhler, der zuvor bereits die katholischen Belange in NRW in die Verfassung hatte einbringen lassen, nach Bonn, um im Parlamentarischen Rat für „das Rechte" zu sorgen.

Der Parlamentarische Rat war aber eine anderen Situation als die katholisch-/CDU/CSU-dominierten Länder. CDU/CSU sowie die SPD standen sich mit 27 Mandaten 'gleich stark' gegenüber und das 'Zünglein an der Waage', wenn sich die beiden großen Fraktionen nicht auf einen Kompromiss einigen konnten, war die FDP, mit fünf Mandaten. Sie war damals, obwohl in Wirtschaftsfragen durchaus CDU-nah, deutlich antiklerikal. Das passte zu der Haltung des Präsidenten des Parlamentarischen Rates, Dr. Konrad Adenauer, der zwar katholisch, aber selbst nicht klerikal war. Nicht ohne Grund war die CDU als interkonfessionelle Partei konzipiert worden – für katholische wie evangelische Christen, auch wenn die Katholiken tatsächlich die Vormacht innehatten –, um die Partei des katholischen „Zentrums" der Weimarer Republik, in der katholische Prälaten das Sagen hatten, nicht wieder aufleben zu lassen.

Das beschlossene Grundgesetz wurde nicht durch ein Referendum legitimiert, da vor allem die Katholische Kirche (fehlendes „Elternrecht") und die Evangelische Kirche (Aufgabe der „Deutschen Einheit") dagegen waren.

In diesen Jahren wurden grundlegende Strukturen geschaffen, wie beispielsweise die Studenten-/Begabtenförderungswerke der Parteien und der Kirchen. Das funktioniert bis heute: „Alle für einen – Einer für alle".

Als Erfolg für die Kirchen wird genannt, dass die „Kirchenartikel" der Weimarer Reichsverfassung (136, 137, 138, 139 und 141) über Artikel 140 in das Grundgesetz inkorporiert wurden. Der wesentliche Erfolg der Kirchen wird dabei aber übersehen: Der erste Kirchenartikel der Weimarer Reichsverfassung, der Artikel 135, wurde *nicht* übernommen. Er lautet: „Alle Bewohner des Reichs genießen volle Glaubens- und Gewissensfreiheit. Die ungestörte Religionsübung wird durch die Verfassung gewährleistet und steht unter staatlichem Schutz. Die allgemeinen Staatsgesetze bleiben hiervon unberührt."

Die Auffassung, er wäre identisch mit Art 4 GG, übersieht das Wesentliche, den dritten Satz, der juristisch bedeutet: „Staatsgesetze haben Vorrang vor Religionsgeboten." Dieser fehlende Satz ist kirchenpolitisch einer der entscheidenden Unterschiede zwischen 'Weimar' und 'Bonn'. Er ist das Einfallstor für kirchliche Eigenwege und Sonderrechte, die es so in der Weimarer Republik nicht gegeben hatte.

# 3. Lobbyismus von außen

## 3.1. Die Kirchen

*Katholische Kirche / Deutsche Bischofskonferenz / Zentralkomitee der deutschen Katholiken / Evangelische Kirche / Synode der EKD*

„Kirche" ist im politikbezogenen Handeln eine Vielzahl von Organisationen, die versuchen, eigenständig oder koordiniert, auf Politik Einfluss zu nehmen. Aus dieser Vielzahl sollen nun die wichtigsten Akteure skizziert werden.

### 3.1.1. Katholische Kirche

Der Leitende Jurist des Katholischen Büros Bonn, Dr. Johannes Niemeyer, hat anschaulich beschrieben, wie die katholische Kirche bereits vor Gründung der Bundesrepublik Deutschland politisch aktiv war – auf vier unterschiedlichen Gleisen: „In der Weimarer Republik konnte wie im Kaiserreich vierspurig gefahren werden. Die Katholischen Verbände hatten ihre Kontakte und Einwirkungsmöglichkeiten vertraulicher und öffentlicher Art ebenso wie das – zwar nicht de iure, aber doch de facto katholische – Zentrum und die Bayerische Volkspartei, die deutschen Bischöfe hatten sie einzeln oder im Namen der Fuldaer Bischofskonferenzen ebenso wie der Vatikan, dieser vornehmlich über seine Nuntiatur." [Niemeyer, 1979, 70]

Der Politikwissenschaftler Dr. Antonius Liedhegener hat „die wichtigsten katholischen Organisationen im politischen Willensbildungsprozess" (in den Jahren 1975 bis 2000) benannt. In der Reihenfolge ihrer Wichtigkeit: 1. Deutsche Bischofskonferenz, 2. Zentralkomitee der deutschen Katholiken, 3. Kommissariat der Deutschen Bischofskonferenz / Katholisches Büro. [Liedhegener, 2006, 251] Das ist aber vermutlich eine eher hierarchisch richtige Reihenfolge.

*Deutsche Bischofskonferenz.* Berühmt-berüchtigt – und anscheinend heute noch gefürchtet – sind die „Hirtenbriefe" zur Bundestagswahl, die von allen Kirchenkanzeln verlesen wurden. Mit ihnen wurde unmissverständlich zur Wahl der CDU/CSU aufgerufen wurde. [Fitzek, 1981, passim] Nach dem II. Vatikanum (1965) wurde diese Absicht der Wahlbeeinflussung weniger. Als aber, wie der *Spiegel* schrieb, „die beiden einflußreichsten Vertreter einer wahrlich nur gemäßigten Öffnung zur Welt starben, der Münchner Erzbischof Julius Kardinal Döpfner (1976) und der Münsteraner Bischof Heinrich Tenhumberg (1979), war der Rechtsruck im Episkopat programmiert. Seither begann unter Führung des Kölner Kardinals Höffner und des Döpfner-Nachfolgers auf dem Münchner Bischofsstuhl, Ratzinger, der Rücklauf zu alten Zeiten: Was sich katholisch nennt, soll auf den rechtgläubigen Standpunkt gebracht werden. Die Säuberung nach innen lief an."

In einem Hirtenbrief gegen Staatsverschuldung, Bürokratisierung und gegen die Reform des Abtreibungsparagraphen 218 wurde die von SPD-Bundeskanzler Helmut Schmidt geführte Bundesregierung hart attackiert. Sie setzte sich sarkastisch zur Wehr. Schmidt: „Die Kirchen haben im Tagesgeschäft nichts verloren, die sollen sich gefälligst um das Grundsätzliche kümmern." Auf das Wahlverhalten hatte das jedoch keinen Einfluss, auch Katholiken wählten weiterhin die SPD.

1987 folgte als Vorsitzender der Bischofskonferenz auf Höffner der Mainzer Bischof Prof. Dr. Dr. Karl Lehmann, als 'liberal' geltend. Er suchte wieder das direkte Gespräch mit dem Bundeskanzler, mittlerweile der katholische CDU-Politiker Dr. Helmut Kohl. Die beiden, so heißt es, soll eine Art 'Männerfreundschaft' verbunden haben.

Sein Nachfolger, der Freiburger Erzbischof Dr. Robert Zollitsch (2008 bis 2014 Vorsitzender der Bischofskonferenz), war ein eher konservativer Mann der leiseren Töne. Nur selten wurde er öffentlich und politisch laut. So, als er am 23. Februar 2010 der Bundesjustizministerin Sabine Leutheusser-Schnarrenberger (FDP) ein Ultimatum von 24 Stunden setzte, ihre Äußerung zurückzunehmen, dass die katholische Kirche bei Verdachtsfällen des Kindesmissbrauchs durch Priester nicht konstruktiv mit den Strafverfolgungsbehörden zusammenarbeite. Nachdem sich die Bundesministerin sich – nach einer Intervention der Bundeskanzlerin – zu einem Gespräch bereit erklärt hatte, ließ der Vorsitzende der Bischofskonferenz das Ultimatum fallen. Ihre sachgerechte Äußerung korrigierte sie nicht.

Zollitsch bevorzugte es, hinter den Kulissen zu agieren. So soll er – als innerhalb der SPD eine Gruppe von laizistischen Sozialdemokraten die Anerkennung als Arbeitskreis beantragt hatte – an die seinerzeitige katholische SPD-Generalsekretärin Andreas Nahles einen persönlichen Brief geschrieben haben, auf den sie 'nervös' reagiert habe.

*Zentralkomitee der deutschen Katholiken (ZdK).* Das ZdK wurde 1952 auf Initiative des ersten Leiters des Katholischen Büros in Bonn, Prälat Wilhelm Böhler, neu gegründet. Vorläufer war das „Zentralkomitee der deutschen Katholikentage". Es ist die zentrale Repräsentanz der katholischen Laienorganisationen und steht CDU und CSU nahe.

Auf der folgenden Seite ist die verkleinerte Netzgrafik der Verbindungen der Mitglieder des ZdK abgebildet. Dafür wurden alle 226 Mitglieder des ZdK erfasst und recherchiert, welche Verbindungen sie haben, d. h. wo sie arbeiten, welche Funktion sie dort haben, wo sie noch Mitglied sind. Die Grafik verdeutlicht recht anschaulich, wie die Mitglieder des ZdK (in der Mitte der Grafik) in einer Art Spinnennetz mit allen wesentlichen politischen und staatlichen Organisationen verbunden sind. Die Grafik zeigt die vielfältigen Verbindungen von Mitgliedern des ZdK zu allen politischen und staatlichen Organisationen und Institutionen – vom Bundespräsidialamt bis zum Bundeskanzleramt und den Bundes- und Landesministerien, zu den Parteien, den Medien und Verbänden.

Dieser 'Chor' von 226 engagierten Katholiken bringt 84 'einfache' Basis-Katholiken der Diözesanräte, 97 Funktionäre der politischen Verbandsaktivisten und, als wesentlichen Faktor, 45 Einzelpersönlichkeiten der politikbezogenen Funktionselite zusammen.

Dass sich das ZdK durchaus eigenständig entwickelte, darf jedoch nicht darüber hinwegtäuschen, dass es sich 'zwischen Baum und Borke' befindet. Einerseits will man sich nicht von den Bischöfen, die immer noch Mitwirkungsrechte haben, lösen und das offizielle Etikett „katholisch" verlieren – ganz abgesehen von den fast zwei Millionen Euro, mit denen das ZdK vom Verband der Diözesen bisher finanziert wird. Andererseits ist man das Gegängele durch die konservativen Bischöfe leid. 2009 kam es zum Eklat, als der designierte neue Präsident des ZdK, Heinz-Werner Brockmann, vom Ständigen Rat der Deutschen Bischofskonferenz abgelehnt wurde. Dabei ging es jedoch vermutlich nicht so sehr um die Person, sondern um die generelle Ausrichtung des ZdK, die dem Klerus zu unabhängig geworden war. Nach langen Diskussionen wird Alois Glück, CSU, gewählt und bestätigt.

Da man als ZdK, mit den vielen Vertretern der Basis der Diözesankomitees, näher an der Lebenswirklichkeit der Katholiken ist, kommt es konsequenterweise auch zu Konflikten mit dem auf Dogmen bedachten Klerus.

Im Mai 2015 wies der Vorsitzende der Bischofskonferenz eine Erklärung des ZdK zur katholischen Ehepolitik als „vorschnell" und „plakative Forderung" zurück.

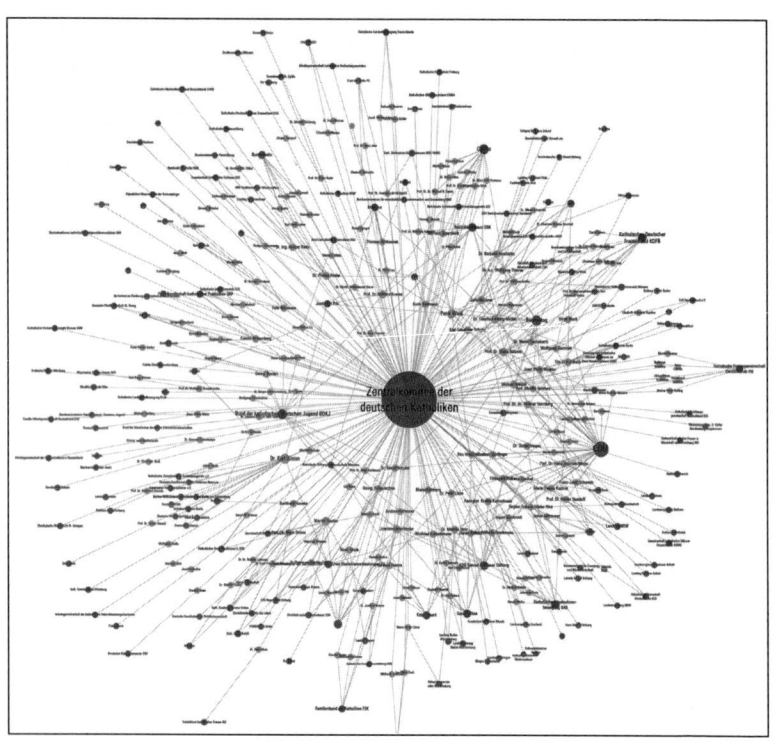

*Die Netzwerkgrafik der Verbindungen der Mitglieder des ZdK sprengt im Format die grafischen Darstellungsmöglichkeiten innerhalb dieses Buches und kann als skalierbare Vektorgrafik im Internet von der Internetseite zu diesem Buch kostenfrei herunter geladen werden: www.kirchenrepublik.de Als Ausdruckgröße ist DIN A0 (84 x 119 cm) oder größer sinnvoll.*

Die Kirchen 41

## 3.1.2. Evangelische Kirche

Im Gegensatz zur katholischen Kirche, die eine Zentrale besitzt (Vatikan in Rom) und die in der Form einer absoluten mittelalterlichen Monarchie 'von oben' geführt wird, ist die evangelische Kirche von den Gemeinden her organisiert (von unten nach oben) und Landeskirchen sind die oberste Organisationsebene. Die EKD ist nur der geduldete Dachverband.

Praxis: „Die Evangelische Kirche in Deutschland ist entgegen der sprachlichen Anmutung keine 'Kirche', sondern eine zugige Baracke, unter deren Dach sich 24 grundverschiedene Landeskirchen zur Bewältigung gemeinsamer Aufgaben zusammengefunden haben – ein Dachverband 'fürs politisch Grobe', wie Bischof Hartmut Löwe, Bevollmächtigter bei der Bundesregierung und der EU, diesen Bund aus Lutheranern, Unierten und Reformierten [1998] nannte." Aktuell sind es noch 20 Landeskirchen.

Während die katholische Kirche auf lange Jahrhunderte zurückblicken konnte, in denen sich Papst und Kaiser um die Führungsrolle gestritten haben, hatten sich die Evangelischen in Preußen, aufgrund der „Zwei-Reiche-Lehre", zudem recht auskömmlich alimentiert, im 19. Jahrhundert in der „Einheit von Staat und Kirche" als Staatskirche eingerichtet.

Das alles hat auch Konsequenzen für die Qualität, Zentralität und politische 'Durchsetzungskraft' evangelischer Organisationen, die vergleichsweise bescheiden ist.

*Synode der EKD.* In der Hinsicht, dass die Synode der EKD das höchste demokratische Gremium auf der Ebene der EKD darstellt, sind die Kirchenmitglieder dort recht abwesend. Von den 126 Mitgliedern der 11. Synode der EKD wurden 106 von den Synoden der Landeskirchen gewählt, die wiederum nach unterschiedlichen Regelungen gewählt werden, sei es von den Kirchenkreisen oder (einzig in der Ev. Landeskirche in Württemberg) von den Kirchenmitgliedern. Weitere 20 Mitglieder der 11. Synode der EKD wurden vom Rat der EKD berufen.

Eine Auszählung der Mitglieder der 11. Synode (Stand: 27.9.2013) nach den Berufstätigkeiten bringt das Ergebnis, dass 47 von ihnen (= 37,3 Prozent) Pastor/in, Propst, Superintendent/in, Äbtissin oder Theologen sind; 20 weitere Mitglieder sind Juristen, weitere neun Mitglieder sind Lehrer oder Pädagogen und neun Personen sind Politiker, vier aktive (wie Beckstein, Göring-Eckardt, Griese und Gröhe) und fünf a. D. (Staatsrat a. D., Bundesministerin a. D., Landrat a. D., Oberbürgermeisterin a. D.).

Diese vier Personengruppen stellen bereits mehr als zwei Drittel (67,4 %) der Synodalen, mehr als die Hälfte von ihnen sind studierte Theologen. Demokratie buchstabiert sich anders. Es ist eher die Dominanz einer konservativ-klerikalen Elite, in der die Kirchenbeamten und Juristen (die Exekutive) gleichzeitig die Mehrheit des Parlaments (der Legislative) bilden.

Die Tatsache, dass traditionell eine aktive bzw. ehemalige Bundespolitikerin den Vorsitz (= Präses) innehat, wie ehemals Katrin Göring-Eckardt (Bündnis 90/Die Grünen) und aktuell Irmgard Schwaetzer (FDP), verfälscht die Optik.

## 3.2. Kirchliche „Büros"

*Koordinationslehre oder Pluralismus / Automatischer Konsultationsprozess? / Rechtliche Grundlagen / Das Böckenförde-Diktum / Kirchlicher Lobbyismus und „Wächteramt" / „Wächteramt" auf Bundesebene / „Wächteramt" auf Landesebene / Politikbezogene Ökumene / Windschatten-Parität / Wirtschaft und Geldfluss im Raum der Kirchen / Regionale Rückbindungen / Verbände, Lobby-Register in Deutschland / Kirchen sind nicht als Lobbyisten registriert*

Für die kirchlichen „Büros" ist grundlegend, wie sich die Kirchen zum Staat positionieren.

*Koordinationslehre oder Pluralismus.* Bis Mitte der 1960er Jahre war die vorherrschende Auffassung auf Seiten der Kirchen die „Koordinationslehre", d.h. die Gleichberechtigung von Staat und Kirche – auf ʻAugenhöheʼ.

Zu Papier geworden ist diese kirchliche Auffassung in den Staat-Kirche-Verträgen bzw. Konkordaten – wie sie der Staat mit keiner anderen gesellschaftlichen Organisation abschließt – und in denen, wie im maßgeblichen Loccumer Vertrag (1955), der kirchliche Terminus „Öffentlichkeits*auftrag*" bestätigt wird, was jedoch aus unabhängiger staatlicher Sicht nur ein „Öffentlichkeits*anspruch*" ist.

Nach der Entscheidung des Bundesverfassungsgerichts (1965), dass der Staat, als „Heimstatt aller Staatsbürger", zur weltanschaulich-religiösen Neutralität verpflichtet ist, änderten sich die akademischen Sichtweisen. Die Kirchen meinten allerdings, als ʻHüterin der sittlichen Ordnungʼ seien sie nun „Partnerin des Staates" geworden, der sie gerade wegen seiner eigenen Neutralität benötigen würde.

Frage: Partnerschaft? Antwort der Kirchen: Ja, es handele sich doch um die gleichen Menschen. Faktenprüfung: Das stimmt nicht. Das Staatsvolk und die 20 Prozent gläubiger Christen bzw. die Anzahl formeller Kirchenmitglieder in der Bevölkerung sind nicht deckungsgleich.

Die Fakten ändern sich, aber die kirchlichen Ansprüche bleiben, auch wenn die Formulierungen dafür variieren. Das wäre ja normal, aber es braucht immer jemanden auf der politischen Seite, dass diese Ansprüche anerkannt und umgesetzt werden.

*Automatischer Konsultationsprozess?* Es geht im Folgenden nicht um die bekannte Tatsache, dass die kirchlichen Lobbyisten – ebenso wie andere Interessenvertreter – zu Anhörungen und Stellungnahmen aufgefordert werden. Das hat politisch Sinn und Transparenz.

Hier geht es darum, dass die kirchlichen Büros 'stillschweigend' im Entwurfsstadium von Gesetzen in einen 'automatischen' Konsultationsprozess seitens der Ministerialbürokratie einbezogen sind. Ein erstaunlicher und bemerkenswerter Vorgang, der rechtlich problematisch ist und zwar im Hinblick (1.) auf das verfassungsrechtliche Trennungsprinzip zwischen Staat und Kirche, (2.) einen automatischen, völlig ungeregelten Lobbyismus und (3.) auf das Prinzip der Amtsverschwiegenheit.

Zudem maßen sich die Kirchen ein „Wächteramt" und Kontrollfunktionen gegenüber dem Staat an, die ihnen verfassungsrechtlich nicht zustehen. Kurz: Ein solches Verfahren ist unhaltbar und rechtswidrig.

Über diese Konsultationen wird normalerweise nichts bekannt. Dass sie stattfinden, zeigen nicht nur die Belege aus den Archivmaterialien, sondern auch zwei aktuellere Beispiele und ein Vergleich.

Erstens: Der Leiter des Katholischen Büros Berlin-Brandenburg bedankt sich (am 11.2.2009) bei dem Staatssekretär im Ministerium für Wissenschaft, Forschung und Kultur des Landes Brandenburg für die Möglichkeit, zu einem Entwurf des Konzepts der Landesregierung zur Erinnerungskultur Stellung zu nehmen und verweist abschließend auf den katholischen Widerstand gegen Diktaturen in Deutschland („Zeugen für Christus").

Zweitens: Der Leiter des Katholischen Büros Stuttgart schreibt (am 25.10.2012) an den Ministerialdirektor im Ministerium für Ländlichen Raum und Verbraucherschutz Baden-Württembergs betreffs Verbandsklagerecht für staatlich anerkannte Tierschutzverbände: „... wir danken für die Zusendung. Wir haben als Kirche keinerlei Einwände." Was haben die Kirchen mit einem Verbandsklagerecht der Tierschutzverbände zu tun?

Die deutsche Situation wird auch durch den Unterschied zur Arbeit in Brüssel deutlich. Die Leiterin des dortigen EKD-Büros, Oberkirchenrätin Katrin Hatzinger, schreibt von ihrer Aufgabe als „Frühwarnsystem", was aber in Brüssel ungleich schwieriger sei. „So ist es zum Beispiel in Brüssel im Gegensatz zu Berlin keinesfalls üblich, dass die kirchlichen Vertretungen automatisch von den Kommissionsdienststellen zu aktuellen Gesetzesvorhaben konsultiert würden, selbst wenn sie Betroffene der Gesetzgebung sind." Was also tun? „Oft gilt es, 'das Gras wachsen zu hören' und frühzeitig, schon wenn eine Idee für eine neue Richtlinie oder Verordnung im Entstehen ist, mit den zuständigen Beamten Kontakt aufzunehmen und den Austausch über das Thema zu suchen. So ist es auch wenig verwunderlich, dass die Leitung der Dienststelle seit den Anfängen in den Händen eines Juristen beziehungsweise einer Juristin liegt." [Hatzinger, 2015, 213]

Das ist in Berlin und in den Bundesländern in der Praxis komfortabler. Und dort geschieht das in staatskirchenrechtlich korrekter Weise?

### 3.2.1. Rechtliche Grundlagen

Auf einer Tagung im Jahr 1979 (also dreißig Jahre nach Gründung der Bundesrepublik Deutschland und einer ebenso langen Existenz der beiden kirchlichen Büros), erörtert der stellvertretende Leiter des Katholischen Büros in Bonn, der Jurist Dr. Johannes Niemeyer, „Die rechtlichen Grundlagen der institutionalisierten Kontakte" und schreibt: „Es gibt keine Rechtsgrundlagen" und das sei hinsichtlich der Katholischen Büros „schon ein recht erstaunliches Phänomen, dass nirgendwo Befugnisse oder gar Ansprüche und Rechte nach innen oder außen festgelegt worden sind". Das sei, so berichtet er, die Folge der sehr flexiblen, „oft auf Personen abgestellten Kontaktarbeit". [Niemeyer, 1979, 74 f.]

Niemeyer referiert die vergangenen dreißig Jahre als „organische Entwicklung" und „gewachsene Strukturen". Das klingt nach einer 'Honoratioren-Republik', bei der man sich auf der persönlichen Ebene der politischen Elite freundlich begegnet und sich zum gegenseitigen Vorteil abspricht. Mit einer repräsentativen Demokratie auf der Grundlage rechtsstaatlicher Prinzipien hat das nichts zu tun.

Es fehlt ihm – und damit auch dem katholischen Büro – jegliches Unrechtsbewusstsein, dass eine derartige inhaltliche Zusammenarbeit von Kirchen und Staat gegen das Trennungsgebot des Art. 137 Abs. 1 WRV/ Art. 140 GG verstößt: „Es gibt keine Staatskirche". Diese Art der Zusammenarbeit ist rechtswidrig und deshalb kann sie auch nicht auf 'rechtliche Grundlagen' gestellt werden, sondern geschieht verdeckt. „Institutionalisierte Kontakte" suggeriert dagegen offizielle gesetzliche Regelungen über die Mitwirkung der Kirche in der politischen Willensbildung und den Gesetzesformulierungen.

Als Ergänzung, in einer Fußnote, heißt es dann noch: „Auch über unseren Betrachtungszeitraum hinaus hat sich an dieser Rechtslage praktisch nichts geändert. Die Ausnahme wiederum, welche die Regel bestätigt, ist ein Erlaß des Bundeskanzlers Anfang der 70er Jahre, in dem die Ministerien verpflichtet werden, Gesetzentwürfe, an denen die Kirchen interessiert sein könnten, diesen so frühzeitig wie möglich zuzuleiten."

Im Öffentlichen Recht ist ein Erlass die „Anordnung einer höheren Behörde an eine ihr untergeordnete Dienststelle, die die innere Ordnung der Behörde oder das sachliche Verwaltungshandeln betrifft". Dass Niemeyer selber diesen Erlass als Ausnahme beschreibt, macht skeptisch.

Den Gipfel an Unverfrorenheit trägt aber der seinerzeitige Leiter des Kommissariats, Wilhelm Wöste, bei, wenn er in einem Beitrag für das *Handbuch des Staatskirchenrechts der Bundesrepublik Deutschland* (1975) schreibt: „Die Mitarbeit der Kommissariate an den einzelnen Gesetzgebungsvorhaben geschieht in allen in Betracht kommenden Stadien, die eine Gesetzesvorlage in der modernen Demokratie durchläuft. Die Bundesministerien sind durch Erlaß gehalten, die Kirchen über bevorstehende Gesetzesvorhaben frühzeitig zu informieren." [Wöste, 1975, 290]

Das ist schlicht die Unwahrheit – wie die weitere Recherche ergab. Im Evangelischen Zentralarchiv in Berlin ist dieses Schreiben zu finden. Dabei zeigte sich Überraschendes. Es handelt sich nicht um einen „Erlass", der ja zumindest eine gewisse Rechtsqualität hätte, sondern um einen einfachen Brief von Bundeskanzler Willy Brandt mit einer Bitte an seine Ministerkollegen, der den beiden kirchlichen Büros durch ein Schreiben von Bundeskanzleramtsminister Horst Ehmke (vom 13.11.1970) zur Kenntnis gebracht wird: [EZA 87/691]

„Hochverehrter Herr Bischof,
der Herr Bundeskanzler hat in einem Schreiben an alle Mitglieder des Kabinetts die Herren Bundesminister gebeten, bei der Erarbeitung von Reformmaßnahmen frühzeitig auch die Kirchen um ihre Stellungnahme zu bitten.
Ich darf Ihnen einen Abdruck dieses Schreibens mit der Bitte im Kenntnisnahme in der Anlage zukommen lassen."

Das Schreiben von Bundeskanzler Willy Brandt (ebenfalls vom 13.11.1970) hat folgenden Inhalt:

„Sehr geehrter Herr Kollege,
wie Sie wissen, befassen sich die Kirchen in unserer Zeit intensiv mit Fragen unserer Gesellschaft und haben – gerade auch aus ihrer praktischen sozialen Arbeit heraus – viel zur Lösung der Staat und Gesellschaft heute bedrängenden Probleme beizutragen.
Es erscheint mir deshalb wichtig, daß die Kirchen generell bei der Erarbeitung von Reformmaßnahmen durch die Bundesregierung zur Mitwirkung herangezogen werden, auch wenn sie nicht unmittelbar berührt sein sollten. Die Kirchen sollten bereits im Entstehungsstadium eines Gesetzentwurfs um ihre Stellungnahme gebeten werden.
Ich wäre Ihnen dankbar, wenn Sie persönlich im Bereich Ihres Hauses dafür Sorge tragen würden, daß auf diese Weise ein frühzeitiger Meinungs- und Erfahrungsaustausch mit den Kirchen sichergestellt wird. An die übrigen Mitglieder des Kabinetts habe ich ein gleichlautendes Schreiben gerichtet."

Ein Schreiben mit einer Bitte. Mehr nicht. Zudem nur für anstehende „Reformmaßnahmen". Der Leitende Jurist des Katholischen Büros, der es als „Erlass" darstellt, wusste, warum er diesem vorgeblichen „Erlass" keine Rechtsqualität beimaß. (Ein Erlass ist zudem als interne Arbeitsanweisung anzupassen oder abzuändern, sofern sich eine Nichtvereinbarkeit mit Rechtsnormen ergibt oder geänderte Verhaltensweisen dies fordern.)

Diese 'Lücke' eines 'rechtsfreien Raums' müsste eigentlich durch ein förmliches Gesetz geschlossen werden. Aber was macht der Jurist Niemeyer, der juristisch gesehen, keinen 'Boden unter den Füßen hat', er schwingt sich zum Pathos auf, dass die Zusammenarbeit von Staat und Kirchen „Mittel zu einem höheren Zweck" sei. Es habe „seinen Inhalt, seinen Rang und seine Maßstäbe von den beiderseitigen Bemühungen, in je unverkürzter Eigenständigkeit dem Menschen, seinem Heil und seinem Wohl zu dienen. Diese suprema lex steht auch über den institutionalisierten Kontakten, in denen sich das Verhältnis beider Institutionen Tag für Tag manifestiert und fortentwickelt." [Niemeyer, 1979, 69]

Auch aktuell, im persönlichen Gespräch, löst eine derartige Infragestellung der rechtlichen und politischen Grundlagen der kirchlichen Lobbytätigkeit nur Erstaunen und Verwunderung bei den kirchlichen Beteiligten aus, denn „natürlich" haben die Leiter des evangelischen und katholischen Büros direkten Zugang zu den Bundesministern bis hin zur Bundeskanzlerin.

Dr. Kristian Buchna, der die Gründungsphase der Bundesrepublik Deutschland und dabei die Rolle der Kirche detailliert untersucht hat, schreibt dazu – in Zitierung des Juristen und späteren Bundesverfassungsrichters Prof. Dr. Ernst Gottfried Mahrenholz –, dass die Büros der Kirchen seit dem Parlamentarischen Rat eine „de-facto-Akkreditierung" hätten. [Buchna, 2014, 396] Befinden wir uns hier im Rechtsbereich des Grundgesetzes des Kölner Karnevals? „Artikel 1: Et es, wie et es. (Es ist, wie es ist.) Sieh den Tatsachen ins Auge."

Wenn man es richtig liest, dann wird deutlich, dass die beiden Kirchen mit ihren Büros – ohne dazu irgendeine demokratische Legitimation zu haben, nur in der Akzeptierung ihres eigenen Anspruchs durch die ihnen zugeneigten Politiker – in den Gesetzgebungsprozess der Bundesrepublik seit Beginn komplett als nicht-staatlicher Akteur und ohne demokratische Legitimation integriert sind.

Damit wird die Basis des Staatsaufbaus einer Demokratie, die Gewaltenteilung, aufgehoben und – durch die Kirchen beansprucht und von Politikern akzeptiert – ad absurdum geführt.

Dabei geht es nicht um die Büros selbst – da haben die Kirchen, wie jede andere Lobbyorganisation, die Möglichkeit so viele Büros zu installieren, wie sie es für richtig befinden –, sondern es geht um die 'Verfilzung' mit Parlamentariern und der Ministerialbürokratie, in der die Kirchen inhaltlich als eine Art unsichtbare Nebenregierung aktiv sind.

Auf evangelischer Seite wird der Loccumer Vertrag (von 1955) als Grundlage für die Arbeit der evangelischen Büros angesehen, da er, wie der Kirchenfunktionär Dr. Patrick Schnabel schreibt, „einen strukturierten Dialog zwischen Landesregierung und Landeskirchen vorsieht". [Schnabel, 2014, 157] Um aber aus den „regelmäßigen Begegnungen" von Landesregierung und Kirchenleitung die Rechtmäßigkeit eines „strukturierten Dialogs" persönlicher Kontakte abzuleiten, der für die Ministerialbeamten die Aufhebung ihrer Verschwiegenheitspflicht, d.h. ein Dienstvergehen, bedeuten könnte, muss man anscheinend Kirchenlobbyist sein.

In der Gemeinsamen Geschäftsordnung der Bundesministerien (GGO), in der es in § 47 um die „Beteiligung von Ländern, kommunalen Spitzenverbänden, Fachkreisen und Verbänden" geht, werden die Kirchen nicht erwähnt.

Auch der juristische Stellvertreter des Bevollmächtigten des Rates der EKD, Dr. Joachim Gaertner, hat sich mit dieser Frage auseinandergesetzt.

Ihm bleibt als Juristen nichts anderes übrig, als sich auf das „Gewohnheitsrecht" zu beziehen. Und falls das nicht mehr gehen sollte, es gibt genügend „politisch Verantwortliche", die schon von alleine darauf achten, dass die Interessen der Kirchen nicht „diametral" verletzt werden. Zudem meint er: „Eine Nichtbeteiligung der Religionsgemeinschaften an der Vorbereitung von Gesetzen, die ihre Belange berühren, wäre jedoch zweifellos eine unzulässige Diskriminierung. Dabei ist es eine gute Übung, daß man kirchliche Belange nicht in einem engen Sinne versteht." [Gaertner, 211, 266 f.] Das ist gleichbedeutend damit, dass die Kirchen vorgeben, inwiefern sie beteiligt werden wollen.

Insofern gibt es keine staatsrechtliche Grundlage für eine umfassende informelle oder formelle Beteiligung der Kirchen an den Entwürfen im Gesetzgebungsprozess.

Der bereits erwähnte Leitende Jurist des Katholischen Büros, Dr. Johannes Niemeyer, zieht (bereits 1971) seine eigenen Schlussfolgerungen, in denen er dieses Fehlen rechtlicher Grundlagen noch einmal betont, aber von der „Furcht" der staatlichen Stellen schreibt und sie gleichzeitig warnt, dass bei einer Nichtbeteiligung der Kirchen ein politischer und publizistischer „Flurschaden" entstehen könne.

Damit benennt der katholische Leitende Jurist das Hauptargument, warum staatliche Stellen die Türen nicht verschlossen halten: die Furcht vor den Folgen eines solchen 'Versäumnisses'. Als ersten Abschluss seiner Betrachtung mahnt der Jurist aber nicht etwa eine Art juristische 'Nachbesserung' an, sondern ist sich sehr sicher, dass diese fehlende Rechtsgrundlage den Kirchen zum Vorteil gereicht.

Und am Ende des gesamten Artikels schreibt Niemeyer noch einmal, dass es niemals ein „Gerüst von Rechtsvorschriften" gegeben habe und dass das auch nicht angestrebt werde. Was heißt, dass dieser 'rechtsfreie' Raum, wenn er denn schon in der 'Ausnahmesituation 1948/1949' so entstanden ist, vorsätzlich so beibehalten wurde.

Was also die nationalen kirchlichen „Büros" anbelangt, ist nichts geregelt. Und dann könnten einem wieder die Tränen in die Augen kommen, wenn man nicht wüsste, dass da ein Kirchenlobbyist bei der Arbeit ist: Die Verbindungsstellen könnten „immer nur hoffen, dass ihre Argumente und Arbeit beim Staat Früchte tragen [...]". Von dem zuvor angedrohten „Flurschaden" bei Nichtbeachtung ist plötzlich keine Rede mehr.

Als Anmerkung: Dr. Johannes Niemeyer war vor seiner Arbeit für das Katholische Büro in Bonn vier Jahre im Bundesjustizministerium tätig.

Frage: Ist er von Juristen für diese 'Arbeit im rechtsfreien Raum' jemals kritisiert worden? Nein, im Gegenteil: Für seinen Einsatz im Katholischen Büro erhielt er das Großkreuz des päpstlichen Gregoriusordens und das Bundesverdienstkreuz. Nach Auskunft des Katholischen Büros in Berlin ist er der einzige Mitarbeiter, der jemals so dekoriert wurde.

Es ist eigentlich zum Schreien makaber, wenn es nicht so ernst wäre: Zwei Organisationen (die beiden großen Kirchen in Deutschland), die im Ersten Weltkrieg mit ihren Predigten unzählige Männer in den „Heldentod" getrieben haben, die mit zu den Totengräbern der Weimarer Republik gehörten, die, bis auf wenige benennbare Ausnahmen, keine Gegner der Nationalsozialisten waren, die nach dem für Deutschland verlorenen Zweiten Weltkrieg über die (katholische) „Kloster-/Rattenlinie" und die (evangelischen) Hilfswerke Nazi-Verbrechern zur Flucht verhalfen oder vor langen Freiheitsstrafen bewahrten, die erst 1965 (II. Vatikanisches Konzil) und 1985 (EKD-Denkschrift) ihren formalen Frieden mit der Demokratie formulierten, diese beiden Organisationen sind seit 1949 ungestört dabei, an den gesetzgebenden demokratischen Institutionen (den Parlamenten) vorbei – im Schulterschluss mit der Ministerialbürokratie – ihre Vorstellungen zu Gesetzen werden zu lassen. Und das Ganze nennt sich dann „Gewohnheitsrecht"?

Um es noch einmal unmissverständlich zu sagen: Die Kirchen sind nicht berechtigt – im Sinne von Rechtsgrundlagen –, über die Entwürfe von Gesetzesvorlagen informiert zu werden. Ein derartiger Anspruch und eine entsprechende Praxis sind illegal.

Aber das Ganze läuft „wie geschmiert", schließlich gehören die Kirchen, wie es einer der kompetentesten Kenner der deutschen Kirchenlandschaft, Matthias Drobinski von der *Süddeutschen Zeitung*, schreibt, „zu den bestens abgesicherten Institutionen im Land". [Drobinski, 2014, 111]

Und diese 'nicht geregelte' Form der Zusammenarbeit zwischen den kirchlichen Büros und der Ministerialbürokratie steht in einem eigenartigen Kontrast zu dem, was ansonsten staatskirchenrechtlich alles geregelt ist.

Prof. Dr. Joseph Listl, einer der anerkanntesten Staatskirchenrechtler der Nachkriegszeit, kommt (1979) in einer Betrachtung des Staatskirchenrechts in der Zeit der Adenauer-Ära – nach einer seitenlangen Aufzählung, was alles zu Gunsten der Kirchen geregelt wurde – zu dem Resümee, dass für die Kirchen in der „wieder gewonnenen Kirchenfreiheit" und einer „Epoche eines in rechtlicher Hinsicht unbeschwerten Aufbaus der staatskirchenrechtlichen Ordnung der Bundesrepublik Deutschland und einer weithin problemlosen freundschaftlichen Kooperation zwischen dem Staat und den Kirchen" ein „Maximum von Wirkmöglichkeiten" geschaffen worden ist, was die Kirchen „geradezu überfordert". [Listl, 1979, 39]

Bereits Mitte der 1960er Jahre hat der Staatsrechtler Prof. Dr. Konrad Hesse Grundsätzliches zur Thematik des Verhältnisses von Staat und Kirche geschrieben. Dazu muss angemerkt werden, dass Hesse von 1952 bis 1956 als Referent am Kirchenrechtlichen Institut der Evangelischen Kirche in Göttingen gearbeitet hat und von 1968 bis 1976 Vorsitzender des Schiedsgerichtshofs der Evangelischen Kirche war. 1975 bis 1987 war er Richter des Ersten Senats des Bundesverfassungsgerichts.

Hesse geht von dem Ende der „Koordinationslehre" aus und betont die Unterschiedlichkeit von demokratischem Staat und verfasster Kirche, die er als ein „geistliches Gemeinwesen" sieht, das sich aus der Mitwirkung an den Aufgaben des demokratischen Gemeinwesens herauszuhalten habe. Der Christ als Bürger ist in seiner Teilhabe gefordert, sich politisch einzumischen: „Die notwendigen Elemente einer solchen Zuordnung ergeben sich aus dem Wesen und den Aufgaben des demokratischen Staates als eines weltlichen, dem Auftrag der Kirche als eines geistlichen Gemeinwesens." [Hesse, 1965, 354]

Um es noch einmal klar zu schreiben: Christen und Kirchen als politikbezogene Akteure – wie auch andere Bürger und Verbände? Ja. Kirchen als Mitwirkende in der staatlichen Gesetzgebung? Nein. Dem ist nichts hinzuzufügen.

Tatsächlich haben sich die Kirchenfunktionäre in der Praxis nicht darum gekümmert, was die meisten Akademiker meinten. Ihr religiöses 'Sendungsbewusstsein' gegenüber dem Staat ist unbekümmert anspruchsvoll. Sie verstehen sich immer noch als gleichberechtigt.

Und dass sie, als Theologen, sich wie Politiker einmischen – ohne dazu ein demokratisches Mandat zu haben – ruft noch nicht einmal ein Stirnrunzeln hervor.

Wie man das Kunststück vollbringt, zwar keine Rechtsgrundlagen für seine Arbeit zu haben, aber dennoch als legitim angesehen zu werden, das zeigt u. a. die Aktivität der Mitglieder des „Beraterkreises in Fragen des Staatskirchenrechts" unter Anbindung an beide Büros. (Dazu weiter unten Genaueres.)

Maßgeblich von den Mitgliedern dieses Beraterkreises beeinflusst, erscheint 1975 zum ersten Mal das *Handbuch des Staatskirchenrechts der Bundesrepublik Deutschland*. [Friesenhahn, 1974/1975] In diesem zweibändigen Grundlagenwerk werden, unter der Autorennennung der Leiter Bischof Kunst und Prälat Wöste, im Abschnitt „Die Tätigkeit der Kirchen und Religionsgemeinschaften im politischen Gemeinwesen" zwei Artikel zu den „Verbindungsstellen zwischen Staat und Kirchen" publiziert. Damit wird den Büros eine (vermeintliche) Legalität zugesprochen, die niemand in Frage stellt. Das ist eine vorsätzliche Täuschung.

### 3.2.2. Das „Böckenförde-Diktum"

Was macht ein kluger Lobbyist, der keinen Rechtsanspruch hat, um trotzdem inhaltlich mitzumischen? Er baut sich selbst einen zumindest moralischen Anspruch. Das hat mit dem „Böckenförde-Diktum" funktioniert.

Der Jurist Ernst-Wolfgang Böckenförde hatte 1964 eine Abhandlung geschrieben, in der es vollständig heißt: „Der freiheitliche, säkularisierte Staat lebt von Voraussetzungen, die er selbst nicht garantieren kann. Das ist das große Wagnis, das er, um der Freiheit willen, eingegangen ist. Als freiheitlicher Staat kann er einerseits nur bestehen, wenn sich die Freiheit, die er seinen Bürgern gewährt, von innen her, aus der moralischen Substanz des einzelnen und der Homogenität der Gesellschaft, reguliert. Andererseits kann er diese inneren Regulierungskräfte nicht von sich aus, das heißt mit den Mitteln des Rechtszwanges und autoritativen Gebots zu garantieren suchen, ohne seine Freiheitlichkeit aufzugeben und – auf säkularisierter Ebene – in jenen Totalitätsanspruch zurückzufallen, aus dem er in den konfessionellen Bürgerkriegen herausgeführt hat." [Böckenförde, 1967, 93]

Diese formal richtige Aussage, dass die Freiheit dort endet, wo der Zwang beginnt, wurde nun von interessierter kirchlicher Seite zu einem Diktum verkürzt, das nur noch den ersten Satz zitiert: „Der freiheitliche, säkularisierte Staat lebt von Voraussetzungen, die er selbst nicht garantieren kann." Punkt. Nein, Fortsetzung: „Diese Voraussetzungen schaffen die Kirchen. Deshalb ist der Staat auf die Kirchen angewiesen."

Das ist einer der wohl am meisten, hundertfach zitierten Sätze, ein „Mantra" des kirchlichen Lobbyismus. Wenn ihn jemand sagt – sei es Kardinal Lehmann, Volker Kauder, Thomas de Maizière ... – ist das der eindeutige Indikator, dass es sich um einen Kirchenlobbyisten handelt.

Böckenförde selbst hat dieser Vereinnahmung durch die Kirchen mehrfach widersprochen, es nützt nichts. Der Schluss seines Artikels, einen Absatz im Anschluss an dieses 'Diktum' lautete: „Es führt kein Weg über die Schwelle von 1789 zurück, ohne den Staat als die Ordnung der Freiheit zu zerstören. [...] So wäre denn noch einmal — mit Hegel — zu fragen, ob nicht auch der säkularisierte weltliche Staat letztlich aus jenen inneren Antrieben und Bindungskräften leben muß, die der religiöse Glaube seiner Bürger vermittelt. Freilich nicht in der Weise, daß er zum 'christlichen' Staat rückgebildet wird, sondern in der Weise, daß die Christen diesen Staat in seiner Weltlichkeit nicht länger als etwas Fremdes, ihrem Glauben Feindliches erkennen, sondern als die Chance der Freiheit, die zu erhalten und zu realisieren auch ihre Aufgabe ist."

Das verkürzte 'Diktum' wird garniert mit „Professor" und „Bundesverfassungsrichter" – was er beides noch nicht war, als er es 1964 schrieb – und wer wagt es schon, gegen eine derartige „Kapazität" etwas zu sagen.

Und der Satz, wie die Kirchen ihn sich zusammengelogen haben, zielt auf kreatürliche Dimensionen: Der Staat = „Vater Staat", ist selbst gebärunfähig, dafür braucht er die „Mutter Kirche" – und die beiden müssen natürlich verheiratet sein.

Was für eine kluge Verpackung für ein – aus staatlicher Sicht – völlig unbegründetes Anspruchsdenken der Kirchen.

Die Ironie dabei ist, dass das behauptete Böckenförde-Diktum ebenso und gerade für die Kirchen gilt: Auch sie leben, in der gleichen Logik, von Voraussetzungen, die sie selbst nicht garantieren können: praktisch alle ethischen Prinzipien sind unter Christen umstritten. Deutlich wird dies u. a. an der Priesterweihe für Frauen und der Homosexualität.

### 3.2.3. Kirchlicher Lobbyismus und „Wächteramt"

Die Kirchen selbst verstehen ihre politische Arbeit als dem Gemeinwohl aller Bürger Deutschlands verpflichtet. Sie beanspruchen – wie „Muttern" – ein „Wächteramt" im Dienste der Menschen und der Demokratie, während die anderen Verbandslobbyisten als Vertreter einer begrenzten Klientel mit eindimensionalen und daher egoistischen Interessen angesehen werden.

Die Leugnung der eigenen wirtschaftlichen Interessen und die Parallelstellung zum Staat sagen schon sehr viel über das Bild aus, das die Kirchen (lobbyistisch) von sich selbst in die Öffentlichkeit tragen.

Auch wenn zugegeben wird, dass die Kirchen als Lobbyisten auftreten, so wird dann umgehend unterstrichen, dass die Kirche mehr sei, als nur ein Bündel von benennbaren, vorwiegend finanziellen Interessen, sondern eine weitere, eine spirituelle Dimension habe, die sich jeder politischen oder soziologischen Bewertung entziehe.

Allerdings kann man diesen Gedanken eines „Wächteramtes" ganz praktisch sehen. Als Beispiel beobachtet das Katholische Büro in Berlin auch recht genau, was im Bundesministerium für Umwelt, Naturschutz, Bau und Reaktorsicherheit so vor sich geht. Der Grund dafür ist vordergründig nicht mit kirchlichem Handeln verbunden, aber die Kirchen sind, als größter Immobilienbesitzer nach dem Staat (rund 87.000 Immobilien), von staatlichen Regulierungen hinsichtlich des Bauwesens direkt betroffen und sie passen daher auf, dass dort möglichst keine Regelungen getroffen werden, die für ihren Immobilienbestand finanziell nachteilig wären.

Auch wenn diese Eigeninteressen konkret benannt werden – irgendwann wird es lächerlich, diese Tatsachen zu verleugnen –, so wird sofort wieder das Gemeinwohl darübergestülpt. Jüsten und Reimers, die beiden Leiter der kirchlichen Lobbybüros in Berlin, formulieren es (2002) so: „Es gibt nur wenige Felder, wo die Kirchen nicht direkt oder indirekt Auswirkungen von Gesetzen spüren. Je nach dem Sachverhalt suchen sie ihre Interessen zu sichern. Dabei müssen sie aber immer das Gemeinwohl im Auge behalten, denn sonst liefen sie Gefahr, Akteure zu werden, deren Einzelinteressen über dem Gesamtinteresse stünden. Unter solcher Art der Interessenvertreter leidet aber das Gemeinwesen. Deshalb sind die Kirchen im Konzert der Lobbyisten immer um den Ausgleich bemüht. Dieses Ausgleichen liegt auch deshalb nahe, weil in ihnen selbst die unterschiedlichen Interessen vertreten werden." [Reimers, 2002, 228]

Der Beauftragte der evangelischen Kirche in Rheinland-Pfalz, Kirchenrat und Pfarrer Dr. Thomas Posern, hat (im November 2010) auf einem Symposium des Evangelischen Arbeitskreises der CDU und der Jungen Union theologische Ausführungen zum Öffentlichkeitsauftrag der evangelischen Kirche gemacht, die bemerkenswert sind.

Im Kern heißt es darin, dass dieser Auftrag direkt von Gott kommt und damit der menschlichen Entscheidung, auch der Kirche selbst, entzogen ist. Allerdings ist die evangelische Kirche nicht im Besitz der Wahrheit, sie ist die Kirche der Freiheit – jedes Einzelnen, der selbst schauen muss, wie er die Wahrheit Gottes im Glauben ergreifen kann.

Die beiden großen Amtskirchen in Deutschland stecken allerdings in einem Dilemma. Der eigene Anspruch der Besonderheit „göttlicher Stiftung" wird erst dadurch wirksam, indem die säkulare Politik diese Sichtweise bestätigt und z. B. die beanspruchte „Partnerschaft" zwischen Staat und Kirche vertraglich vereinbart. Insofern müssen die beiden Großkirchen die Politik beeinflussen, das auch zu tun. Sie sind gezwungen, das Staat-Kirche-Verhältnis unter „kirchenleitender Kontrolle" zu halten, wie der stellvertretende Bevollmächtigte der EKD, Hermann Kalinna, es einmal formulierte, „damit das Verhältnis Staat-Kirche nicht der Steuerung durch die Kirchenleitung entgleitet". [Kalinna, 1995, 195]

Mit einer solchen Sichtweise, die ja der Realität entspringt, wird der Staat zum devoten Deppen degradiert.

Dem entspricht, dass Kirchenvertreter bei Diskussionen, beispielsweise zum kirchlichen Arbeitsrecht – wenn von Säkularen vorgeschlagen wird, dass sie das Betriebsverfassungsgesetz in ihren Einrichtungen anerkennen sollten, mit dem ja auch ein Tendenzschutz gewährleistet sei –, von „Unterwerfung" und „Rückzug" sprechen. Die Vorstellung – und damit auch der Begriff – der „Angleichung" ist ihnen offensichtlich fremd.

*„Wächteramt" auf Bundesebene:* Zu den bereits genannten Themenfeldern, in denen die Kirchen politikbezogen aktiv sind, zeigt ein Blick in die Handakten des evangelischen Bevollmächtigten bei der Bundesrepublik Deutschland, zu welchen Themen, bezogen auf welche Bundesministerien, für die Jahre 1945 bis 1999, eine bzw. mehrere Akten angelegt wurden.

1. Bundesministerium für Arbeit und Sozialordnung: Rentenreform / Rentenversicherung / Gesetz zur betrieblichen Altersvorsorge / Ladenschlußgesetz / Arbeitslosigkeit / Diakonisches Jahr – Bethel / Arbeitssicherheits- und Jugendarbeitsschutzgesetz / Berufsausbildungsgesetz / Betriebsverfassung und Mitbestimmung / Betriebsverfassungsgesetz / Betriebsverfassungsgesetz und Arbeitsförderungsgesetz / Sozialversicherung und Betriebsverfassungsgesetz / Sozialversicherung und Sozialgesetzbuch / Ausländische Arbeitnehmer / Sozialgesetzbuch / Bundessozialhilfegesetz / Arbeitsrecht / Arbeitsschutzgesetz / Soziale Sicherung der Frau / Sozialethischer Arbeitskreis.
2. Bundesministerium des Inneren (BMI): Polizeigesetz / Personenstandsgesetz / Personenstandsgesetz und Dienstanweisung für Standesbeamte / Statistik / Raumordnung und Stille Feiertage / Gräbergesetz / Bundesmeldegesetz und Datenschutzgesetz / Volkszählungsgesetz / Nationale Stiftung „Hilfswerk für das behinderte Kind" (Contergan) / Ausländerpolitik / Ausländergesetz / Asylrecht / Ostpfarrerbundesabkommen / Ostpfarrerversorgung nach Art. 131 des Grundgesetzes / Bundesentschädigungsgesetz / Besoldungsneuregelungsgesetz / Bundesbesoldungsgesetz / Sammlungsgesetz / Bundesleistungsgesetz und Rentenversicherungsgesetz / Beamtenrahmengesetz / Beamtenrecht / Personalvertretungsgesetz / Staatsangehörigkeitsgesetz / Entwurf der Bundesregierung für eine „Notstandsverfassung" / Notstandsgesetzgebung / Notstandsrecht und Katastrophenschutzgesetz / Kulturgutschutzgesetz / „Preußischer Kulturbesitz" (Gesetzesentwurf) / Denkmalschutz / Europäisches

Denkmalschutzjahr / Seelsorge beim Bundesgrenzschutz / Rundschreiben des BMI / Einreisevisa.
3. Bundesministerium für Finanzen: Kreditwesengesetz / Grundsteueränderungsgesetz / Wiedergutmachung an Nationalgeschädigten / Bundesentschädigungsgesetz / Reparationsschädengesetz / Grunderwerbssteuergesetz / Kirchensteuern / Kirchensteuerfragen / Grundsatzfragen des Kirchensteuerrechts (Kirchenlohnsteuer, Lohnsteuerabzug) / Kirchensteuer bei glaubensverschiedenen Ehen / Kirchenaustritte der EKD / Staatssteuern / Reichsabgabenordnung / Umsatzsteuer / Staats-, Umsatz- und Grundsteuer / Grundsteuer für Dienstgrundstücke / Steuerkommission der EKD / Einkommenssteuerreform / Einkommens- und Körperschaftssteuer / Steuerreform / Bundeshaushalt / Finanz- und Steuerreform / Allgemeine Verwaltungsvorschrift über die Änderung der Einkommensteuerrichtlinien (Entwurf) / Finanzgerichtsordnung / Gemeinnützigkeitsverordnung / Steuer- und Zollvergünstigungen für Mitgliedsorganisationen des Council of Voluntary Agencies.
4. Bundesministerium für Familien- und Jugend: Verschiedene Verordnungen und Gesetze des Bundesministerium für Familien- und Jugendfragen (BMFa) / Reform des Ehe- und Familiengesetzes / Familienfragen / Familienrechtskommission / Neuregelung des Kindergeldgesetzes / Neuregelung elterlicher Sorge / Eherecht / Jugendfragen / Jugendprobleme / Gesetze über Fremdenlegion, Jugendschutz und Landjugend / Jugendarbeitsschutzgesetz / Sozialausschuß der evangelischen Jugend Deutschlands / Bundesjugendplangesetz / Jugendschutzgesetz / Ausbildungsförderungsgesetz / Jugendhilfegesetz.
5. Bundesministerium für Familie, Jugend und Gesundheit: Krankenhausfinanzierungsgesetz / Krankenversicherungsdämpfungsgesetz / Evangelischer Krankenhausverband – Krankenhausreform – Finanzierungsgesetz / Gesundheitssicherstellungsgesetz / Krankenpflegeausbildung.
6. Bundesministerium für Ernährung, Landwirtschaft und Forsten: Bundesministerium / Natur- und Tierschutz.
7. Bundesministerium für Verkehr: Hinweisschilder auf Gottesdienste.
8. Bundesministerium für Post- und Fernmeldewesen: Sondermarken der Post (Bundesministeriums für das Post- und Fernmeldewesen) / Lehrgänge für Postbedienstete.
9. Bundesministerium für Wohnungsbau: Wohnungsbau- und Familienheimgesetz / Baugesetze / Bundesbaugesetz / Mietrecht und Städtebauförderungsgesetz / Wohnungswesen / Städtebauförderungsgesetz / Bundesministerium für Raumordnung, Bauwesen und Städtebau.
10. Bundesministerium für Wirtschaft (BMWi): Wirtschaftliche Lage / Stabilitätsgesetz / Filmförderungsgesetz / Änderung der Gewerbeordnung.
11. Bundesministerium für wirtschaftliche Zusammenarbeit.
12. Bundesministerium für innerdeutsche Beziehungen / BM für gesamtdeutsche Fragen: Beihilfeanträge an das Bundesministerium für gesamtdeutsche Fragen / Beihilfeanträge der Arbeitsgemeinschaft Evangelische Jugend / Abrechnun-

gen mit dem Bundesministerium für gesamtdeutsche Fragen / Kuratorium Unteilbares Deutschland / Korrespondenz mit dem Bundesministerium für gesamtdeutsche Fragen / Kulturelle Hilfe für die Bevölkerung in der sowjetisch besetzten Zone.
13. Bundesministerium der Justiz: Strafrechtsbereinigungsgesetz des Bundesministeriums der Justiz (BMJ) / Urheberrechtsreform / Urheberrechts- und Beurkundungsgesetz / Novellierung § 52 Urheberrecht / Beurkundungsgesetz / Reform der Zivilprozeßordnung / Notarrecht / Einführungsgesetz zum Strafgesetzbuch / Strafrechtsreform / Verschiedene Einzelfälle (Rechtshilfe) / Reform des Paragraphen 184 des Strafgesetzbuches / Reform des Paragraphen 218 des Strafgesetzbuches / Organtransplantation / Strafsachen / Adoptionsrecht / Adoptions- und Neuregelung des elterlichen Sorgerechts / Staatshaftungsrecht / Strafrecht / Strafprozess / Strafvollzug / Verschiedene Rechtsgebiete.
14. Bundesministerium für Bildung und Wissenschaft: Bildungsplanung und -politik in der Bundesrepublik / Bundesministerium für Forschung und Technologie / Deutscher Bildungsrat / Hochschulrahmengesetz / Gen-Forschung / Berufsbildungsgesetz / Förderung der Erwachsenenbildung / Bildungsurlaub / Bund-Länder-Kommission für Bildungsplanung, Bonn.
15. Bundesministerium für Vertriebene: Bundesvertriebenengesetz / Flüchtlingsbeirat / Flüchtlingshilfegesetz / Flüchtlingssiedlungsgesetz / Ostpolitik.
16. Bundesministerium für Verteidigung (BMVg): Überlassung kirchlicher Objekte im Verteidigungsfall / Militärseelsorge / Kriegsdienstverweigerungsgesetz / Ziviler Ersatzdienst / Unabkömmlichstellung von Bediensteten der Kirche.
17. Umweltschutz: Beauftragter für Umweltschutz / Kernenergie / Rheinsanierung.
18. Auswärtiges Amt: Kirchliche Auslandsarbeit / Kulturpolitischer Beirat des Auswärtigen Amtes / Kulturabteilung des Auswärtigen Amtes (Radio Voice of the Gospel) / Kulturpolitik und Bildungsfragen (Goethe-Institut) / Juniorenkreis des Diplomatischen Korps und des Auswärtigen Amtes / Ordensverleihung des Auswärtigen Amtes / Beamtentagungen der Evangelischen Akademie, Arbeitskreis Bonn.

In dieser Übersicht wird deutlich, dass aufgrund des föderalen Staatsaufbaus der Bundesrepublik Deutschland die 'Kirchenmusik' nicht nur und vor allem auf der Länderebene gespielt wird – die Länder haben die Kulturhoheit –, sondern dass die Kirchen in allen Bereichen, in denen eine Bundeskompetenz besteht, auch auf Bundesebene vielfältig aktiv sind. Wo die Kirchen die Stimme für die „Schwächsten der Gesellschaft" erheben, wird nicht deutlich.

*„Wächteramt" auf Länderebene:* Zu welchen Fragen sich die kirchlichen Büros auf Länderebene politikbezogen äußern, zeigt stellvertretend ein

Kirchliche „Büros"

kleiner Ausschnitt aus dem Archiv der Ev. Kirche im Rheinland / Bestand / Beauftragter der Kirchenleitung bei der Landesregierung Nordrhein-Westfalen (Evangelisches Büro), für die Jahre 1961 bis 1999.

Zu folgenden Themen finden sich aus der Arbeit des evangelischen Beauftragten Materialien:

I. Bildung, Schulen, Hochschulen:
I.1 Religionsunterricht, I.2 Einzelne Schulen, I.3 Genehmigung von Religionsbüchern, I.4 Prüfungen, I.5 Lehrpläne, Richtlinien, I.6 Pflichtschuljahr, I.7 Statistik, I.8 Schulgebet, I.9 Politischer Unterricht, I.10 Sexualunterricht, I.11 Kommissionen, Konferenzen, Ausschüsse, I.12 Erwachsenenbildung, I.13 Berufliche Bildung, I.14 Weiterbildung, I.15 Bildungspolitik, I.16 Lehrerausbildung, I.17 Bildungsgesamtplan, I.18 Hochschulen, I.19 Staats- und Kirchenverträge, I.20 Hochschulgesetze, I.21 Sonstige Gesetze im Bildungsbereich, I.22 Funktionalreform, I.23 Verschiedenes.

II. Diakonie
II.1 Diakonie allgemein, II.2 Arbeits- und Dienstrecht, II.3 Kommissionen, Arbeitskreise etc., II.4 Kindergarten und Vorschule, II.5 Jugendbildung, Jugendhilfe, II.6 Familienfragen, II.7 Sozialhilfe, Wohlfahrtspflege, Altenhilfe, II.8 Rechtliche Fragen, II.9 Paragraph 218, II.10 Gesundheitswesen, II.11 Verkehrssicherheit

III. Landtag, Parteien, Presse, Gesprächskreise
III.1 Besuche und Kontakte der Beauftragten, III.2 Presse, III.3 Leiterkreis, III.4 Beamtengesprächskreis, III.5 Gespräche mit staatlichen Stellen, III.6 Gespräche mit Parteien, III.7 Wahlen, III.8 Zusammenarbeit mit anderen Institutionen, Tagungen.

Zu jedem Themengebiet wird kurz erläutert, was im Archiv dazu vorhanden ist. Ein Beispiel: Unter „III.5 Gespräche mit staatlichen Stellen" des Evangelischen Büros sind diverse Unterpunkte benannt und zu Position „1587: Personal Kultusministerium" (1965-1971) ist vorhanden: „Enthält u. a.: Korrespondenz zur Übersendung von Personalakten, zu Fragen der Besetzung von offenen Stellen, Übersichten Schulaufsichtsbehörden, Vermerke, Korrespondenz zur Frage der kirchlichen Zugehörigkeit von höheren Beamten."

Aus dem Archivbestand lässt sich nicht nur erschließen, dass die Kirchen bei der Besetzung von Beamtenstellen im Kultusministerium 'mitwirken' – durch die Übersendung von Personalakten –, sondern u. a. erschließen, dass – vom Evangelischen Büro überwiegend organisiert – „Beamtengesprächskreise" bestehen, „Kontaktgespräche Kultusministerium", „Quartalsgespräche mit Staatssekretären", „Landtagsgespräche (parlamentarische Arbeitsgruppe)", „Kirchenjuristentagungen", „Arbeitsessen" etc. etc. Es gibt also viel zu tun.

Und nach der Paritätsregelung (Gleichbehandlung beider Kirchen) wird das bei den Katholischen Büros und ihren Aktivitäten nicht viel anders sein.

*Politikbezogene „Ökumene".* Die beiden kirchlichen Büros agieren zudem häufig gemeinsam, in christlicher Sprache: ökumenisch.

Diese politische Ökumene zeigen die Themen, in denen in den Archivunterlagen des Evangelischen Büros NRW (1961 bis 1999) ausdrücklich die Korrespondenz/Zusammenarbeit/Abstimmung mit dem Katholischen Büro genannt wird. Es sind (in der Reihenfolge der Nennungen):

Religionsunterricht allgemein / Religionsunterricht gymnasiale Oberstufe / Orientierungsstufe / Religionsunterricht an Gesamtschule / Funkkolleg Religionsunterricht / Schulversuch Kollegschule / Kooperative Schule / Fachoberschulen – Religionsunterricht / Grundschule und Hauptschule / Religionspädagogische Ausbildung künftiger Sonderschullehrer / Religionspädagogische Ausbildung für den Elementarbereich / Abiturprüfung / Versetzungserheblichkeit des Faches Religionslehre / Einführung eines 10. Pflichtschuljahres / Schulgebet / Sexualunterricht / Kommission Schule NRW / Erwachsenenbildung / Berufsaufbauschule / Berufspraktikanten / Arbeitnehmerweiterbildung / Schulpolitische Situation / Lehrerausbildung / Kirchliche Lehrerfort- und -weiterbildung / ad-hoc-Kommission Religionslehrerausbildung / Religionsfakultas Altphilologen / Justizausbildung / Evangelische Theologie – Studiengänge / Erhebungen zum Religionsunterricht / Kirchliche Musikschule / Kommission Hochschule / Pädagogische Hochschulen – Ausbildung zu Kirchenmusikern / Hochschulgesetz / Ersatzschulfinanzgesetz / Schulmitwirkungsgesetz / Schülerfahrkosten / Kindergartengesetz / Sozialstationen / § 218 / Beamtenarbeitsgemeinschaft / Landtagswahl Nordrhein-Westfalen / Amtshandlungen evangelisch-katholisch / Vereinbarung der evangelisch-katholischen Zusammenarbeit / Ökumenischer Stammtisch / Landesmeldegesetz / WDR-Gesetz (Rundfunk- und Fernsehausschuß der drei Landeskirchen) / Kriegsgräberfürsorge / Gemeinsame Kirchenleitungssitzung / Gebührenrechtliche Behandlung von Kirchen und Religionsgemeinschaften / Befreiung von der Grunderwerbssteuer / Feiertagsregelung / Darlehensaufnahme am Kapitalmarkt.

Das ist ein 'weites Feld' und geht weit über das hinaus, was man als 'kirchliche Belange' verstehen würde.

*„Windschatten-Parität":* Wie arbeitsteilig 'ökumenisch' die beiden Kirchen auf der Ebene der Bundesländer koordiniert vorgehen, das belegen die Beobachtungen des Journalisten Ernst Dohlus, der sich fragte, wie denn die Höhe der Staatsleistungen überhaupt und insbesondere in den Neuen Bundesländern zustande gekommen ist. Er hat dabei ein Prinzip festgestellt, das er „Paritäts-Schatten" bzw. „Gewinne im Windschatten" nennt, ausgehend von dem Prinzip in Preußen, dass evangelische und katholische

Kirche gleich behandelt werden – auf der Basis ihrer Mitgliederzahlen. Das wurde nach 1989 auf die Neuen Bundesländer übertragen, mit dem Prinzip: „Jeweils diejenige Kirche verhandelte zuerst, die in einem Bundesland die besseren Karten hatte, und die andere berief sich dann auf den Gleichheitsgrundsatz.

In Thüringen hatten die evangelischen Landeskirchen bereits 1994 ihren Staatskirchenvertrag abgeschlossen. Das entsprechende Konkordat mit dem Vatikan wurde danach verhandelt und trat 1997 in Kraft. Da das Bistum Erfurt erst 1994 gegründet wurde, gab es aus dem Jahr 1919 keine Ansprüche auf Zahlungen für die Kirchenleitung. Dennoch wurde gemäß der Mitgliederzahl das evangelische Ergebnis hochgerechnet mit der Folge, dass die katholische Kirche im Thüringer Haushalt 2014 mit 5,4 Millionen Euro bedacht wird.

Noch günstiger fiel das Ergebnis in Sachsen-Anhalt aus. Ursprünglich sollte dort ab 1990 zeitgleich verhandelt werden. Da kam die Gründung des Bistums Magdeburg dazwischen, die Gespräche auf katholischer Seite wurden ausgesetzt. Die evangelische Kirche erreichte 1993 einen für sie finanziell äußerst erfolgreichen Staatskirchenvertrag, Sachsen-Anhalt wurde Spitzenreiter unter den Empfängern von Staatsleistungen. Die evangelische Kirche bekam 2012 etwa zwanzig Millionen Euro bei nur 332.000 evangelischen Christen. Und das, obwohl Sachsen Anhalt eine Bevölkerung von nur 2,3 Millionen Menschen hat. Im 'Windschatten' bekommt die katholische Seite jetzt über fünf Millionen Euro Staatsleistungen bei 81.000 Katholiken."

Lobbyismus vom Feinsten.

## 3.2.4. Wirtschaft und Geldfluss im Raum der Kirchen

Bei der Fixierung auf die Lobbyisten der Wirtschaft – insbesondere die Pharma- und die Atomlobby – kommen die kleinteiligeren Wirtschaftsunternehmen im Raum der Kirchen nicht ins Blickfeld.

Es muss auch hier wieder darauf hingewiesen werden, dass die beiden großen 'Amts-Kirchen' in Deutschland nicht nur „Seelsorge" anbieten und – u.a. mithilfe des 1961 von den Kirchen initiierten und in das Sozialgesetzbuch platzierten Subsidiaritätsprinzips – vom Staat den Milliardenumsatz-Bereich der Gesundheits- und Sozialtätigkeit weitestgehend überlassen bekommen haben (Caritas und Diakonie, Jahresumsatz rund 45 Mrd. Euro). Die Kirchen sind auch in vielen Branchen mit eigenen Wirtschaftsbetrieben tätig – vom Siedlungswerk über Tourismusbetriebe bis zu Kirchenbanken, Brauereien und Verlagen. Sie sind nach dem Staat der größte Grundbesitzer (rund 825.000 Hektar, mit einem Wert von rund 170 Mrd. Euro) und im Besitz von rund 87.000 Immobilien. Sie sind zudem national und international tätig (Entwicklungspolitik, Missionsgesellschaften, u. a. m.). Eine Übersicht mag das noch einmal verdeutlichen:

- Medienunternehmen (Presseagenturen / Zeitschriften und Zeitungen / Verlage / Druckereien / Bibliotheken / Film-Unternehmen / Radiosender),
- Baufirmen / Siedlungswerke (Erbbaurechte / Siedlungswerke / Katholische Siedlungsgesellschaften / Evangelische Siedlungswerke),
- Banken (Mitarbeiter-Versorgungsfonds / Investmentfonds / Immobilienfonds / „Grüne Fonds" / Spezialfonds / Beteiligung der Banken / Finanzverbund),
- Versicherungen (Einzelne Versicherungen / Befreundete Unternehmen / Organisatorischer Verbund / Struktur der Kapitalanlagen),
- Klosterbräu und Bischofswein (Bier und Klosterbrauereien / Schnaps / Wein),
- Handelsunternehmen (Kaffee, Tee und Fair Trade / Devotionalienhandel / Weiterer Handel / Strom),
- Touristik, Hotels und Gastronomie (Kirchliche Reisebüros / Ferienwerke / Hotels: Verband Christlicher Hotels, Hotels des CVJM, Kolping-Hotels, Hotels von Ordensgemeinschaften),
- Stiftungen (Kirchliche Stiftungen / Katholische Stiftungen / Evangelische Stiftungen / Klosterkammer / Private Stiftungen),
- Ordensgemeinschaften (Religiöse Orden / Benediktiner / Weltliche Ordensgemeinschaften / Deutscher Orden / Johanniter / Malteser / Orden vom Heiligen Grab),
- Konfessionelle Verbände (Opus Dei / Kolpingwerk / CVJM)
- Domschatzkammern / Bibliotheken
- Medienpräsenz (Fernsehen / Hörfunk / Zeitungen / Internet)

Insofern gibt es beinahe keinen Politik- und Gesetzgebungsbereich, in dem die Kirche nicht selbst auch 'Betroffene' von Gesetzen sind. Verständlicherweise versuchen sie – ebenso wie alle anderen Wirtschaftsverbände – auf diese Gesetzgebung einzuwirken, um zumindest Nachteile für die eigenen Interessen zu verhindern.

Um welche Größenordnungen es sich dabei handelt, mag ein Überblick über die Finanzräume im Bereich der Kirchen verdeutlichen: Innerhalb der verfassten Kirche (den Landeskirchen / Bistümern bis hinunter zu den Kirchengemeinden) ist es ein Jahresvolumen von rund 15 Mrd. Euro (vornehmlich aus der Kirchensteuer), im Bereich von Caritas und Diakonie sind es rund 45 Mrd. Euro (von denen die Kirchen nur weniger als zwei Prozent finanzieren). Die direkten und indirekten Zuwendungen aus allgemeinen Steuergeldern zugunsten der Kirchen, der Kirchenmitglieder und kirchlichen Einrichtungen belaufen sich auf rund 19 Mrd. Euro pro Jahr und die Umsätze der Wirtschaftsbetriebe im Raum der Kirchen betragen jährlich rund 50 Mrd. Euro. Das macht als Summe rund 129 Mrd. Euro.

Die gesamte deutsche Automobilindustrie (Herstellung von Kraftwagen, Anhängern und Aufbauten, Kfz-Teile und Zubehör) erwirtschaftete 2013 einen Inlandsumsatz von 127 Mrd. Euro.

Es kann also nicht die Rede davon sein, dass die Kirchen keine ökonomische Größe darstellen.

In ökonomischer Betrachtung und unter Marketinggesichtspunkten sind die Kirchen ein Gemischtwaren-Dienstleister – vom persönlichen Gespräch, Kirchenchor, Kitas, Krankenhäuser, Bildungseinrichtungen, Fernsehsendungen, Ferienreisen u. v. a. m. – mit einer oder mehreren Verkaufsagenturen. Weithin sichtbar und in 1a-Lage in jeder Kleinstadt und in den Stadtteilen der Großstädte. Derart aufgegliedert in eine Vielzahl von kleineren Agenturen – die Agenturleiter mit erkennbarer Kleidung der corporate identity – haben diese aber eine gemeinsame Ausrichtung der Evangelisierung / Missionierung. Ebenfalls gemeinsam sind eine Finanzabteilung (Kirchenbanken), eine Rechtsabteilung (Staatskirchenrecht) und eine PR-Abteilung (für die Rundfunk- und Fernseharbeit). Der Nachwuchs an Agentur- und Bereichsleitern wird auf Kosten der Allgemeinheit ausgebildet (Theologische Fakultäten, Fachhochschulen).

Und alles das gilt es zu erhalten und zu verteidigen: Lobbyarbeit in eigener Sache.

Bereits der Vergleich zwischen der Anzahl der MitarbeiterInnen in den kirchlichen Lobbybüros auf Bundesebene (rund 16) und den Bundesländern (2 bis 4) verdeutlicht die Aktivitäten in eigener Interessenlage auf der Bundesebene. Zählt man zudem alle Kirchenlobbyisten in den Büros auf Bundes- und Länderebene zusammen, so ist das eine Größenordnung von rund 100 MitarbeiterInnen. Das realisiert kein wirtschaftspolitisches Lobby-Büro der Industrie.

*Regionale „Rückbindungen".* Diese Lobbyarbeit muss und kann nicht nur direkt in Berlin oder in den Landeshauptstädten erfolgen. Alle Bundestagsabgeordneten sind in einem Wahlkreis 'verankert', sei es mit einem Direktmandat oder über die Landesliste, was aber nicht heißt, nicht im Wahlkreis präsent zu sein, denn die nächste Wahl kommt bestimmt.

Gerade in 'der Fläche' sind die Kirchen und ihre Wohlfahrtsverbände mit vielen durchaus großen Einrichtungen vertreten und als regionaler Arbeitgeber bzw. als Wirtschaftsunternehmen politisch von Bedeutung. Da steht es einem für Unterstützung und Wählerstimmen gut zu Gesicht, wenn man im Wahlkreis berichten kann, dass man sich auch für die Interessen dieser Einrichtungen innerhalb des Wahlkreises im Parlament eingesetzt hat.

### 3.2.5. Verbände / Lobby-Register in Deutschland

Für den deutschen Bundestag gibt es die Möglichkeit, sich als Lobbyist in ein Lobby-Register eintragen zu lassen. Das hat den Vorteil, dass man einen Hausausweis bekommen kann (und damit ungehinderten Zugang zu den Parlamentsgebäuden erhält), offiziell als Verband akzeptiert ist und zu Anhörungen eingeladen werden kann.

Die Zahl der Lobbyisten in Berlin wird auf rund 5.000 geschätzt, in der Lobbyliste des Bundestages (Stand 8.3.2013) sind insgesamt 2.126 Verbände und Organisationen registriert.

Im Lobby-Verzeichnis des Bundestages finden sich 32 katholische Organisationen (inkl. Kolpinghäuser und Franziskaner), 18 evangelische und weitere neun Organisationen unterschiedlicher Denominationen (Juden, Muslime, Bahá'i, u. a. m.).

Betrachtet man sich diese im Lobbyistenregister eingetragenen Organisationen einmal genauer, dann ist da vermutlich auch viel Rauch (Eintrag in der Liste) und wenig Feuer (kein Büro in Berlin) dabei.

Der Politikwissenschaftler Antonius Liedhegener hat erfasst, wie viele und welche katholischen Organisationen in der Lobbyliste des Deutschen Bundestages registriert sind. 1975 sind es acht Organisationen, 1980 sind es 13, 1987 = 18, 1991 = 20 und 1999 =23. Es ist also eine steigende Tendenz bei katholischen Organisationen, sich als Lobbyist zu registrieren.

Besonders interessant ist jedoch, welche Verbände bzw. Organisationen *nicht* auf dieser Lobbyliste eingetragen sind.

*Kirchen sind nicht als Lobbyisten registriert.* Dazu heißt es auf der Internetseite des Bundestages: „Grundsätzlich werden nur diejenigen Verbände in die öffentliche Liste aufgenommen, die eine Aufnahme von sich aus beantragt haben. Nicht registriert werden Anstalten, Körperschaften und Stiftungen des öffentlichen Rechts und deren Dachorganisationen sowie Organisationen, deren Interessenvertretung bereits auf überregionaler Basis erfolgt."

Es ist so formuliert, dass man es beinahe überliest, dass die beiden Großkirchen als Körperschaften des öffentlichen Rechts (und die ihnen zugeordneten Organisationen) nicht als Lobbyorganisationen registriert werden. Das Zentralkomitee der deutschen Katholiken e.V. (ZdK) ist also in der Lobbyliste entsprechend genannt, das Katholische Büro u. a. m. jedoch nicht. Beide kirchlichen Verbindungsbüros hatten sich vehement dagegen gewehrt, sich auf dieser Liste eintragen zu müssen.

Dass die Anstalten, Stiftungen und „normalen" Körperschaften des öffentlichen Rechts, die ihren Status von der Erledigung und Verleihung staatlicher Hoheitsaufgaben her ableiten, sich nicht registrieren lassen müssen, dürfte nachvollziehbar sein – schließlich sind sie Teile des Staatsaufbaus. Dass aber die Kirchen, die ja beständig darauf beharren, „göttlicher Stiftung" zu sein, sich in diese Reihung mit einsortieren, verweist wohl darauf, dass es mit ihrer „göttlichen Ableitung" nicht so weit her ist. Wieder gehen sie in das Spagat zwischen „unabhängig vom Staat" und „abhängig vom Staat" (keine Registrierung notwendig, da staatlich abgeleitet). Und es wird politisch hingenommen.

Nach Aktenlage des Evangelischen Zentralarchivs [EZA 87/520] stellt sich der Vorgang wie folgt dar: (8. Dezember 1968) Der Leitende Jurist des Katholischen Büros, Dr. Johannes Niemeyer, schreibt an die Außenstelle der Kirchenkanzlei der EKD in Bonn, die von dem Juristen Oberkirchenrat Otto Dibelius jr. geleitet wird. Er übermittelt Dibelius zur „persönlichen, vertraulichen Kenntnisnahme, einen Brief an Herrn Ministerialdirektor Dr. Lechner, der dem Unterzeichnenden persönlich bekannt ist und sich bereit erklärt hat, uns mit seinem Rat zu helfen". Der angeschriebene Ministerialdirektor Dr. Hans Lechner ist Abteilungsleiter V im Bundesinnenministerium (BMI), gilt als „Star-Jurist" (*Der Spiegel*) des BMI, ist persönlich bekannt und bereitwillig.

In dem Schreiben, das an die Privatanschrift des Ministerialdirektors Lechner adressiert ist, und das im Anschluss an ein Telefongespräch formuliert wurde, wird u. a. die Frage angesprochen, dass den Kirchen nicht zuzumuten sei, sich in eine solche Liste eintragen zu müssen, und ob es nicht möglich sei, durch eine entsprechende Interpretation bestehender Vorschriften sicherzustellen, dass es bei der bisherigen Praxis bleibt. Zudem wird überlegt, ob die Kirchen nicht als „Fachkreise" gelten könnten, und abschließend, dass die „kirchliche Zusammenarbeit mit Regierung und Parlament, die sich in der Vergangenheit durchaus zum Wohle beider Seiten bewährt hat", aufrechterhalten bleiben sollte: „Die Anträge der Fraktionen der CDU/CSU und der SPD – Drucksache V/2954 und 2955 – sehen die Eintragung von Interessenverbänden in eine beim Präsidenten des Bundestages geführte Liste vor. Durch die Einfügung eines neuen Absatzes 4 in § 23 der GGO II wird bestimmt, daß für die Vorbereitung zu Gesetzgebungsarbeiten nur solche Verbände heranzuziehen sind, die in diese Liste sich haben eintragen lassen. [...] Es komme, so meint Herr Oberkirchenrat Dibelius meines Erachtens mit Recht, wohl nicht in Betracht, daß die Kirchen sich in diese Liste eintragen. Andererseits müsse aber auf eine geeignete Weise – etwa durch eine entsprechende Interpretation bestehender Vorschriften – sichergestellt werden, daß es bei der bisherigen Praxis bleibt." Das Stichwort ist: „entsprechende Interpretation".

(6. Februar 1969) Aktenvermerk seitens der Evangelischen Arbeitsgemeinschaft für Öffentliche Verantwortung, die beim Organisationsreferenten des BMI, Ministerialrat Hölder nachgefragt hat. Die Tendenz gehe dahin, die Kirchen von der Pflicht zur Eintragung auszunehmen. Da auch die kommunalen Spitzenverbände gegen eine solche Eintragung protestiert hätten, tendiere man dazu, dass unter Umständen die Körperschaften des öffentlichen Rechts ganz ausgenommen werden. Es bestehe zudem die Hoffnung, dass man den ganzen Vorgang bis zur Ende der Legislaturperiode in Schwebe halten könne. Der Ausschussvorsitzende, MdB Güde von der SPD, zeige wenig Verständnis für die Position des BMI.

Zwei Monate später (am 17. April 1969) schreibt Oberkirchenrat Dibelius an die Evangelische Arbeitsgemeinschaft für Öffentliche Verantwortung, und fragt, ob es in der Frage etwas Neues gäbe. Seitens des Bundestages sei beabsichtigt, „die Kirchen einer etwaigen Pflicht zur Eintragung in die Liste zu unterwerfen. Gegebenenfalls müßte die Verwirklichung einer solchen Absicht verhindert werden."

(8. Mai 1969) Bundestagspräsident Kai-Uwe von Hassel (CDU) gibt ein Interview im *Industriekurier*, in dem er sagt, dass man die Änderungen zügig beschließen wolle. Zudem habe der Abgeordnete Dichgans (CDU) vorgeschlagen, dass die einzelnen MdBs bei Ausschussberatungen zu Protokoll geben, „wenn sie an speziellen Themen durch berufliche oder sonstige finanzielle Verbindung mit bestimmten Verbänden und Firmen interessiert seien".

(14. Mai 1969) Oberkirchenrat Debelius schreibt an den Ministerialrat a. D. Dr. Georg Freiherr von Fritsch von der Evangelischen Arbeitsgemeinschaft für öffentliche Verantwortung, dass Bundestagspräsident von Hassel auf eine schnelle Verabschiedung hinarbeite. „Wir wären Ihnen daher dankbar, wenn Sie diese Angelegenheiten weiter beobachten und uns mitteilen würden, ob es nach Ihrer Auffassung notwendig ist, daß die Kirche sich in die diesbezüglichen Überlegungen formell oder inoffiziell einschaltet."

(20. Mai 1969) Oberkirchenrat Dibelius erhält die Information, dass der Vorschlag zwar noch nicht fertiggestellt sei, man aber veranlassen wolle, dass Ministerialrat Hölder, „der uns wohl gesonnen ist", an den Beratungen des Bundestages teilnehme.

(21. September 1972) Der Bundestag beschließt die Erstellung einer Lobbyisten-Liste, was am 21. September 1972 im Bundesanzeiger bekannt gemacht wird.

(31. Oktober 1972) Oberkirchenrat Dibelius schreibt an Bischof Kunst, dass der Bundestag sich hinsichtlich der Frage, ob die Kirchen sich eintragen müssen, „noch keine besonderen Gedanken gemacht" habe. „Zur Vermeidung von Berufungen sollte die EKD es daher ablehnen, die angeführte Bekanntmachung auf sich anwenden zu lassen." Abschließend weist Dibelius Bischof Kunst noch auf seine geäußerte Absicht hin, „diese Frage mit dem Bundestagspräsidenten zu besprechen". Als Vermerk ist der zuständige Referent in der Bundestagsverwaltung samt Telefonnummer angemerkt.

(12. Februar 1972) Der Direktor des Deutschen Bundestages, Helmut Schellknecht, schreibt an Bischof Kunst, dass mit einer Eintragung keine „irgendwie geartete Beurteilung" verbunden sei. Das Problem der Eintragung öffentlich-rechtlicher Körperschaften werde aber demnächst im Geschäftsordnungsausschuss behandelt werden. Und er bittet Kunst, die Überlegungen der Kirche dazu „möglichst bald mitzuteilen, damit Sie gebührende Berücksichtigung finden können". Das geschieht.

(11. April 1973) Der Direktor des Deutschen Bundestages schreibt an Bischof Kunst, dass die Kirchen nicht als Verbände angesehen werden, die sich registrieren lassen müssten. „Die von Ihnen genannten Gründe haben zusammen mit der von der Katholischen Kirche vertretenen Auffassung das Präsidium des Deutschen Bundestages veranlaßt, die Registrierung von Verbänden und deren Vertreter noch einmal eingehend zu erörtern. Das Ergebnis dieser Erörterung besteht in der Feststellung des Präsidiums, daß Körperschaften, Stiftungen und Anstalten des öffentlichen Rechts sowie deren Dachorganisationen keine Verbände im Sinne der Anlage 1a der Geschäftsordnung des Deutschen Bundestages sind. Mit dieser Feststellung des Präsidiums treten die Ihnen früher mitgeteilten Konsequenzen bezüglich Ausstellung eines Hausausweises und Anhörung in einem Hearing für die Kirchen nicht ein."

Klar war eigentlich, dass nicht geklärt war, welchen rechtlichen Status die Kirchen und die kirchlichen Büros gegenüber dem Parlament haben. Diese Chance, das zu klären und entsprechende rechtliche Grundlagen zu beschließen, wurde von den Kirchen nicht genutzt. Im Gegenteil, die Kirchen begnügten sich damit, dass das Präsidium des Deutschen Bundestages, nicht das Parlament selbst, für die Anlage eines Gesetzes eine Interpretation festlegte hatte, die ihren Forderungen entsprach.

Bereits das ist der Ausdruck des erfolgreichen Lobbyismus der Kirchen, vom Staat bzw. der Bundestagsverwaltung als auf gleicher Stufe stehend anerkannt zu werden.

## 3.3. Kirchliche Büros auf Bundesebene

*Kreise, Cliquen und Sozialkapital / Staatskirchenrechtlicher Beraterkreis / Gesprächskreis Staat-Kirche / Seelsorge / Zeitdauer-Kontakte / Ganzheitliche Betreuung / Andachten – Gebetsfrühstücke / Parlamentarische Abende / Jahresempfänge / Johannisempfang / Michaelsempfang / Kommissariat der Bischöfe in Bonn, Berlin / Bevollmächtigter des Rates der EKD*

Die beiden Dienststellen der EKD und der Bischofskonferenz in Berlin haben eine vergleichbare Struktur. Es gibt einen Priester/Pastoren als Leiter, der zuständig ist für die Seelsorge und die Politik, d.h. die Bundestagsabgeordneten sowie die Bundesminister (evangelisch: Prälat Dr. Martin Dutzmann, katholisch: Prälat Dr. Karl Jüsten). Die Stellvertreter sind Juristen und, ebenso wie die anderen Referenten, zuständig für die Arbeitsebene der Bundesministerien, d.h. den Arbeitskontakt zu den Fachreferenten in den Ministerien.

„Etwa ein Dutzend Mitarbeiter unterstützen Dutzmann und Jüsten. Sie arbeiten mit den Referenten in den Ministerien und Abgeordnetenbüros zusammen, um mitzukriegen, wenn eine Idee heranreift, um die eigenen Vorstellungen möglichst schon dann einzubringen, wenn die Idee noch nicht in Paragrafen gegossen ist. Sie besuchen die Sitzungen der Ausschüsse, treten als Sachverständige in Anhörungen auf, schreiben Stellungnahmen zu Gesetzentwürfen. Die Themen reichen aktuell vom Aufenthalts- und Asylrecht über die Familien-, Renten-, Entwicklungspolitik bis zu Fragen von Militäreinsätzen, Rüstungspolitik und Sterbehilfe."

Bei Bedarf können auch die Mitglieder von Arbeitskreisen der Büros bzw. die Fachreferenten im Kirchenamt der EKD bzw. im Sekretariat der Deutschen Bischofskonferenz und weitere, den Kirchen zugeneigte, Staatskirchenrechtler und Juristen hinzugezogen werden.

# Kirchliche Büros auf Bundesebene

Formalisierte Struktur der Kommunikationsbeziehungen

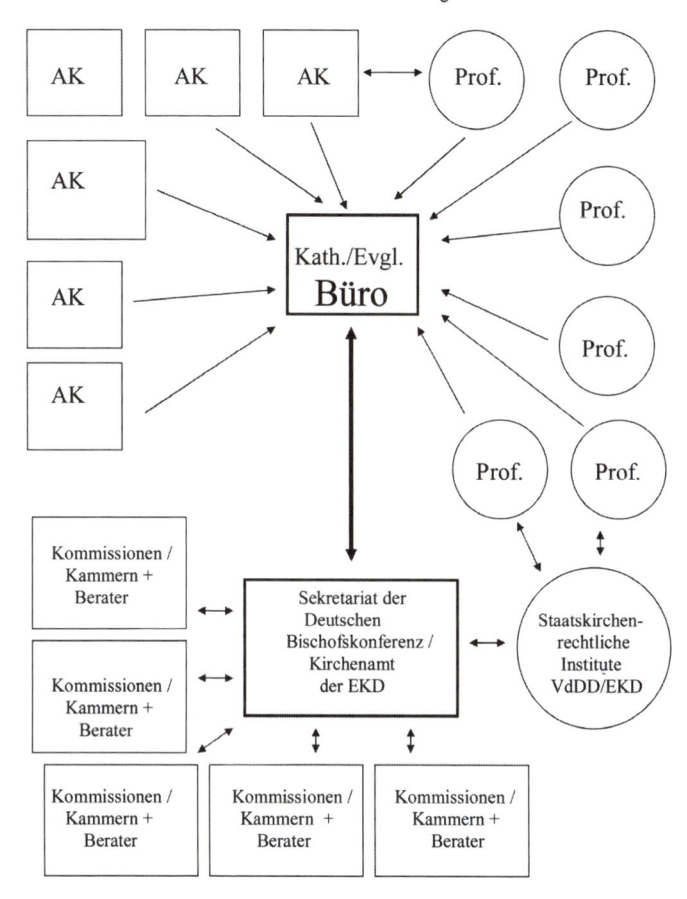

```
[AK]  [AK]  [AK] <--> (Prof.)  (Prof.)

[AK]                           (Prof.)
           --> Kath./Evgl. <--
[AK]           Büro
                               (Prof.)
[AK]
                    (Prof.)  (Prof.)

[Kommissionen /
 Kammern +
 Berater]       Sekretariat der
           <--> Deutschen          Staatskirchen-
                Bischofskonferenz/ <--> rechtliche
[Kommissionen / Kirchenamt         Institute
 Kammern +  <-> der EKD            VdDD/EKD
 Berater]

[Kommissionen / [Kommissionen / [Kommissionen /
 Kammern +       Kammern +       Kammern +
 Berater]        Berater]        Berater]
```

In der Seelsorge der MdBs des eigenen Bekenntnisses braucht der Büroleiter natürlich keine Akkreditierung, aber es geht ja vorrangig um seine allgemeine und spezifische Einflussnahme im Parlament. Und das wäre genauso seltsam, als wenn der Militärbischof mit am 'Kartentisch' der Kommandeure stände und militärische Ziele und Taktik bespräche.

Im Arbeitskontakt, der ja auch „diplomatischer Auftrag" genannt wird, wären die „Büros" vergleichbar mit „Botschaften". Aber die sind erstmalig (evangelisch) im Loccumer Vertrag von 1955 bzw. im Konkordat mit Sachsen (1996) vereinbart worden und zudem spricht das Botschaftspersonal nicht mit Ministerialbeamten über Gesetzentwürfe.

Die Büros vertreten dabei nicht die Gesamtheit 'ihrer Kirche', also aller Organisationen, auch die Laienorganisationen, sondern sie sind ausführende Dienststellen der jeweiligen Kirchenleitungen. Insofern vertreten sie die Auffassungen des katholischen Klerus bzw. der evangelischen Kirchenleitung und nicht die Kirchenmitglieder. Ansonsten würde es ja reichen, die christlichen Politiker zu organisieren – aber die sind nicht unbedingt Gefolgsleute des Klerus, sondern haben durchaus politisch eigene Auffassungen, sind kompromissbereit und -fähig. Mit anderen Worten, die Büros kommen „von außen".

Das Gleiche gilt für Organisationen wie die Gewerkschaften. Es gibt jedoch, nach den Untersuchungen von Herbert Hönigsberger, im Bundestag – bei rund 40 Prozent Gewerkschaftsmitgliedern – keinen „Gewerkschaftsblock" – im Unterschied zur christlichen „Gottesfraktion", die politisch fraktionsübergeifend aktiv ist.

So beschreibt die kundige Redakteurin des *Tagesspiegels* in Berlin – Claudia Keller, zuständig für kirchliche und religiöse Themen – die Arbeit der beiden kirchlichen Verbindungsstellen: „Seelsorger und Lobbyisten im Bundestag – Die Einflüsterer von der Gottesfraktion. [...] Martin Dutzmann und Karl Jüsten sind manchmal als helfende Seelsorger im Einsatz, manchmal aber auch als knallharte Unterhändler."

### 3.3.1. Kreise, Cliquen und Sozialkapital

Bevor es um die Darstellung der einzelnen Büros geht, soll der weitere Zusammenhang angesprochen werden, in dem und mit dem die kirchlichen Lobbyisten tätig sind. Es soll damit vermieden werden, dass der Blick nur enggeführt wird auf die einzelnen Personen der Büros, was der Realität nicht entsprechen würde. Sie sind nur die 'Spitzen des Eisbergs'.

Die formalisierte Skizze (S. 67) veranschaulichte, dass die kirchlichen „Verbindungsstellen" nicht auf die Anzahl ihrer MitarbeiterInnen zu reduzieren sind, sondern in einem weitaus größeren Kommunikationszusammenhang agieren. Sie sind sozusagen die 'Kanülen' am 'Körper der Politik', durch die das Trägermaterial des gesamten kirchlichen Lobbyismus in den 'politischen Kreislauf' hineingebracht wird.

Es entspricht dem, was der seinerzeitige Leiter des Kommissariats, Prälat Wöste, über die Vernetzungen des Büros berichtet hat: „Zur Beratung auf den einzelnen Sachgebieten steht dem Kommissariat der deutschen Bischöfe eine größere Anzahl von Arbeitskreisen und Kommissionen zur Verfügung, die mit dem Hause verbunden sind und zum Teil im Auftrage der Deutschen Bischofskonferenz als ständige Gremien, zum Teil aber auch als mehr oder weniger langfristig angelegte ad-hoc-Arbeitsgruppen einberufen werden. Für die Betreuung dieser Arbeitskreise sind in der Regel die Referenten des Kommissariats zuständig, denen auch die Aufarbeitung der Ergebnisse dieser Kommissionen obliegt." [Wöste, 1975, 287]

Und ein paar Seiten weiter formuliert er es noch einmal ausdrücklich, wie sehr die Büros nur die 'Spitze eines Eisberges' sind: „Größere Stellungnahmen und Erklärungen werden vorbereitet von Kommissionen, Arbeitskreisen und Arbeitsgruppen, deren beim Kommissariat der deutschen Bischöfe in Bonn gegenwärtig etwa dreißig bestehen. In ihnen gewähren erfahrene Fachleute aus allen den jeweiligen Beratungsgegenstand betreffenden Gebieten der Kirche ihre Mitarbeit und ihren Rat."

Das ist und bleibt alles so, wie es 1949/1950 initiiert wurde: eine 'Nebenregierung', die alles prüft und gegebenenfalls eingreift.

Für das kirchliche Lobbying ist, ebenso wie für das Lobbying generell, das vertrauliche Einzelgespräch wesentlich. Aber was nützt ein Abgeordneter unter 630 anderen, wenn dieser Einzelne keine Einbindung, keinen Rückhalt bei anderen hat? Wenig. Es geht also darum, den Einzelnen in einer Gruppe 'einzubinden', ihm Kooperationspartner zur Seite zu stellen. Darüber wird Sozialkapital aufgebaut, das sich dann in politisches Kapital und Einfluss 'ummünzen' lässt.

*Staatskirchenrechtlicher Beraterkreis:* Dass den Kirchenlobbyisten dabei einerseits jedes Unrechtsbewusstsein fehlt und sie andererseits genau wissen, dass sie rechtswidrig handeln, zeigen 'Kreise', die gemeinsam vom katholischen und dem evangelischen Büro organisiert wurden und werden.

Es gab und gibt nicht nur die „Doppelkopfbriefbögen" beider Büros – gemeinsame Stellungnahmen auf einem Briefbogen – sondern auch eine Mentalität, wie sie der stellvertretende evangelische Bevollmächtigte Hermann Kalinna für das 'Bundesdorf' Bonn einmal benannt hat: „Wenn wir zusammenhalten, verhauen wir das ganze Dorf."

Andererseits haben die Leiter der Büros auch schon die Gefährdungen erlebt, wenn sie zu häufig 'mit einer Zunge' sprechen. „Bei der Bundestagsanhörung zur Idee einer europäischen Verfassung wollte man den Kirchen plötzlich nur noch einen Sitz im Gremium geben. Begründung:

Die christlichen Chefunterhändler würden doch ohnehin meist mit einer Stimme sprechen. Einträchtig protestierten die beiden."

Um in den Kernfragen des Religionsverfassungsrechts – die ja beide Kirchen gleichermaßen betreffen – mit 'einer Zunge zu sprechen', hat es in der 'Federführung' der beiden Kirchenbüros in Bonn einen „Evangelisch-katholischen Beraterkreis zu Fragen des Staatskirchenrechts" gegeben, der (nach der Aktenlage) seit 1967 bestand und zumindest bis 1985 nachweisbar ist. In den 1980er Jahren wird bei den Einladungen auch vom „Arbeitskreis Staat und Kirche", wie auch vom „Beraterkreis 'Staat und Kirche'" geschrieben.

Die Handakten der evangelischen Bevollmächtigten sind mittlerweile bis 1984/85 für die Öffentlichkeit freigegeben.

Der evangelische Bevollmächtigte, Bischof Kunst, schreibt (am 29. August 1974) an den Präsidenten des Landeskirchenamtes Hannover, den er um Mitarbeit im Beraterkreis bittet. Dabei beschreibt er auch die Entstehungssituation des Kreises. 1967 hätte es ein informelles Signal aus der Großen Koalition gegeben – von wem genau das ausging, erwähnt er allerdings nicht –, dass man bereit sei, mit den Kirchen über eine „gewünschte Neufassung der Kirchenartikel im Grundgesetz zu verhandeln".

In einem weiteren Schreiben an Prof. Dr. Axel Freiherr von Campenhausen, den er ebenfalls um Mitarbeit bittet, formuliert Bischof Kunst, auf den ersten Blick locker und sympathisch, welches Selbstverständnis der Kreis hat und welche Funktion: „Prälat Wöste und ich sagen Ihnen, wo uns politisch der Schuh drückt, was wir zum Wohl der Kirche und des Landes für richtig halten und tun möchten. Sie belehren uns, daß unsere Absichten verständlich, politisch aber wenig schlau und vor allem rechtlich unmöglich seien. Anschließend essen wir und danach tun Prälat Wöste und ich das, was wir für richtig halten."

Dass sich dieser „Beraterkreis" in einer politisch illegitimen 'Grauzone' bewegte, und dass man sich dessen auch bewusst war, darauf verweist ein Schreiben von Kunst (am 21. Juni 1972) an ein Mitglied des Kreises, den Präsidenten der Kirchenkanzlei der EKD in Hannover, Walter Hammer, der an der Teilnahme verhindert war und dem er per Einschreiben zwei Papiere zuschickt. Er weist dabei auf „äußerste Diskretion" hin, denn der Beraterkreis würde „in des Teufels Küche" kommen, „wenn auch nur andeutungsweise bekannt würde, mit welchen Fragen wir uns beschäftigen".

"Lieber Bruder Hammer,
Es war ein wirklicher Verlust, daß Sie an unserem Gespräch mit den Staatsrechtlern in der vergangenen Woche nicht teilnehmen konnten. Professor Hollerbach und Dr. Niemeyer legten Gedankenskizzen vor, über die es eine hochinteressante und wichtige Diskussion gab. Ich meine, Sie sollten mindestens die Papiere kennen. Selbstredend wurden wir von den Verfassern beschworen, die Dinge mit äußerster Diskretion zu behandeln. Aber Sie bedürfen keiner Belehrung, daß wir in des Teufels Küche kämen, wenn auch nur andeutungsweise bekannt würde, mit welchen Fragen wir uns beschäftigen.
Das nächste Gespräch ist für Donnerstag, den 19. Oktober um 10.00 Uhr in der Löwenburgstraße vorgesehen.
Lassen Sie sich herzlichst und brüderlich grüßen
von Ihrem [handschriftliches K].

Professor Dr. Hollerbach hatte ein Papier „Staatskirchliche Verfassungsartikel" vorgelegt und Dr. Niemeyer eine Skizze zur „Richtung künftiger Abmachungen zur Dienstfunktion staatlich-kirchlicher Zusammenarbeit".

In den Jahren 1968 bis 1974 ist der Kreis gleich geblieben, sowohl in der Anzahl wie in den Personen der Teilnehmenden (in der Reihenfolge der Teilnehmerliste):

*Bischof D. Hermann Kunst*, Bonn (Evangelischer Bevollmächtigter); *Prälat Wilhelm Wöste*, Bonn (Leiter des katholischen Büros); *Prof. Dr. Willi Geiger*, Karlsruhe (ehem. NS-Jurist, 1951 bis 1977 Richter am Zweiten Senat des Bundesverfassungsgerichts, Mitglied des Präsidiums des 81. Deutschen Kirchentages); *Präses Walter Hammer*, Hannover (Jurist, 1966 bis 1989 Präsident der Kirchenkanzlei [heute: Kirchenamt] der EKD); *Prof. Dr. Roman Herzog*, Berlin (Jurist, 1965 Freie Universität Berlin, Professor für Staatsrecht und Politik; im Dezember 1983 Vizepräsident und Vorsitzender des Ersten Senats des Bundesverfassungsgerichts; 1987 bis 1994 Präsident des BVerfG; von Juli 1994 bis Juni 1999 Bundespräsident); *Prof. Dr. Alexander Hollerbach*, Freiburg/Br. (Jurist, 1966 Ordinarius für Öffentliches Recht und Rechtsphilosophie in Mannheim, ab 1969 Universität Freiburg/Br., Träger des Päpstlichen Gregoriusordens), *Staatsminister Prof. Dr. Hans Maier* (Politologe, 1962 Professor für Politikwissenschaft Universität München, 1970 bis 1986 bayerischer Kultusminister, 1975 Großkreuz des Päpstlichen Silvesterordens, 1996 Großkreuz des Päpstlichen Ritterordens des heiligen Gregors des Großen); *Rechtsrat Dr. Heinrich Marré*, Essen (Jurist, 1961 bis 1994 Justitiar des Bistums Essens, 1978 bis 1995 Geschäftsführer der Kommission für Staatskirchenrecht des Verbandes der Diözesen Deutschlands; 2004 Ritter des Päpstlichen Ordens vom heiligen Gregorius); *Prof. Dr. Paul Mikat*, MdB, Düsseldorf (Theologe, Jurist, Politiker, 1957 Professor für Bürgerliches Recht, Rechtsgeschichte und Kirchenrecht an der Universität Würzburg, 1962 bis 1966 Kultusminister von Nordrhein-Westfalen, 1969 Komtur mit Stern [Großkomtur] des Päpstlichen Gregoriusordens, 2005 Großkreuz des

Gregoriusordens); *Staatssekretär a. D. Prof. Dr. Konrad Müller*, Bad Homburg (Jurist, Bildungspolitiker); *Vizepräsident Dr. Erich Ruppel*, Hannover (Jurist, war entscheidend am Zustandekommen des Loccumer Vertrags beteiligt und ebenso an den Staatskirchenverträgen in Schleswig-Holstein, Hessen und Rheinland-Pfalz); *Prof. Dr. Ulrich Scheuner* (ehem. NS-Jurist, 1933 Professur für Öffentliches Recht an der Universität Jena, 1941 an die im besetzten Elsass neu gegründete Reichsuniversität Straßburg berufen; von 1950 bis zu seiner Emeritierung im Jahre 1972 Professur an der Universität Bonn).

Die Treffen finden in Bonn entweder in der Löwenburgstraße 4 statt, dem Dienstsitz des evangelischen Bevollmächtigten (1974 in Fritz-Erler-Straße umbenannt), oder in den Räumen des Katholischen Büros, in der Kaiser-Friedrich-Str. 9.

In den Handakten finden sich auch Dokumente, über die im Beraterkreis gesprochen wurde. Beispiele: Am 15.2.1969 gibt es von Prof. Scheuner ein Papier mit „Bemerkungen zur neueren Rechtsprechung in Kirchensteuersachen (Bundesverfassungsgericht und Bayer. Verfassungsgerichtshof)" in dem es u. a. heißt: „Inzwischen zeichnet sich ein systematisches Vorgehen gegen die Kirchensteuer, vorgetrieben von Individuen wie von laizistischen Organisationen, ab. Der Angriff richtet sich im besonderen gegen die Erhebung von Kirchensteuern im Lohnabzugsverfahren."

Am 18.2.1969 legt Prof. Scheuner den Teilnehmern des Beraterkreises einen „Vorschlag zur Neufassung des Art. 7 GG" (Schulen) vor, der von Kunst persönlich (in grüner Tinte) mit Anmerkungen versehen wird.

Im April 1971 gibt es in der Handakte ein 21-seitiges Typoskript von Prof. Roman Herzog: „Die Berliner Vereinbarung zwischen Staat und Kirche", in dem er (auf S. 17 ff., worauf handschriftlich auf dem Deckblatt verwiesen wird „Von allg. Interesse") ausführt, dass die Vereinbarung über Staatsleistungen in Berlin auch eine Gleitklausel hinsichtlich sinkender Mitgliederzahlen und der sich gegebenenfalls dann verringernden Staatsleistungen enthalte. Diese Gleitklausel sei, so schreibt Herzog, für Berlin weder überraschend noch abwegig, aber: „gefährlich und auch vom staatlich-gesellschaftlichen Gesichtspunkt aus bedenklich wäre sie [die Gleitklausel bei sinkenden Mitgliederzahlen, C.F.] allerdings dann, wenn sie um einer vordergründigen Modernität willen auf <u>beliebige</u> andere Gebiete des Verhältnis von Staat und Kirche übertragen würde." [EZA, 742/260]

Themen der Zusammenkünfte und Beratungen (zwischen Kirchenlobbyisten, Professoren des Staatsrechts, einem Verfassungsrichter, zwei Kultusministern und dem Leiter des Kirchenamts der EKD) waren alle aktuellen staatskirchenrechtlichen Fragen und es bestätigt sich demokratietheoretisch, dass sie sich dabei, um mit Bischof Kunst zu sprechen, „in des Teufels Küche" befanden.

Diese kleine Gruppe ist – hinsichtlich der Fragen des Verhältnisses von Staat und Kirchen in Deutschland – einflussreich. Unter Federführung von Mitgliedern des Beraterkreises erscheint (1975) das grundlegende *Handbuch des Staatskirchenrechts der Bundesrepublik Deutschland* (zwei Bände, 1.541 Seiten). Die einführenden drei Artikel zu den „Grundlagen" schreiben Ulrich Scheuner, Hans Maier und Paul Mikat. Von den 45 beteiligten Autoren sind 13 Mitglieder des Beraterkreises.

Zudem erscheinen *Staatskirchenrechtliche Abhandlungen* (herausgegeben u. a. von Hollerbach, Maier, Mikat und Scheuner). Als Band 2 dieser Reihe wird (1971) veröffentlicht: „Die Mitwirkung der Arbeitgeber bei der Erhebung der Kirchensteuer", mit vier Rechtsgutachten zur Frage ihrer Verfassungsmäßigkeit, die 'natürlich' gegeben ist. Autoren sind die bereits benannten bekannten Juristen Axel Freiherr von Campenhausen, Theodor Maunz und Ulrich Scheuner sowie Herbert Scholtissek, ein CDU-Politiker, der von 1951 bis 1967 Richter am 1. Senat des Bundesverfassungsgerichts war.

Dieser „Beraterkreis" ist – nach bisheriger Aktenlage – anscheinend nicht ausdrücklich aufgelöst worden. Er ist – nach getaner Arbeit und kirchenpolitischer 'Ruhe im Land' – anscheinend mangels Interesse und Notwendigkeit überflüssig geworden.

Das letzte Schreiben (vom 10.10.1985) ist von Dr. Joseph Niemeyer, der – als eine Art Geschäftsführer des Beraterkreises – den Teilnehmern schreibt, dass mehr als die Hälfte von ihnen zu dem vorgesehenen Termin ganz oder teilweise abgesagt haben und er sich wegen eines anderen Termins wieder melden wird. Weitere Unterlagen sind anscheinend nicht vorhanden – oder unterliegen noch der dreißigjährigen Sperrfrist.

*Gesprächskreis Staat-Kirche:* Aktuell gibt es jedoch in Berlin einen evangelisch-katholischen „Kreis Staat und Kirche", der sich zweimal im Jahr trifft und zu dem die beiden Leitenden Juristen des evangelischen Büros (Dr. Stephan Iro) und des katholischen Büros (Katharina Jestaedt) Referenten und Ministerialbeamte der Bundesministerien einladen.

Mit anderen Worten, diese ökumenische Art der Zusammenarbeit wurde in Berlin fortgesetzt, aber auf die Arbeitsebene der Bundesministerien verlagert, gleichsam 'an den Puls der Gesetzgebung'.

Dieser Kreis ist ebenso rechtswidrig wie der zuvor bereits genannte Beraterkreis in Fragen des Staatskirchenrechts. Die anzunehmende Verletzung der Amtsverschwiegenheit kann nicht zum Gewohnheitsrecht mutieren.

In einer Situation, in der die staatskirchenrechtlichen Fragen in Deutschland wie fest gefügt und 'einbetoniert' erscheinen, ist – nach Orts- und Generationswechsel – die Bildung einer 'eingeschworenen' Clique auf der ministeriellen Arbeitsebene effizienter, um Gesetzestexte bereits im Entwurfsstadium in den Formulierungen zu beeinflussen.

Wer meint, dies sei in Zeiten der Elektronik und des Internets nicht mehr notwendig, verkennt die Bedeutung von „Kontakt und Nähe". So erläutert Prof. Dr. Gisela Schmalz: „Cliquen schaffen Nestwärme und stiften Identität. Sie bieten die Möglichkeit zu direktem Austausch, zur Nachahmung, Anpassung und Abstoßung. Cliquen bilden eine dem Menschen gemäße und vertraute Lebensform. Ihre Teilnehmer verbindet eine Wahlverwandtschaft."

Neben diesen Cliquen gibt es noch einen anderen Bereich, der dem Gesetz des Schweigens, der 'Omerta', unterliegt: Das vertrauliche, seelsorgerische Gespräch, katholisch 'Beichte' genannt.

*Seelsorger:* In den Personen der Leiter der beiden kirchlichen Büros, die beide Theologie studiert haben und als „Seelsorger" ordiniert sind, zeigt sich ein wesentlicher Unterschied zu den Möglichkeiten von Lobbyisten der Industrie bzw. generell der Wirtschaft.

Von den 631 MdBs der 18. Wahlperiode des Deutschen Bundestages sind nur rund 30 „Heimschläfer", d. h. rund 600 MdBs haben ihren Lebensmittelpunkt nicht in Berlin, sie pendeln zwischen den Sitzungswochen im Bundestag in Berlin und den sitzungsfreien Wochen im Wahlkreis hin und her. Für die Bundesländer, mit Ausnahme der Stadtstaaten, dürfte eine ähnliche Relation gelten.

Das heißt, diese 'Pendler' nehmen alle ihre persönlichen, familiären, beruflichen, finanziellen Probleme jeweils mit nach Berlin bzw. in die Landeshauptstadt, wo sie – abhängig von der zeitlichen Dauer der Mitgliedschaft im Parlament, ihrem Temperament u. a. m. – nur wenige bis gar keine persönlichen Freunde haben, mit denen sie auch vertraulich reden könnten – bis eben auf die Seelsorger, über deren Verschwiegenheit und Diskretion keinerlei Diskussion besteht.

So ist bekannt geworden, dass Prälat Jüsten für den katholischen Bundespräsidenten Christian Wulff in den Monaten während der „Wulff-Affäre" und vor seinem Rücktritt vom Amt ein Gesprächspartner war.

Ein anderes Beispiel ist die Erfahrung des ersten evangelischen Bevollmächtigten in Berlin, Dr. Stephan Reimers, dem (im Februar 2000) von einem ranghohen CDU-Parlamentarier vertraulich berichtet wurde, dass der „Sturz" des CDU-Fraktionsvorsitzenden Wolfgang Schäuble bevorstehe. „Er sei daran beteiligt und habe nun das dringende Bedürfnis, einmal jemandem zu erklären, 'warum wir keine Alternative sehen'." Reimers schildert auch die vielen Begegnungsmöglichkeiten im politischen Berlin und stellt fest, dass sich daraus seelsorgerische Aspekte ergeben: „Auch aus diesen zahlreichen Begegnungen entwickeln sich Verabredungen zu Einzelgesprächen, in denen seelsorgerliche Anliegen zur Sprache kommen. Oft geben Abschiedssituationen, Karrierebrüche und der Verlust von Zukunftsperspektiven den Anstoß zu einem intensiven Gespräch." [Reimers, 2003, 297]

Und ein weiteres Beispiel sei erwähnt, wie die Landtagspräsidentin von Nordrhein-Westfalen, Carina Gödecke, (im Februar 2013) zur Verabschiedung des evangelischen Beauftragten Rolf Krebs recht emotional wird: „Ich mag keine Abschiede und die damit verbundenen Veränderungen, und schon mal gar nicht, wenn ich mich von einem wirklich lieben Freund verabschieden soll. [...] Danken möchte ich aber auch für eine weitere Rolle, die Rolf Krebs innehatte, die mindestens genauso wichtig war. Diese Rolle hat er mit Bravour, persönlich sage ich: mit einem gütigen und strahlenden Herzen ausgefüllt: Ich meine die schlichte, aber wichtige Rolle des Seelsorgers, ob im persönlichen Gespräch oder in der Landtagsandacht vor der Plenarsitzung, und nicht selten auch als Ratgeber."

Da ist vieles benannt, was – bei einer erfolgreichen Umsetzung dieser Aufgabe – eine Rolle spielt: Persönlichkeit, gütiges und strahlendes Herz, Seelsorger, persönliches Gespräch und Ratgeber. Summe: „... wirklich lieber Freund".

Wenn in diesem vielfältigen Geflecht von persönlichen Verbundenheiten zum „Seelsorger" dann dieser einmal eine Frage, eine Bitte äußert – wer wird sie ihm nicht gerne erfüllen wollen? Das ist eben kein juristisches 'Fingerhakeln' der Referenten auf der Arbeitsebene, das ist dann ein freundschaftliches Miteinander des Kirchenbeamten mit Politikern aller Parteien.

Ökonomisch nennt sich das Ganze dann sachgerecht: Schaffung von Sozialkapital zur Umsetzung in politisches Kapital und Einfluss.

Und wenn von den Leitern der kirchlichen Büros eine Äquidistanz zu allen Parteien erwartet wird, damit sie „neutral" bleiben, dann hat es auch eine Komponente, die Kristian Buchna über den ersten Bevollmächtigten,

Bischof Kunst, berichtet: Wie er über ein Netzwerk mit ihm befreundeter Politiker, in verschiedenen Parteien, erfolgreich Anfragen, Themen und Entwürfe ins Parlament lancierte, selber dabei aber persönlich stets 'in der Deckung' blieb.

Diese 'Äquidistanz' ist auch heute noch das Konzept, wie es der evangelische Bevollmächtigte bestätigte. Was in der Praxis (2015) heißt, so ein säkularer MdB, dass die kirchlichen Büros immer einen Abgeordneten im Parlament finden, der ihre Interessen dort lanciert.

Historisch gibt es dazu eine spezifische Erfahrung, wie sie die Ökonomie-Professorin Dr. Gisela Schmalz für die katholische Kirche beschreibt: „Indem Kirchenvertreter nicht nur Normalbürgern, sondern auch weltlichen Regenten die Beichte im Gegenzug für Buße, Vergebung oder Spenden abnahmen, wurden sie zu mächtigen Geheimnisträgern. Über das Beichtgeheimnis brachten Geistliche die weltlichen Herrscher unter ihre Kontrolle."

Die (Pflicht zur) Beichte, aber auch das „seelsorgerische Gespräch" – deren beider Inhalte (entsprechend Art. 9 des Reichskonkordats von 1933) als „Geheimnis" geschützt sind, wobei der „Seelsorger" nach § 139, 2 Strafgesetzbuch keinerlei Straftaten anzeigen muss, die er unter dem „Siegel der Verschwiegenheit" erfahren hat – ist unter lobbyistischer Betrachtung die gelungene Absicht, die 'kleinen und großen Geheimnisse' in Erfahrung zu bringen und damit ein persönliches Vertrauen zu schaffen bzw. zu erzwingen. Und wie heißt es richtig: „Wissen ist Macht."

Welche persönliche Motivation bei den beteiligten Priestern und Pastoren dabei eine Rolle spielt, „Geheimnisträger" zu werden, wäre eine weitere Frage.

*Zeitdauer / Kontakte:* Die meisten Parlamentarier üben die Tätigkeit als Abgeordneter (nur) für zwei oder drei Legislaturperioden aus und haben nur wenig Zeit, intensive Kontakte aufzubauen oder Mitglied in einem einflussreichen Netzwerk zu werden. Ein 'einfacher' MdB, das merkt er schnell, „dreht nicht am großen Rad".

Wenn nun, so berichtet ein MdB, einer dieser 'einfachen' MdBs bei einer Zusammenkunft beispielsweise auf den Leiter des katholischen Büros, Prälat Dr. Karl Jüsten trifft, und der, schon 15 Jahre als Leiter des katholischen Büros in Berlin, so ganz nebenbei ins Gespräch einfließen lässt, dass er jederzeit die Kanzlerin anrufen könne – was der 'einfache' MdB schlicht nicht kann –, ist er gut beraten, sich mit dem Prälaten gut zu stellen – man weiß ja nie, ob man einen so einflussreichen Mann nicht einmal brauchen kann.

## 3.3.2. Ganzheitliche Betreuung

Die Büros kümmern sich 'ganzheitlich' um die Politiker. Da werden die 'Neuen' – die Abgeordneten, die erstmalig im Parlament sitzen – zum ersten Kennenlernen und bekenntnisspezifischem 'Vernetzen' zwischen den Parteien eingeladen, da gibt es Gebetsfrühstücke und Gesprächsrunden verschiedenster Größe und Häufigkeit. Die Abgeordneten werden ggf. im Krankenhaus besucht – wen haben sie denn sonst in der Hauptstadt? – und sie werden, wenn sie nicht wieder einen Sitz im Parlament bekommen haben, auch persönlich verabschiedet.

Dabei gibt es durchaus Unterschiede hinsichtlich hierarchischer Position und christlich-persönlicher Nähe.

Im April 1969 schreibt Bischof Kunst ein persönliches Kondolenzschreiben an Bundeskanzler Kiesinger anlässlich des Todes von dessen Vater: „Mit Bewegung las ich die Nachricht von dem Heimgang Ihres Vaters. Ich erinnere mich deutlich eines Gesprächs mit Ihnen vor Jahren, in dem Sie mir mit großer Dankbarkeit erzählten, welchen Rang Ihr Vater für die Prägung Ihres Lebens gehabt hat. [...] Erlauben Sie mir, daß ich Sie erinnere an die großen Zusagen, die Gott der Herr uns für die Ewigkeit gegeben hat. [...] Ich gedenke Ihrer und der Ihren in meinem Gebet. Lassen Sie sich herzlich die Hand geben und grüßen von Ihrem Ihnen aufrichtig verbundenen (Unterschrift)." [EZA 87/691]

Ebenfalls ein persönliches Schreiben erhält Staatssekretär Prof. Dr. Carl Carstens, anlässlich seines Ausscheidens aus dem Bundeskanzleramt im Oktober 1969: „Ich habe viel Anlaß, Ihrer mit großem Respekt und mit großer Dankbarkeit zu gedenken. Jedermann weiß, daß Sie mit einer Summe von ungewöhnlichen Talenten ausgerüstet sind. [...] Ich hab es immer als eine besondere Freundlichkeit angesehen, daß ich Ihnen habe begegnen und je und je mit Ihnen gemeinsam habe etwas tun können. Lassen Sie sich herzlich danken für Ihre ständige Offenheit und bereitwillige Hilfe."

Prof. Dr. Carl Carstens antwortetet mit einem handgeschriebenen Brief, der mit „Alle guten Wünsche und Gottes Segen für Sie" abschließt.

Die Büros nutzen dabei zudem eine Situation, dass über Persönliches nur wenig gesprochen wird, und so schickt beispielsweise das evangelische Büro (unter der Leitung von Prälat Heinz-Georg Binder) an die Minister

Dr. Hans Apel (SPD) und Gerhart Baum (FDP), die nach dem Ende der sozialliberalen Koalition (Oktober 1982) ihr Amt 'verlieren', standardisierte, d. h. identische Abschieds- und Dankesschreiben, natürlich persönlich adressiert. Da die Angeschriebenen ihre Post nicht herumzeigen, darf sich jeder denken, dass allein er Post dieser Art bekommen hat: „Sehr geehrter Herr Minister, anläßlich ihres Ausscheidens aus Ihrem bisherigen Amt möchte ich es nicht versäumen, Ihnen für alle Unterstützung und alle vertrauensvolle Zusammenarbeit meinen herzlichen Dank zu sagen. Meine Segenswünsche begleiten Sie auf ihrem weiteren Weg, und ich bin sicher, daß die guten Beziehungen zwischen Ihnen und mir bzw. meinem Hause sich auch in Zukunft bewähren werden." [EZA 87/2137]

Dr. Hans Apel antwortet Prälat Binder „sehr herzlich für Ihre persönlichen Zeilen. Ich bin davon überzeugt. daß wir auch künftig miteinander freundschaftlich verbunden bleiben."

Diese ganzheitliche Betreuung geschieht nicht nur für einzelne Personen, sie reicht hin bis zu Immobilien. So lud das „Protokoll Inland" des Bundesministeriums des Innern zu einem Einweihungsfest für das neue Dienstgebäude des BMI ein. Dieses „Einweihungsfest", am 9. Juni 2015, bestand aus vier Grußworten (von Bundesinnenminister de Maizière, dem Vorstandssprecher der Bundesanstalt für Immobilienaufgaben, dem Architekten und dem Vorsitzenden des örtlichen Personalrats). Dann folgte der Hauptteil – im Juni 2015, im säkularen Berlin, der vorgeblichen „Hauptstadt des Atheismus" – die Segnung des Gebäudes durch Prälat Dr. Karl Jüsten, Leiter des Kommissariats der deutschen Bischöfe, und Prälat Dr. Martin Dutzmann, Bevollmächtigter des Rats der EKD. Ablauf der Segnung: Lied „Geh aus, mein Herz, und suche Freud" / Ansprache / Segnung / Lied „Großer Gott, wir loben Dich". Anschließend Empfang.

Vorsorglich ist der Einladung ein Einlegekarton beigelegt, auf dem die Noten und Texte der Lieder abgedruckt sind. Abschluss der Segnung ist die Strophe: „Sieh dein Volk in Gnaden an. / Hilf uns, segne, Herr, dein Erbe; / leit es auf der rechten Bahn, /dass der Feind es nicht verderbe. / Führe es durch diese Zeit, / nimm es auf in Ewigkeit."

Das Bundesministerium des Innern, Berlin, 2015.

*Andachten / Gebetsfrühstücke.* Neben den internen, öffentlichkeitsscheuen Cliquen bestehen noch, von den Büros ebenfalls organisiert, Andachten und Gebetsfrühstücke. Die Teilnahme daran steht jedem Christen bzw. den Konfessionsangehörigen offen. Organisationssoziologisch gesehen stehen sie zwischen 'Bonding' und 'Briding', da sie einerseits schon eine engere

Verbundenheit ausdrücken, andererseits aber nicht dem Schweigegebot unterliegen.

Für lobbyistische Zwecke wird damit jedoch noch etwas anderes erreicht: die Schaffung von „Sozialkapital". Das wiederum wird dann für politischen Einfluss eingesetzt: „Während man die Vorteile des Gemeinschaftslebens genießt, wird man blind für den Verdacht der gegenseitigen Ausnutzung oder des taktischen Gebrauchs der Clique zu cliquenexternen Zielen und agiert wie von selbst im Sinn der Clique. Und wer trotz Gruppenglücks nicht blind wird, weiß die praktischen Vorteile der Clique erst recht zu schätzen und auszuschöpfen." [Schmalz, 2014, 268]

*Andachtsraum im Bundestag:* Ein staats- und parlamentsfremdes Element ist der als „Raum der Stille" vermeintlich neutralisierte Religionsraum im Gebäude des Bundestages wie auch in Landtagen. Dort finden, innerhalb von Staatsgebäuden, religiöse Rituale statt. Der Raum ist – gegen anfänglichen Widerstand christlicher Gruppen – bewusst schlicht „interreligiös" gehalten, da es ja auch islamische, jüdische und andere Religionszugehörigkeiten unter den Abgeordneten und Mitarbeitern gibt. Allerdings wurden Muslime oder Juden dort noch nicht gesichtet.

„Die 15-minütigen Morgenfeiern finden jeweils donnerstags und freitags in den Sitzungswochen des Bundestages vor den Plenarsitzungen statt. Sie werden von den beiden kirchlichen Verbindungsbüros in Zusammenarbeit mit Abgeordneten und Mitarbeitern des Plenardienstes des Deutschen Bundestages gestaltet. Die von den Kirchen [2007] gestiftete neue Schmuckbibel ist mit Bildern moderner Künstler illustriert."

Eingeladen wird zu den christlichen Morgenandachten, unter evangelischer Federführung, vom Bevollmächtigten des Rates der EKD und dem Katholischen Büro in Berlin. Beginn ist um 8.40, Ende um 8.55 Uhr.

Die Zahl der Teilnehmer (15 bis 20) ist gering, angesichts von 631 Bundestagsabgeordneten. Aber es gilt das Wort von der 'Hefe im Teig'.

Im Übrigen, so heißt es, seien bei diesen Gelegenheiten Gespräche über Politik verpönt. Aber eine gleiche Gesinnung ist ja auch etwas Verbindendes. Als „Einladung" ertönt das Kölner Domgeläut von der elektronischen Konserve.

*„Gebetsfrühstück" I + II + III + IV:* Nicht im Parlamentsgebäude, aber gleich daneben, im Gebäude der Parlamentarischen Gesellschaft, auf der anderen Straßenseite gegenüber dem Reichstagsgebäude und im früheren Palais des Reichstagspräsidenten, versammeln sich auf Einladung gläubi-

ger MdBs Bundestagsabgeordnete (Mitarbeiter sind nicht zugelassen) für eine Stunde zum 'Gebetsfrühstück' – ein Import aus den USA. Auch die kirchlichen Büros in Berlin veranstalteten früher wöchentlich diese Frühstücke mit Gebet, die Anklang finden, und sei es aus dem banalen Grund, dass die meisten MdBs nicht in Berlin wohnen, die beiden Sitzungswochen also alleine in der Hauptstadt sind und sich ansonsten das Frühstück selbst machen müssten. Da nimmt man doch gerne diesen Frühstücksservice in Anspruch: 7.30 Uhr geht es los im Evangelischen Büro am Gendarmenmarkt, denn spätestens um 9.00 Uhr beginnen die Sitzungen im Bundestag.

Ein Bericht aus dem Jahr 2003: „Einmal pro Woche lädt Reimers und sein Team die Bundestagsabgeordneten zum Gebetsfrühstück ein. Gut ein Drittel der 253 evangelischen Abgeordneten nehmen das Angebot am frühen Mittwoch Vormittag um 7.30 Uhr wahr. Trotz vollem Terminkalender in den Sitzungswochen schätzt man den ungezwungenen Umgang und die vertrauensvolle Atmosphäre im ehemaligen Otto-Nuschke-Haus, das früher der Ost-CDU gehörte. Und die Tatsache, dass man hier ohne Presse und Öffentlichkeit auch einmal ungeschützt miteinander reden könne, würde von vielen Abgeordneten sehr geschätzt, so Reimers. Der kirchliche Diplomat, der früher selbst einmal Bundestagsabgeordneter war, gibt dabei theologische Impulse oder kommt mit den Abgeordneten persönlich ins Gespräch, gerade jetzt [2003] wo viele von ihnen um ihren Platz im Bundestag bangen."

Das gibt es auch in der Variante einer „Herzlichen Einladung" zu einer „Heilsamen Unterbrechung", einem Frühgottesdienst in der Passionszeit am 25. März 2015, von 8.00 bis 8.45 Uhr in der Französischen Friedrichstadtkirche am Gendarmenmarkt. Einladende sind der Pfarrer und der Evangelische Bevollmächtigte Dr. Martin Dutzmann. Und: „Bei einem kleinen Frühstücksbüffet ist nach dem Gottesdienst noch Gelegenheit zum Gespräch."

In einer weiteren Variante solcher Frühstückseinladungen geht es um die Mitarbeiter in den Büros der Bundestagsabgeordneten. Prälat Dutzmann spricht dabei die angeschriebenen MdBs nicht als „Mittler" sondern als „Briefträger" an: „Sehr geehrter Herr Abgeordneter, heute möchte ich Sie um den Gefallen bitten, als 'Briefträger' tätig zu werden: Wie Sie wissen, laden meine Mitarbeiter und ich in jedem Jahr auch die klugen Köpfe, die Sie bei Ihrer Tätigkeit unterstützen, in unsere Dienststelle an den Gendarmenmarkt zu einem Frühstück ein. Da die Fluktuation in den Fraktionen und in den MdB-Büros erfahrungsgemäß hoch ist, wäre ich Ihnen sehr dankbar, wenn Sie diese Einladung an Ihre wissenschaftlichen Mitarbeiter weitergeben könnten. Das Frühstück findet statt am Mittwoch, 27. Mai 2015, um 8.00 Uhr in der Dienststelle des Bevollmächtigten des Rates der EKD Charlottenstraße 53/54 10117 Berlin. Wir würden uns freuen, Ihre Mitarbeiter und Mitarbeiterinnen am Gendarmenmarkt begrüßen zu können. Eine Rückmeldung mit beiliegendem Antwortfax würde uns die Planung erleichtern."

*Parlamentarische Abende:* Über diese 'geschützten Räume' hinaus gehen dann Veranstaltungen für eine weitere Öffentlichkeit, „Parlamentarische Abende", zu denen auch Ministerialbeamte eingeladen werden. Sie ziehen größere Kreise, bleiben aber im Überschaubaren, denn ein Element des Sozialkapitals ist das 'Netz der Bindungen', das den „Cliquenkitt" bewirkt.

Der erste Bevollmächtigte des Rats der EKD in Berlin, Dr. Stephan Reimers, hat (2003) beschrieben, wie vom Evangelischen Büro aus regelmäßig die Kontakte zwischen Kirche, Politikern und Beamten der Ministerialbürokratie organisiert werden. Diese abendlichen Gesprächskreise, falls sinnvoll auch mit einem Angebot zum Abendessen oder bei größerem Platzbedarf in der französischen Friedrichstadtkirche auf der anderen Straßenseite, haben die Bezeichnung „Treffpunkt Gendarmenmarkt".

Dabei gebe es allerdings einen grundlegenden Unterschied zum Vorgehen des katholischen Büros, meinte Reimers, man wolle den Abgeordneten nichts vorschreiben, wie es die katholische Kirche tue.

Die Themen greifen stets aktuelle Diskussionen auf. Am 28. Januar 2015 stellt sich der neue Ratsvorsitzende des Rates der EKD, Bischof Heinrich Bedford-Strohm vor: „Ich bin nicht Charlie [Hebdo]".

*Jahresempfänge:* Die größten Veranstaltungen sind die Jahresempfänge beider Büros, bei denen mehrere Hundert Personen zusammenkommen. Für gewiefte Netzwerker sind sie dennoch überschaubar – auch wird genau gezählt und registriert, wer dabei ist und wer nicht.

Da trifft sich 'Gott und die Welt' und es ist, in jeweiliger Konkurrenz zum Empfang des anderen Büros, eine Art Schaulaufen, wer alles kommt. Eingeladen wird mit personalisierten Einladungskarten auf schwerem, repräsentativem Karton als DIN-lang-Klappkarte.

□ *Johannisempfang:* Traditionell um den Johannistag herum (24. Juni) lädt der Bevollmächtigte des Rats der EKD in Berlin alljährlich zum Johannisempfang. Einer der Teilnehmer des Empfangs von 2012 (Hermann Gröhe,

MdB/CDU, seinerzeit CDU-Generalsekretär) schildert den Empfang mit fröhlichen Worten. „Jahr für Jahr bietet der sommerliche Johannisempfang eine gute Gelegenheit, um die Kontakte zwischen der Politik und den Kirchen zu vertiefen. [...] Die Kirchen – ja man spürt ihr segensreiches Wirken auch in unserer bunten und lauten Hauptstadt. Gott sei Dank."

Anwesend in der Französischen Friedrichstadtkirche waren viele der sogenannten Spitzenpolitiker. „Zu den Gästen gehörten Bundespräsident Joachim Gauck, Bundestagsvizepräsident Wolfgang Thierse (SPD), Kanzleramtsminister Ronald Pofalla (CDU) sowie die Minister Wolfgang Schäuble, Annette Schavan (beide CDU) und Ilse Aigner (CSU). Gekommen waren zudem CDU-Generalsekretär Hermann Gröhe, der auch Mitglied der EKD-Synode ist, SPD-Generalsekretärin Andrea Nahles sowie die Fraktionschefs Frank-Walter Steinmeier (SPD), Volker Kauder (CDU) und Gregor Gysi (Linke)."

Diese Empfänge bieten auch immer Gelegenheit, sich gegen etwas abzugrenzen oder etwas zu vereinnahmen. 2012 bewertete der Ratsvorsitzende der EKD, Nikolaus Schneider, in seiner Rede das Urteil des Landgerichts Köln, das die Beschneidung eines minderjährigen Jungen als Körperverletzung beurteilt hatte, als verfehlt. 2014 wird das Ende der DDR auf das „Gottvertrauen" der Beteiligten zurückgeführt.

☐ *Michaelsempfang:* Der katholische „St.-Michael-Jahresempfang", zum kirchlichen Festtag des Erzengels Michael, findet jeweils im September/Oktober des Jahres statt.

Teilnehmer sind bis zu 800 Gäste. „Am Dienstagabend [2010] begrüßte Prälat Karl Jüsten, der Repräsentant der Bischöfe im politischen Berlin, zum zehnten Mal an der Spree Politiker und deren Umfeld aus Verbandsvertretern, Journalisten, Lobbyisten und Immer-auch-Dabeis: 'Wir reichen Ihnen die Hand auf gute Zusammenarbeit.'" Ort: Der große Saal der Katholischen Akademie bzw. das Hotel Aquino, das Tagungszentrum der Katholischen Akademie.

Es wird dann genau gezählt, wer da ist und wer nicht. 2009 hieß es: Alt-Bundespräsident Weizsäcker sei der treueste Ehrengast, Rau wäre auch stets gekommen, Köhler nur einmal, der besuchte lieber den evangelischen Johannisempfang Ende Juni. Vom politischen Spitzenpersonal des ersten Empfangs in Berlin war nur die damalige Bundesgesundheitsministerin Andrea Fischer gekommen, jetzt Berliner Diözesanleiterin der Malteser. In der ersten Reihe Angela Merkel, Wolfgang Schäuble, Annette Schavan, Franz Josef Jung, dahinter Bundestagspräsident Norbert Lammert und mehrere Staatsminister und Staatssekretäre. Die Bundeskanzlerin blieb nach den Reden noch 45 Minuten – im politischen Berlin eine Ewigkeit.

Von der SPD war nur der treue Katholik Wolfgang Thierse gekommen, von der FDP, den Grünen und Linken hatte sich, so Prälat Jüsten, niemand gemeldet.

### 3.3.3. Kommissariat der Bischöfe in Bonn / Berlin

Das „Kommissariat der deutschen Bischöfe – Katholisches Büro in Berlin", früher in Bonn, befindet sich seit dem Jahr 2000 am Regierungssitz in Berlin. Es ist eine Dienststelle der Deutschen Bischofskonferenz und des Verbandes der Diözesen Deutschlands. Im Unterschied zum Sekretariat der Deutschen Bischofskonferenz, das am ehemaligen Regierungssitz und im katholischen Umfeld verblieben ist, musste das Katholische Büro mit in die Diaspora umziehen, da das Kerngeschäft, auch des christlichen Lobbyismus, vorrangig im direkten persönlichen Kontakt stattfindet.

Obwohl im Frühjahr 2014 durch den Augsburger Bischof Konrad Zdarsa eine „Umzugsdebatte des Sekretariats" von Bonn nach Berlin angestoßen wurde, blieb alles so wie es ist. Der neue Vorsitzende der Bischofskonferenz, Erzbischof Reinhard Kardinal Marx sprach von einer komplexen Situation, die ausführlich erörtert werden müsse, und die 130 Mitarbeiter, die durch das Wort „Verschlankung" aufgeschreckt worden waren, konnten aufatmen. Zudem war erst 2004 der 12-Millionen-Euro-Neubau für das Sekretariat in Bonn errichtet worden. Und, neben den Kosten für einen Neubau in Berlin, hätte dann sicherlich auch das ZdK mit nach Berlin umziehen müssen, dessen Kosten weitestgehend auch vom Verband der Diözesen getragen werden. Nach „Limburg" also keine gute Idee. Warum sollte man auch in die kalte Diaspora umsiedeln, wenn man im 'warmen', katholischen Raum Bonn/Köln bleiben konnte? Zudem befände sich das Kirchenamt der EKD auch nicht in Berlin, sondern in Hannover. So blieb die Aufteilung Sekretariat in Bonn, Kommissariat im Berlin erhalten.

In der Sichtweise des seinerzeitigen Leitenden Juristen des Katholischen Büros in Bonn, Dr. Johannes Niemeyer, dass die katholische Kirche in Kaiserzeit und Weimarer Republik „viergleisig" gefahren sei (Verbände, Partei, Bischöfe, Vatikan) kann man das Katholische Büro als das weitere, das „fünfte Gleis" bezeichnen. Die Assoziation zur „fünften Kolonne" – Gruppen, die im Verborgenen tätig sind – ist nahe liegend und auch nicht ganz verkehrt.

In eigener Darstellung lautet die Aufgabenstellung: „Das Katholische Büro arbeitet dem Vorsitzenden der Deutschen Bischofskonferenz, Reinhard Kardinal Marx, unmittelbar zu. Es erfüllt seinen Auftrag insbesondere durch die Beobachtung der Gesetzgebungsvorhaben des Bundes, die sachkundige Begleitung bei der Vorbereitung von Gesetzen und politischen Entscheidungen, die Abgabe von Stellungnahmen zu Gesetzgebungsverfahren des Bundes sowie die Durchführung von Beschlüssen der Deutschen Bischofskonferenz. Auch die Pflege der Kontakte zu den Verantwortungsträgern in Gesellschaft und Politik gehört hierzu."

Die genannte „sachkundige Begleitung bei der Vorbereitung von Gesetzen und politischen Entscheidungen" ist die unmissverständliche Beschreibung eines demokratiefremden Einflusses.

Der Bischofskonferenz gegenüber ist das Kommissariat weisungsgebunden, arbeitet jedoch, sofern keine klaren Weisungen oder Positionierungen vorliegen, in eigener Initiative und Kompetenz.

□ *Entstehung.* Als Gründungsdatum des Kommissariats/katholischen Büros für die Bundesrepublik gilt der 25. Oktober 1948, als der Kölner Erzbischof und Vorsitzende der Fuldaer Bischofskonferenz, Joseph Kardinal Frings, dem Vorsitzenden des Parlamentarischen Rates, Dr. Konrad Adenauer übermittelt: „der Kölner Domkapitular Wilhelm Böhler sei beauftragt, in Verbindung mit Vertretern anderer Ordinariate die eventuell notwendigen mündlichen Verhandlungen mit den katholischen Parlamentariern zu führen." [Turowski, 1995, 199]

Wesentliches Element der Lobbytätigkeit Böhlers war, dass dem Katholischen Büro nicht nur Bundestagsabgeordnete sondern auch höhere Ministerialbeamte zur Verfügung standen. Das heißt, dass die Ministerialbeamten ihre Pflicht der Amtsverschwiegenheit wahrscheinlich verletzt haben.

Böhlers erfolgreiches katholisches „Kontaktsystem" stützte sich dabei „auf die Katholiken, die in den staatlich-politischen Instanzen Verantwortung trugen. Dies galt für Ministerialreferenten ebenso wie für Staatssekretäre, für Bundestagsabgeordnete ebenso wie für Minister oder Bundeskanzler" – so wie in der Graphik auf Seite 67 dargestellt.

Dieser 'Inside-Lobbyismus' wird durch die „Arbeitskreise" des Katholischen Büros ergänzt: „Schon früh, nämlich Anfang der 50er Jahre, wurden Arbeitskreise eingerichtet, und zwar für kulturelle, juristische und innen- sowie außenpolitische Fragen. Einer der ältesten Arbeitskreise ist der für Ehe- und Familienrecht. In ihm arbeiteten Rechtswissenschaftler, hohe Richter, Theologen und andere Sachverständige zusammen, um die katholische Stellungnahme zu den verschiedenen Gesetzgebungswerken auf diesem Gebiet zu verfassen." Die Anzahl wurde laufend erweitert, früh gab es auch einen Arbeitskreis für Strafrecht, ebenso wie eine „Kommission zur Beratung des Bundesbaugesetzes". [Niemeyer, 1979, 81]

Das alles bedeutet den Aufbau einer verborgenen, kirchlichen „Parallel-Bürokratie" neben den öffentlich-rechtlichen, staatlichen Institutionen.

☐ *Kommissariat in Berlin.* Die Dienststelle der Bischofskonferenz befindet sich seit dem Jahr 2000 in Berlin-Mitte, am nördlichen Rand der Innenstadt, außerhalb des 'Regierungsviertels', Hannoversche Straße 5.

Dort geht man, im Winkel eines scharfen Kurvenknicks der Straße, über eine ansteigende Rampe bzw. breite Treppenstufen in einen etwas höher gelegenen, sich weit öffnenden Innenhof, um den herum sich Katholische Akademie (links), Tagungshotel (hinten) und Kommissariat der Bischofskonferenz (rechts) gruppieren. Es hat unwillkürlich die Anmutung einer Kloster- oder Burganlage, die man über einen ansteigenden schmaleren Zugang betritt.

Es ist ein 'katholisches Areal', die „Katholischen Höfe", die sich auf dem Grund der katholischen Friedhöfe außerhalb der ehemaligen Stadtmauern befinden. Geht man über den Innenhof der katholischen 'Burganlage' (Hannoversche Straße 5) und am katholischen Tagungszentrum Hotel Aquino entlang (Hannoversche Straße 5 b, Drei Sterne) an einem kleineren Innenhof des Hotels vorbei, dann kann man durch eine Durchfahrt auf den Innenhof der angrenzenden Chausseestraße 128 gehen. Dort befindet sich die Berliner Filiale der katholischen Pax Bank e.G., ebenso wie die Dienststelle des Katholischen Büros Berlin-Brandenburg, die Berliner Dependance von Misereor, der Bundesvorstand der Deutschen Katholischen Jugend, der Thomas Morus Verlag mit Buchhandlung, die Bundesarbeitsgemeinschaft der katholischen Jugendsozialarbeit, das Ökumenische Netz Zentralafrika, das Berliner Büro von VENRO (Verband Entwicklungspolitik Deutscher Nichtregierungsorganisationen), das christliche *Bündnis Entwicklung hilft* sowie das Forum Fairer Handel.

*Mitarbeiter und Aufgaben.* Das Kommissariat der Bischofskonferenz in Berlin hat 16,5 Stellen (Leiter und sechs Referenten plus Sekretariate/Assistenten, ein Hausmeister) und 2013 einen Jahresetat von 1.608.240 Euro (was einem Durchschnitt pro Arbeitsplatz von 97.500 Euro per anno entspricht, aber inklusive der vermutlich nicht unerheblichen Reisespesen der Referenten).

In Bonn hatte das Kommissariat noch 30 MitarbeiterInnen gehabt. Die Halbierung der Mitarbeiterzahl in Berlin – wobei man doch eigentlich das Gleichbleiben oder Ansteigen der Mitarbeiterzahlen hätte erwarten können – hat eine einfache Erklärung. Es war die Zeit der Sparmaßnahmen in der katholischen Kirche und nur vier der bisherigen Mitarbeiter des Büros in Bonn wollten zudem mit nach Berlin wechseln. Zum Leidwesen einiger Politiker wurde auch die bisherige hauseigene Küche mit kräftiger, deutscher Hausmannskost eingespart.

☐ *Dr. Karl Jüsten.* Leiter des Büros ist seit dem 1. März 2000 der katholische Prälat Dr. Karl Jüsten, der mittlerweile (seit etwa 2009) unwidersprochen in den Medien als der „katholische Chef-Lobbyist" bezeichnet wird.

Jüsten betont, dass es darauf ankomme, die richtigen Kontaktpersonen zu kennen und wesentliches Element der Arbeit des Katholischen Büros sei: „Die Beziehungspflege zu allen Akteuren. Dazu gehören die Politiker, die Ministerialbeamten, aber auch die vielen anderen Lobbyisten und schließlich die Medien. Kungeleien oder Winkeladvokatentum sind nicht für unsere Arbeit geeignet." Ebenso: „Wir hatten noch nie Probleme, die erforderlichen Gesprächskontakte herstellen zu können." Über sich selbst sagt er: „Ich kann [Bundeskanzlerin] Angela Merkel erreichen, wenn es nötig ist."

Die Frage, ob sich durch den Umzug von Bonn nach Berlin etwas geändert hat, wird für die Lobbyarbeit des Katholischen Büros mit „Nein" beantwortet. In Berlin liefe alles so wie in Bonn.

Und wie immer: Die wichtigste und gleichzeitig am wenigsten öffentliche Art der Beeinflussung ist das direkte persönliche Gespräch. Jüsten, so heißt es, telefonierte ständig mit einzelnen Abgeordneten. Insgesamt ist er mit seinem, dem Einfluss der Kirchen, zufrieden. Er weiß, in welchen Fraktionen er für die katholischen Themen jeweils Ansprechpartner und Unterstützer findet. Sein Fazit: „Unser Erfolg beeindruckt manchmal auch die Bankenlobby oder die Atomlobby."

Interessant, dass sich der Vertreter der organisierten „Nächstenliebe" mit knallharten Wirtschaftsunternehmen vergleicht. Wie wird dieser Erfolg gemessen?

Die Reichweite dieses Lobbyismus ist thematisch unbegrenzt. 'Richtschnur' ist allemal die eigene Interessenlage der katholischen Kirche. Und das ist, wie bereits geschildert oder um mit Theodor Fontane zu sprechen,

„ein weites Feld". In dem eben zitierten Interview mit Jüsten (aus dem Jahr 2008) klingt das erfrischend: „Aber eigentlich hat die Kirche sowieso auf allen Gebieten Interessen. [...] Sie mischen sich in alles ein. Straßenbau? Justiz? Landwirtschaft? Alles Kirchenfragen. 'Wir sind die einzigen Lobbyisten, die alles auf dem Schirm haben', sagt Jüsten."

Bei seiner Ernennung zum Leiter des Katholischen Büros war Jüsten – nach katholischen Verhältnissen – noch vergleichsweise jung, 38 Jahre alt. (Der damals jüngste katholische Bischof, Franz-Josef Bode in Osnabrück, war 49 Jahre alt.) Im Erzbistum Köln mit pastoraler Erfahrung tätig, sprach ein wesentliches Element für ihn: „Schicken sie den Jüsten irgendwohin, er kennt sicher jemanden", also ein Kommunikator und Netzwerker. Zudem ist er nicht verheiratet und braucht daher keine zeitlichen Reserven für familiäre Verpflichtungen.

Mittlerweile seit 15 Jahren in Berlin unterwegs, heißt es, dass es keine politisch wichtige Veranstaltung gibt, an der er nicht teilnimmt. (Das gilt dann natürlich auch im Umkehrschluss, dass eine Veranstaltung dadurch wichtig wird, dass er daran teilnimmt.) Allerdings soll er auch die Kunst beherrschen, an einem Abend bei drei bis vier Veranstaltungen dabei zu sein: Ankommen, mit den wichtigsten Leuten kurz sprechen, man war also da, alle haben es gesehen, und weiter.

Diese Präsenz (und Bekanntheit im Raum der Politik und der Medien) weiß er mit einem Sympathie erzeugenden Pragmatismus zu verbinden, indem er (vom Frühsommer bis Herbst) nicht nur aus praktischen Gründen einen Motorroller fährt. Er ist damit im dichten Berliner Innenstadtverkehr schneller als jedes Politikerfahrzeug und braucht keinen Parkplatz. Der Roller ist „königsblau" und der vorgeschriebene Helm ist rot – so schafft man Ikonen: „Der Jüsten? Das ist doch der, der mit der blauen Vespa und dem roten Helm unterwegs ist." Inhalte sind nicht so wichtig wie Optik und Symbole.

Jüstens Wertschätzung bekommt schon Züge der spirituellen Verehrung, wenn medial vom „heiligen Karl" die Rede ist – was in einer kleinen Runde von Journalisten einmal so respektvoll-ironisch geäußert worden war und dann aufgeschrieben wurde.

Er ist, obwohl er keinerlei politische 'Berührungsängste' hat und selbst parteilos ist, eher der CDU-Fraktion verbunden, denn in der CDU/CSU gibt es immer noch schlicht die Mehrzahl engagierter Katholiken – auch wenn von den zehn CDU/CSU-Ministern in der Bundesregierung der Großen Koalition (ab 2013) sieben evangelisch sind.

Als Mitte Januar 2014 die „Kartoffel-Connection" in Berlin bekannt wurde – ein neuer Gesprächskreis von 15 bis 30 Politikern der Union und der (im Herbst 2013 aus dem Bundestag ausgeschiedenen) kirchenaffinen FDP, der sich intellektuellen Input von außen holen will –, war es kein Zufall, dass der erste Inputgeber Prälat Jüsten war.

Die Verbundenheit zu den Unionsfraktionen zeigt sich aber auch darin, dass das Katholische Büro in den Sitzungswochen früh einen Gottesdienst für Parlamentarier ausschließlich der Unionsfraktion veranstaltet. Man bleibt unter sich.

□ *Vernetzung.* Jüsten ist schon auf formaler Ebene gut vernetzt. Er ist:

Mitglied im Zentralkomitee der deutschen Katholiken (ZdK), gewählt als Einzelpersönlichkeit, Vorsitzender des Vorstands der Katholischen Zentralstelle für Entwicklungshilfe e.V. und (katholischer) Vorsitzender der Gemeinsamen Konferenz Kirche und Entwicklung (GKKE). Mitglied der katholischen *Konferenz Weltkirche*, der Kommission von *Justitia et Pax*, des Aktionsausschuss der Solidaritätsaktion (Missionswerk) *Renovabis* für die Menschen in Mittel- und Osteuropa, der Mitgliederversammlung des Exposure- und Dialogprogramme e.V., des Vereins Deutsche Welthungerhilfe e.V., des Runder Tisch „Sexueller Kindesmissbrauch" (2010-2011), und (seit 11.3.2014) Vorsitzender des Rundfunkrates der Deutschen Welle. Mitglied des Kuratoriums des Deutschen Kulturrats, des Kuratoriums *Dialogplattform Kulturelle Bildung* des Deutschen Kulturrats, der (katholischen) Kommission für Zeitgeschichte e.V. und Vorsitzender des Arbeitskreises gesellschaftlicher Gruppen des Haus der Geschichte. Mitglied des Stiftungsrates der *Stiftung Flucht, Vertreibung, Versöhnung*, des Präsidiums der Deutschen Gesellschaft für die Vereinten Nationen, des Katholischen Studentenvereins K.St.V. Arminia in Bonn (zu dessen 'Alten Herren' auch Konrad Adenauer gehörte, und zu den Lebenden u.a. Paul Bernhard Kallen, Vorstandsvorsitzender der Hubert Burda Media), des Beirates der Schulstiftung des Erzbistums Berlin (Wolfgang Thierse, MdB bis 2013, ist dort auch Mitglied, ebenso wie Peter Frey, ZDF), des Beirates des Berliner Instituts für christliche Ethik und Politik, der deutschen Seite des Deutsch-Polnischen Jugendrates, des Kuratoriums der Stiftung Deutsches Forum für Kriminalprävention, des Dialogforums „Kultur" des Nationalen Aktionsplans Integration, des Vorstands des KSD Katholischer Siedlungsdienst e.V. – Bundesverband für Wohnungswesen und Städtebau und Sachpreisrichter der Jury des Architekturwettbewerbs zur Neugestaltung des Innenraums der St. Hedwigs Kathedrale in Berlin.

Diese Mitgliedschaften beruhen zum Teil auf seiner Funktion als Leiter des Kommissariats der deutschen Bischöfe bzw. als Vertreter der Deutschen Bischofskonferenz.

Dass über diese Mitgliedschaften auch Lobbyarbeit realisiert wird, zeigt das Beispiel des staatlich finanzierten Auslandsenders Deutschlands, der *Deutschen Welle*. Nachdem Prälat Jüsten erst – er war stellvertretender Vorsitzender des Rundfunkrats – als der 'Strippenzieher' galt, um den kirchenaffinen Journalisten Peter Limbourg (2013) zum Intendanten zu küren, ist Jüsten (2014) selbst Vorsitzender des Rundfunkrats geworden. Sein Vorgänger war Valentin Schmidt, Präsident des Kirchenamtes der EKD. Im Internetauftritt der *Deutschen Welle* ist (2015) Eigenartiges zu lesen. Unter der Rubrik „Themen" und „Deutschland" gibt es drei Optionen: „Deutschland verstehen", „Deutschland entdecken" und „Deutschland evangelischkatholisch". Die dritte Option wird als „Verkündigungsangebot" direkt und allein von den Kirchen verantwortet. Zuständig für diese Sendungen sind die evangelische und die katholische „Hörfunkarbeit für Deutschlandradio und Deutsche Welle". Da wird dann auch gleich auf „God's Cloud" beim ZDF verlinkt und die Säkularisierung der Hörer findet ihren Ausdruck in der aktuellen Camouflage: „Die Sendung 'Wort zum Sonntag' heißt ab sofort 'Gedanken zur Woche'."

□ *Termine als Leiter des Kommissariats.* Die Wahrnehmung dieser Mitgliedschaften wäre schon alleine ein volles Programm. Dazu kommen noch die 'Pflichttermine', wie die Teilnahme an den beiden jeweils viertägigen Vollversammlungen aller katholischen Bischöfe in Deutschland; die Herbst-Vollversammlung stets in Fulda (Grab des heiligen Bonifatius), die Frühjahrs-Vollversammlung an jeweils wechselnden Orten. Jüsten liest zudem an den Donnerstagen der Sitzungswochen des Bundestages (also etwa 22-mal im Jahr) um 7.30 Uhr für die Abgeordneten von CDU/CSU in der Kapelle der Katholischen Akademie eine Messe, mit anschließendem Frühstück. Auch darin zeigte sich die lobbyistische Grundausrichtung der „katholischen Höfe" in Berlin, in denen Arbeiten, Diskutieren, Beten und gastronomische Betreuung nur die jeweils nächste Haustür ist.

Dazu kommen noch die Termine, die er in seiner Arbeit als Leiter des Kommissariats öffentlichkeitswirksam wahrnimmt. Eine Durchsicht der mehreren Hundert Termine der vergangenen zehn Jahre verdeutlicht, dass Prälat Jüsten vornehmlich 'seine' Medien erreicht: KNA, domradio, Christ&Welt, F.A.Z., katholisch.de…, aber darüber hinaus kaum andere.

Er ist aktiv in 'seinem' Umfeld: CDU- und CSU-Minister, Konrad-Adenauer-Stiftung, Deutsche Bischofskonferenz, Parteigliederungen der CDU, katholische Studentenverbindungen.

Die Besuche der Parteitage der SPD und die Gespräche der Deutschen Bischofskonferenz mit den Vorständen der im Bundestag vertretenen Parteien – mit Ausnahme der Partei Die Linke – sind Routine.

Es ist jedoch auch immer die Frage, von wem man eingeladen wird und da ist die Interaktion im 'eigenen Lager' verständlicherweise jeweils ausgeprägter.

Die Spanne der Veranstaltungen reicht von dem regelmäßigen Gottesdienst in den Sitzungswochen des Bundestages, den nach seinen eigenen Angaben 15 bis 20 Abgeordnete besuchen, bis hin zu den 800-Personen-St.-Michaels-Empfängen mit Kanzlerin und Ministern.

Daraus könnte sich für diese Arbeit eine Parallele zur Funktion des Wahlkampfes ableiten: 1. Mitglieder bestärken und binden, 2. Schwankende halten oder zurückholen, 3. Gegner in Ruhe lassen, man wird sie nicht überzeugen können.

Der erste Aspekt in der Mitgliederbindung ist sehr ausgeprägt. Ob der zweite Aspekt, Schwankende zu binden, erreicht wird, ist die Frage. Das Ziel ist vermutlich manchmal gar nicht so sehr strittig, wohl aber die gelegentliche katholisch-dogmatische Begründung.

□ *Konzertierte Aktionen.* Es soll aber nicht der Eindruck entstehen, als sei das Katholische Büro der Mega-Akteur und allein auf weiter politischer Flur. Wie sehr zudem verschiedene politikbezogene katholische Organisationen in Absprache miteinander agieren, das verdeutlicht das Gratulationsschreiben des Leiters des katholischen Büros an den Geschäftsführer der *Arbeitsgemeinschaft katholisch-sozialer Bildungswerke in Deutschland e.V.* (AKSB) zum 25-jährigen Dienstjubiläum am 21. Januar 2014. Dieser ist für das Katholische Büro Ansprech- und Verhandlungspartner in der Jugendgesetzgebung und sitzt in den Diskussionsgremien des Bundesfamilienministeriums (BMFSFJ) ebenso wie im Bundesausschuss für politische Bildung (bap), wie auch im Nationalen Beirat für das EU Aktionsprogramm Jugend und in den Arbeitsgruppen des Kinder- und Jugendplans des Bundes (KJP).

Diese Vernetzungen und das konzertierte Vorgehen mit anderen katholischen Organisationen gelten auch für die Arbeit aller Referenten des Katholischen Büros. So heißt es beispielsweise bei der „Konferenz der katholischen Seelsorge bei den Justizvollzugsanstalten in der Bundesrepublik Deutschland", dass ein guter Kontakt zum Katholischen Büro bestehe, der Informationsfluss über politische Vorhaben im Bereich der Justiz funktioniere und dass die Absprachen im Hinblick auf Positionierungen unkompliziert vonstatten gehen.

*Mitarbeiter des Katholischen Büros in Berlin.* „Man sieht nur die im Lichte ..." und die repräsentative Aufmerksamkeit, die dem Leiter des Kommissariats gebührt, darf nicht übersehen lassen, wer mit ihm und neben ihm arbeitet bzw. gearbeitet hat.

Im Herbst 2014 sind von den 14 namentlich genannten MitarbeiterInnen fünf Referate und alle sieben Sekretariate mit Frauen besetzt, also 12 von 14. Eine überraschende 'Frauenquote', die man vor allem in katholischen Einrichtungen so vielleicht nicht erwarten würde.

Eine Erklärung für die genannte 'Frauenquote' ist, dass Frauen nicht nur als fleißiger gelten, in der Sache auch klarer und mehr ihrer Wahrheit verpflichtet – Männer neigen durchaus zur Kumpanei. Wesentliches Element sei jedoch bei den Bewerbungsgesprächen gewesen, dass es eher Frauen sind, die sich einer 'katholischen' Aufgabe verschreiben, bei der man für ein normales Gehalt viel Arbeit für ein ideelles Engagement zu leisten hat. Männer, die 'Nadelstreifen tragen', seien überwiegend 'materieller' eingestellt.

Die langen Dienstjahre von MitarbeiterInnen beruhen auch darauf, dass die ReferentInnen ein 'kollegiales Team' von Akademikern bilden, das durch zwei Besonderheiten gekennzeichnet ist. Der Chef der Dienststelle ist Priester und könne nicht, nach dem Segen für die 'Brüder und Schwestern' in einer Messe, anschließend den 'Macho' herauskehren. Es ist und bleibe eine klassenlose, glaubensbezogene „Dienstgemeinschaft" und, als emotionale Basis angemerkt, gemeinsames Knien, Singen und Beten im gleichen Glauben verbindet.

☐ *„Dienstgemeinschaft".* Dieser Begriff wird kirchenintern nicht nur positiv für diese Art täglicher Arbeitszusammenhänge einer kultivierten, akademischen Elite verwendet – die durch Glauben, Literatur, Musik, etc. einen gemeinsamen Bezug hat –, es ist auch der Begriff für kirchliche Arbeitsverhältnisse generell.

Bei dem Wort „Dienst" sollte man bereits stutzig werden. Steht er nicht auch in einem Zusammenhang mit „Öffentlicher Dienst", „Gottesdienst", „Dienstplan", d. h. einem geregelten Rahmen für zweckorientiertes Handeln mit der Komponente der Unter- bzw. Einordnung. Dieses Wort, gekoppelt mit „Gemeinschaft", mit dem eine emotionale und 'innere' Verbundenheit einer Gruppe von Menschen – miteinander und zueinander – gemeint ist, überhöht den formalen „Dienst" zu einem emotionalen Erleben, in dem der Einzelne in der Gruppe, eben der Gemeinschaft, aufgeht.

Dadurch setzt sich dieser Begriff in eine Gegenposition zum liberalen Individualismus, der die Autonomie des Einzelnen betont. Damit rückt die Vorstellung einer „Dienstgemeinschaft" in die mehr oder minder enge Nähe von gesellschaftlichen Ideologien, die die „Gemeinschaft" und den „Dienst" für eine höhere Sache in den Mittelpunkt stellt.

Wer bei solchen Formulierungen Assoziationen zu anderen Ideologien bekommt, hat nicht Unrecht. Der Politikwissenschaftler Hermann Lührs kommt in seiner Dissertation zu dem Ergebnis, dass der Begriff und das Konzept der Dienstgemeinschaft erst ab den 1950er Jahren genannt wird.

Woher kommt also dieser Begriff und welche Vorstellung ist damit verbunden?

Die Antwort ist, auf den ersten Blick, durchaus überraschend. Er entstammt der nationalsozialistischen „Allgemeinen Tarifordnung (ATO)" von 1938, in der es in den Präambeln heißt: „Im öffentlichen Dienst wirken zum gemeinen Nutzen von Volk und Staat alle Schaffenden zusammen. Die ihnen gestellte hohe Aufgabe erfordert eine Dienstgemeinschaft im Sinne der nationalsozialistischen Weltanschauung, vorbildliche Erfüllung der Dienstpflichten und ein ihrer öffentlichen Stellung angemessenes Verhalten in und außer dem Dienst."

Diese Auffassung ist, mit anderen Begriffen, genau das, was in der kirchlichen Definition auch benannt wurde: die Forderung nach Einordnung und klassenloser Opferbereitschaft.

'Unterfüttert' wird diese Auffassung von „Dienstgemeinschaft" dann noch durch die Sichtweise, dass kirchliches Handeln von keinem wirtschaftlichen Eigeninteresse geleitet sei – was allerdings der Realität nicht entspricht.

*Stellvertreter des Leiters des Kommissariats.* Prälat Jüsten kam im Jahr 2000 nicht alleine nach Berlin. Natürlich ist es seine Aufgabe als „Chef", als Persönlichkeit eine Institution bzw. Organisation zu repräsentieren, aber gleichzeitig wird damit verdeckt, wer und wie viele Menschen ihm zuarbeiten, damit er sich öffentlich thematisch als so 'omnipotent' darstellen kann. Eine übliche Fixierung auf die 'Chefs', die 'Macher', die 'Anführer', die 'Rädelsführer', die 'Entscheider' – zur Vereinfachung der Orientierung und der hierarchischen Überhöhung.

Dieser Stellvertreter, seit 2011 ist es eine Stellvertreterin, ist die Leitende Juristin des Katholischen Büros und damit verantwortlich für die wesentlichste Aufgabe des Kommissariats: die Stellungnahmen und das Bearbeiten, Korrigieren etc. von Gesetzentwürfen.

Zuerst ein kurzer Blick zurück. Aber Achtung: Wir betreten die Arbeitsebene, auf der man, ebenso wie bei den Ministerialbeamten, normalerweise nicht daran interessiert ist, sich allzu sehr im 'Licht der Öffentlichkeit' zu zeigen.

Stellvertretende Leiter des Kommissariats waren bisher: 1959 bis 1992 Dr. Johannes Niemeyer, 1992 bis 1998 Elmar Remling, 1998 bis 2000 war die Stelle vakant, 2000 bis 2011 Heiner B. Lendermann und seit 2011 Katharina Jestaedt.

□ *Heiner B. Lendermann.* Der vergleichsweise junge Prälat Jüsten hatte einen Mitarbeiter an seiner Seite, der mit dem Umzug des Katholischen Büros nach Berlin sein Stellvertreter geworden war und bereits seit 1975, also seit 25 Jahren vor dem Umzug, im Katholischen Büro in Bonn gearbeitet hatte (und erst im Juli 2011, also nach insgesamt 36 Jahren Dienstzeit, in den Ruhestand ging): Heiner B. Lendermann. Über ihn wurde gesagt, dass er die Interessen der katholischen Kirche klar und schnörkellos durchzusetzen wusste.

Er hielt den Umzug nach Berlin für einen Fehler – die Katholische Bischofskonferenz ist auch nicht umgezogen, was allerdings im Katholischen Büro in Berlin nicht bedauert wird – und stets hat er vehement dagegen gesprochen, dass seine Arbeit eine Lobbyisten-Tätigkeit sei, er verstand sie ausdrücklich als allgemeines Wächteramt.

Seine Beschreibung hinsichtlich der Arbeit des Katholischen Büros zeigt den rechtswidrigen Anspruch und die Vermischung von Pastoralem und Politischem: „Neben dem beharrlichen und geduldigen Gespräch, dem Vorbringen plausibler, ethischer, rechtlicher und fachlicher Argumente, dem Einsatz der eigenen Stärken auf pastoralem und sozialem Gebiet und der Schaffung von Koalitionen zur Verfolgung gleicher und ähnlicher Ziele ist es als Voraussetzung für politische Einflussnahme unabdingbar, Kontakte zu pflegen und Zugang zu den 'richtigen' Personen zu haben."

Und was man vielleicht noch hinzufügen könnte, eine möglichst lange Amtszeit. Es wäre eine interessante Aufgabe, einmal zusammenzustellen, welche Personen sich über viele Jahre in den kirchlichen Verbindungsstellen, in den Bundesministerien und im Bundestag persönlich kannten und 'miteinander' Politik gestalteten. Während seiner Tätigkeit für das katholische Büro am Regierungssitz in Bonn und Berlin hat Lendermann vier Bundeskanzler, sieben Bundespräsidenten, sieben Außenminister und elf Innenminister kommen und gehen gesehen.

In einem Grußwort zu seiner Verabschiedung meinte der seinerzeitige evangelische Bevollmächtigte, Prälat Felmberg, im Juli 2011: „Bei dem Versuch, alle Ihre politischen Erfolge zusammenzutragen sind meine Mitarbeiter und ich kläglich gescheitert. Die Zahl der Gesetze, Rechtsverordnungen und Verwaltungsvorschriften, die auch Ihre Handschrift tragen, sind Legion." Diese 'Dunkelziffer' sei ihm aber wohl recht, denn ein wiederholt geäußerter Satz Lendermanns sei gewesen: „Das Ergebnis der Arbeit in den Verbindungsbüros der Kirchen soll nicht in den Gazetten am nächsten Tag, sondern in den Gesetzestexten auch noch nach Jahren nachgelesen werden können."

Ein Ausdruck seiner Arbeit und seiner Erfahrungen im politischen Diskurs sei auch die Überlieferung des Erstaunens eines Ministerialen, der einen Kollegen gefragt haben soll: „Die Kirchen haben unserem Gesetzentwurf zugestimmt – was haben wir falsch gemacht?" Ein, wie es heißt, „typischer Lendermann". Ihm wird auch ein verbindender 'rheinischer Humor' nachgesagt, was allerdings erstaunlich ist, denn er selbst legt Wert darauf, dass er Westfale ist, und, noch genauer, aus Münster stammt. Da sei man so.

Nur weniges ist über die Tätigkeit Heiner B. Lendermanns bekannt geworden. So gibt es keine offizielle, gedruckte Festschrift zu seiner Pensionierung, wie sie andere Kollegen erhalten haben. (Er hat allerdings ein Unikat: die gebundenen Schreiben verschiedener Persönlichkeiten aus Politik und Kirche zu seiner Pensionierung.) In der Online-Enzyklopädie Wikipedia gibt es zu Heiner B. Lendermann keinen Artikel und er wird nur einmal genannt, auf der Liste der fehlenden Beiträge zu den Trägern des Bundesverdienstkreuzes 1. Klasse, das ihm im März 2004 verliehen worden war.

Intern wusste man jedoch sehr wohl um seine Bedeutung. Zur Verabschiedung Lendermanns organisierte das Kommissariat der deutschen Bischöfe am 6. Juli 2011 in Berlin eine Fachtagung zum Thema „Staatskirchenrecht im Wandel" auf dem der Parlamentarische Staatssekretär im Bundesministerium der Finanzen, Hartmut Koschyk (MdB/CDU) über „Aktuelle Fragen der Kirchenfinanzierung" referierte.

Er befasste sich mit dem Themen der Staatsleistungen und der Kirchensteuer, lobte, dass die Kirchen so viel Geduld mit dem Staat gehabt hätten, Regelungen zur Kapitalertragskirchensteuer zu entwickeln, und meinte u. a.: „Dabei ist zu ergänzen, dass das, was die Kirchen darüber hinaus für die Glaubensentfaltung der Menschen leisten, unschätzbar ist und auch von einem säkularen Staat, der allen Religionen ein fairer Partner sein muss, wahrgenommen und anerkannt werden sollte. Denn – um Ernst Wolfgang Böckenförde zu zitieren – der 'säkularisierte, weltliche Staat muss letztlich aus inneren Antrieben und Bindungskräften leben, die der religiöse Glaube seiner Bürger vermittelt'".

Heiner B. Lendermann konnte also beruhigt in Pension gehen. Hochrangige Politiker wie der Bundesminister der Finanzen Schäuble und Staatssekretär Koschyk 'funktionieren' von ganz alleine im Sinne der Interessenlage der Kirchen.

Und auf dieser Fachtagung zur Verabschiedung Heiner B. Lendermanns, nach 36 Jahren Tätigkeit im katholischen Büro, fasst Staatssekretär Koschyk abschließend noch einmal seinen Dank zusammen: „Vielleicht gilt im Hinblick auf Ihren Abschied die Beschreibung über den Hl. Seraphim von Sarow: 'der Heilige geht, aber sein Licht bleibt.'"

Huch! Wieder ein Politiker, der pastoral „Gottes Segen" wünscht und, Potzblitz, noch ein Heiliger im Katholischen Büro? Nach dem „heiligen Karl" (Jüsten), nun auch noch der „heilige Heiner" (Lendermann), dessen „Licht bleibt"?

Allerdings ist der Vergleich einigermaßen unpassend, da Seraphim von Sarow ein russischer Mönch und Mystiker der Orthodoxen Kirche war, der versucht hat, „die klösterlichen Lehren der Kontemplation und der Selbstverneinung den Laien zu vermitteln und lehrte, dass das Ziel eines christlichen Lebens die Erlangung des Heiligen Geistes sei". Das gehört nun wahrlich nicht zu den Aufgaben und dem Lebensstil einen Kirchen-Lobbyisten im heutigen Deutschland.

☐ *Katharina Jestaedt:* Seit 2011 die Nachfolgerin von Heiner B. Lendermann als Stellvertretende Leiterin und Leitende Juristin des Kommissariats (und zuständig für Grundsatzfragen, Verfassungsrecht, Rechtspolitik, Bildungspolitik, Friedens- und Sicherheitspolitik). Sie war zuvor Richterin am Oberverwaltungsgericht NRW in Münster und Ministerialrätin/Referatsleiterin im Justizministerium NRW.

Die Juristerei liegt in der Familie. Ihr Bruder ist Prof. Dr. Matthias Jestaedt, seit 2011 Inhaber des Lehrstuhls für Öffentliches Recht und Rechtstheorie der Universität Freiburg i.Br. und Leiter der Forschungsstelle für Kirchenrecht und Staatskirchenrecht.

Das mit ihrem Dienstantritt ein 'Generationswechsel' erfolgte, das zeigt sich auch an dem Inhalt einer Veranstaltung, die unter der Leitung von Katharina Jestaedt stattfand. Auf dem Jahrestreffen 2014 des katholischen Begabtenförderungswerkes Cusanuswerk (in Schloss Eringerfeld) gab es auch ein Forum 12 mit dem Titel: „Berater, Tröster, Lobbyisten? Die Rolle der Kirchen als politische Akteure in Berlin". Katharina Jestaedt diskutierte in diesem Forum mit den Studierenden und Absolventen des Cusanuswerks. Zum Inhalt war u. a. vorgegeben: „Von eigennützigem Lobbyismus bis zur altruistischen Anwaltschaft für die Stimmlosen reicht die Einschätzung des kirchlichen Engagements in der Bundespolitik."

Die Schlüsselworte sind dabei: „Von eigennützigem Lobbyismus bis zur altruistischen Anwaltschaft für die Stimmlosen...". Heiner B. Lendermann hätte nur den zweiten Teil erwähnt.

Dieser 'Generationswechsel' in der Außendarstellung zeigt sich auch parallel in der Darstellung des Katholischen Büros (2006) bei Johanna Holzhauer, die als verantwortliche Redakteurin der Kirchensendung *Gott und die Welt* des WDR tätig ist. Nach der üblichen Nennung der Arbeit für die Schwachen in der Gesellschaft, geht sie dann auch auf das Eigeninteresse ein. „Selbstverständlich geht es auch um Eigeninteressen, zum Beispiel bei der Steuerreform. Als durch die neue Unternehmensbesteuerung der Bundesregierung den Kirchen erhebliche Mindereinnahmen drohten, gelang es durch intensive Lobbyarbeit auf unterschiedlichen Ebenen durchzusetzen, dass die Steuersenkungen nicht auf Kosten der Kirchen erfolgen. Diese verhandelten mit dem Finanzminister und den zuständigen Finanzpolitikern der Fraktionen; sogar die PDS positionierte sich in dieser Frage aufseiten der Kirchen. Denkmalschutz, Bau- und Mietrecht, Gesundheitspolitik – alle Gesetzesvorhaben in diesen und anderen Feldern berühren die Belange der Kirchen. Entsprechend versuchen diese, sie durch Lobbyarbeit zu fördern oder zu verhindern."

### 3.3.4. Der Bevollmächtigte des Rates der EKD

Das EKD-Büro auf Bundesebene hat die vollständige Bezeichnung: „Der Bevollmächtigte des Rates der Evangelischen Kirche in Deutschland bei der Bundesrepublik Deutschland und [seit 1992] der Europäischen Union." Ein Titel für jemanden, der zwar keinen Diplomatenstatus hat, aber doch so irgendetwas wie das Pendant zum katholischen Nuntius sein soll, dem Botschafter und Vertreter des Vatikans in Deutschland. (So wird dann auch von der EKD selber das „Kirchendiplomat" in Anführungszeichen gesetzt.)

Eigenartig ist, dass es für die Bevollmächtigten der EKD keine Übersichtsdarstellung gibt und von den bisherigen sechs Bevollmächtigten vier auch Militärbischöfe waren. In der Wertigkeit der Funktionen fällt dabei auf, dass für den zweiten Bevollmächtigten (Heinz Georg Binder) ebenso wie für den dritten Bevollmächtigten (Hartmut Löwe) in einer lexikalischen Darstellung (von *Wikipedia*) gleich anfangs die Funktion als Militärbischof genannt wird, und die Aufgabe des Bevollmächtigten erst weiter unten im Text, wie nebensächlich, erwähnt wird.

Leiter dieser EKD-Dienststelle waren bisher: 1949 bis 1977 Bischof Dr. Hermann Kunst, 1977 bis 1992 Bischof Heinz Georg Binder, 1993 bis 1999 Bischof Dr. Hartmut Löwe, 1999 bis 2009 Prälat Dr. Stephan Reimers, 2009 bis 2013 Prälat Dr. Bernhard Felmberg und seit 2014 Prälat Dr. Martin Dutzmann. (Die Bischofstitel beruhen alle auf der Tätigkeit als Evangelischer Militärbischof.)

Wie die Aufgabenstellung des Bevollmächtigten in der Darstellung eines evangelischen Kirchenfunktionärs im Jahre 2014 aussieht, der dazu auch interne EKD-Dokumente zitiert, ist geradezu beispielhaft in dem, was da als primär beschrieben wird: „Pastorales und diplomatisches Mandat". Die Lobbytätigkeit versteckt sich dann in Formulierungen der weiteren Aufgabenstellung: „Einzelfragen der Gesetzgebung und Verwaltung in Verbindung mit den zuständigen Bundesorganen in Bonn zu bearbeiten". Der Verfasser dieser Darstellung, Patrick R. Schnabel, hat übrigens 2008 bis 2011 als stellvertretender Leiter in der Brüsseler Dienststelle des Bevollmächtigten gearbeitet.

Solche typischen Selbst-Inszenierungen (beider Büros) funktionieren nach dem Prinzip des Theaters: Advocacy-Arbeit vorne an die Rampe ins Scheinwerferlicht, eigene Interessen hinter die Kulissen ins Halbdunkle.

Das findet seinen ausformulierten Auftritt, wenn die Leiterin des Brüsseler Büros in einem Interview, im Mai 2014 mit *DeutschlandradioKultur,* jegliche wirtschaftlichen Interessenlagen der EKD verleugnet. Katrin Hatzinger: „Lobbyarbeit hat ja in Deutschland immer einen schlechten Beigeschmack. Ich mag das Wort, weil es für mich bedeutet, dass man eben Inhalte in die Politik einspeist und denen zur Verfügung stellt, die Entscheidungen treffen. [...] Wir sind kein großer Wirtschaftsverband, sondern wir sind die evangelische Kirche Deutschlands, und bei uns wird die Kraft des Wortes geschätzt und hochgehängt."

Das ist jedoch nicht nur ein Element der Imagepflege, sondern hat auch den ökonomischen Hintergrund, durch das Verschweigen oder das Kleinreden der wirtschaftlichen Eigeninteressen die Steuerbefreiung der Kirchen nicht zu gefährden. Denn die Abgabenordnung sieht die Selbstlosigkeit der Tätigkeit als zentrales Element an: „Die Selbstlosigkeit ist die zentrale steuerrechtliche Voraussetzung für die Feststellung der Gemeinnützigkeit im Sinne der Abgabenordnung. Eine selbstlose Tätigkeit im Sinne des § 55 AO ist die Förderung oder Unterstützung, 'wenn dadurch nicht in erster Linie eigenwirtschaftliche Zwecke – zum Beispiel gewerbliche Zwecke oder sonstige Erwerbszwecke – verfolgt werden'."

Allerdings muss man unterscheiden zwischen dem Bevollmächtigten selbst, der immer Theologe und ordinierter Pastor ist – und dem tatsächlich der Seelsorgeauftrag für die evangelischen Parlamentarier und Mitarbeiter übertragen ist –, und seinem Büro mit den Referenten, die die Klein-bei-klein-Arbeit erledigen.

Worum es dabei im Kern geht, benennt Hermann Kalinna, indem er die „kirchenleitende Kontrolle" im Staat-Kirche-Verhältnis betont: „Staat und Kirche sind streng genommen keine Partner, wie es ein gewisser Sprachgebrauch aus den sechziger Jahre nahelegt. Die Menschen, die in beiden Bereichen wirken, können zwar durchaus partnerschaftlich und freundlich miteinander umgehen. Staat und Kirche sind jedoch zu komplexe institutionelle Gebilde, als daß man ihre Kontakte und Beziehungen auf einen Begriff bringen könnte. Dabei sind vorgegeben das komplexe staatskirchenrechtliche System und die ungeschriebenen Regeln des Umgangs. Die Beherrschung beider ist wichtig, damit das Verhältnis Staat-Kirche nicht der Steuerung durch die Kirchenleitung entgleitet." [Kalinna, 1995, 195]

Man kann das ruhig wiederholt noch einmal lesen: „Die Beherrschung beider ist wichtig, damit das Verhältnis Staat-Kirche nicht der Steuerung durch die Kirchenleitung entgleitet."

Das ist der Originalton des Mannes, der viele Jahre als Oberkirchenrat und Stellvertretender Bevollmächtigter des Rates der EKD kirchenpolitisch gearbeitet hat und der die Realität beschreibt.

Wie das funktioniert, diese „Impulsgebung für die Politik", beschreibt der seinerzeitige stellvertretende Leiter der Brüsseler Dienststelle recht ausführlich und anschaulich: Anhörungen, ein Geflecht dienstlicher, gesellschaftlicher und persönlicher Verbindungen, Einzelgespräche, Gesprächskreise und Frühstücke mit und ohne Gebet.

*Die Entstehungsjahre.* Die Absicht der Evangelischen Kirche, eine Verbindungsstelle zu den Organen der Bundesregierung einzurichten, wurde erstmalig auf einer Sitzung des Rates der EKD am 6./7. September 1949 aktenkundig.

☐ *Prälat D. Dr. Hermann Kunst*: Der erste Bevollmächtigte des Rats der EKD von 1949 bis 1977, also 28 Jahre lang. Theologe (Jg. 1907) und von

1957 bis 1972 gleichzeitig im Nebenamt evangelischer Militärbischof der Bundeswehr, daher ab 1957 „Bischof Hermann Kunst".

Die von Kalinna benannte „kirchenleitende Kontrolle" im Staat-Kirche-Verhältnis wird durch Menschen mit Menschen realisiert und da hat der erste Bevollmächtigte der EKD anscheinend mit seiner „pastoralen Arbeit" Maßstäbe gesetzt: „In der Praxis beruhte Kunsts Einfluss und Ansehen in Bonn auf einem Netz von Kontakten zum Kanzleramt, den Ministerien und Abgeordneten. Durch die regelmäßigen Frühstücksrunden für Parlamentarier und Ministeriale, aber auch durch Einzelgespräche wurde er zum intimen Kenner des politischen Milieus der Bundeshauptstadt, hörte zu, fand dadurch umgekehrt Gehör und erfuhr manches, das nicht für die Öffentlichkeit bestimmt war. 'Das Entscheidende', schildert Kunst seine Tätigkeit aus der Rückschau, 'geschah unter vier Augen. Darüber gab es auf kirchlicher Seite keine Aktennotizen'."

In einer Würdigung zu seinem 100. Geburtstag heißt es: „Unermüdlich wirkte Hermann Kunst für gute und verlässliche Beziehungen zwischen der evangelischen Kirche und dem politischen Bereich. Vielen Politikern wurde er zum Seelsorger. Altbundespräsident Roman Herzog nannte ihn einmal einen seiner 'politischen Ziehväter'."

Die besondere Wirkungsweise von Kunst wurde mit seinem persönlichen Auftreten beschrieben. „Körperlich nicht groß, beeindruckte Kunst durch sein Auftreten und einen scharfen Intellekt." Hermann E. Kalinna, seit 1966 als Theologischer Referent im Büro des Bevollmächtigten tätig, sah Kunsts Talent darin, den richtigen Ton „in diplomatischer Grandezza" zu treffen, „verbunden mit der Fähigkeit, Tacheles zu reden".

Der Historiker Dr. Kristian Buchna schildert, wie sich Bischof Hermann Kunst in seinem Schriftwechsel häufiger als „Westfale" bezeichnete, was er auch mit selbstironischen Zuschreibungen garnierte, obwohl er gebürtiger Niedersachse und in der Nähe von Bremen geboren worden war. „Mit besonderer Vorliebe kokettierte Hermann Kunst mit seinen (vermeintlichen) westfälischen Charakterzügen und Eigenheiten. 'Wir Westfalen', so lautete eine Kunst-typische Briefformel, die er je nach Anlass und Adressat weiterführte: 'neigen nicht zur Geschwätzigkeit'; 'sind ja nicht besonders schlau, aber in der inneren Redlichkeit und der Zuverlässigkeit lassen wir uns ungerne von irgend einem anderen Stamme in Germanien übertreffen'; 'ertragen es schmerzlos, daß wir in der Gescheitheit eine ausgesprochen mittlere Preislage darstellen. Zum Ausgleich hat uns der liebe Gott so konstruiert, daß bei uns die Grenzen zwischen Charakterfestigkeit und Dickköpfigkeit fließend sind.'" [Buchna, 2014, 232f.]

☐ *Prälat Kunst als Militärbischof.* In den ersten Jahrzehnten der Bundesrepublik ist vieles von dem installiert worden, was heute noch besteht. Es gilt jedoch hinsichtlich von Autoritäten eine Veränderung festzustellen. Hieß es 'früher', in hierarchischen Systemen: „Das Amt trägt die Person" – als Beispiel: der Hohenzollern-„Piefke" als Kaiser Wilhelm II. –, so heißt es für Demokratien eher: „Die Person trägt das Amt".

Wie gelingt es also einer Person, ein bisher nicht vorhandenes Amt so auszufüllen, vielleicht besser gesagt, darzustellen, dass ihm eine Autorität zuerkannt wird, für die es zudem 'protokollarisch' keine Grundlage gibt?

Die Antwort soll für Dr. Hermann Kunst skizziert werden, da er die Personifikation eines erfolgreichen kirchlichen Anspruchs ist, sich in die parlamentarischen Gremien einzumischen. Zudem war sein Amt als Militärbischof 'öffentlicher', als seine politikbezogenen Tätigkeiten.

Kunst ist Militärbischof im Nebenamt. Dennoch wird diese Amtsbezeichnung allgemein verwendet, auch wenn er im politischen Raum 'nur' als Prälat unterwegs ist. Damit zieht er – zudem in der Verkürzung des Militärbischofs auf den allgemeinen Bischof – einen katholischen Nimbus an sich, denn ein evangelischer Bischof hat nicht im Entferntesten die Machtstellung eines katholischen (Diözesan-)Bischofs. Zudem gilt er damit 'mehr' als sein katholischer Kollege, der als Leiter des katholischen Büros Prälat ist.

„Ein langer, schwarzer Gehrock, eine weiße Fliege und das Amtskreuz des Bischofs waren seine Markenzeichen", so beschreibt ihn einer seiner Nachfolger als Militärbischof, Peter Krug.

Das ist kurz und sachlich, lässt aber das Spezifische ungenannt. Der „lange, schwarze Gehrock" ist ein so genannter Lutherrock, den sich Kunst noch hatte taillieren lassen. (Die evangelischen Landeskirchen kennen im Prinzip keine Kleiderordnungen, es sei denn den schwarzen Talar mit Beffchen für den Gottesdienst.) Dieser Lutherrock gilt als Indiz für einen konservativen Pastoren, der auf Autorität und Tradition Wert legt. Die „weiße Fliege" war eine besondere Kreation, die durch ihre Größe und betonte Weißheit einen eindrucksvollen Kontrast zum schwarzen Lutherrock bildete. Und das „Amtskreuz des Bischofs" ist durch seine Größe und Gestaltung eine Besonderheit, ansonsten kann jeder evangelische Pastor ein Brustkreuz tragen, wie es beliebt. Nur in der römisch-katholischen Kirche ist dieses „Pektorale" Amtsinhabern ab Bischof aufwärts vorbehalten.

„Kleider machen Leute", das wusste also Hermann Kunst genau und das ging eine symbiotische Verbindung ein mit einer Amtsauffassung, also einer 'Haltung', die Respekt erzwingt. Einige skizzierte Beispiele (aus dem *Spiegel)* mögen es verdeutlichen. 1961, ein „staatsmännischer" Auftritt auf Reisen. „Die Spitze der bischöflichen Kolonne bildete ein Funkstreifenwagen der Lübecker Polizei; es folgten ein Wagen mit Blaulicht, besetzt von Feldjägern und vier Feldjäger auf Motorrädern. Dem Gefährt des Bischofs und dem Automobil mit dem bischöflichen Gefolge schloß sich abermals ein Wagen mit Feldjägern an. Den Schluß bildeten weitere vier Feldjäger auf Motorrädern."

1962 ist er mit Hubschrauber, Homburg auf dem Kopf und Jovialität im Auftreten unterwegs: „Auf dem Fliegerhorst Nörvenich verwirrte der Bischof einen Ehrenzug durch seinen 'Guten Abend'-Gruß. Als er keine Antwort bekam, belehrte Kunst die Soldaten: 'Ich bin der Bischof, wenn ihr nicht wißt, wie ihr mich anreden sollt.'"

1964 zeigt er sein patriarchalisches Verhalten, indem er dafür sorgt, dass ein Dorfpfarrer einen Verweis erhält, der als Kandidat der Deutschen Friedensunion im Wahlkampf erklärt hatte: „Die Militärseelsorge ist keine Seelsorge mehr — sondern Zuhälterei, wie einmal einer gesagt hat."

1969, als die Auswirkungen der gesellschaftlichen Diskussionen auch die Bundeswehr erreicht hatten, war eindeutig, auf wessen Seite sich der ehemalige Divisionspfarrer stellte, auf die des Staates: „Die einen tragen den bunten, die anderen den schwarzen Rock. Einig waren sich hohe Militärs und Militärgeistliche darin, daß es eine 'Krankheit der Gesellschaft' zu bekämpfen gelte: die Kriegsdienstverweigerung. Sie gehörten einem 17köpfigen Ausschuß an, der Ende vergangenen Jahres 'im Einvernehmen zwischen den beiden Herren Militärbischöfen', dem evangelischen Hermann Kunst und dem katholischen Franz Hengsbach, 'und dem Herrn Verteidigungsminister' Gerhard Schröder gebildet worden ist."

1972, nach 16 Jahren Amtszeit, ist die Tätigkeit von Kunst als Militärbischof beendet. Anlass für das Magazin *Der Spiegel*, die seinerzeitige Situation in der evangelischen Militärseelsorge zu betrachten: „Ein Quentchen Mitbestimmung erhoffen sich jetzt die 152 evangelischen Militärpfarrer der Bundeswehr nach dem Abschied ihres Chefs, Militärbischof Hermann Kunst: 16 Jahre lang hat er wie ein Patriarch regiert, [...] Fünf Tage lang beaufsichtigte der Oberhirte seine im 'Ferienpark' des Ostseebades Heiligenhafen tagenden 152 Unterhirten, von dencn jeder 1500 evangelische Soldaten betreuen soll. Daß Kunst sich weder um die Tagesordnung noch um die Tradition dieser sonst stets öffentlichen Veranstaltung scherte, überraschte freilich niemanden: In der nun befohlenen 'internen Diskussion' wollten die Pfarrer sich über ihres Bischofs Führungsstil beschweren, der von vielen längst als feudal und undemokratisch empfunden wurde."

Fast zwei Jahrzehnte lang blieb die Frühzeit der Bundeswehr-Seelsorge im Dunkeln. „Erst diesen Monat [im April 1972, C.F.] wird ein detaillierter Bericht erscheinen. Autor ist der evangelische Theologie-Privatdozent Dr. Wolfgang Huber, 31 (Universität Heidelberg), der einen Teil seiner Habilitationsschrift der evangelischen Militärseelsorge widmete und viele bislang völlig unbekannte Akten benutzte. [...] Bei seinen Recherchen kam Wolfgang Huber zu dem Schluß, daß diese enge Verquickung von Staat und Kirche verfassungswidrig ist, denn Grundgesetz-Artikel 140 [i. V. mit Art. 137,1 WRV] befiehlt deren Trennung: 'Es besteht keine Staatskirche'."

An dieser Passage aus dem *Spiegel* ist ein Aspekt bemerkenswert. Der noch junge Theologe Dr. Wolfgang Huber muss im Laufe seiner Karriere bis zum Professor, Bischof und EKD-Ratsvorsitzenden kräftig „nachgedunkelt" worden sein (Kirchenjargon, wenn ein Kirchenbeamter auf die offizielle Linie 'zurückgeführt' wurde), denn aus späteren Jahren ist nichts mehr davon zu lesen, dass die Militärseelsorge verfassungswidrig sei.

Die EKD-Spitze ging jedoch bereits in den 'Schulterschluss' mit den Mächtigen in der Politik, als offizielle Stellungnahmen noch gegenteilig zur Regierungspolitik lauteten. Das Ganze geschah in geheimer Kooperation. Das Bezeichnendste ist die Eigenmächtigkeit, um nicht zu sagen die Anmaßung von Dr. Hermann Kunst, sich öffentlich bereits als Militärbischof zu bezeichnen, als es dafür noch keine Rechtsgrundlagen gab. Das verweist auf die Parallele, dass es auch für die Tätigkeit des EKD-Bevollmächtigten keinerlei Rechtsgrundlagen gab und Prälat Dr. Hermann Kunst dennoch sehr wohl als politischer 'Strippenzieher' tätig war.

Versucht man ein Fazit aus diesen Skizzierungen, so ergeben sich die Konturen eines selbstbewussten Konservativen, der über seinen Status keinen Zweifel lässt und sich für sein Auftreten als Patriarch sogar eine entsprechende Kostümierung anfertigen lässt. Auch wenn es andere Theologen und Auffassungen innerhalb der EKD gab – so wie den Pastor und Kirchenpräsidenten Niemöller, der sich vehement gegen die Wiederbewaffnung geäußert hatte und von Konrad Adenauer als „geisteskrank" und „Landesverräter" bezeichnet worden war –, war das die Minderheit. Die Mehrheit war, wie Prälat Dr. Hermann Kunst, konservativ, zeigte sich politikkonform und wurde entsprechend privilegiert.

*Die Jahre 1999 bis 2015.* Mit dem Umzug der Bundesregierung nach Berlin wurde auch der Sitz des Bevollmächtigten dorthin verlegt. Amtssitz ist das Gebäude Charlottenstraße 53/54, direkt am Gendarmenmarkt in Berlin Stadtmitte. Es ist einer der, wie es heißt, schönsten Plätze der Stadt. Das Gebäude – als „Otto-Nuschke-Haus" ehemaliges Hauptquartier der Ost-CDU – wurde 1993 der Treuhand für 48 Millionen DM abgekauft (der katholischen Kirche war es zu teuer). Es hat den großen Vorteil, dass sich auf der gegenüberliegenden Straßenseite der Eingang in die Französische Friedrichstadtkirche befindet, welche die EKD und die Evangelische Akademie vielfältig als Veranstaltungsräumlichkeit nutzen. Das Gebäude ist als Veranstaltungsstätte nach § 23 der Berliner Betriebsordnung von allen Sicherheits-Auflagen zum Schutz der Teilnehmer ausgenommen ist („Die Vorschriften dieses Abschnittes gelten nicht für Räume, die dem Gottesdienst gewidmet sind"). Es lässt sich dort gut tagen, musizieren und kultiviert sein, ohne kostspielige Sicherheitsbestimmungen beachten zu müssen, die für alle anderen gewerblichen Veranstalter gelten.

Die EKD schreibt zur Aufgabe der Arbeitsstelle: „Die Arbeitsweisen des Bevollmächtigten und seiner Mitarbeiterinnen und Mitarbeiter sind vielfältig und reichen von der inhaltlichen Begleitung von Gesetzgebungsprozessen, über persönliche Gespräche und Kontakte mit Politikern und Beamten in den Ministerien und Dienststellen des Bundes und der EU, Fachkonferenzen und Vorträgen bis hin zu Gesprächsforen."

„Inhaltliche Begleitung von Gesetzgebungsprozessen" – was für eine Camouflage für demokratiefremde Grenzüberschreitungen.

☐ *Prälat Dr. Stephan Reimers*: Der erste Bevollmächtigte in Berlin ist, meines Wissens, der einzige 'Aktivist' der Sozialarbeit und ebenso Politiker mit spezifischer Berufserfahrung. Für ihn ist das Motto seiner Ernennungsurkunde gelebte Authentizität: „Tu deinen Mund auf für die Stummen und für die Sache aller, die verlassen sind".

Theologe, Politiker (Jg. 1944). Studium der Theologie und Hochschulassistent in Hamburg, CDU-Mitglied der Hamburger Bürgerschaft (1970 bis 1978) und CDU-Mitglied des Bundestages (1976 bis 1980). Vikariat und (1982 bis 1992) Direktor der Evangelischen Akademie Nordelbien. Als Leiter des Diakonischen Werks Hamburg (1992 bis 1999) sind seine besonderen Anliegen die Hilfen für Obdachlose sowie Langzeitarbeitslose. 1999 wird er Bevollmächtigter der EKD.

Bis zu seinem Abschied (anlässlich der Pensionierung) Ende Januar 2009, prägte er das realistische Berliner Bild des Evangelischen Bevollmächtigten und konstatierte mehrmals, dass in Berlin die Kirchen nicht mehr – wie noch in Bonn – automatisch Chefsache seien.

Nach einem Jahr im Amt kann er die Besonderheiten des Amtes benennen. Es klärt sich für Stephan Reimers, dass ein parteiübergreifender Pragmatismus der Berliner Politik für die kirchlichen Interessen stärker nachteilig prägend sein wird, als die Diskussion, ob die Bundesminister ihren Amtseid mit der religiösen Formel „So wahr mir Gott helfe" beenden oder nicht. (1998 hatte Gerhard Schröder als bisher erster und einziger Bundeskanzler bei seinem Amtseid – wie auch Bundesminister – auf die religiöse Schlussformel verzichtet.)

Unter der etwas verqueren Überschrift „Ein Insider, der schweigen muss" – alle Insider schweigen, sonst wären sie bald keine mehr – zieht das *Deutsche Allgemeine Sonntagsblatt* im September 2000 eine erste Bilanz. „Im Februar – da war Stephan Reimers noch recht frisch in Berlin – erzählte ihm ein ranghoher Parlamentarier im Vertrauen von einer Sache, die wenig später die deutsche Politik erschüttern sollte. CDU-Fraktionschef Wolfgang Schäuble werde stürzen, berichtete der Christdemokrat. Er sei daran beteiligt und habe nun das dringende Bedürfnis, einmal jemandem zu erklären, 'warum wir keine Alternative sehen'. Die Vertraulichkeit illustriert, welche schillernde Rolle Reimers seit knapp einem Jahr im Berliner Politikbetrieb spielt. [...] In seinen zahlreichen Gesprächen bei Regierungs- wie Oppositionsleuten habe er 'durchaus' die Bereitschaft vorgefunden, 'zuzuhören und unsere Anliegen ernsthaft zu prüfen'. Aber eben auch nicht mehr: 'Kirchliche Anliegen sind heute nicht mehr automatisch Chefsache', sagt der Beauftragte. Sie müssen sich ganz prosaisch gegen konkurrierende Interessen behaupten."

Und die großen Themen? Sie sind es meistens nicht, wo der Lobbyismus geräuschlos gut funktioniert, es sind eher die 'kleinen'. „Oft ist die kirchliche Lobbyarbeit sowieso erfolgreicher, wenn sie sich hinter verschlossenen Türen um kleine Verbesserungen für einen überschaubaren Kreis von Betroffenen bemüht als öffentlich um den großen Wurf. 'Dann geben uns Ministeriale schon einmal zu verstehen, wir sollten ihr Entgegenkommen lieber nicht an die große Glocke hängen', sagt eine von Reimers' Mitarbeiterinnen."

Im Juni 2008 sprach Reimers unter dem Titel „Mitwirkung und Widerspruch" über „Die Gesellschaftspolitische Verantwortung des Protestantismus heute". Darin enthalten ist auch eine Art Rückblick, ein halbes Jahr vor der Beendigung seiner Tätigkeit, in dem Reimers schildert, nach zehn Jahren als Bevollmächtigter des Rats der EKD in Berlin, was sich zum Positiven für die Kirchen verändert hat: „Im Blick auf verschiedene Beobachtungen lässt sich sagen: Die Wirkungsmöglichkeit der Kirchen, die in Bonn bereits gut waren, haben sich eher noch verbessert. [...] Die evangelischen Abgeordneten lade ich regelmäßig zu Gebetsfrühstücken ein. Ein Viertel der Abgeordneten reagiert jeweils mit einer Zusage zu einem der beiden Termine. Und da sich dieses Viertel personell immer neu zusammensetzt, sind die Begegnungen um 7.30 Uhr eine wirklich gelingende Form der Kontaktpflege und des Dialogs. Eine von schleichender Säkularisierung ausgezehrte Volkskirchlichkeit bildet sich in solcher Teilnahmebereitschaft jedenfalls nicht ab. Die Beziehungen zu allen im Bundestag vertretenen Parteien haben sich in Berlin konstruktiv weiterentwickelt."

Und, so fragt Reimers rhetorisch: „Wie wirken sich die guten Beziehungen zu den Fraktionen des Bundestages aus?" Er nennt dazu zwei Beispiele, die nicht zufällig beide im Finanzbereich liegen: die Abgeltungssteuer und die Unternehmenssteuerreform.

□ *Prälat Dr. Bernhard Felmberg:* Von 2009 bis 2013 hatte er die Stelle des EKD-Bevollmächtigten inne. Theologe (Jg. 1965), 2000 bis 2002 Bundesgeschäftsführer des Evangelischen Arbeitskreises der CDU/CSU (EAK) und 2002 bis 2009 Oberkonsistorialrat und Leiter der Abteilung für Theologische Aus- und Weiterbildung der Landeskirche sowie Sportbeauftragter. Seiner Fußball-Leidenschaft 'verdankt' das Berliner Olympiastadion die neu geschaffene Stadion-Kapelle.

Mit Bernhard Felmberg wird wiederum ein CDU-Mitglied Bevollmächtigter der EKD, der durch seine Arbeit als Bundesgeschäftsführer des EAK die aktiven evangelischen CDU-Politiker bereits gut kannte. Das ist insofern bemerkenswert, da die EKD-Ratsvorsitzenden Wolfgang Huber, Nikolaus Schneider und Heinrich Bedford-Strohm alle Mitglieder in der SPD sind.

Felmberg wird als Mann mit „scheinbar nie getrübter Fröhlichkeit" geschildert, der sich bei offiziellen Anlässen auf der Brust mit einem großen Kreuz auf seiner dunklen Dienstkleidung dekorierte, die wie ein „Lutherrock" aussah. Das machte allerdings neben seinem katholischen Kollegen, dem Prälaten Jüsten, der stets nur in einem schlichten schwarzen Anzug mit Kollar (römischer Priesterkragen) auftritt, einen etwas 'theatralischen' Eindruck.

Im März 2013 ist Felmberg einer der Referenten bei dem 48. Essener Gespräch zum Thema Staat und Kirche. Sein Thema lautet: „Die Kirchen als gesellschaftspolitischer Dialogpartner". Es ist ein sehr ausführlicher Text, der als Resümee der Tätigkeit des Bevollmächtigten und der Ansichten Felmbergs betrachtet werden kann. Die Partnerschaft von Staat und

Kirche ist (2013) wieder in die Diskussion geraten und gleich eingangs beschreibt er seine Prämisse, das Wirken der Kirche sei „vielfältig, segensreich und einzigartig. [...] Ausgehend von der neuen Notwendigkeit die guten Gründe für die bestehende Partnerschaft zwischen Kirche und Staat in Erinnerung zu bringen, werde ich im Folgenden zunächst darlegen, wie diese Partnerschaft beschaffen ist und wie vielfältig, segensreich und, ja, einzigartig die Kirchen in der Gesellschaft wirken."

Einen Monat später ließ Prälat Felmberg seine Tätigkeit ruhen, da die EKD im März ein internes Disziplinarverfahren gegen ihn eingeleitet hatte. Es wird ihm nachgesagt, dass er – getrennt von seiner Ehefrau lebend, aber nicht geschieden – intime Beziehungen zu Frauen der EKD unterhalten haben soll, was nach dem Pfarrerdienstgesetz untersagt ist.

Manche werden von Felmbergs 'pfarrerdienstgesetzwidrigem' Intimleben gewusst haben und alle haben nach außen geschwiegen. Und woher kam dann plötzlich der 'raue Wind' eines internen Disziplinarverfahrens gegen Felmberg, mit der 'Keule' des Pfarrerdienstgesetzes?

Wie es auch sei und wer mit wem gesprochen hat – niemand ist bereit, darüber zu reden. Im Juni 2013 wurde Prälat Felmberg in den einstweiligen Wartestand versetzt, zur Klärung einer weiteren Verwendung. Er soll, so der EKD-Ratsvorsitzende, eine „ihm angemessene neue Aufgabe im Raum der evangelischen Kirche übernehmen".

Wie weit dieser „Raum der evangelischen Kirche" reicht, ist dann allerdings überraschend: Seit 1. Mai 2014 ist Felmberg Unterabteilungsleiter im Bundesministerium für wirtschaftliche Zusammenarbeit und Entwicklung (BMZ) und dort auch für den „Kirchentitel" (220 Millionen Euro) des BMZ zuständig – anfangs als Oberkirchenrat. Das ist, in christlicher Sprache, als 'demokratischer Sündenfall' zu betrachten.

☐ *Prälat Dr. Martin Dutzmann:* Seit 1. Oktober 2013 hat Prälat Dr. Martin Dutzmann das Amt des Bevollmächtigten der EKD inne.

Theologe (Jg. 1956) und ein gutes Beispiel einer kircheninternen 'Bilderbuch-Karriere'. Studium der Evangelischen Theologie, Vikariat, Pfarrer, Superintendent des Evangelischen Kirchenkreises Lennep, Landessuperintendent der Lippischen Landeskirche, seit 2008 Evangelischer Militärbischof im Nebenamt.

Anlässlich seiner Amtseinführung beschrieb der Ratsvorsitzende der EKD die Aufgaben des Bevollmächtigten schlicht und klar: „Ein Prälat predigt", zum Beispiel beim Ökumenischen Gottesdienst anlässlich der Neukonstituierung des Bundestages. Zudem soll er das seelsorgerische Gespräch mit den MdBs zu suchen, um „das Evangelium zu bewahren. 'Dazu ist die Kirche da – zu nichts anderem'". (Bei anderen Gelegenheiten sprach der EKD-Ratsvorsitzende dann allerdings auch von einem „Wächteramt".)

Das ist klar beschrieben. Der Theologe predigt den Parlamentariern ins Gewissen – was Dutzmann auch gleich tat, indem er über die Lage der Flüchtlinge am Mittelmeer predigte und die Geschichte des barmherzigen Samariters vortrug. Sein Stellvertreter, der Leitende Jurist, buchstabiert dann mit den Ministerialbeamten – quasi als anscheinend notwendiger Nachhilfeunterricht – das staatskirchenrechtliche Einmaleins.

In seinem Auftreten ist Dutzmann eher ein Kontrastprogramm zu seinem Vorgänger Felmberg. Ebenfalls zwar groß gewachsen, ist er eher zurückhaltend freundlich, ein Pastor und Kirchenbeamter, der jedem 'Schnickschnack' an Kleidung und an übertriebener Förmlichkeiten ablehnend gegenübersteht. Sein normaler 'Dienstanzug' ist ein Straßenanzug, am Revers ein kleines silbernes Kreuz.

Dutzmann ist kein Neuankömmling in der Berliner Politik- und Kirchenszene, er hatte auch vorher bereits als Militärbischof in Berlin zu tun.

Mittlerweile hat sich aber der Lobbyismus-Begriff auch für Kirchenpolitiker etabliert. So titelt der *Evangelische Pressedienst* (epd) in einem Artikel (2013) zur Amtsübergabe an Martin Dutzmann: „Vom Militärseelsorger zum Kirchen-Lobbyisten".

In der Öffentlichkeit überlässt Dutzmann ruhig dem Leiter des Katholischen Büros die 'erste Geige'. Das evangelische Büro, so sagt er, arbeite lieber im Stillen. Das ist allerdings so seit dem ersten Bevollmächtigten, Bischof Kunst. Er schwieg in der Öffentlichkeit, da er kein Interesse an der medialen, öffentlich ausgetragenen evangelischen „Streitkultur" hatte.

Das Kontakt-Programm, das Dr. Stephan Reimers dem Büro mit dem Umzug nach Berlin 1999 auferlegt hatte, wurde den Realitäten angepasst. Statt der wöchentlichen evangelischen Gebetsfrühstücke, mittwochs um 7.30 Uhr, finden sie jetzt etwa alle zwei Monate statt. Und nicht mehr achtzig MdBs würden daran teilnehmen, sondern bis zu 40. Und die konfessionslosen MdBs bekommen nur noch einmal im Jahr eine Einladung in das Haus am Gendarmenmarkt.

*Weitere Mitarbeiter des Bevollmächtigten.* Hinsichtlich der Beschäftigten in der Dienststelle des Evangelischen Bevollmächtigten gibt es schon auf den ersten Blick einen klaren Unterschied zum Katholischen Büro in Berlin. Während dort (ohne die Sekretariate) fünf Frauen und zwei Männer arbeiten, sind es im Evangelischen Büro in Berlin sieben Männer und zwei Frauen.

Es handelt sich im Folgenden nur um die Leitenden Mitarbeiter des Büros in Berlin. Im Bedarfsfall kann die Dienststelle auch bei Fachreferenten im Kirchenamt der EKD in Hannover um Zuarbeit anfragen.

*Stellvertreter des Bevollmächtigten.* Bei der Arbeit des Evangelischen Büros geht es, ebenso wie im Katholischen Büro, weitestgehend um Stellungnahmen von „Gesetzeskundigen". Also braucht man Juristen als Referenten und so ist in der theologisch-juristischen 'Doppelspitze' der Dienststelle der Stellvertreter auch der 'Leitende Jurist' und Oberkirchenrat. (Das kann allerdings auch anders sein, Hermann Kalinna war Theologe.)

Die meisten evangelischen stellvertretenden Büroleiter, und auch die des Katholischen Büros, haben eines gemeinsam, es gibt über sie keinen Artikel in der Online-Enzyklopädie *Wikipedia*. Die Ausnahme ist David Gill, allerdings als Staatssekretär und Chef des Bundespräsidialamtes.

Stellvertretende Bevollmächtigte waren bisher: 1966 bis 1994 Hermann Kalinna, 1994 bis 2003 Dr. Joachim Gaertner, 2004 bis 2012 David Gill, seit 2012 Dr. Stephan Iro.

Die 'mediale Öffentlichkeit' nimmt ihre Tätigkeit kaum wahr, was auch im Sinne eines erfolgreichen Lobbyismus ist, der primär von den Juristen umgesetzt wird. Ihre Arbeit soll sich in den Gesetzestexten und nicht in der Tagespresse darstellen. Sie haben jedoch gelegentlich selbst Artikel verfasst oder über sie ist doch in Tagesmedien geschrieben worden, so dass zumindest etwas bekannt ist.

□ *Hermann Kalinna*, Theologe, Pfarrer (Jg. 1929), wechselte 1966 als theologischer Referent in das Büro von Bischof Herrmann Kunst. Er blieb bis 1994 stellvertretender Bevollmächtigter.

Diese lange Dienstzeit von rund 29 Jahren hat eine Ähnlichkeit mit der des Mitarbeiters und zuletzt stellvertretenden Leiters des Katholischen Büros, Heiner B. Lendermann. Das heißt, Kalinna und Lendermann waren rund zwanzig Jahre lang (1975 bis 1994) gleichrangige Kollegen.

Hermann Kalinna ist verheiratet mit Juliane Kalinna, was insofern bemerkenswert ist, da sie – teilweise zeitlich parallel zu seiner eigenen Tätigkeit im Evangelischen Büro – Leiterin des Referates Kirchen und Religionsgemeinschaften im Bundesministerium des Innern (BMI) war.

Obwohl Hermann Kalinna zum konservativen Bereich der EKD gezählt wird und ihm Sympathien für Bundeskanzler Brandt nachgesagt werden –

mit seinem Dienstbeginn im Evangelischen Büro gab es mit der Großen Koalition die erste Regierungsbeteiligung der SPD –, dürfte für ihn gelten, was er über seinen Vorgesetzten schrieb: parteipolitische Neutralität.

Es hat allerdings auch etwas mit Selbst-Inszenierung zu tun, wie es in der *Frankfurter Allgemeinen Zeitung*, anlässlich seiner Verabschiedung in den Ruhestand (1994), kommentiert wird: Mit Lutherrock, Temperament und Schlagfertigkeit.

□ *Dr. Joachim Gaertner:* (Jg. 1937), ist bereits 1977 als juristischer Oberkirchenrat in die Dienststelle des Bevollmächtigten gekommen, arbeitete vom 1.7.1994 bis 21.12.2003 als Stellvertreter des Bevollmächtigten und ist von Bonn mit nach Berlin umgezogen. Er war die 'Konstante' in den politikbezogenen Kontakten, da mit dem Wechsel nach Berlin der Theologe Stephan Reimers als neuer Bevollmächtigter ernannt worden war.

Er studierte Rechtswissenschaften in Bonn und München und arbeitete seit 1968 im Bundeswirtschaftsministerium, zuerst als Hilfsreferent, dann in der Grundsatzabteilung sowie in der Abteilung Gewerbliche Wirtschaft und zuletzt in der Zentralabteilung. 1972 an der Universität Freiburg i.Br. promoviert, wurde er 1977, „versehen mit zahlreichen wertvollen Verbindungen zum Regierungsapparat", von der EKD für die Dienststelle 'abgeworben'. Es heißt, er hatte in der Zentralabteilung des Bundeswirtschaftsministeriums eine für ihn recht langweilige Stelle und sich umgeschaut. Über persönliche Kontakte wurde er auf die Referentenstelle aufmerksam, wechselte und blieb dann dort bis zur Pensionierung. Gaertner ist mit dem Verdienstkreuz erster Klasse des Verdienstordens der Bundesrepublik Deutschland dekoriert: Für „hervorragende Verdienste um das Gemeinwesen".

Über die Arbeit von Dr. Joachim Gaertner als Stellvertreter des Bevollmächtigten und Kirchenlobbyist ist öffentlich nur wenig bekannt. Das Netzwerk seiner Verbindungen dokumentiert sich aber in der Festschrift anlässlich seiner Pensionierung „Im Dienste der Sache. Libor amicorum für Joachim Gaertner."

Gaertner braucht keinen 'Pensionierungstod' wegen plötzlicher Untätigkeit zu fürchten. Im Evangelischen Institut für Kirchenrecht an der Universität Potsdam ist er in die Tagesarbeit eingebunden, hält Vorlesungen und moderiert durch die Jahre Veranstaltungen und Podiumsdiskussionen.

□ *David Gill:* Jurist (Jg. 1960). Sohn eines Bischofs der Herrnhuter Brüdergemeinde. Polytechnische Oberschule mit anschließender Lehre als

Klempner, Abitur am Kirchlichen Oberseminar in Potsdam, das in der DDR aber nicht als allgemeine Hochschulreife anerkannt wurde. Daher 1988 bis 1990 Studium der Theologie am theologischen Sprachenkonvikt der Evangelischen Kirche in Berlin-Brandenburg. Sein Weg zum Beruf eines Pastors fand in den Wendezeiten 1989/90 ein Ende, als er Koordinator und Sprecher des Bürgerkomitees zur Auflösung des Ministeriums für Staatssicherheit und schließlich (bis Oktober 1992) Pressesprecher des Sonderbeauftragen/Bundesbeauftragten für die Stasi-Unterlagen („Gauck-Behörde") wurde. 1992 bis 2000 studierte er Jura an der Freien Universität Berlin und an der University of Pennsylvania/Philadelphia. Sein Rechtsreferendariat absolvierte er im Bundespräsidialamt. Nach Tätigkeiten als Referent im Bundesinnenministerium und beim Berliner Datenschutzbeauftragten wurde er Anfang 2004 als Oberkirchenrat juristischer Stellvertreter des Bevollmächtigten des Rates der EKD. Ende Februar 2012 übernahm er die Leitung des Übergangsbüros des Präsidentschaftskandidaten Joachim Gauck, der ihn, im März 2012 nach seiner Wahl zum Bundespräsidenten, zum beamteten Staatssekretär und Chef des Bundespräsidialamtes ernannte.

David Gill ist ein gutes Beispiel für die unterschiedliche Öffentlichkeit von Ämtern. Während aus seiner Zeit als Stellvertreter des EKD-Bevollmächtigten nur weniges über seine Tätigkeit berichtet wurde, steht er als Staatssekretär und Vertrauter von Bundespräsident Joachim Gauck im öffentlichen Rampenlicht.

Gill war zuständig für juristische Fragen im Staatskirchenrecht, Europa-, Sozial- und Steuerrecht sowie für soziale und wirtschaftliche Fragen. Damit trat er seinen „Idealjob" als 'Scharnier' zwischen Kirche und Politik an.

Gill, der selbst SPD-Mitglied ist, sei, wie es heißt, mit dem seinerzeitigen CDU-Generalsekretär Hermann Gröhe seit vielen Jahren eng befreundet und habe zu Finanzminister Schäuble eine eigene Verbundenheit.

Zum Ende seiner Dienstzeit als Stellvertretender Bevollmächtigter gibt es auch in der *Tageszeitung* ein breites Lob für Person und Amtsführung: „In evangelischen Kreisen sind viele voll des Lobes über den jugendlich wirkenden Intellektuellen. Er denke strategisch, arbeite effizient, sei sehr freundlich – und wer ihn einmal erlebt hat, versteht das Lob sofort. Eine Plauderei beim Wein ist mit ihm ebenso anregend wie ein ernsthaftes Gespräch über die ganz harten Nüsse der Bundespolitik."

Die genannte Effizienz mag sich auch darin zeigen, dass Gill unter christlichen Politikern 'sammeln' gegangen war für eine „Politikerbibel".

Dieses Buch – „Suchet der Stadt Bestes" – ist zwar offiziell von den beiden Leitern der Büros herausgegeben worden, aber es verdeutlicht, dass die Mitarbeiter der Dienststelle eine „dienende" Funktion haben, d. h. dem Leiter der Dienststelle zuarbeiten. Eine 'Heidenarbeit': 56 prominente Teilnehmer haben 2006 (fast alle) ihren Lieblingstext aus der Bibel persönlich, handschriftlich aufgeschrieben und erklären, was diese biblischen Sätze für sie privat und politisch bedeuten. Hinzu kommen Fotos und Lebensläufe. Dabei sind u. a. Ministerpräsident Kurt Beck, SPD-Generalsekretär Hubertus Heil, die Fraktionsvorsitzende von Bündnis 90/Die Grünen Renate Künast, Familienministerin Ursula von der Leyen, CDU-Generalsekretär Ronald Pofalla, Bildungsministerin Annette Schavan, Außenminister Frank-Walter Steinmeier und Verkehrsminister Wolfgang Tiefensee. Was also beinahe wie eine Eigenwerbung der Politiker aussieht, hat auch seinen missionarischen Sinn.

Das geht dann so nach dem Prinzip: Schau, Kind, dieses schöne Bibelwort ist auch der Lieblingsvers der Bundeskanzlerin.

☐ *Dr. Stephan Iro:* Jurist, Diplomat (Jg. 1968), studierte Jura in Freiburg im Breisgau, Grenoble und Berlin sowie anschließend „Internationale Beziehungen" in Bologna. Ab 2001 Attaché-Ausbildung für den höheren Auswärtigen Dienst im Referat Asien, Afrika und Lateinamerika im Bundeskanzleramt. 2004 bis 2007 stellvertretender Leiter der Rechts- und Konsularabteilung der deutschen Botschaft in Moskau, war er von 2007 bis 2012 in der Zentrale des Auswärtigen Amtes beschäftigt, zuletzt als stellvertretender Leiter des Referates Osteuropa; Iro spricht auch russisch. Seit September 2012 ist er als Nachfolger von David Gill Stellvertreter des Bevollmächtigten des Rates der EKD.

Stephan Iro hat drei Kinder und organisiert ehrenamtlich den Kindergottesdienst der St. Marien Kirche im Kirchenkreis Berlin-Stadtmitte. Was er da macht? „Ich zeige den Kindern oft Bilder von Kunstwerken, die einen christlichen Bezug haben. Dann reden wir zusammen drüber. Die Mischung von Kunst und Religion kommt gut bei den Kindern an."

Dienstlich wurde Iro bisher am häufigsten in Zusammenhang mit zwei Meldungen genannt, dem Wechsel seines Vorgängers in das Bundespräsidialamt und der Amtsniederlegung des Bevollmächtigten Felmberg, die ihn zum kommissarischen Bevollmächtigten machte.

Ansonsten ist es die normale Dienstroutine. Im Dezember 2012 sitzt er dabei, als eine Delegation des Rates der EKD sich mit der SPD-Spitze trifft und man sich verspricht, den „Zusammenhalt der Gesellschaft [zu] stärken". Der EKD-Ratsvorsitzende nutzt die Gelegenheit, um gegen die Laizisten in der SPD vorzugehen, wozu SPD-Bundestagsvizepräsident Wolfgang Thierse ihm beipflichtet. „Angesichts der Beschneidungsdebatte kritisierte Präses Schneider religionsfeindliche Töne in der öffentlichen Diskussion, die über Debatten des 19. Jahrhunderts nicht hinaus gekommen seien. Schneider: 'Manche Debattenbeiträge erwecken den Eindruck, ihre eigene laizistische Weltanschauung müsse für jeden verpflichtend sein.' Wolfgang Thierse erwiderte, der säkulare Staat verlange nicht den säkularen Bürger."

Im April 2013 ist Iro Teilnehmer eines Spitzengesprächs zwischen EKD und CDU-Präsidium, auf dem man gemeinsam bekräftigt, dass Sterbehilfe strenger als bisher geplant bestraft werden müsse.

### 3.3.5. Beauftragter der Deutschen Evangelischen Allianz

Die *Deutsche Evangelische Allianz* (DEA) versteht sich als „Brüder-Gemeinde". Sie hat zwar keine Mitglieder im formalen Sinn, ihre Anhängerzahl wird aber nach eigenen Angaben auf rund 1,3 Millionen geschätzt, die sowohl in landeskirchlichen wie in freikirchlichen Strukturen organisiert seien. Das ist allerdings – in eigener Schätzung der DEA – eine politische Zahl der Vertretungsbedeutung. Dafür spricht, dass eine der Gruppen, die mit den Prinzipien der DEA übereinstimmen – der pietistische Dachverband Evangelischer Gnadauer Gemeinschaftsverband – mit bis zu 300.000 Anhängern gezählt wird. Das kann sein, aber ob es sich dabei tatsächlich um 'Überzeugte' handelt, lässt sich nicht klären. Da diese Zahl der 'Mitglieder' oder 'Anhänger' selbst eine lobbyistische Größe darstellt – Behauptung von Wichtigkeit –, ist sie mit Vorbehalt zu betrachten.

Ein anderer Indikator – der zu weitaus geringeren Zahlen kommt – wären die Abonnenten des gedruckten Wochenmagazins der Evangelischen Allianz *idea-spektrum* (IDEA ist die Abkürzung für *Informationsdienst der Evangelischen Allianz*). Die Auflage beläuft sich derzeit auf rund 30.000 Abonnenten und wenn man davon ausgeht, dass da vielleicht noch ein weiterer Interessierter als Leser mit erreicht wird, ist es eine Größenordnung von rund 50.000 Menschen in Deutschland, die als 'Kern' der *Deutschen Evangelischen Allianz* zu betrachten sind. Mehr nicht.

Man muss auch recht vorsichtig sein, da die Evangelikalen dazu neigen, 'Potemkinsche Dörfer' aufzubauen, d.h. es gründen sich recht beständig neue Organisationen, aber stets mit dem gleichen Personal. Das erzeugt medial zwar den Eindruck einer bedeutenden Organisationszahl mit vielen Mitgliedern, ist aber nur als Ergebnis einer geschickten Öffentlichkeitsarbeit zu sehen.

Ich bin mehreren deutschen Evangelikalen persönlich begegnet und konnte mit ihnen auch über mehr als nur Formelles reden. Drei Aspekte hatten sie gemeinsam: Erstens eine große persönliche Freundlichkeit und auch Fröhlichkeit, zweitens die Gewissheit einer persönlichen Wahrheit „Jesus liebt dich!" und drittens, in Anbetracht von eigenen Lebenserfahrungen, die moralisch nicht unbedingt der 'reinen Lehre' entsprachen (z. B. sexuelle „Untreue"), die persönliche Sicherheit eines: „Gott verzeiht alles!" Es ist alles vollkommen stimmig und Widersprüche gibt es nicht – zumindest nicht im Gespräch mit mir.

□ *Wolfgang Baake* (Jg. 1950) ist der langjährige nebenberufliche und seit Jahresanfang 2014 hauptberufliche „Beauftragte der Deutschen Evangelischen Allianz am Sitz des Deutschen Bundestages und der Bundesregierung". In Kurzfassung heißt es über ihn: „Er war zehn Jahre als Industriekaufmann in der Volkswagen AG tätig, danach Studium der evangelischen Theologie und zwei Jahre Pastor in Berlin. Zusätzlich absolvierte er eine journalistische Ausbildung in der ARD-Tagesschau und Tagesthemenredaktion beim NDR in Hamburg. Von 1982 bis 2013 leitete er den Christlichen Medienverbund KEP, mit Büros in Deutschland, Russland und Israel."

Dieser Lebenslauf ist für Evangelikale nicht untypisch: Nach mehreren Jahren qualifizierter fachlicher Berufstätigkeit dann der Wechsel zum Berufs-Christen in seiner evangelikalen Ausprägung einer absoluten Glaubensgewissheit als Beruf(ung) und mentaler Zufriedenheit.

Von der Statur her ist Wolfgang Baake groß, füllig und zurückhaltend, freundlich, mit einem leicht eingezogenen Kopf, was ihm den Ausdruck eines American-Football-Spielers verleiht. Dabei ist allerdings offen, ob er – im sportlichen Sinn – in der Offence (dem Angriff) oder in der Defence (der Verteidigung) spielt. Von seinem Auftreten in der Öffentlichkeit kann er und spielt er beides, Angriff wie Verteidigung.

Die Frage nach dem Verhältnis von Glaube und Politik ist für Wolfgang Baake überhaupt kein Thema. Natürlich muss man sich als evangelikaler Christ in die Politik einmischen.

Einer, der es wissen muss, Prof. Dr. phil. Dr. theol. DD Thomas Schirrmacher (u. a. Professor für Religionssoziologie an der Staatlichen Universität des Westens im rumänischen Timișoara und Direktor des Internationalen Instituts für Religionsfreiheit der weltweiten Evangelischen Allianz) sieht dieses politische Sendungsbewusstsein der Evangelikalen an der Basis eher nicht: „Angeblich ist es das dritte Prinzip der Evangelikalen, dass die Gläubigen sich in die Politik einmischen sollen. Das ist ja wohl ein Scherz, oder? Zumindest in Deutschland. Die evangelikale Bewegung ist lange Zeit völlig unpolitisch gewesen und auch gegenwärtig ist der größere Teile der Meinung, überzeugte Christen sollten sich aus der Politik heraushalten – leider!"

Folgt man dieser Darstellung, dann wäre Wolfgang Baake der Motor eines evangelikalen Fahrzeugs, das sich lautstark ziemlich selbstständig und ohne großen Rückhalt in den 'eigenen' Gemeinden öffentlich vorwärts bewegt.

Auch der Vorsitzende der DEA, Michael Diener, zeichnet auf der 118. Konferenz (im August 2013) ein eher zurückhaltendes Bild des Zustandes der *Evangelischen Allianz*: „Mit christlichen Kindergärten, Schulen und Medien sowie den regelmäßigen Verpflichtungen in der Gemeinde hätten sich viele evangelikale Christen einen 'geistlichen Speckgürtel' zugelegt. 'Wir erliegen zunehmend der Gefahr, Sonderwelten entstehen zu lassen und vom Leben der Welt nichts mehr mitzubekommen.' Gleichzeitig gebe es viele innere Kämpfe zwischen verschiedenen Gruppen und Strömungen, die für Außenstehende nicht nachvollziehbar seien."

Umso medienpräsenter und kantiger tritt die DEA auf – vor allem in der Person Wolfgang Baakes, der nicht nur Geschäftsführer der *Konferenz Evangelikaler Publizisten* (KEP) war, sondern auch Pressesprecher verschiedener Organisationen, die einer liberalen Öffentlichkeit als Ausdruck eines christlichen Fundamentalismus gelten, wie *Pro Christ*, in dessen Kuratorium auch der spätere Bundespräsident Christian Wulff saß, oder die *Akademie für Psychotherapie und Seelsorge*. Politisch betrachtet, sei die DEA „der organisierte reaktionäre Flügel des evangelischen Konservatismus". Oder wie es in der *Tageszeitung* (2009) formuliert wird: „Auch wenn die Bewegung alles andere als einheitlich ist: Wer das evangelikale Deutschland bereist, von Berlin bis Stuttgart-Feuerbach, von Leipzig bis ins hessische Werratal, erfährt rasch, was sie verbindet: Es ist der Widerstand gegen einen Zeitgeist, den sie als dekadent und gottlos empfinden. Die Evangelikalen stemmen sich gegen Emanzipation und Evolutionslehre, Pornografie, Homosexualität und den Islam. Sie geben sich pro-israelisch – und missionieren dennoch auch unter Juden. Denn in ihren Augen wird nur errettet, wer Jesus als den Messias anerkennt."

Allerdings kann man auch zu der Einschätzung kommen, dass die *Evangelische Allianz* eher 'eine Maus ist, die brüllt', d. h. eine mediale Bedeutung zugesprochen bekommt, die sie realiter gar nicht hat. Es ist nicht nur die Vielzahl von Organisationen, die von der Allianz als Mitglieder genannt werden, sondern auch die Medienarbeit des *Informationsdienstes der Evangelischen Allianz* (idea) sowie das *pro-medienmagazin*. Auch beispielsweise bei *Christ und Welt* erscheinen Texte wie „Die Fromme Macht", in denen die Evangelikalen und Wolfgang Baake als „einflussreich" beschrieben werden. Und es werden Bewertungen formuliert, die verwundern: „Doch die Kirchen stehen für das Alte, den Gremienkatholizismus und die Interessenvertretung der etablierten Sozialkonzerne. Die Evangelikalen mit ihren vielen jungen Leuten sind die Zukunft."

„Die Evangelikalen sind die Zukunft"? An Sendungsbewusstsein bzw. Realitätsverkennung besteht kein Mangel. Zudem gibt es eine liberale Öffentlichkeit, die fasziniert, erstaunt, verschreckt auf die *Evangelische Allianz* schaut und im säkularen Spektrum gibt es einige Beobachter, die jeden Unsinn von kleinen Mitgliedsorganisationen der DEA an 'die große Glocke' hängen. Deshalb sollen hier ein paar Beispiele benannt sein, in welchen Facetten sich die DEA 'in Szene' setzt.

☐ *Verteidigung der reinen Lehre:* Im Juni 2012 muss sich der *Bund Evangelisch-Freikirchlicher Gemeinden in Deutschland* (BEFG) gegen den Vorwurf wehren, beim Fernsehgottesdienst (live im ZDF aus der Baptistengemeinde Kamp-Lintfort), werde Religionsvermischung mit dem Islam betrieben. Der Geschäftsführer des Christlichen Medienverbundes KEP, Wolfgang Baake, habe einen „scharfen offenen Brief" an die Gemeinde geschrieben.

Anfang Dezember 2013 bricht die KEP einen Streit um das *Wort zum Sonntag* vom Zaun, es sei zu wenig christlich gewesen und der Advent sei von der Pfarrerin zu „Wellness- und Gourmetwochen" umgedeutet worden.

☐ *Das Problem mit dem Sex:* Im Sommer 2008 warb das ZDF für seine Erotik-Sendereihe „Sommernachtsfantasien" mit einem Plakat, auf dem Menschen in einer Reihe vor einem Beichtstuhl anstehen und dem Slogan „So sündig, dass man beichten muss". Konsequenz: Beschwerde beim ZDF-Intendanten. Prüfung einer Beschwerde beim Deutschen Werberat. Das ZDF kontert, dass die Pornografie-Vorwürfe nicht stimmen und Baake sich lieber einmal einen der Filme anschauen solle.

Womit das ZDF Recht hat. Das 'Schärfste' ist normalerweise der Vorspann mit der Frau im lang geschlitzten roten Kleid, die viel Bein zeigt.

☐ *Angriff gegen Nicht-Religiöse und Religionskritiker*: Satire über Religion geht überhaupt nicht. 2009, als der zweite Band der christlichen Trilogie von Ralf König in der FAZ, *Der Archetyp*, erscheint, kritisiert die KEP das scharf. Für KEP-Geschäftsführer Wolfgang Baake ist die „Grenze der Zumutbarkeit" überschritten.

☐ *Verteidigung und Angriff gegen Kritiker der DEA:* Im Sommer 2007 zeigte die ARD/HR den Film von Tilman Jens *Hardliner des Herrn*. Im Film wird auch eine brennende Bibel gezeigt, symbolhaft für das Feuer des Glaubens, und der KEP-Geschäftsführer Wolfgang Baake wird aktiv. Die Programmbeschwerde geht nicht nur an den Hessischen Rundfunk, sondern auch an alle Kirchenleitungen und den hessischen Innenminister und den CDU-Fraktionsvorsitzenden. Konsequenz: Das Bild der brennenden Bibel wird durch 'symbolische Bilder' ausgetauscht. Baake ist zufrieden mit der Wirkung, d.h. dem Erfolg von knapp 500 Mails und Briefen als „Zuschauerpost". Allerdings hatten sich auch Antje Blumenthal (CDU, Hamburg) und Wolfgang Bosbach (MdB, stv. Vorsitzender der CDU/CSU-Fraktion) auf Nachfrage der BILD dem Protest angeschlossen.

Im Sommer 2008 erscheint die Schülerzeitschrift *Q-Rage* (Millionenauflage, öffentlich gefördert, u.a. von der Bundeszentrale für politische Bildung) mit dem Themenschwerpunkt Islam und u.a. einer kritischen Auseinandersetzung zweier Schülerredakteure mit dem *Christival* in Bremen und seinen homophoben Elementen. Die Evangelikalen werden als intolerant und missionarisch mit erzkonservativen Ideologien beschrieben. In dem Empfehlungsschreiben des Mitherausgebers, des Direktors der Bundeszentrale, Thomas Krüger, heißt es: „In der Zeitung finden sich interessante Informationen, wie islamistische und evangelikale Gruppen, die wichtige Freiheitsrechte in Frage stellen, Jugendliche umwerben."

Es bricht ein Medien-Sturm seitens der evangelikalen Funktionäre los, Haupttenor: Evangelikale werden mit Islamisten gleichgesetzt. Krüger bekommt Hunderte von Mails mit Beschimpfungen bis hin zu Morddrohungen. Baake fordert namens der DEA den Rücktritt von Krüger, die auch im politischen Raum aufgenommen wird, bis Krüger schließlich 'einknickt' und sich von dem Artikel distanziert. Er habe selten einen derart organisierten Druck via Internet, Zeitung und über die politische Bande erlebt. Wobei der Begriff der „Bande" eine hübsche Doppelbedeutung hat.

□ *Brückenköpfe:* Das Hauptstadtbüro der *Deutschen Evangelischen Allianz* befindet sich in Berlin-Mitte, Behrenstraße 73, in einem Bürogebäude zwischen der Botschaft der USA, dem China Club und dem Hotel Adlon. Erster Stock, nach vorne hinaus, großer Besprechungs-/Tagungsraum, zwei Büroräume für den Beauftragten und das Sekretariat, Küche und Sanitär. Miete, Personal-, Sach- und Bürokosten erfordern einen Aufwand von rund 150.000 Euro pro Jahr, die aus Spenden finanziert werden.

Diese '1a-Lage' in Berlin steht in einem gewissen Widerspruch dazu, dass sich die 'Hauptorte' von evangelikalen Organisationen in kleineren Ortschaften mit fünf- bis sechsstelligen Telefonvorwahlen befinden, wie die Zentrale in Bad Blankenburg mit dem „Allianz-Haus" (036741) oder das Medienzentrum der DEA in Wetzlar (06441), etc. Dafür mag es historische Entstehungsgründe geben, aber es ist schon bemerkenswert, dass sich vieles in ländlichen 'Rückzugsräumen' befindet und dort seit Gründung verblieben ist.

Wolfgang Baake hat bereits während seiner hauptamtlichen Arbeit als Geschäftsführer der KEP (Konferenz Evangelikaler Publizisten) in Wetzlar und (seit 1999) nebenberuflicher, ehrenamtlicher Tätigkeit als Beauftragter, direkte Kontakte in den parlamentarischen Raum aufgebaut, die Basis seiner jetzigen hauptamtlichen Tätigkeit sind und die weiter ausgebaut werden sollen. „'Als Lobbyist spreche ich', erklärt er [Wolfgang Baake] seinen Job, 'mit den Abgeordneten und Mitgliedern der Bundesregierung über die für uns wichtigen Themen: den Schutz von Ehe und Familie, den Kampf gegen Sterbehilfe und Abtreibung, Einschränkung der künstlichen Befruchtung und Stammzellenforschung.'"

Eine Verbindung der *Evangelischen Allianz* bzw. von Wolfgang Baake in den politischen Raum bestand bereits in Bonn, und der 'Brückenkopf' im Bundesministerium des Innern war der dortige Parlamentarische Staatssekretär Dr. Horst Waffenschmidt (CDU). Er hat, so Wolfgang Baake, der *Evangelischen Allianz*, konkret ihm, die Wichtigkeit der politischen Arbeit beigebracht und ihm alle seine politischen Beziehungen und Kontakte bereitgestellt, um die *Evangelische Allianz* in den politischen Raum zu tragen.

Der Regierungs- und Kanzlerwechsel 1982 wurde zu einer Hochzeit für die Evangelikalen. Bundeskanzler Dr. Helmut Kohl, den USA 'ergeben', ließ Staatssekretär Horst Waffenschmidt gewähren, und wenn alles Gute aus den USA kam, dann auch die Evangelikalen mit Billy Graham als populärstem Missionsprediger.

Horst Waffenschmidt (Baake: „Der heimliche Kirchenminister der Regierung Kohl") sorgte nicht nur dafür, dass wenige Jahre später (1991) die

Kirchenfragen aus dem Kulturreferat des BMI als eigenständiges Referat „Kirchen und Religionsgemeinschaften" herausgelöst wurden, sondern in seiner weiteren Aufgabenstellung als Beauftragter der Bundesregierung für Aussiedlerfragen lud er ausdrücklich die *Deutsche Evangelische Allianz* direkt ein, die Aussiedler zu missionieren, wie es der Generalsekretär der DEA, Hartmut Steeb, beschrieb: „Unermüdlich hat er uns ermutigt, gerade als Evangelische Allianz auf diese Aussiedlerchristen und Aussiedlergemeinden zuzugehen und auch die missionarische Aufgabe an denen zu sehen, die als Nichtchristen als Aussiedler in unser Land gekommen sind."

Dieser Kreis schließt sich in der Großen Koalition (ab 2014) wieder, da der im Januar 2014 ernannte Beauftragte für Aussiedlerfragen und nationale Minderheiten, Hartmut Koschyk (MdB, CSU) seine Sympathien zum Beauftragten der *Deutschen Evangelischen Allianz* am Sitz des Deutschen Bundestages und der Bundesregierung, Wolfgang Baake, auf seiner Internetseite in der Rubrik „Koschyk mittendrin, näher am Menschen" offen zeigt.

☐ *Volker Kauder:* Wenn Koschyk genannt wird, ist ein anderer Politiker der CDU/CSU nicht weit: Volker Kauder. Wie Hartmut Koschyk seit 1990 Mitglied des Deutschen Bundestages ist er seit November 2005 Vorsitzender der CDU/CSU-Fraktion. Er wollte, so wird berichtet, als Kind Zirkusdirektor werden. Politische Beobachter fragen sich, ob er sich – als Fraktionsvorsitzender der CDU/CSU-Fraktion im Bundestag – diesen Berufswunsch erfüllt hat. Politisch wollte Kauder den Blasphemieparagraphen verschärfen, hat das Gesetz gegen die Korruption bei Abgeordneten abgelehnt, ist gegen Präimplantationsdiagnostik, gleichgeschlechtliche Ehe etc.

Aus seiner Sympathie für die Deutsche Evangelische Allianz hat Volker Kauder nie ein Hehl gemacht, ganz im Gegenteil, in einem *Spiegel*-Interview bekundete er, die „Bewegung" imponiere ihm. Diese Auffassungen und Beschreibungen finden sich immer wieder von Kauder, auch in der Tageszeitung *Die Welt*: „Volker Kauder findet zwar, dass sein Glaube mit der Bezeichnung 'Evangelikaler' nicht ausreichend beschrieben ist. Aber er fühlt sich wohl bei der 'Evangelischen Allianz'. Er spricht von 'Erbauung, Ermahnung und Trost' als Hauptsäulen des Evangelikalen. Die Bibel als Gottes unmittelbares Wort, der Auftrag zur Mission, die große Bedeutung des Lebens Jesu für den eigenen Alltag, die Sündhaftigkeit des Menschen, die nur durch einen Gnadenakt Gottes und durch den Opfertod Jesu erlöst werden kann – all das lässt Kauder für sich selbst gelten."

Dass es Volker Kauder aber um mehr als 'Lokalkolorit' geht, das zeigt sich auch in seinem Anliegen, die (behauptete) Christenverfolgung an die Öffentlichkeit zu bringen, so in der 82. Sitzung des Bundestages (2010).

Und, eine Hand wäscht die andere: „Wegen seines Einsatzes für verfolgte Christen hat der Unions-Politiker Volker Kauder am Mittwoch [28.9.2010] den Medienpreis 'Goldener Kompass' des Christlichen Medienverbundes KEP erhalten." Am 8. Juni 2014 wurde Volker Kauder dann mit der Komturstufe des päpstlichen Gregoriusordens dekoriert, für „sein von christlichen Werten geprägtes Handeln in Politik und Gesellschaft".

□ *Resümee:* Die *Deutsche Evangelische Allianz* hat ein Innenleben mit vielen gut gemachten US-amerikanisch inspirierten Events, zu dem folglich auch viele jüngere Menschen gehen – als Party, nicht als Glaubensereignis. Mit einer Vielzahl von (kleinen bis kleinsten) Organisationen suggeriert sie eine Lebendigkeit und Repräsentanz in der Fläche, die schon einer ersten Überprüfung nicht standhält.

Bemerkenswert ist allerdings ihre innere Finanzkraft, mit der sie aus eigener Kraft Millionenbeiträge als Spenden zusammenbringt, um so aufwändige Projekte wie den Evangeliumsrundfunk (ERF, bis 2014) und weiteres zu finanzieren. Unternehmer und Millionäre, wie der Schuhfilialist Heinrich Otto Deichmann oder der Verleger Norman Rentrop, bilden die Basis dafür.

Die zitierten Beispiele verdeutlichen die Begrenztheit der Aktivitäten auf das eigene Spektrum von *idea* und dem *pro-medienmagazin*, das nur selten eine größere Öffentlichkeit erreicht. Das ist allerdings auch ihre Aufgabe. Für die Breitenwirkung nutzt man *Christ und Welt* oder den *Tagesspiegel*. Und jede TV-Magazinsendung, die wieder vor den Evangelikalen warnt, ist propagandistisches 'Wasser auf ihre Mühlen'.

Zu den bereits erwähnten MdBs Kauder und Koschyk gesellen sich aber auch noch weitere MdBs, wie die Bundesministerin a. D. Kristina Schröder, Erika Steinbach, Dr. Maria Flachsbarth, Frank Heinrich, Jürgen Klimke, Ute Granold, Johannes Selle u. a. m.

Es ist nicht überraschend, dass die Genannten alle MdBs der CDU/CSU sind und dem konservativen „Stephanuskreis" der CDU/CSU zumindest nahe stehen.

Es bleibt abzuwarten, was die seit Anfang 2014 hauptamtliche Tätigkeit von Wolfgang Baake im politischen Berlin bewirken wird. Dabei dürfte auch eine Rolle spielen, wie weit die Umarmungsstrategie der EKD behilflich ist. Oder anders gesehen, wie weit es den Evangelikalen gelingt, sich noch stärker als bisher in den Landeskirchen der EKD zu etablieren.

### 3.3.6. Beauftragter der Evangelischen Freikirchen

Seit September 2007 ist der Baptist Pastor Peter Jörgensen Beauftragter der *Vereinigung Evangelischer Freikirchen* (VEF) am Sitz der Bundesregierung. Er ist der Nachfolger des Baptisten Dr. Dietmar Lütz, der diese Aufgabe seit Januar 2000 wahrgenommen hatte.

Die evangelischen Freikirchen wehren sich klar gegen eine Zuordnung als „evangelikal" oder „fundamentalistisch", da sie sich als „Priestertum aller Glaubenden" verstehen, mit einer Vielfalt des gelebten Glaubens.

Die Freikirchen befinden sich dabei in einem eigenartigen Dilemma. Auf der einen Seite werden sie von der EKD umworben und in Gemeinsamkeiten eingebunden: Peter Jörgensen ist Mitglied der Präsidialversammlung des Deutschen Evangelischen Kirchentages und schreibt gelegentlich Artikel für das Magazin des Evangelischen Arbeitskreises der CDU/CSU. *Brot für die Welt* ist eine gemeinsame Gründung von EKD-Landeskirchen und der Freikirchen, ebenso wie der Evangelische Entwicklungsdienst und die Diakonie. Andererseits werden Mitgliedskirchen der VEF diskriminiert – auch seitens der EKD. So fragte der seinerzeitige Beauftragte Dr. Dietmar Lütz (2003), warum sich der VEF nicht klarer zum Antidiskriminierungsgesetz äußern würde. An Evangelischen Fakultäten wurden Angehörige der Freikirchen, die nicht zur Arbeitsgemeinschaft Christlicher Kirchen (ACK) gehören, wie die Pfingstler, nicht zu Prüfungen zugelassen.

Zur Amtseinführung von Peter Jörgensen als Beauftragter (im Oktober 2007), gab sich u. a. nicht nur ein Mitarbeiter des Kirchenreferats des BMI die Ehre sondern auch David Gill, der stellvertretende Bevollmächtigte des Rats der EKD. Dafür könnte auch Grundlage sein, dass die Baptisten (aller Variationen) weltweit rund 48 Mio. Mitglieder zählen und die zehn Mitgliedskirchen des VEF weltweit ca. 300 Mio. Mitglieder haben.

Zum Grundverständnis der Freikirchen gehört, dass sie nie in enger Verbindung zum Staat gestanden haben. Deshalb ist auch ihr weiter gehender Appell an die „staatliche Neutralität" verständlich.

Darin zeigt sich ein Unterschied zwischen den beiden Großen und den mehreren kleinen Kirchen in Deutschland. Während EKD und katholische Kirche nicht an den Rand gedrängt werden wollen – sie wollen also nicht verlieren – geht es den Freikirchen u. a. darum, gehört zu werden, dazuzugehören – sie wollen also etwas gewinnen.

Gehen die Aktivitäten darüber hinaus, Briefe an Politiker schreiben und für Politiker zu beten? Peter Jörgensen hatte 2007 mit 20 Prozent seiner Arbeitszeit für die Arbeit als Beauftragter begonnen, mittlerweile ist das kontinuierlich auf 50 Prozent seiner Gesamtarbeitszeit angehoben worden. Finanzielle Spielräume gibt es dafür kaum. Die Arbeitsmöglichkeit wie in den beiden Büros der Volkskirchen oder bei der DEA – Vollzeit-Referenten mit Sekretariat – besteht nicht.

Möglichkeiten der Einflussnahme bestehen über den Kontakt bei den Parteien und den Referenten in den Parteizentralen. Das gleiche gilt für Kontakte mit den Religionsbeauftragten der Bundestagsfraktionen.

Ebenso bestehen Kontakte zu den Kirchenreferenten im Bundeskanzleramt, beim Bundespräsidialamt, dem Bundesinnenministerium und den parteinahen Stiftungen. Das ist in etwa der Personenkreis, die Clique aus dem Verbindungsfeld zwischen Kirchen und Politik, die dem Regierungsbeauftragten zugänglich ist. Ebenso die 'einschlägigen' Journalisten, die sich mit Religions- und Kirchenthemen beschäftigen.

Arbeit ist noch nötig, in das Blickfeld beispielsweise der Bundestagsverwaltung zu kommen. Ziel: in den Datenbanken zu den Gästen aus dem Raum der Kirchen zu gehören, die regelmäßig zu Veranstaltungen eingeladen werden. Das passiert zwar bereits, aber zu selten. Also: nachhaken.

## 3.4. Kirchliche Büros in den Bundesländern

Die Fixierung auf die Hauptstadt darf nicht darüber hinwegtäuschen, dass – abgesehen von den für die Kirchen wichtigen Themen der Finanz- und Steuerpolitik, aber auch allen Materien der Bundesgesetzgebung, mit denen ökonomische Interessen der Kirchen tangiert werden – die 'Kirchenmusik' auch in den Bundesländern gespielt wird. Sie haben die Kulturhoheit im föderalen System der Bundesrepublik und viele der für die Kirchen wichtigen Themen aus Bildung und Soziales werden auf Länderebene geregelt.

Im Vergleich zu anderen Großorganisationen, wie beispielsweise den Gewerkschaften, zeigt sich dabei eine spezifische kirchliche Thematik der Lobby-Organisierung. Der Deutsche Gewerkschaftsbund hat, ebenso wie seine Mitgliedsgewerkschaften, eine Verbandsgliederung parallel zu den

Bundesländern, auch wenn mehrere Bundesländer zu Bezirken zusammengefasst sind. Insofern gibt es dort klare Eins-zu-eins-Zuständigkeiten und die gewerkschaftlichen „Lobby-Kopfstellen" befinden sich als „Fachabteilungen" in den Räumen des Bundesvorstands bzw. der Landesvorstände. Das wird so auch klar gesagt: „Die DGB-Bezirke und die DGB-Vertretungen am Sitz der Landesregierungen bilden die landespolitische Lobby der Gewerkschaften."

### 3.4.1. Katholische Landesbüros

Die wesentlichste Aufgabe der katholischen Büros ist die Koordination und Zusammenfassung kirchlicher Auffassungen hinsichtlich spezifischer politischer Vorhaben. Diese Aufgabe ist besonders für die katholischen Bistümer wichtig, da sie – noch mehr als die evangelischen Landeskirchen – in ihren geographischen Grenzen nicht mit der politischen Ländergliederung übereinstimmen.

Solange Kirchen und Landesregierungen der Meinung sind, dass sie politische Entscheidungen miteinander abstimmen müssten, geht es primär um eine Kommunikationsvereinfachung. Da auch die leitenden Kirchenbeamten nicht immer der gleichen Meinung sind, würde sonst die Situation entstehen, dass eine Landesregierung, d. h. die Staatskanzlei und die Landesministerien einzeln nachzufragen hätten, was die Bischöfe der auf dem Landesgebiet befindlichen Diözesen zu einem politischen Thema meinen. Das übernehmen der Leiter oder die MitarbeiterInnen des Katholischen Büros und mit dieser Koordinations- und Abfrageaufgabe ist das Büro für die Politik der vorrangige, um nicht zu sagen der einzige direkte Ansprechpartner. Auf der anderen Seite ist es nicht nur das „Sprachrohr" der Bischöfe, sondern auch ihr „Hörrohr", da es die politischen Themen beobachtet und an die Bistümer berichtet.

In dem Fall, dass sich ein Bistum komplett über mehrere Bundesländer erstreckt, wie das Erzbistum Hamburg, gibt es zudem auch ein Katholisches Büro in Kiel und eine Dienststelle in Schwerin zur örtlichen Kontaktpflege mit den dortigen politischen Kreisen der Landesregierung, was von Hamburg aus deutlich schwieriger wäre.

Die Katholischen Büros bilden, ebenso wie die evangelischen Büros, eine Arbeitsgemeinschaft, d. h. es findet auch der zeitnahe Austausch von Informationen hinsichtlich von Vorgängen in den verschiedenen Bundesländer statt.

Wie das in der Praxis funktioniert, konnte ich selbst erleben. In der zweiten Hälfte Februar 2014 erhielt ich vom Innenausschuss des Landtags Schleswig-Holstein eine Anfrage für eine Stellungnahme zur bevorstehenden Diskussion des Innenausschusses zu den Staatsleistungen in Schleswig-Holstein. Am folgenden Wochenende schrieb ich kurz und knapp meine Stellungnahme konzentriert in acht Punkten auf und schickte sie am späten Sonntagnachmittag per E-Mail an den Innenausschuss des Landtages in Kiel. Am Dienstag darauf, also zwei Tage später, hatte ich einen Gesprächstermin im Katholischen Büro in Berlin. Ich war zeitlich früh dort und in der 'Aufwärmphase', bis der Leiter des Kommissariats termingenau kam, fragte mich der betreuende Referent: „Den Punkt sechs Ihrer Stellungnahme habe ich nicht so recht verstanden. Könnten Sie mir das erläutern?" Ich war verdutzt und musste nachdenken: „Sie meinen meine Stellungnahme an den Innenausschuss des Landtages Schleswig-Holstein?" „Ja." Ich musste dann ein so verblüfftes Gesicht gemacht haben, dass er fröhlich sagte: „Ja, wir haben auch ein Büro in Kiel." Das wusste ich, aber die Kommunikationsgeschwindigkeit Landtag – Innenausschuss – Katholisches Büro Kiel – Katholisches Büro in Berlin war für mich dennoch beeindruckend.

Die katholischen Landesbüros beruhen auf formalen Vereinbarungen zwischen Land und Kirche, in denen allerdings keine inhaltlichen Zuständigkeiten, Kompetenzen oder 'Mitwirkungsrechte' geregelt werden.

Diese Büros gibt es mittlerweile in allen Bundesländern. Bilden sich politische und wirtschaftliche Großregionen in einem Bundesland, wie die „Region Stuttgart", wird auch dort (1998) ein spezielles Verbindungsbüro eingerichtet.

☐ *Jahrestreffen.* Auch wenn sich die Katholischen Büros mit allen modernen Kommunikationsmitteln ständig gegenseitig auf dem Laufenden halten, was in ihren Bundesländern kirchenpolitisch geschieht, treffen sich die Mitarbeiter einmal im Jahr persönlich zu einer Herbsttagung. Man sieht sich in die Augen und kann sich ggf. in den Arm nehmen. Über die Jahrestagung 2012 gibt es eine kurze Meldung: „Vom 8. bis 10. Oktober waren die kirchlichen Politikexperten zu ihrer jährlichen Herbsttagung diesmal nach Dresden eingeladen. Hier berieten sie unter anderem über Fragen des Sonntagsschutzes, des schulischen Religionsunterrichts und des Bestattungsgesetzes und trafen sich auch zum Gespräch mit Sachsens Ministerpräsident Stanislaw Tillich."

## 3.4.2. Beauftragte der Landeskirche(n)

Der offizielle Titel lautet, in Kurzform, „Landeskirchlicher Beauftragte" manchmal auch „Regierungsbeauftragter" oder Leiter des „Evangelischen Büros" genannt. Die Informationslage ist deutlich geringer als bei den Katholischen Büros und meist, so ist der Eindruck, haben diese Landesbeauftragten auch nur wenige Mitarbeiter.

Bereits in der Dienstbezeichnung wird deutlich, dass sie als „Beauftragte" an Weisungen gebunden sind und weniger Spielraum haben als der „Bevollmächtigte" in Berlin.

Die zeitliche Abfolge ihrer Gründung ist dabei unterschiedlich. Während in den westlichen Bundesländern nur allmählich die Notwendigkeit dafür gesehen wurde, wurden in den Neuen Bundesländern alle Beauftragten innerhalb eines Jahres (1991) installiert.

Zu welchen Fragen sich die Beauftragten der Landeskirchen politikbezogen äußern, wurde bereits im Kapitel „Wächteramt auf Landesebene" (S. XX dieses Buches) dargestellt.

Es gibt also viel zu besprechen und das durchaus abseits von demokratischen 'Spielregeln' der öffentlichen Debatte und Transparenz.

☐ *Interne Vernetzung.* Die evangelischen Kirchenbeauftragten in den Bundesländern haben – parallel zu ihren katholischen Kollegen – Kommunikationsstrukturen miteinander, zu denen auch zweimal im Jahr Koordinationssitzungen („Beauftragtentagungen") stattfinden. Vorbereitet werden diese von einem Referenten aus dem Büro des evangelischen Bevollmächtigten in Berlin und, nach einem rotierenden System, zwei Länderbeauftragten.

2013 fand der mehrtägige Meinungsaustausch der Beauftragten der Evangelischen Kirchen im Mai in Mainz statt. Ministerpräsidentin Malu Dreyer begrüßte die Beauftragten in der Staatskanzlei. Dabei sagte sie, dass sie nur den Teil der Bevölkerung wahrnehme, der sich als christlich versteht: „Beide, Staat und Kirche, können ihren Aufgaben für den Menschen nur gerecht werden, wenn sie aufeinander zugehen. Da beide es mit demselben Menschen zu tun haben, kann nur eine Partnerschaft zur gemeinsamen Lösung der Probleme beitragen."

Die Evangelische Kirche in Rheinland-Pfalz überschreibt die Meldung zu diesem Treffen mit: „Staat und Kirche sind Partner". Das ist Lobbyismus in Form einer Schlagzeile.

## 3.5. Deutschlandreise

Nun eine 'Deutschlandreise' durch die Landeshauptstädte und die dortigen kirchlichen Repräsentanzen. Es geht von Berlin aus nach Potsdam und von dort in einer gedachten Rundreise nach Norden, dann nach Süden und Osten, also: Schwerin, Kiel, Hamburg, Bremen, Hannover, Düsseldorf, Wiesbaden, Mainz, Saarbrücken, Stuttgart, München, Erfurt, Dresden, Magdeburg. Es ist zu klären, wie die kirchlichen Büros auf Länderebene arbeiten; ob sie von den Politikern auf Landesebene 'angenommen' werden und falls ja, wie dies geschieht.

### 3.5.1. Berlin-Brandenburg / Potsdam

Die von der Politik diskutierte und bisher immer wieder verschobene Fusion der Bundesländer Berlin und Brandenburg ist auf kirchlicher Ebene formal bereits vollzogen.

Für beide christlichen Groß-Kirchen sind es Gebiete der 'Diaspora' einer mehr als deutlichen Minderheitsposition. Evangelisch sind in Berlin / Brandenburg (2011) jeweils 18,3 / 16,8 Prozent, katholisch 9,2 / 3,1 Prozent. In Berlin sind also weniger als 30 Prozent, in Brandenburg weniger als 20 Prozent der Bevölkerung evangelisch bzw. katholisch.

Die Politik des säkularen Berlins, der „Hauptstadt der Atheisten", gilt allerdings als 'kirchlich durchsetzt'. So ist es nicht verwunderlich, dass der Nachfolger des Regierenden Bürgermeisters Klaus Wowereit, Michael Müller (SPD), der Landeskirche und dem Evangelischen Kirchentag für den Kirchentag 2017 in Berlin und Wittenberg 8,4 Mio. Euro Barzuschüsse zugesagt hat. Falls das Abgeordnetenhaus dem nicht zustimmen sollte – was es nicht gewagt hat – war bereits vorgesehen, dass die Mittel aus der Lotto-Stiftung gezahlt werden. Die Lotto-Stiftung ist in Berlin traditionell so etwas wie die 'Privatschatulle' des Regierenden Bürgermeisters.

*Evangelisches Büro.* Der Beauftragte der Evangelischen Kirche Berlin-Brandenburg-schlesische Oberlausitz (EKBO) bei den Ländern Berlin und Brandenburg hat seinen Dienstsitz in der Georgenkirchstraße 69 in Berlin, dem Sitz des Kirchenamtes. Das ist in Ost-Berlin, abseits des Zentrums und weit entfernt von Potsdam.

□ *Gerhard Zeitz:* Theologe (Jg. 1946) 1975-1985 Pfarrer in Berlin, danach Gefängnisseelsorger. Von 1999 bis zu seinem Ruhestand (Juni 2011) Beauftragter der Landeskirche bei den Ländern Berlin und Brandenburg. Als „Länderbeauftragter" ist Zeitz ständiger Gast bei den Sitzungen der Kirchenleitung der EKBO.

Zu Beginn seiner Amtszeit (1999) war ein heftiger Streit zwischen der Landesregierung in Potsdam und der EKBO entstanden. Die Kirche wollte zu den 1996 vereinbarten 23 Mio. Euro Staatsleistungen eine Nachbesserung und hatte 3,3 Mio. Euro pro Jahr für die Sanierung von Kirchen gefordert, das Land hatte aber nur 100.000 Euro als möglich angeboten. Die Zusage von Kultusminister Steffen Reichen (SPD) innerhalb der Förderprogramme Dorferneuerung und Stadtkernsanierung die Sanierung von Kirchen zusätzlich zu fördern, wenn entsprechende Anträge gestellt werden, wurde „als Geld Cash auf die Hand"-Mentalität seitens der Kirche kritisiert.

2001 sah die Welt dann schon wieder anders aus, die CDU stellte mit der Landesvorsitzenden des Evangelischen Arbeitskreises, Prof. Dr. Johanna Wanka, die Kulturministerin: „Die Gesamtkosten für die Sanierung betragen den Angaben zufolge rund 660.000 Mark. Darüber hinaus werden den Angaben zufolge weitere 33 Kirchen aus dem Programm 'Dach und Fach' mit insgesamt 3,6 Millionen Mark – je zur Hälfte von Bund und Land – bei Sanierungen unterstützt."

Bei der Verabschiedung von Oberkonsistorialrat Gerhard Zeitz traf man sich bei einem „Abend der Begegnung zwischen Politik und Kirche" in der Evangelischen Bildungsstätte Schwanenwerder in Berlin-Nikolassee. Der Präsident des Abgeordnetenhauses von Berlin, Walter Momper (SPD), sprach ein offizielles Grußwort des herzlichen Dankes. „Die Gemeinde der Gläubigen und die Gemeinde der Bürger – ihr gemeinsamer Nenner ist das Wohl der Mitmenschen. Was alles zu diesem Wohl gehört, wird etwas unterschiedlich gesehen, aber es gibt eine ganze Reihe von Übereinstimmungen. Und deshalb kommt den kirchlichen Aktivitäten gerade in einer Stadt wie Berlin 21 Jahre nach der Wiedervereinigung eine große Bedeutung zu. Die Seelsorge und die Diakonie mit den sozialen Einrichtungen der Kirche sind unverzichtbar, die Stellungnahmen der Kirche zu aktuellen Fragen sind wichtig und notwendiger Bestandteil einer lebhaften Debatte in der Hauptstadt und sie werden gehört. In vielen Bereichen arbeiten Kirche und das Land Berlin eng zusammen."

Als Wiederholung: Der Anteil der evangelischen Kirchenmitglieder beträgt (2010) in Berlin 18,7 Prozent.

Und auch der Nachfolger von Zeitz wird von dem Präsidenten des Berliner Abgeordnetenhauses außerordentlich 'warm' begrüßt.

Frage: Ob alle Lobbyisten in Berlin so außerordentlich offiziell und herzlich verabschiedet und begrüßt werden? Antwort: Vermutlich nicht. Aber bei den kirchlichen Lobbyisten hat das Tradition. So begann beispielsweise die 6. Sitzung der 16. Wahlperiode vom 1. Februar 2007 des Abgeordnetenhauses von Berlin mit der Eröffnung durch Walter Momper: „Außerdem habe ich die Freude, heute den Präses der Synode der Evangelischen Kirche Berlin-Brandenburg-schlesische Oberlausitz, Herrn Andreas Böer, in Begleitung von Oberkonsistorialrat Gerhard Zeitz zu begrüßen. – Herzlich willkommen im Abgeordnetenhaus und auf eine gute Zusammenarbeit!"

Diese Zusammenarbeit funktioniert gut. Im März 2007 begleitete Oberkonsistorialrat Zeitz Frau Johanna Wanka, die Kulturministerin des Landes Brandenburg, die der Gemeinde Riesdorf – gemäß des Staats-Kirchen-Vertrags – einen Fördermittelbescheid des Landes über 70.000 Euro zur weiteren Sanierung der Kirche überbrachte. Auch ihre Nachfolgerin als Ministerin für Kultur und Wissenschaft, Martina Münch, wurde von Oberkonsistorialrat Zeitz begleitet, als sie im Februar 2011 einen Fördermittelscheck über 33.500 Euro für den zweiten Bauabschnitt der Sanierung der Rottstocker Kirche in Brandenburg überbrachte.

Ein Höhepunkt ist im Jahreszyklus, wenn (wie 2009) die Forstministerin von Brandenburg, Jutta Lieske, zusammen mit dem Präsidenten des Abgeordnetenhauses, den 16,5 Meter hohen und 25 Jahre alten dekorativen Weihnachtsbaum auf dem Vorplatz des Abgeordnetenhauses von Berlin illuminiert. Nach „weihnachtlichen Liedern des Posaunenchors der Diakoniestiftung Lazarus Berlin", begrüßt Oberkonsistorialrat Zeitz die Gäste, denen Kakao und Glühwein gereicht werden.

☐ *Martin Vogel:* Theologe (Jg. 1969). Er studierte nach einer Ausbildung zum Facharbeiter für Mikroelektronik ab 1990 Evangelische Theologie in Berlin. Als Vikar ist er maßgeblich am kirchlichen Nutzungskonzept der Potsdamer Garnisonskirche beteiligt – einer „Herzensangelegenheit" von Bischof Wolfgang Huber. 2004 bis 2009 ist Vogel persönlicher Referent von Bischof Huber, 2009 bis 2011 persönlicher Referent bei Bischof Markus Dröge. Seit Juli 2011 Beauftragter der EKBO bei den Ländern Berlin und Brandenburg.

Im August 2011 lädt der Landtag von Brandenburg zu einer „Zentralen Veranstaltung des Landtages und der Landesregierung Brandenburg zum Gedenken an den 50. Jahrestag des Mauerbaus" ein. Ort der staatlichen Gedenkveranstaltung: Die Heilandskirche in Sacrow.

Auch die folgende staatliche „zentrale Gedenkveranstaltung der Verfassungsorgane – Landtag, Landesregierung und Verfassungsgericht" anlässlich des 60. Jahrestages des Volksaufstandes in der DDR am 17. Juni 1953, findet in Kirchenräumen statt: im Paulikloster in Brandenburg an der Havel.

Aber sonst läuft in Potsdam nicht alles so, wie es die Landeskirche möchte. Gegen die kirchliche Absicht, die Garnisonskirche in Potsdam wieder aufzubauen – der Name ist Programm – regt sich in der Stadt Widerstand. Für viele ist es der Ort des „Tags von Potsdam", als Hindenburg 1933 per Handschlag die Nationalsozialisten in Gestalt von Adolf Hitler legitimierte. „Der Tag sollte also die Verbindung von altem Konservativismus und Nationalismus mit dem neuen Nationalsozialismus sichtbar machen." (Wikipedia) Für andere wieder ist es die Furcht vor einer neuen Militärkirche, da in der Henning-von-Tresckow-Kaserne in Geltow bei Potsdam der Sitz des Einsatzführungskommando der Bundeswehr ist, von dem alle Kriegseinsätze deutscher Soldaten – weltweit – geleitet werden.

2011 gründete sich die Bürgerinitiative „Für ein Potsdam ohne Garnisonskirche", die den Wiederaufbau dieser Kirche „als Symbol von Macht-, Kriegs- und Herrschaftsromantik verhindern" möchte und engagiert Unterschriften sammelt.

Martin Vogel ist auch Theologischer Vorstand der Stiftung Garnisonskirche Potsdam, die sich für den Wiederaufbau engagiert. Er schreibt im Frühjahr 2014 einen „Offenen Brief an alle Bürgerinnen und Bürger der Landeshauptstadt und an alle Freunde Potsdams in der Welt". Darin heißt es u. a.: „Bitter ist es aber, wenn denjenigen, die sich für die Wiedergewinnung der Garnisonkirche einsetzen, Absichten unterstellt werden, die mit der Wirklichkeit nichts zu tun haben. Diesen haltlosen, ja diffamierenden Unterstellungen widerspreche ich mit aller Entschiedenheit und weise sie zurück: [...] Es wird auch keine Vereidigungen von Rekruten in der Kirche geben. Aber vielleicht werden in dieser Kirche eines Tages zwei Freunde gemeinsam um Frieden beten können, der eine als Bürger im T-Shirt und der andere als Bürger in Uniform."

In den (bisher drei) Dienstjahren ist, außer der Begrüßung im Abgeordnetenhaus, kein Termin des Länderbeauftragten für Berlin und Brandenburg in Berlin bekannt geworden, obwohl sich sein Büro im Zentrum von Berlin befindet.

*Katholisches Büro Berlin-Brandenburg.* Es besteht seit Januar 1991. Sitz ist in der Chausseestraße 128/129 in Berlin-Mitte, im Gebäudekomplex der

„Katholischen Höfe", auf dessen Gelände sich auch die Katholische Akademie und das Kommissariat der Deutschen Bischofskonferenz befinden.

Leiter des Kommissariats war von Oktober 2005 bis Februar 2012 Tobias Przytarski, seit März 2012 ist es Dr. Martina Köppen. Im Büro gibt es ein Sekretariat und einen Referenten.

☐ *Tobias Przytarski:* Theologe und Kirchenrechtler (Jg. 1959). 2011 bis 2013 stellvertretender Vorsitzender des Rundfunkrats des Radio Berlin-Brandenburg (RBB). 2006 zum Monsignore ernannt, wurde er in das Berliner Domkapitel berufen. Zum 1. März 2012 ernannte Erzbischof Rainer Maria Woelki ihn zum Generalvikar des Erzbistums Berlin.

☐ *Dr. Martina Köppen:* Juristin (Jg. 1958), seit 1. März 2012 Leiterin des Katholischen Büros Berlin-Brandenburg. 2001 bis 2007 war sie bereits im 'Bundesbüro' in Berlin als Referentin für europäische Fragen beschäftigt und wurde dann Leiterin der neu geschaffenen Antidiskriminierungsstelle des Bundes. Vor ihrer Ernennung war sie als freiberufliche Beraterin in Europafragen tätig.

Alte Kontakte rosten nicht und so war sie, im Februar 2014, gemeinsam mit der Leitenden Juristin des Katholischen Büros in Berlin, Katharina Jestaedt, Teilnehmerin einer Gesprächsrunde von Vorstandsvertretern katholischer Organisationen (BKU, KVV, Kolpingwerk) und Bundestagsabgeordneten zum Thema Sterbehilfe: „Betreuung bis zum Tod, nicht Beförderung in den Tod". Beide legten die Betonung auf Fortschritte und Ausbau der Palliativmedizin und verwiesen auf die Forderung des Verbots „jeder organisierten Form der Hilfe zur Selbsttötung".

### 3.5.2. Mecklenburg-Vorpommern / Schwerin

Das Justizministerium ist in Mecklenburg-Vorpommern für Kirchenfragen zuständig. Anlässlich des Wechsels von Erzbischof Rainer-Maria Kardinal Woelki nach Köln wünscht Justizministerin Uta-Maria Kuder ihm viel Erfolg und beklagt: „Dennoch finde ich es traurig, dass unser Land einen so engagierten Mann des Glaubens verliert. Kardinal Woelki hat es geschafft, nicht nur die Herzen der Katholiken, sondern die Herzen aller in Mecklenburg-Vorpommern zu gewinnen. Er hat großen Anteil daran, dass sich Kirche zu einem unverzichtbaren Teil unseres Landes entwickelt hat."

„Die Herzen aller" in Mecklenburg-Vorpommern? 3,3 Prozent der Bevölkerung sind römisch-katholisch, 17,3 Prozent evangelisch-lutherisch und, sofern noch 4 Prozent anderen Glaubensgemeinschaften angehören, sind 75 Prozent oder Dreiviertel der Bevölkerung konfessionslos. Die meisten werden vermutlich von Kardinal Woelki überhaupt noch nichts gehört haben. Berlin ist weit entfernt und die katholische Kirche noch weiter.

*Evangelisches Büro.* „Regierungsbeauftragter der Evangelisch-Lutherischen Kirche in Norddeutschland für Mecklenburg-Vorpommern" ist seit September 2009 Kirchenrat Markus Wiechert. Er ist Nachfolger von Kirchenrat Martin Scriba, der zum Landespastor für Diakonie berufen wurde. Ministerpräsident Sellering dankte ihm anlässlich seiner Verabschiedung: „Ich danke Ihnen heute namens der Landesregierung für 10 Jahre verlässliche politische Wegbegleitung und Zusammenarbeit, in denen Sie viele wertvolle Impulse für unser Land gegeben haben. Bei Ihrer wichtigen neuen Aufgabe in der Diakonie wünsche ich Ihnen viel Erfolg."

Dienstsitz ist die Außenstelle des Kirchenamtes (Sitz: Kiel) der Nordkirche in Schwerin, Münzstraße 8-10. Bis zum Landtag sind es 850 m, bis zum Ministerium für Bildung, Wissenschaft und Kultur 400 m und bis zum Justizministerium ist es nur um die Ecke, 160 m.

Kraft seines Amtes ist der evangelische Regierungsbeauftragte Mitglied im Kuratorium der Landeszentrale für politische Bildung, Mitglied des Landeskulturrates, und als Vertreter der Kirchen, Mitglied im Landesvorstand des Volksbund Deutsche Kriegsgräberfürsorge.

□ *Markus Wiechert:* Theologe (Jg. 1968), seit 1999 Pastor in Wismar, Kirchengemeinde St. Nikolai-Heiligen-Geist.

In dieser Funktion hatte er bereits Kontakt zur Wissenschaft, denn in 'seiner' Kirche wurden die Erstsemesterstudenten im Wintersemester 2007 in einer „Feierlichen Immatrikulation" von ihm als 'Hausherrn' begrüßt. Dieses traditionelle Zeremoniell findet immer in einer der Kirchen Wismars statt. Die Hochschule Wismar hat die Ausbildungsbereiche Technik, Wirtschaft und Gestaltung. Wieso also die Immatrikulationsfeier in einer Kirche?

Anlässlich der Amtseinführung von Pastor, nun Kirchenrat Markus Wiechert, (am 23.9.2009) ist das Regierungsportal des Landes voll des Lobes. „Ministerpräsident Erwin Sellering hat anlässlich der Einführung von Kirchenrat Markus Wiechert in das Amt des gemeinsamen Regierungsbeauftragten der beiden evangelischen Kirchen in Mecklenburg-Vorpommern das Verhältnis zwischen Land und Kirchen als 'stabil und kooperativ' gewürdigt: 'Es verträgt auch Meinungsunterschiede und vor allem respektiert es den jeweiligen Partner und seinen Auftrag. Im politischen Raum sind die Kirchen anerkannter, manchmal auch unbequemer, aber am Ende doch selbstverständlicher Partner.' Er sagte den Kirchen weiter eine 'faire, offene und partnerschaftliche Zusammenarbeit' zu."

Aber es geht auch mit harten Bandagen, wenn die Politik einmal nicht so will wie die Kirchen. Man droht wegen der neuen Regelung zur Ladenöffnung an Sonntagen eine Klage an, auf die man dann, nach erfolgreichem Lobbyismus, „verzichtet".

Eine besondere Erfindung von Kirchen und Bildungsministerium in Mecklenburg-Vorpommern ist das Programm TEO (Tage Ethischer Orientierung), was nicht nur zufällig dem Begriff Theologie nahe ist. Dazu heißt es in einer Selbstdarstellung: „... über Lebens- und Sinnfragen im Zusammenhang jüdisch-christlicher Traditionen unserer Kultur nachzudenken". So kann man Neu-Evangelisierung auch beschreiben.

In der Amtszeit von Hans-Robert Metelmann, 2002 bis 2006 parteiloser Kultusminister des Landes, kam die AG TEO richtig in Schwung. Warum? Metelmann war 1995 bis 2007 Mitglied der Synode der Pommerschen Evangelischen Kirche und Mitglied der Kirchenleitung.

Diese AG TEO veranstaltet auch Tagungen für kirchliche Mitarbeiter, so beispielsweise (Januar 2012) die Tagung „Salz der Erde!? – Ich als Christin, ich als Christ in meiner Gemeinde für unser Land." Untertitel: „Christliche Verantwortung für die Demokratie". Gefördert aus den Steuergeldern des Bundesprogramms „Zusammenhalt durch Teilhabe".

Auf dieser Tagung spricht auch die bereits genannte Justizministerin des Landes, Uta-Maria Kuder, ein Grußwort, in dem sie darlegt, dass ohne die Kirchen die Demokratie verkümmern würde. Ohne das 'Salz der Kirche' wäre Demokratie wie eine „fade Suppe".

Auch Kirchenrat Markus Wiechert hat sich in der Gewürzabteilung umgesehen und spricht ein langes Grußwort: „Was fade, lebensfeindlich und angepasst ist, wird durch das Salz verwandelt. Ihr habt Würze, sagt Jesus, die das Leben braucht, um genießbar zu werden. Und dabei sollen wir als Christen Salz der Erde sein. Es nicht vom Salz in der Gemeinde der Christen, nicht vom Salz für die Kirche, sondern vom Salz der Erde für alle die Rede. Das passt nicht zusammen mit dem Satz mancher Politiker, die meinen: Religion und der Christliche Glaube sei Privatsache. Dass es nicht stimmt, wissen all jene, die 1989 miterlebt haben, welche Kraft von den Friedensgebeten in unseren Kirchen ausgegangen ist. Und welche Bedeutung sie hatten für unseren Weg in die Demokratie." – „Die Kraft der Friedensgebete in unseren Kirchen"? Auch das ist eine lobbyistische Legende – oder etwa eine magische Beschwörung?

Wenn sich die „Kirchenministerin" und der „Politikbeauftragte" so einig sind, dann sind auch strukturelle Veränderungen im kirchlichen Bereich, wie die Bildung einer Nordkirche, kein Problem: „Staat und Kirche bleiben sich nah." Und Bundespräsident Gauck sowie Ministerpräsident Sellering nehmen am Gründungsgottesdienst Pfingstsonntag 2012 teil.

Ministerpräsident Sellering sieht es (Anfang Mai 2012) zudem bei dem jährlichen Treffen von Kirchenleitung und Landesregierung, als sehr positiv, das sich mit der Nordkirche eine „stärkere Stimme" bilden würde. Und der Landesbischof kann sich gut vorstellen, dass die Kirche wieder zur „aktivierten alten Dorfmitte" werden kann – nicht aus eigener Kraft, sondern mit staatlicher Förderung: „Die Einladung des Landes, bei diesem Modellprojekt und der geplanten Festlegung einer Landesstrategie aktiv mitzuwirken, stieß bei den Kirchenvertretern auf großes Interesse. 'Für uns ist vorstellbar, dass die neue Dorfmitte die aktivierte alte Dorfmitte, nämlich die Kirche sein kann', sagte Bischof Dr. Hans-Jürgen Abromeit."

Bei einer solchen Ministerin als Kirchenaktivistin kann sich der evangelische Regierungsbeauftragte doch recht häufig mit seiner katholischen Kollegin auch zum Doppelkopfspielen verabreden. Anlässlich ihrer Amtseinführung hieß es: „Kirchenrat Markus Wiechert, Regierungsbeauftragter der Evangelischen Kirche, überbrachte Glückwünsche der Nordkirche. Neben den Politikfeldern, die beide Regierungsbeauftragten zukünftig bearbeiten werden, lud er die Kartenfreundin Schophuis zu einer Partie Doppelkopf ein."

Das *Katholische Büro Schwerin* vertritt die Interessen von gleich zwei Erzbischöfen (Hamburg und Berlin). Sitz ist Lankower Straße 14-16, im Verwaltungstrakt des Bischöflichen Amtes am Norduferder des Lankower Sees, wo auch weitere Einrichtungen der katholischen Kirche ihre Büros haben (Caritas, Archiv, Rundfunkreferat etc.). Zum Landtag sind es 4,1 km, zur Staatskanzlei 3,8 km und zum Justizministerium 3,7 km. Diaspora in der Diaspora. Aber auf katholischem 'Gelände'.

Offizielle Bezeichnung: „Ständige Beauftragte der Erzbischöfe von Berlin und Hamburg am Sitz der Landesregierung Mecklenburg-Vorpommern, Leiterin des Katholischen Büros Schwerin und Leiterin des Erzbischöflichen Amts Schwerin".

□ *Claudia Schophuis:* Theologin (Jg. 1965). Seit 2007 Referentin in der Pastoralen Dienststelle des Erzbistums Hamburg (Fachbereich „Frauen und Männer"). 2011 Geschäftsführerin für die Seligsprechung der Lübecker Märtyrer und seit 2012 Projektleiterin für einen bistumsweiten Dialogprozess.

Anlässlich der Andacht in der Schweriner Propsteikirche St. Anna (am 23.1.2014) zur Amtseinführung als neue landespolitische Vertreterin der katholischen Kirche in Mecklenburg-Vorpommern übermittelte die Justizministerin des Landes ein Grußwort: „Die Kirchen seien eine wichtige Säule in der Zivilgesellschaft des Landes. Das Land wolle und könne nicht auf das Engagement der Kirche verzichten. Die Kirchentüren müssten den Menschen weiterhin offen stehen, auch in den kleinen Dörfern. Kirche müsse in solidarischen Gemeinschaften erfahrbar bleiben."

### 3.5.3. Schleswig-Holstein / Kiel

2011 hat Schleswig-Holstein noch eine knappe Mehrheit (51,4 %) evangelischer Kirchenmitglieder, die Katholiken (6 %) sind wie überall im evangelischen Norden Deutschlands auch hier in der Minderheit.

Für die christlichen Kirchen gibt es in Schleswig-Holstein seit einiger Zeit auch in Kernthemen (Bildung, Finanzen, Sonntagsschutz) etwas im politischen 'Alltagsgeschäft' zu tun.

In den Koalitionsvereinbarungen der „Dänenampel" aus SPD, Grünen und SSW (2012) war vereinbart worden, dass der Religionsunterricht vom Bekenntnis gelöst und in Kooperation mit den Religionsgemeinschaften konfessionsübergreifend gestaltet werden solle. Während die evangelische Nordkirche das eher gelassen sieht, es besteht ja ein „Hamburger Modell" – Religionsunterricht in kirchlicher Verantwortung mit deutlich interreligiösen Charakter, der ausschließlich von evangelischen Religionslehrern unterrichtet wird und nicht den Bestimmungen des Grundgesetzes entspricht – ist für die katholische Kirche, nach den Artikelüberschriften regionaler Medien, der „Glaubenskampf" ausgebrochen. Die Leiterin des Katholischen Büros fordert für katholische Kinder einen „Minderheitenschutz" in der nördlichen Diaspora, denn die Glaubensbildung brauche „das Fundament eines Glaubens". (Von den 13.100 Schülern der Oberstufe, die am Religionsunterricht teilnehmen, sind nur 660 katholisch.)

Härter wird es dann, wenn es ums Geld geht. Der Landesrechnungshof Schleswig-Holstein hatte bereits in seinem Jahresbericht 2007 angemerkt, dass es nicht ginge, dass die Staatsleistungen an die Kirchen kontinuierlich steigen, die Mitgliederzahlen sich aber stetig verringern würden. Es geschah nichts. Also wiederholte der Landesrechnungshof seine Kritik 2010 und kam damit auch in die Diskussion um Einsparungen im Landeshaushalt. Während u. a. das Landesblindengeld um 50 Prozent gekürzt wurde, beharrte die Nordkirche darauf, dass sie zur Staatsverschuldung nichts beigetragen habe, also auch für den Schuldenabbau nicht zuständig sei. Dann gab die Kirche sich etwas nachgiebiger und bot eine einmalige Zahlung als Ausgleich an. Die Zurückhaltung der Politik hat sich 2014 insoweit geändert, dass neben der FDP, die mit ihrem Landesvorsitzenden Kubicki bereits an dieser Frage 'dran' war, nun Unterstützung von der Landtagsfraktion der Piraten kam. Im Januar 2014 stellten beide Fraktionen Anträge zu „Auftrag des Grundgesetzes erfüllen" (FDP) und „Staatsleistungen an die Kirchen ablösen" (Piraten).

Die Stellungnahme des Katholischen Büros zeigt sich eingangs verwundert, dass fünf Jahre nach Abschluss des Konkordats diese Finanzregelung in Frage gestellt werde. Man verweist dann auf Art. 140 GG und auf das Konkordat von 2009, in dem vereinbart worden sei, dass für alle Änderungen die Zustimmung der katholischen Kirche erforderlich sei. Zudem seien die Staatsleistungen „wiederkehrende Leistungspflichten, deren Ende nicht terminiert sei".

Das seit 1919 der Verfassungsauftrag zur Beendigung dieser „Leistungspflichten" besteht, ist anscheinend auch hier ohne Interesse. Bevorzugt wird das Modell „Ewigkeitsrente".

Neben diesen großen Themen sind Verhandlungen über die Sonntagsöffnungszeiten in der Bäderverordnung kein Kleinkram, wie man es vielleicht annehmen könnte. So meldete das Wirtschaftsministerium von Schleswig-Holstein: „Nach einem dreieinhalbjährigen, konfliktreichen Verhandlungsmarathon sind die Verhandlungen über die neue Bäderverordnung abgeschlossen." Die Kirchenvertreter erklärten, ihren gemeinsamen Normenkontrollantrag gegen die bestehende Bäderverordnung beim Oberverwaltungsgericht in Schleswig zurücknehmen zu wollen. Konnten die Geschäfte früher vom 15. Dezember bis 31. Oktober sonntags geöffnet haben, so ist es jetzt nur noch vom 17. Dezember bis 8. Januar und vom 15. März bis 31. Oktober erlaubt – in einem Zeitfenster von 11 bis 19 Uhr.

*Evangelisches Büro.* Der Landeskirchliche Beauftragte der Evangelischen Nordkirche beim Land Schleswig-Holstein hat seinen Dienstsitz im Landeskirchenamt (LKA), Dänische Straße 21-35 in Kiel. Bis zum Landtag, immer an der Förde entlang, sind es 1,6 km.

Bis Januar 2010 war Oberkirchenrat Kurt Triebel der Beauftragte, von Februar 2010 bis Januar 2015 nahm der seinerzeitige Bischofsbevollmächtigte und jetzige Bischof im Sprengel Schleswig und Holstein, Gothart Magaard, diese Aufgabe war, seit Februar 2015 ist es die Pastorin Claudia Bruweleit.

☐ *Kurt Triebel:* Theologe (Jg. 1945), absolvierte nach seiner Lehre als Großhandelskaufmann ab 1969 ein Theologiestudium. Anlässlich seiner Verabschiedung (Mitte Januar 2010) würdigte der Bevollmächtigte der EKD bei der Bundesrepublik Deutschland, Prälat Felmberg, das vielseitige Wirken von Triebel: „'Kirche am anderen Ort' ist heute mein Thema, und natürlich ist es – mit Blick auf Ihre Biografie – vor allem das Ihre: Kirchentag und Erwachsenenbildung, Militärseelsorge und Kirchlicher Dienst in der Arbeitswelt, Familienberatung und Evangelische Bordseelsorge und nicht zuletzt Ihr Amt als landeskirchlicher Beauftragter: Alle Ihre beruflichen Schwerpunkte und Stationen machen Sie zu einem Experten von kirchlicher Arbeit an ungewöhnlichen, 'anderen' Orten."

Kurz vor seiner Verabschiedung hatte er wohl eine seiner schwierigsten Aufgaben zu lösen. Er musste den ungeliebten Fusionsvertrag für die Bildung der evangelischen Nordkirche verteidigen, insbesondere die Vereinbarung, das Schwerin der Sitz des Landesbischofs wird. Nicht nur die Mitarbeitervertretung der Nordelbischen Kirche lehnte den Fusionsvertrag komplett ab, auch Ministerpräsident Peter Harry Carstensen (CDU) plädierte öffentlich „persönlich und als Protestant" für Lübeck als Sitz des zukünftigen Landesbischofs. Damit war der landeskirchliche Beauftragte bei der Landesregierung gefordert, der den Ministerpräsidenten klar in die Schranken verwies: „Nach evangelischem Verständnis wird eine Kirche nicht durch Sitz und Person des Bischofs bestimmt." Ein Bischof sei letztlich ein Pastor mit besonderen Aufgaben „und nicht mehr".

Nach seiner Pensionierung war er wieder an 'anderen Orten' und widmete sich einem besonderen Privileg für Pastoren: die kostenlose Reise als Bordseelsorger (Kategorie: Künstler, aber: „Entertainer mit Tiefgang") auf Kreuzfahrtschiffen. Er leitete bis Ende 2013 die Bordseelsorge bei der *Evangelischen Auslandsberatung e.V.*, die dann allerdings ab Januar 2014 vom Kirchenamt der EKD in Hannover übernommen wurde.

☐ *Gothart Magaard / Claudia Bruweleit:* Magaard, Theologe (geb. 1955 in Flensburg), seit 2010 Landeskirchlicher Beauftragter, wird im April 2014 zum Bischof im Sprengel Schleswig und Holstein gewählt. Die Suche nach einem Nachfolger will nicht fruchten und so muss Magaard die Funktion weiterhin wahrnehmen.

Im Oktober 2014 fügte es sich dann doch. Der Oberkirchenrat und Dezernent für Theologie und Publizistik im Nordelbischen Kirchenamt, Heiko Naß, wurde in sein neues Amt als Leiter/Landespastor des Diakonischen Werks eingeführt, und seine Ehefrau, Claudia Bruweleit, bisher Pastorin einer Kirchengemeinde, wurde ab Februar 2015 zur neuen Landesbeauftragten gewählt. Also eine kirchenpolitisch-diakonische lobbyistische 'Doppelspitze' aus einem Haus.

*Katholisches Büro Schleswig-Holstein.* Sitz: Krusenrotter Weg 37 im Süden von Kiel, im Dienstgebäude des Erzbischöflichen Amtes Kiel. Bis zum Landtag sind es 4,4 km, zur Staatskanzlei 4,7 km und zum Kultusministerium 3,4 km.

Gesellschaftlich gut verankert, sitzt das Katholische Büro u. a. nicht nur im Umweltbeirat der Müllverbrennungsanlage in Kiel sondern ist auch Mitglied der Härtefallkommission (für Fragen des Aufenthaltsrechts) beim Innenministerium.

☐ *Beate Bäumer:* Juristin und Journalistin (Jg. 1972), Jura-Studium in Potsdam, Durkam/GB und Passau, Rundfunkvolontariat, ist seit 2001 die für Schleswig-Holstein zuständige Redakteurin der Stabsstelle Medien des Erzbistums Hamburg. Seit 2011 Leiterin des katholischen Büros in Kiel.

Ihre Berufserfahrungen als Medienfrau zeigen sich u. a. auch in der Serie des NDR 2 *Moment mal*: „Erfahrungen des menschlichen Alltags, aus dem Glauben gedeutet – Eine Reihe zum kurzen Innehalten im schnellen Lauf der Zeit". Für die Katholische Kirche ist sie, neben dem Sekretär der Deutschen Bischofskonferenz, dem Jesuiten Hans Langendörfer, Mitglied im ZDF-Fernsehrat.

## 3.5.4. Hamburg

Nachdem der Große Brand (1842) weite Teile der Altstadt in Schutt und Asche verwandelt hatte, wurde der Wiederaufbau der Stadt 1905 mit der Eröffnung des (noch heute stehenden) Rathauses abgeschlossen. Im großen Kaisersaal wurde in zeitgemäßen Wandgemälden die Geschichte Hamburgs dargestellt, als Mittelbild der Deckenbemalung die Gründung Hamburgs, symbolisiert durch einen knienden Knaben, der von einem Bischof gesegnet wird. Als die Ratsherren das Bild sahen, waren sie zutiefst empört: „Ein Hamburger kniet vor niemanden, auch nicht vor der Kirche!" Der Knabe musste übermalt werden und seitdem steht der segnende Bischof irgendwie zwecklos in der Landschaft.

Nach der Reformation und der Bugenhagenschen Kirchenreform in Hamburg gab es auch einen Superintendenten, nach dessen Tod (1593) übernahm der Rat diese Aufsichtsfunktion. Die lutherische Kirche war mit ihrer Intoleranz gegenüber anderen Religionen (und wohlhabenden Zuwanderern) ein Hemmnis für die weltoffenen Handelsbeziehungen der Stadt. Wirtschaftliche und politische Interessen sind in Hamburg seit jeher deckungsgleich. Deshalb hat Bürgermeister Olaf Scholz auch kein Problem im März 2015 in Hamburg einen Kongress „radikaler Christen" zu begrüßen: „Gerade hat einer der Organisatoren das Eröffnungsgebet gesprochen. Jetzt betritt Olaf Scholz (SPD) die Bühne. 'Herzlich Willkommen in Hamburg', sagt der Bürgermeister, 'ich finde die Stadt der ehrbaren Kaufleute an der Wasserkante ist genau der richtige Ort für den diesjährigen Kongress christlicher Führungskräfte.'" Das hat aber Grenzen.

Im Vorfeld der Errichtung des katholischen Erzbistums Hamburg (im Januar 1995) wurde auch beim Senat eruiert, wie es denn mit einem staatlichen Zuschuss aussehen würde. Dazu soll, wie es heißt, der damalige Erste Bürgermeister, Dr. Henning Voscherau (SPD), gesagt haben: „Hamburg hat seit 800 Jahren noch niemals freiwillig Geld an Dritte gegeben. Und das soll so bleiben."

Das änderte sich dann aber bald, unter dem CDU-Bürgermeister (Carl-Friedrich Arp) Ole (Freiherr) von Beust. Als Ole von Beust noch CDU-Fraktionschef war, saß man bereits gemütlich zusammen, so wie beim traditionellen Advents-Empfang des Jahres 2000: „In besinnlicher Atmosphäre wünschte man sich eine schöne Weihnachtszeit, knabberte Plätzchen und trank ein Glas Rotwein. Hamburgs Bischöfin Maria Jepsen bat am Donnerstagabend zum traditionellen Advents-Empfang in die Hauptkirche St. Katharinen. Mehr als 500 Gäste aus Kirche, Kultur, Politik, Militär und Wirtschaft standen geduldig Schlange, um von der Bischöfin und ihrem Mann Peter Jepsen und Dr. Elisabeth Chowaniec, Beauftragte der Nordelbischen Kirche bei Senat und Bürgerschaft, begrüßt zu werden."

In den Kirchenbänken lauschten unter anderen die Vize-Präsidenten der Bürgerschaft Berndt Röder und Sonja Deuter, CDU-Fraktionschef Ole von Beust, Standortkommandant Peter Monte, Schauspieler Manfred Steffen, Polizei-Präsident Dr. Justus Woydt, Universitäts-Präsident Dr. Jürgen Lüthje sowie Robert Wenger, Doyen des Hamburger Konsularkorps."

*Evangelische Beauftragte* sind – wie alle Lobbyisten – gut vernetzt. Als Beispiel seien einige der Mitgliedschaften für die „Landeskirchliche Beauftragte für das Land Hamburg" skizziert.

◻ *Oberkirchenrätin Dr. Elisabeth Chowaniec*: Juristin (Jg. 1954). Sie ist neben dieser Funktion auch noch: Mitglied des Vorstands des Landesschulbeirates Hamburg / Mitglied der fünfköpfigen unabhängigen Diätenkommission der Hamburger Bürgerschaft zur Angemessenheit der Höhe der Abgeordnetenentgelte im Jahr 2008 und im Jahr 2011 / Deputierte der Behörde für Soziales, Familie, Gesundheit und Verbraucherschutz – für die SPD / Mitglied der EKD-Kammer für Migration und Integration / Mitglied im Stiftungsrat der Deutschen AIDS-Stiftung (neben Bundesgesundheitsminister Gröhe, der Ministerin für Gesundheit, Emanzipation, Pflege und Alter des Landes NRW Barbara Steffens u. a. m. / Mitglied des Kuratoriums der *Frauen Sinnstiftung* der Diakonie für allein erziehende Frauen / Mitglied der Geschäftsführung des Kita-KGV, Kirchenkreis Hamburg-Ost / Mitglied des Beirats der Elbinselschule, Hamburg-Wilhelmsburg / Mitglied des Hamburger Integrationsbeirat.

Dienstsitz ist im „Ökumenischen Forum", Shanghaiallee 12 in Hamburg, in der neuen Hafen-City. Zum Rathaus sind es 1,4 km quer durch Hafen und Stadt.

Man kennt sich, insbesondere aus den Entscheidungen der unabhängigen Diätenkommission, in die Frau Chowaniec bereits zweimal berufen wurde. Wenn es ums Geld geht, fängt bei manchen Leuten bekanntlich die Freundschaft an.

2005, bei den Verhandlungen zum Staat-Kirche-Vertrag Hamburgs, war Oberkirchenrätin Elisabeth Chowaniec die Verhandlungsführerin auf der Seite der evangelischen Kirche. Dieser Staat-Kirche-Vertrag ist der erste Vertrag seiner Art seit der Gründung Hamburgs im Jahre 810.

Nach der Bürgerschaftswahl 2001 verliert die CDU und wird mit 26,2 Prozent der Stimmen zweitstärkste Fraktion. Sie kann aber mit der Partei des 'Rechtspopulisten' Ronald Schill, die überraschend 19,4 Prozent erhielt, und der FDP (5,1 Prozent) die Regierung bilden. Nun waren die Zeiten für Verhandlungen gekommen, denn aus evangelischer Sicht ist Hamburg „bundesrepublikanisches Schlusslicht", d. h. das einzige Bundesland ohne einen evangelischen Kirchenvertrag. Die Verhandlungen begannen und endeten, erst einmal, recht abrupt im Frühjahr 2003, nachdem Senator Schill auf das Deckengemälde und die Hamburger Tradition verwiesen hatte: Jeder Vertrag sei eine Unterwerfung. Die Kirche hielt dagegen, dass von „Niederknien" nie die Rede gewesen sei. Das Erzbistum pflichtete bei und merkte an, dass die Zeiten, als man die Dinge noch per Handschlag regelte, wohl vorbei seien. Damit zeigte sie, dass sie mit Hamburger Gepflogenheiten nicht vertraut ist.

Bei der Bürgerschaftswahl am 29. Februar 2004 verliert die SPD zwar nur etwas, aber die Schillpartei verliert so gut wie alles und die CDU erzielt mit einem spektakulären Plus von 21 Prozentpunkten die absolute Mehrheit der Mandate. Bürgermeister Ole von Beust hat also völlig freie Hand in der Senatsbildung und ernennt die fraktionslose Kulturpolitikerin Karin Freifrau von Welck zur Kultursenatorin. Sie ist allerdings nicht – wie kolportiert wird – 'religionslos'. Die Nähe zur Kirche zeigt sich u. a. darin, dass sie während der Ausübung dieses Staatsamtes, seit 2007, Mitglied des Präsidiumsvorstandes des Deutschen Evangelischen Kirchentages ist und danach (2009) Präsidentin des 32. Kirchentages in Bremen.

Der Evangelische Arbeitskreis der CDU (EAK) sieht endlich 'die Morgenröte' der absoluten Mehrheit und setzt alles daran, den, wie es heißt, im Grunde unpolitischen Regierungschef Ole von Beust, auf die 'religiöse Spur' zu bringen, um die christlichen Pfründe in Hamburg zu sichern.

Im Herbst 2004 kommt das Thema Kirchenvertrag – auf Antrag der SPD, auch Frau Oberkirchenrätin Chowaniec 'reist' ja auf dem SPD-Ticket durch Hamburg – wieder auf die Tagesordnung. Es schien alles gut zu laufen, auch wenn die Kirche dabei war, den Bogen zu 'überspannen', indem sie forderte, dass die Stadt alle Kosten der kirchlichen Kitas übernehmen solle. Und es gelang ihnen der „Einstieg in den Ausstieg", d. h. die Beendigung der kirchlichen Mitfinanzierung der kirchlichen Kindertagesstätten. Konkret ging es um ein Volumen von fünf Millionen Euro jährlich.

Die Hamburger Politiker hatten kein Problem damit, dass sie – durch die Kostenübernahme und die dadurch frei werdenden Mittel – die verstärkten Missionierungsabsichten der Kirche finanzierten. Am 6. Juli 2006 wurde der Vertrag unterzeichnet.

Dann geht es weiter so, wie es seit den jahrelangen intensiven Kontakten anscheinend üblich geworden ist.

Die Staatsnähe/Parteinähe der Oberkirchenrätin Chowaniec wird auch 2012 deutlich, als Kirche und Diakonie dem Sparprogramm des Sparpaketes des Hamburger Senats im Kinder- und Jugendbereich äußerst kritisch gegenüberstehen, Frau Chowaniec aber in der Finanzdeputation zustimmt.

2013, auf dem Evangelischen Kirchentag in Hamburg, sitzt Oberkirchenrätin Chowaniec im Lenkungsausschuss, und bei der Podiumsdiskussion zum Thema „Demokratie heißt, einander vertrauen – der Kirchentag stellt die Vertrauensfrage" spielt sie die Anwältin des Publikums.

Auf dem Hamburger Handelskongress (im Juni) 2014, der unter der Frage steht „Wie verändern digitale Geschäftsmodelle Einzelhandel und Innenstädte?" sitzen auf dem Podium zur Frage: „Lebendige Innenstädte 2020" unter den fünf Diskutanten auch zwei Kirchenvertreter. Was die Kirchenvertreter – denen die Mitglieder abhanden kommen und deren Kirchen kaum noch regelmäßige Gottesdienstbesucher haben, auch in den Innenstädten – dazu qualifiziert, an einer solchen Diskussion teilzunehmen, wird nicht erläutert.

Was soll man aber anderes erwarten, wenn SPD und Kirchen in den Schulterschluss gehen, so wie bei der Eröffnung des Ökumenischen Forums, als der neue Bürgermeister Olaf Scholz (SPD) dem Gebäude „jede Menge Leben" wünschte.

*Katholisches Büro Hamburg.* Nach der Errichtung des Erzbistums Hamburg am 7. Januar 1995 wurde im Sommer 1996 mit dem Aufbau des Katholischen Büros Hamburg begonnen, als Abteilung des Erzbischöflichen Generalvikariats. Ein genaues Errichtungsdatum gibt es hierfür nicht. Der erste Beauftragte war Christof Ungerath (bis Ende 1996). Ihm folgte der Diakon Peter Laschinski nach (1997 bis 2010). Mit dem Konkordat vom 29. November 2005 (Art. 4) hat das Katholische Büro eine gesetzliche Grundlage erhalten. Sitz: Am Mariendom 4, einem 'katholischen Areal' in Hamburg-St. Georg. Ruft man dort an, so meldet sich an erster Stelle der Diözesancaritasverband und dann erst das Katholische Büro.

□ *Stephan Dreyer:* (Jg. 1960), Studium der Theologie und Sozialwissenschaften, seit 2011 Leiter des Büros. Zunächst Pastoralreferent in Hamburg-Ochsenzoll, 1996 bis 2009 Referent des Hamburger Weihbischofs

Hans-Jochen Jaschke, 2005 bis 2013 Geschäftsführer des Ökumenischen Forums HafenCity. Seit dem 1. Juni 2014 – neben der Leitung des Katholischen Büros – Diözesancaritasdirektor im Erzbistum Hamburg.

### 3.5.5. Bremen

Bremen ist das kleinste Bundesland, sowohl an Fläche wie Bevölkerungszahl, und man könnte meinen, dass dort sozusagen alles per 'Zuruf' erledigt wird.

Von 1995 bis 2005 war zudem mit Henning Scherf (SPD) ein Politiker Bürgermeister und Präsident des Senats der Freien und Hansestadt Bremen, der selber Stipendiat des Evangelischen Studienwerks Villigst war (und später, 2007-2011, dessen Kuratoriumsvorsitzender). Mehr Kirchennähe geht nicht, denn Scherf war in Personalunion auch der Senator für kirchliche Angelegenheiten: 2001 wurde in Bremen der Staatsvertrag mit der Evangelischen Kirche vereinbart, auf staatlicher Seite von Scherf unterschrieben, dessen liebstes Hobby es sei, im Bremer Rats-Chor zu singen. „Wir singen drei Konzerte: am Sonntag vor Weihnachten, am Heiligabend und dann noch Silvester."

2011 gibt es noch eine knappe Mehrheit von Christen im Bundesland (39,7 Prozent Evangelische und 12,2 Prozent Katholiken, sowie 48,1 „Sonstige").

Im Oktober 2007 drohte ein medialer Sturm. Das neue Landesfunkhaus sollte mit einem Ökumenischen Gottesdienst feierlich eröffnet werden, wie es hieß, auf Wunsch der Kirchen: „Bischof weiht das Funkhaus." Große Teile der Öffentlichkeit waren empört, der Personalrat des Senders schloss sich der Kritik an und auch Mitglieder des Rundfunkrates stemmten sich dagegen, drohten mit einer Sondersitzung. Hermann Kuhn (MdBB, Rundfunkratsmitglied) sah die Neutralität des Senders gefährdet: „Das Funkhaus von Radio Bremen ist keine Kirche, Radio Bremen ist kein christlicher Sender", hieß es in einem Offenen Brief an den Intendanten. Auch die Vertreter der Bremer Lehrerschaft im Rundfunkrat schrieben einen Offenen Brief.

Dass der Intendant von Radio Bremen, Heinz Glässgen, sich dem Wunsch der Kirchen nicht verweigert hatte, erklärt sich auch aus seiner Biographie. Nach dem Studium (u. a. Theologie) wird er 1971 Fernsehbeauftragter und Leiter der Fachstelle Medienarbeit der katholischen Diözese Rottenburg-Stuttgart. Über die Stationen des stellvertretenden Vorsitzenden des SDR-Rundfunkrats und ab 1990 des Leiters der Hauptabteilung Kultur des NDR wird er 1995 stellvertretender Fernseh-Programmdirektor des NDR und ist dann seit Oktober 1999 (bis 2009) Intendant von Radio Bremen.

Die Gewerkschaft ver.di titelte: „'Radio Vatikan' an der Weser?" und das katholische Domradio konstatierte „Der Streit um einen Gottesdienst bei Radio Bremen spitzt sich zu". Die Bremer CDU wiederum hielt es für besorgniserregend, wenn sich der Sender dafür rechtfertigen müsse, „dass er christlichen Grundwerten offen gegenüber steht, auf die sogar im Grundgesetz verwiesen wird". Die Diözese Osnabrück bestätigte, dass der Gottesdienst im Funkhaus stattfinden solle, nur das mit dem Weihwasser sei noch nicht geklärt.

Eine derartige Segnung wäre äußerst ungewöhnlich gewesen, sogar die Eröffnung der Sendezentrale des als katholisch geltenden ZDF war eine kirchenfreie Veranstaltung gewesen. Schließlich machte die Kirche einen Rückzieher. Der Gottesdienst wurde aus der benachbarten evangelischen St. Stephani-Kirche übertragen.

Dass es sich bei den Protesten vorrangig um Kritik gegen den autoritären und kommunikationslosen Führungsstils des Intendanten handelte, war in dem Augenblick vergessen, als Religionsfragen, wie ein Brandbeschleuniger, die Debatte anheizten.

Es kam auch nicht wieder vor. Die evangelische Kirche (im Schulterschluss mit den kleineren katholischen Gemeinden) ist jedoch selbstverständlicher Akteur im Bremer öffentlichen Geschehen.

Die Kirche versucht ja, am 'Puls der Zeit' zu sein, die Menschen zu suchen und wenn sie schon nicht in der Kirche zu finden sind, dann geht man in die Fußballstadien. Unter der Moderation von Pastorin Querfurth diskutieren im Sommer 2012 – anlässlich des Beginns der Fußball-Europameisterschaft – Willi Lemke (Aufsichtsratsvorsitzender von Werder Bremen) und Hermann Queckenstedt (Leiter des Diözesanmuseums Osnabrück) im kirchlichen Informationszentrum „K8" über Gemeinsamkeiten von Fußball und Religion. Willi Lemke kann, als evangelischer Christ, generell mit Gebeten zum „Fußballgott" nichts anfangen. Der Katholik Queckenstedt sieht es pragmatischer: „Ähnlich wie Wallfahrer 'pilgern' die Fans zum Stadion. Der Stadionsprecher nennt die Vornamen der Spieler, das Publikum skandiert die Nachnamen – was an die Wechselgesänge im Gottesdienst erinnert. Einige Spieler berühren den Fußballrasen und bekreuzigen sich. Es gibt durchaus Parallelen zwischen Kirche und Stadion."

2009, wie alljährlich, gibt es die gemeinsame Einladung des Katholischen Büros Bremen und des Kirchenausschuss der Bremischen Evangelischen Kirche an die Lehrerinnen und Lehrer, die im Land Bremen Biblischen Geschichtsunterricht/Religionskunde bzw. Katholischen Religionsunterricht erteilen, die Schulleiterinnen und Schulleiter sowie an die Pastorinnen und Pastoren, Pastoralassistentinnen und Pastoralassistenten, die Diakoninnen und Diakone und die Gemeindereferentinnen und Gemeindereferenten zu einem „Abend der Begegnung bei Wein und Brezeln" – als Dank für ihr religionspädagogisches Engagement. Anwesend ist auch die zuständige Senatorin für Bildung und Wissenschaft, Renate Jürgen-Pieper (SPD).

*Evangelisches Büro.* Von der evangelischen Kirchenkanzlei (Franziuseck 2) ist es nur ein kurzer Weg (600 m) über die Wilhelm-Kaisen-Brücke bis zur Senatskanzlei im Rathaus (Am Markt 21). Dieses Rathaus steht direkt zwischen der evangelischen Kirche „Unser Lieben Frauen" auf der einen Seite und dem Areal des St. Petri-Doms auf der anderen Seite. Zudem ist „Kapitel 8" (das City-Informationszentrum der Evangelischen Kirche im Kapitelhaus in der Domsheide 8) hinter dem Dom, nur 160 m von der Senatskanzlei entfernt.

☐ *Jürgen Moroff*: Pastor (Jg. 1944), war von 1992 bis 2004 „Beauftragter des Kirchenausschusses der Bremischen Evangelischen Kirche bei der Bremer Bürgerschaft und den senatorischen Behörden". Er hat die Situation in Bremen beschrieben, die sich deutlich von anderen Bundesländern unterscheidet: „In Bremen hingegen ist [im Unterschied zu anderen Bundesländern, C.F.] der Dialog nicht institutionalisiert in dem Sinne, dass er automatisch wäre. Eingeführt wurden nicht-institutionalisierte Gespräche 1990, die heute mindestens einmal jährlich als Gespräche mit dem Senat und den Fraktionen im Senat stattfinden. [...] Da die Dienststelle nur mit einer halben Stelle ausgestattet ist, werden viele Themen im direkten Kontakt der Fachreferenten geklärt. Die bremische Deputationsverfassung erfordert erhöhte Aufmerksamkeit der Kirche, da die Gesetzesvorbereitung zu großen Teilen von der Verwaltung wahrgenommen wird und deshalb keine parlamentarischen Anhörungen stattfinden."

☐ *Jeanette Querfurth*: Theologin (Jg. 1960). Im kirchlichen Informationszentrum „Kapitel 8" arbeitete sie bis Ende Juni 2014 als Leiterin, die (mit einem Anteil einer Viertelstelle) auch „Beauftragte der bremischen Kirche bei Bürgerschaft und Senat" war. Seit Juli 2014 ist sie (mit einer halben

Stelle) Rundfunkbeauftragte für Radio Bremen und (nun mit einer halben Stelle) weiterhin Beauftragte bei Bürgerschaft und Senat. Zudem ist sie Mitglied (als Vertreterin der Evangelischen Kirche) in der Bremischen Landesmedienanstalt.

Jeanette Querfurth hat mit ihren Medienbeiträgen schon früh auf sich aufmerksam gemacht. 1997 tauchte sie in einem Beitrag für das „Wort zum Sonntag" in kritischer Anspielung auf das geklonte Schaf „Dolly" gleichzeitig zweimal nebeneinander auf. Und ebenfalls produzierte sie als Rundfunkbeauftragte, zusammen mit ihrem Vorgänger Olaf Droste, den ersten kirchlichen Beitrag zur Schwulensegnung: „Carsten und Theo haben geheiratet". „'Am selben Abend bekam ich eine Flut hasserfüllter Anrufe', erinnert sich Jeannette Querfurth (55), die im Juli Nachfolgerin des scheidenden Rundfunkbeauftragten wird. Vor allem Fernsehzuschauer aus konservativ-kirchlichen Kreisen schrieben wutentbrannte Protestbriefe, warfen der Bremerin 'Irrlehre' vor und drohten, 'der Zorn Gottes' werde über die Pastorin kommen."

Zum Dezember 2012 organisiert Jeanette Querfurt im „K8" eine Ausstellung mit historischen Familienfotos zu Weihnachten, die unter das Motto von Opa Hoppenstedt aus Loriots Weihnachtssketch gestellt sind: „Früher war mehr Lametta".

Aber anscheinend findet ein gesellschaftlicher Wahrnehmungswandel statt, mit Konsequenzen – aufgrund von kirchlichen Themen, die mehr und mehr wahrgenommen werden und die im Herbst 2013 nicht mehr in das Ritual-Konzept passen. Pastorin Querfurth sieht Kirchenhass als „Volkssport" und „Trendsportart". „Die Kirchen reagierten darauf eher zurückhaltend, kritisierte die evangelische Theologin [...]. Sie sollten angesichts ihres Engagements in der Gesellschaft 'Duldungsstarre und vornehme Zurückhaltung' aufgeben und ihre Überzeugungen offensiver vertreten. Debatten um das kirchliche Arbeitsrecht, um Bischofssitze, Tanzverbote am Karfreitag, Staatsleistungen und Kirchensteuern spülten eine Menge Wut und Häme an die Oberfläche, zählte Querfurth auf. Kaum jemand verteidige die Kirchen: 'Wer es wagt, steht sehr schnell im eiskalten Wind boshafter Kommentare.' So kochten auf der einen Seite Wut und Spott hoch, auf der anderen Seite herrsche relative Ruhe. Den Kirchen gingen so Mitglieder, Ansehen und Glaubwürdigkeit verloren. Seien die Kirchen früher geachtete Gesprächspartner in Gesellschaft und Politik gewesen, würden sie inzwischen immer häufiger als moralische Bremsen und Spaßverderber wahrgenommen."

Egal, denn die Meinung in der Bevölkerung ist dem Bürgermeister Böhrnsen und den Kirchen sowieso 'schnuppe'. Dafür ein Beispiel.

Im September 2013 beauftragten die Abgeordneten der Bürgerschaft, mit der Mehrheit der rot-grünen Regierungskoalition, den Senat, das Bestattungsrecht zu novellieren und zu ermöglichen, dass Angehörige die Asche eines Verstorbenen in Zukunft für zwei Jahre zu Hause aufbewahren dürfen.

Nicht nur die Bremische evangelische Kirche und die katholische Kirche reagieren mit scharfer Kritik. Auch Bürgermeister Jens Böhrnsen (SPD) hält diese Idee „für gar nicht förderlich" und der grüne Umweltsenator Joachim Lohse, der aus einer Theologenfamilie stammt, ist sich mit seiner Fraktion auch nicht einig. Allerdings sind zwei Drittel der Bevölkerung dafür und in Bremen werden 80 Prozent der Verstorbenen eingeäschert.

Was wurde dann tatsächlich im Herbst 2014 beschlossen? Das Verstreuen der Totenasche auf Privatgrundstücken oder dafür genehmigten öffentlichen Flächen wird erlaubt, mehr nicht, aber Voraussetzung dafür ist eine schriftliche Verfügung des Verstorbenen über den Verstreuungsort, die Benennung einer Person für diese Totenfürsorge und der Verstorbene muss seinen Hauptwohnsitz in Bremen gehabt haben.

Der für Bremen nicht zuständige Landesbischof von Hannover, Ralf Meister, pocht weiterhin auf den Friedhofszwang, da Trauer eine öffentliche Angelegenheit sei und die Kirchen ihre Friedhöfe als „Naherholungsgebiete für die Seele pflegen": „'Wir sehen die Gesetzgebung in Bremen mit Sorge, weil sie eine Verdrängung von Tod und Trauer in die private Sphäre bedeuten kann', sagte Meister vor der Synode in Hannover. 'Wir hören auf den Friedhöfen die Stimmen der Toten', sagte der Bischof. 'So müssen wir die Friedhöfe als Naherholungsgebiete für die Seele pflegen.' Öffentliche Beerdigungen auf Friedhöfen hätten eine geistliche Dimension für die ganze Gesellschaft, denn dort setzten Menschen sich mit der Endlichkeit ihrer Existenz auseinander."

*Katholisches Büro Bremen.* Seit 1996 besteht in Bremen die Vertretung der Bistümer Osnabrück und Hildesheim bei der Bremer Landesregierung. Sitz ist Hohe Straße 8-9. Bis zur Bürgerschaft sind es 300 Meter und zur Senatskanzlei, die in Bremen für kirchliche Angelegenheiten zuständig ist, sind es 350 Meter.

Auch in Bremen – in der Diaspora – arbeitet das Katholische Büro mit der Evangelischen Kirche zusammen, nicht nur in der Ausrichtung des

Gottesdienstes zu Beginn einer neuen Sitzungsperiode der Bremischen Bürgerschaft.

Den jährlichen „Willehad-Empfang" (Willehad ist der erste katholische Bischof von Bremen, der 789 den ersten Dom weihte) gestaltet das Katholische Büro jedoch alleine – im Festsaal des Bremer Rathauses.

☐ *Probst Dr. Martin Schomaker:* Priester (Jg. 1963), Studium bei den Jesuiten in St. Georgen, in Petrópolis und Recife in Brasilien, 1988 Priesterweihe. Seit Oktober 2008 Leiter des Büros. Er ist sozusagen der 'oberste Katholik' in Bremen: Schomaker ist auch Propst, Pfarrer der Propsteigemeinde St. Johann, Dechant des Dekanats Bremen, Leiter des Katholischen Gemeindeverbandes in Bremen, Vorsitzender des Aufsichtsrates des Caritasverbandes Bremen und Dozent für Pastoraltheologie an der Philosophisch-Theologischen Hochschule Münster.

2011 heißt es: „Das Überseemuseum in Bremen zeigt ab dem 8. Oktober die Ausstellung 'Vodou – Kunst und Kult aus Haiti'. Zur Eröffnung am 8.10. um 16.30 Uhr diskutiert Schomaker mit der haitianischen Vodou-Priesterin Dr. Rachel Beauvoir-Dominique zum Thema 'Vodou und Katholizismus'."

Und wenn der Evangelische Arbeitskreis der CDU im November 2011 zum Diskussionsabend „Mehr Staat – weniger Kirche?" in den Kapitelsaal des St. Petri Doms einlädt, darf Propst Dr. Schomaker nicht fehlen.

Für spezielle Themen wird dann auch von der SPD passende Unterstützung geholt, so, wenn die frühere SPD-Bundesjustizministerin Prof. Dr. Herta Däubler-Gmelin im Mai 2014 auf dem „Forum Sterbehilfe", die Verwendung von Begriffen wie Sterbehilfe und Freitod als „Propagandabegriffe" kritisiert. „Viele sprechen lieber über Sterbehilfe als von Tötung auf Verlangen und von 'Freitod' statt von Selbsttötung."

### 3.5.6. Niedersachsen / Hannover

Niedersachsen ist, trotz Hannover, Wolfsburg und Salzgitter ein überwiegend ländliches Gebiet und das zeigt sich auch (2011) in den Mitgliederzahlen der beiden Kirchen: 48,5 Prozent der Bevölkerung sind evangelisch, 17,3 Prozent katholisch.

*Evangelische Geschäftsstelle.* Die Situation in Niedersachsen ist, auch für Deutschland, etwas ungewöhnlich, da sich auf dem Territorium des Bundeslandes Niedersachsen fünf eigenständige evangelische Landeskirchen befinden: die Landeskirche Hannover (2,8 Mio. Mitglieder), die Kirche in Oldenburg (440.000), die Landeskirche Braunschweig (370.000), die Reformierte Kirche (188.000) und die Landeskirche Schaumburg-Lippe (61.000 Mitglieder).

Das ist unpraktisch und so bildeten diese fünf unabhängigen Landeskirchen 1971, nach dem Vorläufer einer „Konferenz", eine „Konföderation evangelischer Kirchen in Niedersachsen", als gemeinsame Interessenvertretung.

Es besteht ein „Rat der Föderation" der leitenden Geistlichen der Landeskirchen, wobei der Leiter/die Leiterin der Geschäftsstelle der Konföderation u. a. die Aufgabe hat, die Verbindung zur Landesregierung, dem Landtag, den politischen Parteien und zu anderen gesellschaftlichen Gruppen herzustellen – als Beauftragter des Rates.

Diese Geschäftsstelle ist, abgesehen von der Nachkriegs-Sondersituation im Saarland, das erste Evangelische Büro in einem Bundesland, wobei die Initiative vom Land ausgegangen sein soll.

Die Geschäftsstelle der Konföderation hat ihren Sitz im Kirchenamt der Landeskirche Hannover, Rote Reihe 6. Bis zum Landtag sind es 700 m, bis zur Staatskanzlei 1,4 km und zum Kultusministerium 1,6 km.

☐ *Jörg-Holger Behrens:* Verwaltungsjurist (Jg. 1946), 1974 bis 1979 Leiter des Stadtkirchenamtes in Braunschweig, dann der Wechsel in den Staatsdienst und von 1979 bis 1988 im niedersächsischen Kultusministerium Oberregierungsrat, dann Ministerialrat, und mit diesen guten Kenntnissen der Ministerialbürokratie von 1988 bis August 2011, also 23 Jahre lang, Leiter der Geschäftsstelle der Konföderation evangelischer Kirchen in Niedersachsen und Kirchenlobbyist. Ein treffliches Beispiel, dass „kirchlicher Dienst öffentlicher Dienst" ist.

Er hat sich (2003) unmissverständlich zum „operativen Wirken der Kirchen" geäußert: „Die ständige Aufgabe der Beauftragten ist es daher, deutlich zu machen, dass der freiheitliche und neutrale Staat gut beraten ist, eine gute Partnerschaft mit den wertebildenden Kräften in der Gesellschaft einzugehen, damit keine geistige, soziale und kulturelle Blutleere im Staat auftritt. Das operative Wirken der Kirchen und anderer philosophisch-religiöser Kräfte ist nämlich gerade in dieser Beziehung für Staat und Gesellschaft so notwendig wie der Blutkreislauf für den menschlichen Körper."

Dass es im Alltag 'beinhart' zugehen kann, dass zeigte sich auch in den Auseinandersetzungen um Prof. Dr. Gerd Lüdemann (Universität Göttingen), der 1998 ein Buch veröffentlicht hatte, in dem er nur wenige der Jesus-Aussagen der Bibel als authentisch anerkannte. Die Konföderation forderte daraufhin seinen Hinauswurf aus der Fakultät, meinte also, in die Hochschulautonomie eingreifen zu können. „Doch Lüdemann, Professor für 'Neues Testament', blieb an der Fakultät und erhielt einen neuen Lehrstuhl für 'Geschichte und Literatur des frühen Christentums', der nicht mehr konfessionsgebunden war. Seine Vorlesungen wurden mit dem Zusatz angekündigt, sie seien für die Ausbildung theologischen Nachwuchses irrelevant." Lüdemann gab auch nicht nach und begann seinen 'Instanzenzug' bis zum Bundesverfassungsgericht. Im Laufe dieser Auseinandersetzungen musste dann Oberlandeskirchenrat Behrens die Angelegenheit 'wasserdicht' machen, um Lüdemann endgültig 'kalt zu stellen'. Die Konföderation und das Land Niedersachsen vereinbarten (2010) eine „Vokationsordnung", dass alle Religionslehrer, die nach 2006 Examen gemacht haben, eine kirchliche Bestätigung brauchen, um in Niedersachsen Religionslehrer werden zu können.

Anlässlich der Verabschiedung von Behrens verweist der Ratsvorsitzende der Konföderation auch auf die zahlreichen Stellungnahmen des Beauftragten, „deren Themen vom Datenschutz über das Feiertagsrecht und die Altenhilfe bis zu den Kindergärten und dem Klimaschutz reichten".

□ *Andrea Radtke:* Juristin, Oberlandeskirchenrätin (Jg. 1963), Studium an der Universität Göttingen, seit September 2011 Leiterin der Geschäftsstelle der Konföderation.

Andrea Radtke ist auch Mitglied im Stiftungsbeirat der *Stiftung Niedersächsische Gedenkstätten*, Mitglied des Aufsichtsrates des Verband *Evangelischer Publizistik Niedersachsen-Bremen gGmbH*, stellvertretende Aufsichtsratsvorsitzende der *Diakonische Dienste Hannover gGmbH* und Mitglied des Vorstandes des Comenius-Instituts, der *Evangelischen Arbeitsstätte für Erziehungswissenschaft e.V.* in Münster.

In seiner Predigt zur Amtseinführung von Andrea Radtke betonte Landesbischof Ralf Meister den Öffentlichkeitsauftrag der Kirche und sprach über die „Berufung, diese Welt mit der Hoffnung Gottes zu tränken": „Nicht der Segen der Frommen hilft einer Stadt auf. Der Segen kommt von Gott selbst. Aber die Gesegneten leben in einer anderen Hoffnung. Und diese Hoffnung sind sie in einer oftmals hoffnungslosen Zeit dem Land schuldig."

□ *Landesregierung begegnet Konföderation.* Die institutionalisierten Kontakte von Landesregierung und evangelischen Kirchen haben Tradition und Gegenwart.

Unter Ministerpräsident Christian Wulff (CDU) besuchte (im Januar 2004) das komplette Kabinett das Landeskirchenamt. Nicht umgekehrt. Und: „Sozialministerin Dr. Ursula v. d. Leyen unterstrich, dass es bei immer stärker werdenden politischen Einschnitten um die Entwicklung und Erhaltung der christlichen Nächstenliebe gehe." Das bleibt auch so unter dem Ministerpräsidenten David McAllister (CDU).

Nach dem Regierungswechsel zu Rot-Grün muss die neue Regierung anscheinend erst noch etwas lernen und die Landeskirche meldet im April 2013: „Rot-grüne Landesregierung holt sich Anregungen vom Bischof". Und: „An der Klausurtagung nahmen etwa 30 Minister und Staatssekretäre teil." Jetzt wird klar, warum es im Amtseid heißt; „So wahr mir Gott helfe!"

□ *Begegnungstagungen im Kloster Loccum.* In Niedersachsen gibt es zudem jährlich eine „Begegnungstagung zwischen den Mitgliedern des Niedersächsischen Landtages und Vertreterinnen und Vertretern der Konföderation der Evangelischen Kirchen in Niedersachsen".

Jede Tagung (von Samstag 15 Uhr bis Sonntag 12 Uhr) steht unter einem Thema, 1999: „Politik machen – das Unvollkommene gestalten", 2006: Prüfet alles – das Gute behaltet", 2009: „Glauben und Vertrauen. Oder: Was hält die Gesellschaft zusammen?", 2014: „Wie viel Säkularisierung der Gesellschaft verträgt der Staat?".

Wer sich dort mental zusammenfindet, zeigt das Grußwort des Präsidenten des 16. Niedersächsischen Landtags, Hermann Dinkla (CDU) zum Jubiläum „850 Jahre Kloster Loccum", in dem er beschreibt, dass „das kostbare Gut 'Vertrauen' als Geschenk Gottes anzunehmen" ist.

Diese Begegnungstagungen werden am Sonntag durch den Landesbischof jeweils mit einer Morgenandacht eröffnet — und mit einem Reisesegen beendet.

□ *Lokale Begegnungen.* Man sollte aber nicht meinen, dass sich darin die Missionierungs- und Propaganda-Aktivitäten beschränken würden. Die Landeskirche Hannover beschreibt unter dem Stichwort „Kirchlicher Öffentlichkeitsauftrag", was für das Jahr 2014 ansteht.

Flächendeckend wird das EKD-Heft zum Themenjahr 2014 Kirche und Politik: „Fürchtet Gott, ehrt den König. Reformation.Macht.Politik" verschickt, auch an alle Religionslehrer und Schulpastoren.

Zudem ist ein Magazin der Landeskirche erarbeitet worden, in dem die „lokale Begegnung" in Gemeinden und Kirchenkreisen im Mittelpunkt steht. Dafür werden konkrete Vorschläge ausgearbeitet, gibt es Fachartikel zur Weiterbildung und „Beispiele für das Miteinander von Staat und Kirche".

Daneben gibt es eine Veranstaltungsreihe „Kirche trifft Politik" mit jeweils 50 Personen aus Kirche und Landes- wie Kommunalpolitik. „Methodisch sollen unterschiedliche Formate von World Cafe bis Town-Hall-Meeting eingesetzt werden."

Und zusätzlich zu der bereits genannten jährlichen Begegnungstagung von Landtag und Kirche im Kloster Loccum, gibt es 2014 erstmals einen „Parlamentarischen Abend", zu dem nicht nur die Parlamentarier sondern weitere Repräsentanten des öffentlichen Lebens eingeladen sind.

*Katholisches Büro.* Für das Land Niedersachsen wurde das Katholische Büro in Hannover am 3. Februar 1964 eröffnet. Es war die Vorbereitungsphase des Niedersachsenkonkordats vom 26. Februar 1965, mit dem die Rahmenvereinbarungen zwischen Bundesland und Kirche formuliert wurden. Aufgabe des Büros ist es u. a. nun genau darauf zu achten, dass alles auch so eingehalten wird. Es gibt neben dem Leiter noch einen Stellvertreter und zwei Sekretariate. Sitz: Nettelbeckstraße 11. Recht abgelegen in einem Wohngebiet. Bis zum Landtag sind es 2,5 km und zur Staatskanzlei 2,1 km.

Anlässlich des 40-jährigen Jubiläums des Konkordates schreibt der Leitende Jurist des Katholischen Büros in Bonn, der an den langwierigen Verhandlungen beteiligt war, es sei die Grundlage für eine „erfolgreiche Konfliktvorbeugung": „Der umfänglichste Teil einer etwa gedachten 'Erfolgsbilanz' des Katholischen Büros wäre gewiss eine Liste, die es so gar nicht geben kann, nämlich der Konflikte zwischen staatlichen und kirchlichen Stellen, die nicht entstanden sind, weil ihnen wirkungsvoll vorgebeugt wurde."

Diese Sichtweise, die sich wie ein roter Faden durch viele Darstellungen des Staat-Kirche-Verhältnis zieht – das vorgeblich freundschaftliche Verhältnis aufgrund der kirchlichen Einflussmöglichkeiten in Staat und Gesellschaft – verweist auf die immanente Bedrohung des Staates durch fundamentalistische Fanatiker der Glaubenswahrheit. Sie habe in Deutschland keine Basis, da die „wohltemperiert" finanzierten Kirchenpolitiker ihre Radikalen unter Kontrolle hätten.

Wenn man diese Betrachtungsweise zugrunde legt, dann hat die immer wieder beteuerte „Partnerschaft" einen Beigeschmack, auch wenn man die Beteuerungen des seinerzeitigen Ministerpräsidenten anlässlich der Beilegung des Streits über die Konfessionsschulen liest: „Das Niedersachsenkonkordat war damit das erste deutsche Konkordat der jüngeren deutschen Geschichte, das schwerwiegende Differenzen zwischen Staat und Kirche durch eine förmliche Übereinkunft beseitigte. [...] Entsprechend seiner lateinischen Wurzel 'concordia' hat das Niedersachsenkonkordat vom 26.02.1965 zu einer Zusammenarbeit in Eintracht und Harmonie geführt."

„Zusammenarbeit in Eintracht und Harmonie"? So kann man den Kotau des Staates vor der Kirche auch beschreiben.

☐ *Dr. Felix Bernard:* Seit 1998 Leiter des Büros in Hannover – als Prälat und Professor. Priester (Jg. 1955), Studium der Theologie und Volkswirtschaft in Münster und Bonn. Er sagt: „Wir werden gehört".

„In den verschiedenen politischen Parteien gibt es engagierte Christinnen und Christen. Die Nähe zu den Kirchen und ihren Anliegen definieren die Politikerinnen und Politiker selbst. So auch die jeweiligen Ministerpräsidenten. Ich habe da bisher stets gute Erfahrungen machen können. [...] Die Parlamente und Regierungen nehmen kirchliche Äußerungen recht aufmerksam wahr, beispielsweise, wenn es um die Bewahrung der Schöpfung geht. Das betrifft unter anderem den Klimawandel, den Atomausstieg oder Lebensschutz. Aber wir werden auch gehört, wenn es um die Zukunftschancen für Kinder oder die Begleitung von Sterbenden geht."

Klimawandel, Atomausstieg und Lebensschutz sind Themen auf föderaler Landesebene?

### 3.5.7. Nordrhein-Westfalen / Düsseldorf

Die Bevölkerung von Nordrhein-Westfalen ist überwiegend christlich – (40,9 Prozent) katholisch und (26,9 Prozent) evangelisch.

Die beiden kirchlichen Büros agieren bei Bedarf auch gemeinsam, allerdings, wie sie stets betonen, nicht als Lobbyisten. Und wenn die Kirchen auch Eigeninteressen wahrnehmen? Nein, das sei kein Lobbyismus, da „die Wahrnehmung der ihr eigenen Aufgaben letztlich allen Menschen dient".

Wie das funktioniert, dafür nennt der pensionierte Leitende Jurist des Bevollmächtigten des Rates der EKD, Dr. Joachim Gaertner, als Beispiel aus NRW den Religionsunterricht.

„Dass der Religionsunterricht an öffentlichen Schulen immer wieder einmal in die Gefahr kommt, von politischen Kräften hintangestellt oder sogar infrage gestellt zu werden, macht ein Vorgang zu Beginn des letzten Jahrzehnts deutlich. Im Jahre 2000 war der seinerzeitige bildungspolitische Sprecher der CDU-Landtagsfraktion mit der Forderung zu vernehmen, an der Berufsschule im Interesse einer schnelleren Berufsschulausbildung auf alle allgemeinbildenden Fächer, also auch auf den Religionsunterricht, zu verzichten. Die FDP erhob diesen Vorschlag sogar zu einem förmlichen Antrag im Landtag, der dort allerdings mit großer Mehrheit abgelehnt wurde. Die beiden kirchlichen Verbindungsbüros in Düsseldorf hatten auf die genannten Überlegungen des bildungspolitischen Sprechers der CDU-Landtagsfraktion schnell reagiert und nicht nur in einem gemeinsamen Brief, in einem sog. Doppelkopfschreiben, an alle Landtagsabgeordneten auf die wesentliche und daher unverzichtbare Rolle des Religionsunterrichts in der Berufsschule hingewiesen, sondern auch zu dieser Frage eine Reihe von Gesprächen mit Landtagsabgeordneten geführt." [Gaertner, 2011, 273f.]

Nein, das ist – wie aus anderen kirchlichen Verlautbarungen bekannt ist – kein Lobbyismus: „Ohne Religion und gelebte Praxis von Religion gibt es kein Menschsein." [ Militärbischof Bischof Overbeck, 2012, in Lourdes.]

Entsprechend dieser Logik muss die Kirche, so Dr. Joachim Gaertner weiter im Text, den Staat immer wieder einmal daran erinnern, was Sache ist: „Gelegentlich mussten die beiden kirchlichen Büros in Düsseldorf der staatlichen Seite auch mit etwas 'Nachhilfeunterricht' in staatskirchenrechtlichen Fragen auf die Sprünge helfen, so beispielsweise als Ende der 60er Jahre des vorigen Jahrhunderts die Landesregierung ein Kommunalabgabengesetz vorbereitete, das die Kirchen als bloße Kultgemeinschaften und nicht entsprechend ihrer Stellung als Körperschaften des öffentlichen Rechts behandeln sollte. [...] Auch in dieser Frage konnten das Katholische Büro und das Evangelische Büro Nordrhein-Westfalen einen gemeinsamen Erfolg erzielen. Mitte der 70er Jahre hat dann die Rechtsprechung des Bundesverfassungsgerichts mit dem Beschluss vom 11. Oktober 1977 eine grundsätzliche Klärung dieser Frage im kirchlichen Sinne herbeigeführt."

Ansonsten pflegt man gemeinsam das christliche Brauchtum im Landtag. Mitte Dezember 2013 ist, wie alle Jahre wieder, in der Bürgerhalle des Landtagsgebäudes von NRW – vor der letzten Plenarsitzung des Landtages – eine christliche Andacht, mit Kirchenmusik, „Friedenslicht" und „Lebendigem Adventskalender", ebenso wie 2014, als Kirchenchöre im Landtag singen.

Und so wie das parlamentarische Jahr in NRW mit Kirchenliedern zu Ende geht, so geht es traditionell im neuen Jahr mit einer christlichen Missionsveranstaltung zu Beginn der ersten Plenarsitzung Anfang Januar wieder weiter: die Sternsinger kommen. „Landtagspräsidentin Carina Gödecke empfing die insgesamt 36 Sternsinger aus dem Düsseldorfer Gemeindeverband Unterbilk/Friedrichstadt im Landtag. Es war der traditionell erste Termin im neuen Jahr. 'Ihr bringt Segen und seid ein Segen', sagte Gödecke und erinnerte an das Motto der diesjährigen Aktion. Gesunde Ernährung sei jedoch nicht für alle Kinder selbstverständlich. Viele hätten nichts zu essen und kein sauberes Wasser. Am Empfangsraum und am Plenarsaal schrieben die Sternsinger den traditionellen Segensspruch '20*C+M+B+15' an die Türen. Nach dem Empfang durch die Landtagspräsidentin zogen die Sternsinger weiter, besuchten die fünf Fraktionen von SPD, CDU, GRÜNEN, FDP und PIRATEN und baten dort ebenfalls um Spenden."

*Katholisches Büro.* Sitz: Friedrichstraße 80 in Düsseldorf. Entfernung bis zum Landtag rund 1,5 km.

Bis zur Errichtung des Katholischen Büros NRW (Beschluss der Fuldaer Bischofskonferenz am 19./21.8.1958) wurden dessen Aufgaben von Prälat Wilhelm Böhler wahrgenommen, zusätzlich zu seiner Tätigkeit als Beauftragter/Leiter des Katholischen Büros in Bonn. Nach seinem Tod (25.7.1958) kam es zu einer Neuordnung und einem eigenen Büro NRW, anfangs noch mit Sitz im Generalvikariat in Köln, erst später am Sitz der Landesregierung in Düsseldorf.

Der Aktenbestand des Katholischen Büros im Landesarchiv – zu den Vorgängen mit landespolitischen bzw. landesweiten Bezügen für die Jahre 1945-1985/1995 – beläuft sich auf 101 laufende Meter.

Das Büro in Düsseldorf hat mit sechs MitarbeiterInnen eine mehr als normale Größe auf Landesebene für ein großes Bundesland.

□ *Dr.h.c. Paul Fillbrandt:* (Jg. 1911). Erster Leiter der Dienststelle von Oktober 1958 bis 1985, also rund 27 Jahre.

Das 'Wirtschaftswunder' blüht und schon kommen die Sonntagsarbeit und die Gastarbeiter ins katholische Visier. Im November 1960 beschäftigt sich der Kölner Diözesanführungskreis „zusammen mit dem Leiter des Düsseldorfer Katholischen Büros, Prälat Fillbrandt, mit der zunehmenden Tendenz zur Sonntagsarbeit. [...] Für Kardinal Frings ist das auf den Sonntag sich ausdehnende Gewinnstreben Zeichen für den Materialismus. Als besonderes Problem bezeichnet der Erzbischof die seelsorgliche Betreuung. Für 16.000 Italiener stünden 15 Priester zur Verfügung, aber für 30.000 Spanier nur zwei."

Als das Katholische Büro in Düsseldorf eröffnet wurde, bestand noch kein evangelisches Pendant und 1961 gab es einen handfesten Krach um die staatliche Personalpolitik, bei dem u. a. eine wesentliche Rolle spielte, dass Ministerpräsident Meyers erklärte: „Mit dem Prälaten Fillbrandt werden sämtliche gesetzlichen, verwaltungsmäßigen und personalmäßigen Fragen erörtert, wenn er es wünscht." Und der wünschte es offensichtlich regelmäßig und besprach sich mit Kardinal Frings, schließlich hatte Fillbrandt sein Büro anfangs noch im Generalvikariat in Köln.

Wie stark die Klerikalisierung der Politik in NRW auch weiterhin blieb, zeigt das Problem des Ministerpräsidenten Franz Meyers, der nach dem Verlust der CDU-Mehrheit bei der Landtagswahl 1962, in einer Koalition mit der FDP im „Irrgarten nordrhein-westfälischen Proporzdenkens" lavieren musste. Die Evangelischen wollten gleichberechtigt bedacht sein, aber auch die Landesverbände der Partei, ebenso wie die Jungen und auch die Arbeitnehmer.

„Die erste Proporz-Absprache traf Franz Meyers mit den für Gesangbuch-Fragen kompetenten Herren: dem Verbindungsmann der katholischen Kirche bei der Landesregierung, Prälat Paul Fillbrandt, und dessen evangelischem Pendant, dem Kirchenrat Dr. Johannes Doehring. Erinnert sich der Kirchenrat: 'Ich habe mit der Zurückhaltung, die sich gebietet, mein Sprüchlein aufgesagt.'

Katholik Meyers konnte angesichts der Konfessionsgliederung im Lande – 51,8 Prozent Katholiken, 43,3 Prozent Protestanten – die evangelischen CDU-Volksvertreter überzeugen, daß die Katholiken sich nicht mit einer Kabinettsminderheit zufriedengeben würden. Man einigte sich schließlich auf drei evangelische CDU-Minister und zwei Evangelische aus der FDP. Nun konnte Franz (‚Minka') Meyers die zehn Ministerposten fifty-fifty unter die beiden Konfessionen aufteilen."

1976 war Prälat Fillbrandt bereits für seine Verdienste um die Schulpolitik in NRW mit dem Bundesverdienstkreuz dekoriert worden und 1984 wird er zum Apostolischen Protonotar ernannt. Eine hohe Auszeichnung für Verdienste um die katholische Kirche. Er wurde damit zum Mitglied der „päpstlichen Familie".

◻ *Augustinus Graf Henckel von Donnersmark:* (Jg. 1935, Sohn einer schlesischen Großindustriellenfamilie), Theologe, Prämonstratenser-Chorherr, Priester, war 1985 bis 2000 Leiter des Kommissariats in Düsseldorf.

Das scheint eine recht geruhsame Aufgabe zu sein, denn 1996 gründete er ebenfalls in Düsseldorf die Unternehmensberatung *Unicorn Consultants GmbH* und war dort, treuhänderisch für seinen Orden, als geschäftsführender Gesellschafter tätig. Henckel von Donnersmarck galt als renommierter Fachmann für Wirtschaftsethik und Unternehmensberater.

Aber vermutlich ist ein Wirtschaftsberater in Düsseldorf nützlicher für die katholische Kirche als ein womöglich frömmelnder Theologe oder ein gesetzestrockener Jurist.

□ *Dr. Karl-Heinz Vogt:* Pädagoge (Jg. 1938), vorher Direktor des Caritasverbandes der Stadt Köln, war von April 2000 bis September 2010 Leiter des Katholischen Büros in Düsseldorf.

Prälat Dr. Karl-Heinz Vogt blickt in einem Interview mit dem *domradio* auf gute zehn Jahre zurück, denn Staat und Kirche sind „in vielfacher Weise miteinander verbandelt": „Staat und Kirche haben jede Menge Abmachungen und Vereinbarungen und da gibt es Veränderungsbedarf, mal auf der einen, mal auf der anderen Seite. Darüber muss gesprochen werden. Und dann gibt es natürlich auch neue Initiativen der jeweiligen Regierungen, die uns als Kirche dann beschäftigen. Das ist in den 10 Jahren durchaus identisch geblieben."

Und auch von führender politischer Seite gab es anlässlich seiner Verabschiedung in den Ruhestand Dank und gute Worte: „Auch [Ministerpräsidentin Hannelore] Kraft dankte Vogt für sein Wirken. Bei ihm hätten nicht politische Beschlussvorlagen im Vordergrund gestanden, sondern 'immer der Mensch'. Angesichts des oft ruppigen Umgangs in der Politik habe er sich 'auf leisem und diplomatischen Weg' um einen anderen Ton bemüht. Zudem würdigte die Ministerpräsidentin die von Vogt geleiteten Gottesdienste im Landtag als wichtige Momente der Besinnung."

□ *Martin Hülskamp:* Jurist (Jg. 1959), 1996 Leiter des Bischöflichen Offizialat (Diözesangericht) in Münster, 1997 residierender Domkapitular, 1999 Geistlicher Beirat des *Bundes Katholischer Unternehmer* (BKU) im Bistum Münster, ist Martin Hülskamp seit 28. September 2010 Prälat und Leiter des Katholischen Büros NRW. Im Dezember 2013 ist er aus gesundheitlichen Gründen von seinem Amt zurückgetreten.

1997 wurde Hülskamp Mitglied des WDR-Rundfunkrats und als dessen Delegierter Mitglied des Aufsichtsrats der Filmproduktionsgesellschaft Bavaria, 2009 stellvertretender Vorsitzender des Programmausschusses des WDR und im Aufsichtsrat der WDR mediagroup. Er ist Diözesanvorsitzender des Deutschen Vereins vom Heiligen Land und Prior der Komturei St. Ludgerus Münster des Ritterordens vom Heiligen Grab zu Jerusalem. Und, weiterhin Beauftragter des Bistums Münster für Selig- und Heiligsprechungen, prüft er auch Wundergeschichten.

Traditionell lädt die Kontaktstelle am Beginn der parlamentarischen Arbeit eines neuen Jahres zu einem Gottesdienst und anschließendem Empfang ein. Da spricht dann auch (beispielsweise 2011) der seinerzeitige Erzbischof von Köln, Kardinal Meisner. Er betonte „die Bedeutung der Religionsfreiheit, sie sei 'sensibelste Grundlage aller Menschenrechte'. Wenn Menschen in rechter Gottes-, Nächsten- und Weltliebe stehen würden, könnten Habsucht, Machthunger und Größenwahn aus der Welt verschwinden. Wo der Mensch sich selbst an die Stelle Gottes setze, sei die Menschlichkeit und die gesamte Menschheit in Gefahr."

Einmal im Monat – im Wechsel mit dem evangelischen Kollegen – wird im „Raum der Stille" des Landtags eine „Landtagsandacht" zelebriert. Sonst findet auch noch gelegentlich ein „Parlamentarisches Frühstück" im Katholischen Büro statt und zur Konstituierung des Landtags für eine neue Legislaturperiode gibt es den (obligatorischen) Ökumenischen Gottesdienst.

Wenn etwas 'brennt', setzt sich die Landesministerin direkt mit dem Katholischen Büro in Verbindung. Ein Beispiel.

Im Dezember 2012 war eine vergewaltigte Frau von zwei Kliniken in Trägerschaft der katholischen Kirche abgewiesen und die Verschreibung der „Pille danach" abgelehnt worden. „Daraufhin hatte Ministerin Steffens umgehend Gespräche mit dem Katholischen Büro NRW als Vertretung der Erzbistümer und Bistümer von Nordrhein-Westfalen aufgenommen. 'Der freie Zugang zu einer 'Pille danach' ist für Frauen nach einer Vergewaltigung auch für die psychische Stabilisierung enorm wichtig', so die Ministerin. 'Deshalb bin ich erleichtert über die Klarstellung der katholischen Kirche'." Man beachte, wer am längeren Hebel sitzt. Es ist nicht die Ministerin, die sich eine Klarstellung abholt.

Nicht nur Ministerpräsidentin Hannelore Kraft ist eine verlässliche Stütze der Kircheninteressen, auch der CDU-Vorsitzende Armin Laschet ist des Lobes voll. Anlässlich des 50-jährigen Jubiläums des Katholischen Büros (2008) war er kenntnislos genug, das „Böckenförde-Diktum" falsch zu zitieren: „'Seit 50 Jahren pflegen Sie ein vertrauensvolles und konstruktives Verhältnis zur Landesregierung. Der Staat lebt von Werten, die er selbst nicht schaffen kann. Deshalb ist unser Staat-Kirchen-Verhältnis so wichtig.'"

☐ *Dr. Antonius Hamers:* Seit dem 1. September 2014 ist der Priester Dr. Antonius Hamers (Assessor iuris, Dipl.-Theol.) Leiter des Katholischen Büros in NRW.

Hamers (Jg. 1969) hat – für Düsseldorf nicht mehr überraschend – einen auffallend starken Bezug zur Wirtschaft. Nach dem Jura-Studium und vor seinem Theologiestudium war er (1998 bis 2001) Referent beim BDI (Bundesverband der Deutschen Industrie) in Köln und Berlin. Nach seiner Priesterweihe (2008) war er drei Jahre Kaplan und wurde 2011 Polizeidekan für die Diözese Münster. 2013 wurde er Richter am Offizialat, dem Diözesangericht, und ist seit dem gleichen Jahr auch der Geistliche Beirat für den *Bund Katholischer Unternehmer* (BKU).

Bei seinem Antrittsbesuch am 3.9.2014 bei der Landtagspräsidentin Carina Gödecke, die der hoch gewachsene Dr. Hamers um mehr als eine Kopflänge überragt, trägt er sich auch in das Gästebuch des Landtags ein: „Mit dem Wunsch um Gottes Segen für eine gute Zusammenarbeit".

*Evangelisches Büro.* Das Evangelische Büro NRW wurde im November 1961 begründet. Die Leiter des Evangelischen Büros waren/sind Kirchenrat Dr. Johannes Doehring (1961 bis 1973), Kirchenrat Albrecht von Mutius (1973 bis 1985), Kirchenrat Helmuth Koegel-Dorfs (1985 bis 1995), Kirchenrat Peter Krug (1995 bis 1998), Kirchenrat Karl-Wolfgang Brandt (1998 bis 2004), Kirchenrat Rolf Krebs (2004 bis 2013) und Kirchenrat Dr. Thomas Weckelmann (seit 2013). Auffallend sind die vergleichsweise kurzen Verweildauern von durchschnittlich nur 7 bis 8 Jahren.

Der Wunsch zur Gründung des Büros sei dabei nicht nur von den drei Landeskirchen ausgegangen, sondern auch vom katholischen Ministerpräsidenten Dr. Franz Meyers (CDU).

Das Evangelische Büro befindet sich am Rathausufer 23 in Düsseldorf, nahe dem Rhein. Bis zum Landtag sind es am Fluss entlang 800 m, zum Ministerium für Familie, Jugend, Kultur und Sport 650 m, aber das ist nicht so wichtig, da sich das Kirchenreferat bei der Staatskanzlei der Ministerpräsidentin befindet und bis dorthin sind es 1,3 km. Im Sommer ein 'Spaziergang'.

Es ist bemerkenswert, wie sehr die Kirchenleitungen befürchteten, das ihr Beauftragter zu einer eigenständigen kirchlichen Instanz werden könnte. Nicht nur, dass er nur als VB („Vorgeschobener Beobachter") fungieren sollte, der berichtete. Die Stellungnahmen und Kontakte erfolgten dann über die Kirchenämter, was entsprechende Kommunikationsprobleme verursachte, da der Beauftragte oftmals weder vorher noch nachträglich darüber informiert wurde, wenn Referenten und Sachbearbeiter der drei Landeskirchenämter direkt Gespräche in den Ministerien führten.

Das Misstrauen ging so weit, dass die Beauftragten ausdrücklich zu „unbedingter Loyalität 'vergattert' wurden: „In seinem Dienstvertrag vom 26. April 1973 kam das in den folgenden Worten zum Ausdruck: 'Der Beauftragte ist in Ausübung dieser Tätigkeit an die Aufträge und Weisungen der drei Landeskirchen gebunden und hat sich dabei jeder eigenen Politik zu enthalten'."

Entsprechend unzureichend war die Unterbringung des Büros in den ersten zwölf Jahren. Im Landeskirchenamt Düsseldorf ging gar nicht, die beiden anderen Landeskirchen hätten sich sonst zurückgesetzt gefühlt. Also gab es Büroräume mit einer Besonderheit, wie Dr. Joachim Gaertner berichtet. „Die Büroräume waren auf zwei Gebäudeteile verteilt, die nur durch eine Toilette verbunden waren, so dass die Verbindung unterbrochen war, sobald die Toilette benutzt wurde." [Gaertner, 2011, 280]

Einer der Gründe, warum klassischerweise keine Frauen in den Leitungspositionen der Evangelischen Büros arbeiten, könnte eine kleine Begebenheit aus der Geschichte des Büros des Beauftragten in NRW sein. Anlässlich des 50-jährigen Bestehens der Verbindungsstelle waren auch die noch lebenden früheren Beauftragten eingeladen worden. Sie gaben ein gemeinsames Interview.

„Egal ob Johannes Rau, Norbert Blüm oder Papst Johannes Paul II., ob Schwangerschaftskonfliktberatung, Kindergartengesetz oder Buß- und Bettag, legendäre Cognac-Runde oder Landtagsandachten – im Evangelischen Büro ist man immer mittendrin. [...]

[Frage:] Sie haben viele Menschen getroffen. Gibt es Begegnungen, die Ihnen besonders im Gedächtnis geblieben sind?

Brandt: [...] Ich erinnere mich beispielsweise an einen Vorgang: Da ging es um einen Gesetzentwurf, der eigentlich noch niemandem bekannt war, aber bei einem meiner Gesprächspartner auf dem Tisch lag. Als das Telefon klingelte, ging er für eine Viertelstunde raus und hat mir Gelegenheit gegeben, das Papier zur Kenntnis zu nehmen. [...]

Dabei gab es auch lange Nächte, wo ein Stück weit gerungen und geworben wurde. Gerungen um die Sache und geworben um die eigene Meinung. Einmal ging es beispielsweise um das Kindergartengesetz: SPD-Chef Klaus Matthiesen hatte den katholischen Beauftragten Augustinus Henckel von Donnersmark und mich abends zu sich in den Landtag eingeladen – ich glaube abends um halb sechs und wir sind um halb zwei morgens nach Hause gegangen. Wir saßen in der Spannung zwischen den grünen Forderungen einerseits, die Konfessionalität rauszunehmen, und dem kirchlichen Wunsch Westfalens andererseits, die Qualitätsmerkmale für die Stellen höher zu schrauben, was wiederum finanzielle Konsequenzen gehabt hätte. An diesem Abend bei Matthiesen haben wir uns zur Kindergartenfrage – bei dem ein oder anderen Gläschen – bis zum Geht-nicht-mehr ausgetauscht. Mit einem guten Ergebnis.

Krebs: Das ist als berühmte Cognac-Runde in die Annalen des Landtags eingegangen; ich bin erst vor kurzem darauf angesprochen worden."

Diese „Cognac-Runde", die nun wahrlich nicht generalisierend oder stellvertretend für den 'nüchternen' Alltag stehen soll, erinnert doch sehr an die Schilderungen aus dem „Bundesdorf Bonn" oder auch aus dem Katholischen Büro in Mainz, wo man abends im Innenhof bei gutem Wein zusammen saß und 'über Gott und die Welt plauderte'.

Und auch die Praxis, dass der Ministerialreferent ein vertrauliches Papier offen auf dem Tisch liegen lässt und dann gerade einmal eine Viertelstunde 'unterwegs' ist, kann als gängig betrachtet werden. Beide Seiten 'wahren ihr Gesicht', keiner ist's gewesen.

Nordrhein-Westfalen setzt seine Tradition der sich als christlich bekennenden Ministerpräsidenten – bekanntestes Beispiel ist „Bruder Johannes" Rau – auch unter der SPD-Ministerpräsidentin Hannelore Kraft fort. Auf der Begegnungstagung für Politiker 2014 (im 60. Jahr), zu der die Evangelische Akademie in Westfalen jährlich einlädt, betonte sie, wie wichtig die Kirche (nicht die Religion) für die Politik sei: „Als Beispiel nannte Kraft die Warnung vor einer 'Rund-um-die-Uhr-Betriebsamkeit', die sich im Sonn- und Feiertagsrecht niederschlage. Ebenso seien bei Themen wie Sterbehilfe, Inklusion oder Flüchtlingspolitik die Mitwirkung und Mitgestaltung der Kirchen unverzichtbar."

Da kann man sich als Kirchenbeauftragter ruhig zurücklehnen, wenn einem die Türen derart weit geöffnet werden.

□ *Albrecht von Mutius:* Theologe (Jg. 1915), war in Düsseldorf das evangelische Pendant zum katholischen 'Büroleiter' Graf Henckel von Donnersmarck, dem „Bruder Augustinus". Seine Großeltern waren der preußische Generalleutnant Hans von Mutius und Gerta, geb. von Bethmann-Hollweg, sein Vater der Diplomat Gerhard von Mutius. Er war (von 1965 bis 1973) als Stellvertreter des evangelischen Militärbischofs Militärgeneraldekan und leitete das Evangelische Kirchenamt der Bundeswehr. Seine Tätigkeit im schwarzen Rock bei der 'Truppe im bunten Rock' endete, als Dr. Hermann Kunst sein Amt als Militärbischof abgab und der neue evangelische Militärbischof, Sigo Lehming, gänzlich andere Vorstellungen von der Aufgabe der Militärseelsorge vertrat: „Mutius, dem vor einer 'Militärkirche' graut, hatte es bislang stets vereitelt, wenn konservative Offiziere versuchten, die Militärpfarrer zu Helden-Trainern umzufunktionieren: 'Nie ist es die Aufgabe der Militärseelsorge, sich um die Kampfkraft der Truppe zu bemühen.'"

☐ *Rolf Krebs:* Theologe (Jg. 1949), mit einer rein innerkirchlichen Karriere. Nach dem Studium der evangelischen Theologie in Wuppertal und Münster, war er ab 1976 Pfarrer und wurde 1996 Superintendent. 2004 bis 2013 leitete er das Evangelische Büro NRW.

Ausschlaggebend für seine Wahl war vermutlich, dass er bereits auf der Ebene des Kirchenkreises aktive Kirchenpolitik betrieben hatte. „Sein gesellschaftspolitisches Engagement zeigt sich in der Mitwirkung in der 'Münsterlandrunde', einem Gesprächsforum mit Landtagsabgeordneten der Kirchenkreise Münster, Tecklenburg und Steinfurt-Coesfeld-Borken. Außerdem hat er den Arbeitskreis 'Kirche – Wirtschaft' mitbegründet und ist auch bei der 'Aktion Münsterland' beteiligt, einem Verein zur Förderung des Münsterlandes."

Bei einem Besuch der Senioren-Union in seiner früheren Pfarrgemeinde in Gronau berichtet er, dass es im Landtag bisher keinen „Raum der Stille" gäbe, aber das würde sich nun ändern. „Der sei beim Bau schlicht vergessen worden. Bei der jetzt geplanten Erweiterung aber soll daran gedacht werden. Bis dahin werden regelmäßig Frühstück und Andacht für Abgeordnete – immerhin bis zu 25 kommen – im Fraktionsraum der FDP angeboten."

Auf die Frage, ob er sich als Lobbyist verstehen würde, ist seine Antwort eindeutig: Nein. „Der Vorstellung, er könne als Lobbyist gelten, als einer, der möglicherweise nur Geld für die Kirche loseisen wollen, habe er seit seinem Amtsantritt etwas entgegensetzen wollen. Das Vertrauen von Abgeordneten und Regierungsmitgliedern zu gewinnen, sei dabei kein Prozess gewesen, der sich von heute auf morgen vollzogen habe. 'Aber ich denke, dieses Vertrauen ist heute da', so Krebs. Dazu gehöre das persönliche Gespräch mit den Politikern, dazu gehöre aber auch der vertrauliche Gedankenaustausch mit politisch Handelnden im 'politischen Salon' im Düsseldorfer Büro, wo eine Regel gelte: 'Wenn die Tür geschlossen wird, bleibt alles, was besprochen wird, in diesem Raum.'"

Rolf Krebs verkündet seinen Gottesglauben mit Humor und Leidenschaft. Anlässlich der Konstituierung des Landtages predigt er Ende Mai 2012 und spricht die Gemeinde direkt an: „Ich wollte Sie zum Beginn meiner Predigt noch rasch fragen: 'Haben Sie heute schon gejammert?' Jammern hilft! – so sagen Fachleute, bei der Bewältigung von Sorgen und Problemen persönlicher, aber auch politischer Natur." Am Schluss seiner Predigt bläst er dann den „frischen Wind Gottes" in die Hirne der Abgeordneten.

Zu seiner Verabschiedung wird deutlich, dass er im Sinne der Evangelischen Kirche erfolgreich im Landtag tätig war. Die Landeskirche berichtet, wie die Landtagspräsidentin Carina Gödecke (SPD) ihn „einen Freund" nennt und die Bischöfin („Präses") darauf verwiesen habe, wie viele politische Türen er für die Kirche geöffnet habe.

Die Rede der Landtagspräsidentin ist im Original-Wortlaut sogar noch persönlich intensiver als es die Landeskirche berichtete. Sie sagte u. a.: „Wir alle verabschieden dich heute als Beauftragten der Evangelischen Kirche beim Landtag und der Landesregierung und als Leiter des Evangelischen Büros. Das heißt, egal wie wir es auch drehen und wenden, heute ist der Tag gekommen, an dem es heißt, Abschied zu nehmen. [...]

Danken möchte ich aber auch für eine weitere Rolle, die Rolf Krebs innehatte, die mindestens genauso wichtig war. Diese Rolle hat er mit Bravour, persönlich sage ich: mit einem gütigen und strahlenden Herzen ausgefüllt: Ich meine die schlichte, aber wichtige Rolle des Seelsorgers, ob im persönlichen Gespräch oder in der Landtagsandacht vor der Plenarsitzung."

Dann begrüßt die Landtagspräsidentin den Kirchenrat Dr. Thomas Weckelmann als neuen „hauseigenen Diener Gottes" im Parlament und schließt ihre Rede – oder war es eher eine Predigt? Die Verabschiedung fand in der Friedenskirche in Düsseldorf statt – mit christlichem Bekenntnis und „Gottes Segen".

Carina Gödecke hat einen Studienabschluss als Lehrerin für Chemie und Pädagogik. Aber sie ist Mitglied im „Ständigen Ausschuss für politische Verantwortung" der Evangelischen Kirche von Westfalen, Vorsitzende der Gesellschafterversammlung des Evangelischen Verbunds Ruhr und engagiert sich bei der Inneren Mission des Diakonischen Werks Bochum.

☐ *Dr. Thomas Weckelmann:* Theologe (Jg. 1973) ist seit März 2013 Kirchenrat und Beauftragter. Nach dem Studium der Theologie und Philosophie in Wuppertal, Bochum, Heidelberg und Montpellier war er seit 2009 persönlicher Referent von Nikolaus Schneider, dem Präses der Evangelischen Kirche in Westfalen.

Diese Tradition, dass Theologen die repräsentative Leitung des Büros haben, wird dadurch ermöglicht, dass – für die Ausfertigung oder Organisierung der juristischen Stellungnahmen – das Büro eine Juristin hat, die Rechtsanwältin Dr. Hedda Weber. Sie ist die Tochter von Altbischof Prof. Dr. Friedrich Weber. Er war 2002 bis 2014 Landesbischof der Evangelisch-lutherischen Landeskirche in Braunschweig, 2006 bis 2011 Ratsvorsitzender der Konföderation evangelischer Kirchen in Niedersachsen und ist seit September 2012 Geschäftsführender Präsident der *Gemeinschaft Evangelischer Kirchen in Europa* (GEKE).

Der Arbeitsalltag hat die üblichen Facetten. Vorträge über die Thematik „Kirche und Politik" (wie im November 2013 bei der Christlich Demokratischen Arbeitnehmerschaft [CDA] in Bonn), Predigten (wie im Februar 2014 über „Glaube und Politik" in der Kirchengemeinde Hochdahl), Treffen der Spitzen der Evangelischen Kirche in NRW mit der Parteispitze der NRW-CDU.

Das Weitere der Alltagsarbeit sind dann die schriftlichen Stellungnahmen zum „Referentenentwurf für ein Gesetz zur Änderung des Kinderbildungsgesetzes und weiterer Gesetze" vom 28.1.2014, in der eine „zeitnahe, dringend erforderliche finanzielle Entlastung" der kirchlichen Träger gefordert wird. Im März 2014 ist es dann eine gemeinsame Stellungnahme mit dem katholischen Büro zu einem „Körperschaftsstatusgesetz" und im Oktober 2014 ist es die Teilnahme am „Flüchtlingsgipfel" anlässlich von Misshandlungen in Asylbewerberheimen.

### 3.5.8. Hessen / Wiesbaden

In Hessen sind (2011) 38,4 Prozent der Bevölkerung evangelisch, 37,3 Prozent nicht-christlich und 24,3 Prozent römisch-katholisch.

2014, zur Parlamentseröffnung der neuen Legislaturperiode dankt der Alterspräsident Horst Klee mit seinen ersten Worten bei der Eröffnungssitzung des Hessischen Landtags den Kirchen ausdrücklich: Für einen am Morgen vorangegangenen Ökumenischen Gottesdienst in der dem Parlament gegenüberliegenden Wiesbadener Marktkirche.

„Zur Feier der Kirchen im historisch bedeutenden 'Nassauischen Landesdom' waren zahlreiche Mitglieder der neuen Landesregierung und des Parlaments erschienen. Ministerpräsident Volker Bouffier (CDU), Landtagspräsident Norbert Kartmann, der Präsident des Staatsgerichtshofs Dr. Günter Paul sowie zahlreiche Abgeordnete, unter ihnen auch der Fraktionsvorsitzende von Bündnis 90/Die Grünen, Mathias Wagner, allerdings nicht der künftige Wirtschaftsminister Tarek Al-Wazir."

*Evangelisches Büro.* Welche Fähigkeiten muss ein Kirchenbeauftragter mitbringen? Um sich (eigentlich) gegenseitig Ausschließendes in einen Satz zu bringen, braucht es anscheinend einen Theologen. So sagte der evangelische Beauftragte in Wiesbaden, Kirchenrat Jörn Dulige dem *Evangelischen Pressedienst*: „Der am 10. Juni 1960 vom Landtag zum Gesetz erhobene Vertrag zwischen dem Land und den evangelischen Landeskirchen 'ist ein gutes Dokument der Trennung von Kirche und Staat, das gleichzeitig beide Partner miteinander verkettet, indem es einen Austausch vorschreibt."

Einerseits „Trennung von Staat und Kirche", dann die „Verkettung", die zudem so innig ist, dass sie einen „Austausch vorschreibt"? Respekt. Das muss man erst einmal können. Ohne rot zu werden.

☐ *Jörn Dulige:* Pfarrer (Jg. 1957), Studium der Theologie und Publizistik in Bielefeld-Bethel und Münster, 1984 bis 1988 Gemeindepfarrer, 1989 bis 1993 im Landeskirchenamt Kurhessen-Waldeck für Öffentlichkeitsarbeit und Ausbildungsfragen zuständig. Seit 1993 Beauftragter am Sitz der Landesregierung. Zudem ist Jörn Dulige seit 1999 im Rundfunkrat des Hessischen Rundfunks, war 2001 bis 2009 Vorsitzender des Programmausschusses Fernsehens und seit Februar 2009 Vorsitzender des Rundfunkrates.

Im Juni 2010 ging es ans Feiern einer alten Verbindung: 50 Jahre Vertrag des Landes Hessen mit den Evangelischen Kirchen.

„Es war ein heißer Juniabend im goldverzierten Musiksaal des Hessischen Landtags. Die Spitzen von Staat und evangelischer Kirche hatten sich versammelt, es galt, eine alte Freundschaft zu feiern – die enge Verflechtung von Land und Religion, vor 50 Jahren besiegelt durch einen Staatskirchenvertrag.

‚Ihr Dienst ist öffentlicher Dienst', schmeichelte Ministerpräsident Roland Koch (CDU) der anwesenden Geistlichkeit. Auch für sämtliche Minister seiner elfjährigen Regierungszeit gab es ein frommes Lob – jeder von ihnen habe den Amtseid mit religiöser Formel abgelegt, so der scheidende Landesvater: 'Das ist in einer Zeit, in der manches ins Wanken gerät, eine politische Aussage.' Artig bedankten sich die angereisten Kirchenfürsten. Der Staatskirchenvertrag, so Bischof Martin Hein von der Evangelischen

Kirche von Kurhessen-Waldeck, sei 'eine Kostbarkeit, die wir in Hessen haben'."

Und als im Januar 2012 eine neue Landesstiftung für Bürger-Engagement in Hessen gegründet wurde, *Miteinander in Hessen*, wäre es verwunderlich gewesen, wenn der evangelische Beauftragte nicht im Kuratorium gesessen hätte.

Anlässlich des Sommerempfangs 2013 des Beauftragten, nunmehr bereits 20 Jahre im Amt, schildert die Landeskirche das freundliche Miteinander von Berufspolitikern und Berufschristen.

„Bischof Hein übernahm es, die Bedeutung der Aufgabe herauszustreichen: Mit Witz, Verstand und Erfahrung versehe der Beauftragte sein Amt. Die Kirchen seien über das Verhältnis von Thron und Altar lange hinausgewachsen und agierten aus der großen Tradition von Dialog und Toleranz. 'Unser Glaube lebt aus der Toleranz Gottes, der uns nimmt, wie wir sind', sagte Hein mit Bezug auf Martin Luther und die religiöse Toleranz seit dem Augsburger Religionsfrieden 1555. Der Ministerpräsident brachte den Dank der Landesregierung sowie des Parlaments zum Ausdruck und rühmte Dulige als 'politisches Vorwarnsystem' und diskreten Gesprächspartner. 'Wer so viele Jahre erfolgreich arbeitet, verdient unseren Respekt', schloss Bouffier, um Dulige, der auch Vorsitzender des Rundfunkrates des Hessischen Rundfunks ist, als Präsent zwei Figuren des hessischen Löwen zu überreichen."

*Katholisches Büro.* Es besteht seit November 1959. Sitz ist Wiesbaden, Viktoriastraße 19.

Die Leiter des Kommissariats waren seit 1959 Domdekan Dr. Hermann Berg (1959-1978), Prälat Prof. Dr. Dr. Franz Kasper (1979-2003) sowie Rechtsanwalt Dr. Guido Amend (2004-2010). Im August 2010 wurde der Limburger Dompfarrer Dr. Wolfgang Pax zum Leiter des Kommissariats ernannt.

Das Kommissariat hat neben dem Leiter noch einen Referenten für Schule und Bildung und (seit März 2011) eine Justitiarin, sowie entsprechend drei Sekretariate.

□ *Prälat Dr. Dr. Franz Kaspar:* Theologe und Religionspädagoge (Jg. 1938), promovierte 1975 mit einer Dissertation über den Religionsunterricht, lehrte an verschiedenen hessischen Universitäten und wurde 1979 durch das Hessische Kultusministerium zum Honorarprofessor ernannt. Von 1970 bis 2006 war er Stiftungsdirektor des Sankt Vincenzstift Aulhausen und gleichzeitig von 1979 bis 2003, also 24 Jahre lang, Leiter des Kommissariats in Wiesbaden. 2006 zum stellvertretenden Generalvikar ernannt, wurde er 2008 von Bischof Tebartz-van Elst zum Generalvikar bestimmt. 2010 wurde ihm von Benedikt XVI. der Ehrentitel eines Apostolischen Ehrenprälaten verliehen.

2012 geriet Kaspar in die Medien-Diskussionen um das Finanzgebaren seines Bischofs Franz-Peter Tebartz-van Elst, für das er mitverantwortlich gemacht wurde. Ihm selbst wurde vorgeworfen, die Aufklärung von Vorwürfen des sexuellen Missbrauchs im Vincenzstift nicht befördert zu haben. Im Oktober 2013 wurde Kaspar durch die umgehende Ernennung eines neuen Generalvikars durch den Vatikan aus seinem Amt entfernt. Zu den Vorwürfen schweigt er.

▫ *Dr. Guido Amend:* Dr. jur. (Jg. 1945), Studium der Philosophie, Volkswirtschaft und Jurisprudenz an den Universitäten Trier, Frankfurt am Main, Lausanne und Marburg, Referendariat in Bonn und Los Angeles. Er war 33 lang Jahre im Kommissariat tätig: 1977 bis 2004 als Justitiar, 2004 bis April 2010 (Ruhestand) Leiter des Kommissariats. Für seine Arbeit wird er 2010 mit dem hessischen Verdienstorden und für seine Verdienste um die 'katholische Sache' im April 2011 mit der Auszeichnung des päpstlichen Silvesterordens („Pro Ecclesia et Pontifice") dekoriert.

▫ *Dr. Wolfgang Pax:* Theologe (Jg. 1958). Studium der Theologie in Frankfurt/St. Georgen und Münster. 1986 Priesterweihe. 2007 an der Universität München im Bereich der Wirtschafts- und Organisationspsychologie mit einer Arbeit über „Führung in der Kirche" promoviert. Dompfarrer und Domkapitular Dr. Wolfgang Pax wird im Roten Salon des Landtages durch Bischof Tebartz-van Elst als neuer Leiter des Kommissariats in Hessen vorgestellt. „Landtagspräsident Kartmann hieß den neuen 'Botschafters des Bistums' am Sitz des Parlaments willkommen und forderte ihn auf, die stets offenen Türen zu nutzen. Ministerpräsident Volker Bouffier grüßte für die Landesregierung."

Amtsantritt ist der 15. August 2010. Nach einigen Monaten Tätigkeit zieht er eine erste Bilanz und nennt, was geht und nicht geht. „Seine Erfahrung: 'Der politischen Gemeinde ist es sehr wichtig, die Meinung der Kirche zu hören. Wie die Verantwortlichen damit umgehen, ist eine andere Sache.' So argumentierte Pax vergeblich gegen die nun in der Verfassung verankerte Schuldenbremse. 'Wir wollen selbstverständlich geordnete Finanzen und einen ausgeglichenen Haushalt. Doch der Staat muss auch

Geld ausgeben, um aus biblischer Perspektive seiner Schutzfunktion für die Schwachen gerecht zu werden', sagt der Prälat. Vor diesem Hintergrund war ihm die Finanzierung konfessioneller Schulen und Kindertagesstätten ein weiteres wichtiges Anliegen, das er mit Ministern und Abgeordneten diskutierte. Dabei ging es auch um die Limburger Marienschule, laut Pax ein 'Leuchtturm' in der pädagogischen Arbeit."

Neu eingeführt wurde 2012 der zweijährliche St. Thomas Morus-Empfang für Vertreter aus Kirche und Politik, die auch zahlreich erschienen. „Gekommen waren unter anderen Ministerpräsident Volker Bouffier, Staatsminister und Staatssekretäre des Kabinetts, Landtagspräsident Norbert Kartmann, die Fraktionsvorsitzenden der Landtagsfraktionen, der Präsident des Hessischen Staatsgerichtshofes sowie führende Persönlichkeiten aus den Ministerien, den Landesbehörden, der kommunalen Spitzenverbände, Handwerkskammern, Gewerkschaften und Unternehmerverbänden." Volker Bouffier dankte ausdrücklich für das „konstruktive und erfolgreiche Miteinander", denn der Staat bedürfe einer „geistigen und geistlichen Heimat". Den Segen des Staatskirchenrechts überbrachte der Bundesverfassungsrichter a. D. Prof. Dr. Udo di Fabio, der sich auch zur „wahren Bildung" bekannte, dem „religiösen Zugang zur Wahrheit".

Auch 2014, zum zweiten Jahresempfang, war alles, was in Hessens Politik Rang und Namen hat, im Casino anwesend. Dr. Pax „konnte in den ehrwürdigen Räumlichkeiten der Wiesbadener Casino-Gesellschaft hochrangige Vertreter aus Politik und Kirche begrüßen, darunter Staatsminister, Staatssekretäre, Landtagsabgeordnete, die Fraktionsvorsitzenden der Landtagsfraktionen, den Präsidenten des Hessischen Staatsgerichtshofes und weitere führende Persönlichkeiten aus Behörden und Verbänden. Mit Bischof Heinz Josef Algermissen, dem Apostolischen Administrator Weihbischof Manfred Grothe und seinem ständigen Vertreter Pfarrer Wolfgang Rösch, Generalvikaren, Dezernenten und Justitiaren waren auch die vier beteiligten Bistümer prominent vertreten."

Es war im Jahr nach dem „Finanzskandal" um Bischof Tebartz-van Elst, und so konnte das Thema nicht ganz ausgespart werden. Unter dem Titel „Zweifel und Kritik zulassen" referierte als Hauptredner ein bekannter Journalist: „Die Kirche müsse sich im Dialog, mit Offenheit und Transparenz den Fragen der Zeit stellen und Zweifel und Kritik zulassen, forderte der Hauptredner des Abends, Dr. Peter Frey, Chefredakteur des ZDF."

Justitiarin des Kommissariats ist die Juristin und Rechtsanwältin Dr. Magdalena Kläver, seit 2001 auch Lehrbeauftragte an der Hochschule Darmstadt, seit 2011 Justitiarin, seit 2014 Honorarprofessorin.

## 3.5.9. Rheinland-Pfalz / Mainz

Rheinland-Pfalz ist eher katholisch dominiert (45 Prozent der Bevölkerung) und die Evangelischen sind die zweitstärkste Weltanschauungsgruppe (31 Prozent), aber, statistisch gesehen, den Konfessionslosen (21 Prozent) näher als den Katholiken.

Auch in Rheinland-Pfalz stehen den Kirchen die Türen weit offen. Das war nicht nur bei den katholischen CDU-Ministerpräsidenten der Fall (Peter Altmaier, Helmut Kohl, Bernhard Vogel, Carl-Ludwig Wagner), auch die SPD-Ministerpräsidenten sind alle katholisch und kirchennah (Rudolf Scharping, Kurt Beck und Marie Luise „Malu" Dreyer). Die Juristin Marie Luise Dreyer hatte zudem erst ein Studium der katholischen Theologie begonnen, bevor sie sich auf Jura besann.

Bei den üblichen Ökumenischen Gottesdiensten zur Eröffnung der Legislaturperiode tragen der katholische Ordinariatsdirektor und Leiter des Katholischen Büros sowie der evangelische Kirchenrat und Beauftragte jeweils die Fürbitten vor, d.h. sie beten zu ihrem Gott, dass er anderen helfen möge.

*Katholisches Büro.* Zum 1. Dezember 1968 wurde das Katholische Büro Mainz für Rheinland-Pfalz eröffnet. Es hat seinen Sitz in der Saarstraße 1 in Mainz im Gebäude der Katholischen Fachhochschule in Bahnhofsnähe. Das ist vom Landtag 1,6 km und von der Staatskanzlei 1,8 km entfernt. Neben dem Ordinariatsdirektor Bernhard Nacke als Leitung gibt es noch einen Justitiar und einen Referenten für Bildung plus die jeweiligen Sekretariate. Die Jahresempfänge finden im repräsentativen „Erbacher Hof" statt.

□ *Über die Jahre.* Zum 30-jährigen Bestehen der Dienststelle eines Katholischen Büros Mainz (KBM) erinnert sich der seinerzeitige Leiter an die Anfangsjahre seit 1968: „Zu meinem Erstaunen zeigte sich [Ministerpräsident] Peter Altmeier [CDU] gegenüber der Gründung des KBM äußert reserviert." Er habe sehr gute Beziehungen zu beiden Kirchen – was ja auch beiden Kirchen zu Gute käme, „einschließlich der – in der Tat – großzügig vereinbarten Staatsleistungen; und er verwies auf seine persönlichen freundschaftlichen Beziehungen zu Bischöfen und Prälaten der Diözesen."

Im Gegensatz dazu begrüßten die anderen Mitglieder der Landesregierung, insbesondere Kultusminister Dr. Bernhard Vogel und Sozialminister Dr. Heiner Geißler sowie der CDU-Landtagsfraktionschef Dr. Helmut Kohl die Einrichtung des KBM: „Sie hatten die Kompliziertheit und Schwerfälligkeit im Umgang mit den kirchlichen Partnern sattsam erfahren." Man befand sich auf der 'gleichen Wellenlänge' und so begann die Erfolgsgeschichte des KBM, das immer „bestens informiert" war, „auch über Hintergründe, um für die Diözesen wichtige Informationsquelle zu sein". Aber dieses komplizierte Nacheinander mit verschiedenen Zuständigen zu reden, ließ sich vereinfachen: „Nicht zuletzt deshalb hatte das KBM zusammen mit der Bischöflichen Pressestelle Mainz und deren Leiterin Frau Ruth Baron, den Kontaktclub Mainz (KCM) gegründet, der über viele Jahre an einem jeden ersten Mittwoch des Monats im 'Haus am Dom' Gäste aus Kirche, Staat und Mainzer Bürgergesellschaft jeweils zu einem interessanten Thema aus Gesellschaft und Politik bei 'Weck, Worscht un Woi' [hochdeutsch: bei 'Brötchen, Wurst und Wein', C.F.] zusammenführte. Der hinter dem KCM stehende Gedanke war es, 'jenseits von Schreibtisch, Sitzung und Telefon' Menschen zusammenzuführen, die auch dienstlich miteinander zu tun hatten."

Jubiläen haben immer auch eine gute Seite, der 'Jubilar' plaudert im Rückblick auch gerne über seine Erfolge, Misslungenes wird eher ausgespart. Und so berichtet der erste Leiter des Katholischen Büros Mainz, was denn alles erreicht wurde. Das sind nun keine Stellungnahmen oder ähnliches, bei dem man nicht weiß, ob sie Erfolg hatten, sondern durchgesetzte Erfolge, für „hochsensible und bedeutungsvolle Materien", die sich sehen lassen können.

Auf dieser Übersicht der erfolgreichen Berücksichtigung katholischer Interessen steht u. a.: „Änderung der rheinland-pfälzischen Verfassung, wonach die öffentlichen Grund-, Haupt- und Sonderschulen des Landes ab dem 01. August 1970 nicht mehr als staatliche Konfessionsschulen, sondern als 'christliche Gemeinschaftsschulen' geführt werden sollten."

Diese erste Veränderung in der Verfassung – von der konfessionellen staatlichen Bekenntnisschule zur christlichen Gemeinschaftsschule – berührte den Bestand des 'katholischen Tafelsilbers'. Wie kam diese Veränderung zustande?

„Ich erinnere mich gut, daß er [der neue Ministerpräsident Helmut Kohl, C.F.] mich eines Abends im KBM anrief mit der Mitteilung, er habe gehört, daß der Generalvikar von Trier, Prof. Dr. Linus Hofmann, bei einem Empfang in Saarbrücken soeben geäußert habe, die Beibehaltung der staatlichen Konfessionsschule sei für das Bistum Trier 'kein Dogma mehr'. Helmut Kohl: 'Morgen früh ist Bernhard Vogel in Ihrem Büro. Ich erwarte von Ihnen, dass Sie die heiße Sache sofort in Angriff nehmen.' [...] Das KBM nahm nach einer ersten Fühlungsnahme mit den Bischöfen des Landes die Kontakte mit der Apostolischen Nuntiatur, damals geleitet von

Erzbischof Corrado Bafile, auf. Auf dessen Wunsch reiste ich an einem der nächsten Tage zu einer von Bischof Dr. Bernhard Stein anberaumten Abendsitzung am Rande der Deutschen Bischofskonferenz in Essen. Dort fand das Gespräch des KBM mit den rheinland-pfälzischen sowie allen jenen Bischöfen statt, in deren Bistümern das staatliche Konfessionsschulprinzip galt, insbesondere mit den Bischöfen von Nordhein-Westfalen. [...] Binnen weniger Wochen kam dann alles zu einem zuvor kaum zu erwartenden, Staat und Kirche zufriedenstellenden, einvernehmlichen Abschluß."

Auch weitere Gesetze waren mit für „Staat und Kirche gemeinsam befriedigenden Regelungen": das Kindergartengesetz (1970), das neue Krankenhausreformgesetz (1973) „mit heiß umstrittenen und dann elegant gelösten Fragen zur inneren Struktur und Organisation kirchlicher Krankenhäuser", das „gut austarierte" Weiterbildungsgesetz (1975), das Denkmalschutz und Pflegegesetz (1978), „mit seiner in der Bundesrepublik einzigartigen vollen Anerkennung der kirchlichen gegenüber der staatlichen Denkmalpflegekompetenz". Der Vertrag zwischen dem Land Rheinland-Pfalz und der Erzdiözese Köln sowie den Bistümern Limburg, Mainz, Speyer und Trier über Fragen der Rechtsstellung und Vermögensverwaltung der katholischen Kirche, der den Weg frei machte zur Beendigung der bis dahin bestehenden staatlichen Aufsicht und für diese Fragen diözesane Gesetze ermöglichte (1975).

„Erwähnt werden müssen auch die in gutem Einvernehmen herbeigeführten Abmachungen über den Religionsunterricht und die Lehrpläne, die von Arbeitsgruppen entworfen wurden, denen unter Federführung des KBM Vertreter aller Diözesen angehörten."

Diese Koordinationsfunktionen nahm das KBM nicht nur innerhalb der katholischen Diözesen wahr, sondern auch mit dem 1973 in Mainz gegründeten „Evangelischen Büro", mit denen man wöchentlich enge Gespräche führte und oft auch auf dem „Doppelkopf-Briefbogen" gemeinsame Stellungnahmen abgab.

Anlässlich des 40-jährigen Bestehens (2009) verwies Bischof Karl Kardinal Lehmann auf die besondere Rolle der Politik in Rheinland-Pfalz gegenüber dem Katholischen Büro und dankte den Politikern „für die hervorragende Zusammenarbeit über vier Jahrzehnte".

Ministerpräsident Kurt Beck (SPD) hat auch seinerseits artig 'Blumen' mitgebracht: „Beck dankte besonders Bernhard Nacke und seinen Mitarbeitern 'für die gute Zusammenarbeit auch in schwierigen Fragen' und 'die Vertrautheit ohne falsche Nähe, die dieses Gespräch fruchtbar macht'."

Und auch anlässlich des Martinsempfangs 2012 der katholischen Bistümer dankte Bischof Karl Kardinal Lehmann dem scheidenden Ministerpräsidenten Beck für die gute Zusammenarbeit und ist sich sicher, dass Becks Nachfolgerin das so weiterführt: „Die Kirche habe immer Gehör gefunden und auch stets Respekt für ihre Eigenständigkeit erhalten, sagte Lehmann. Er sei sich sicher, dass Roger Lewentz als Parteivorsitzender und Malu Dreyer als Ministerpräsidentin das fortführen, was Sie geprägt haben'."

Auch Kurt Beck hält seine jahrzehntelange Linie vorbildlich ein. Er „dankte den Bischöfen und dem Katholischen Büro Mainz für die gute Zusammenarbeit und besonders 'für die Anstöße und Orientierungen', die er von den Martinsempfängen in seiner Amtszeit habe mitnehmen können".

Im Dezember 2012, anlässlich des Treffens der Landesregierung und der Bischöfe der katholischen Kirche in Rheinland-Pfalz, vertiefte Beck seine Sichtweise, seine Nachfolgerin Malu Dreyer lächelnd an seiner Seite: „'Durch den kontinuierlichen Dialog auf verschiedenen Ebenen zwischen der katholischen Kirche und der Landesregierung und das gegenseitige Vertrauen ist es möglich, auch in zunächst schwierigen Fragen wie zum Beispiel der Finanzierung der Kindertagesstätten oder bei der Schwangeren-Konflikt-Beratung zu einvernehmlichen Lösungen zu kommen. Dafür möchte ich den Bischöfen und Generalvikaren meinen ausdrücklichen Dank aussprechen. Unsere partnerschaftliche Zusammenarbeit auf allen Ebenen unserer pluralen Gesellschaft ist konstruktiv', erklärte Ministerpräsident Kurt Beck."

Man bemerke, der Politiker dankt den Kirchen für „einvernehmliche Lösungen".

□ *Bernhard Nacke:* Pädagoge (Jg. 1948), leitet von April 1996 bis März 2013 als Ordinariatsrat das Katholische Büro. Nach Ausbildung zum Webermeister und Textiltechniker studierte er – als Stipendiat des katholischen Cusanuswerkes – Theologie, Pädagogik und Soziologie. Ab 1990 war er Bundesgeschäftsführer der *Katholischen Bundesarbeitsgemeinschaft für Erwachsenenbildung* (KBE) in Bonn.

Anlässlich seines 60. Geburtstages (im November 2008) pflegt Nacke die kirchliche Lobby-Legende des Gemeinwohls und es wird deutlich, in welchen Gremien er noch tätig ist: „Insgesamt habe die Kirche einen guten Stand in Rheinland-Pfalz, da sie fast überall auf Interesse und Offenheit stoße: 'Für unsere Anregungen sind die gesellschaftlichen Gruppen und Parteien und auch die Landesregierung immer sehr dankbar, auch wenn sie nicht allen unseren Anregungen immer voll zustimmen.' Die 'kooperative, politische Praxis auf Landesebene' empfinde er als sehr dienlich für die Menschen, sagt Nacke. Er ist außerdem noch in zahlreichen weiteren Beiräten und Kuratorien vertreten, etwa im Arbeitsmarktbeirat, dem Landesjugendhilfeausschuss, dem Kuratorium der Universität Mainz und dem Vorstand des Landesfilmdienstes. Auf Bundesebene ist Nacke seit 2004 als Sprecher der Arbeitsgemeinschaft der Träger Katholischer Fachhochschulen (ATKF) engagiert."

Anlässlich der Verabschiedung von Bernhard Nacke, nach 17 Jahren als Leiters des Kommissariats (20.1.2014), ist Bischof Karl Kardinal Lehmann des Lobes voll.

Und was macht Bernhard Nacke jetzt? Bereits zum 1. März 2013 hat er die Aufgabe als Beauftragter der rheinland-pfälzischen Landesregierung für ehrenamtliches Engagement übernommen. Vom Kirchendienst in den Staatsdienst, ehrenamtlich.

◻ *Dieter Skala:* Seit November 2013 ist er als Ordinariatsdirektor Leiter des Katholischen Büros in Mainz. Er ist dort seit 1997 als pädagogischer Referent tätig, seit März 2013 führte er das Büro kommissarisch.

Theologe und Historiker, Lehramt an Gymnasien. (Jg. 1960), Studium in Mainz, Referendariat in Kaiserslautern. 1990 bis 1997 Religionslehrer in Worms.

Anlässlich des St. Martinsempfang (7.11.2013) würdigte die Ministerpräsidentin Malu Dreyer „die Kirche in Rheinland-Pfalz als 'einflussreiche Stimme in der öffentlichen Wahrnehmung'. Sie dankte für 'den offenen und konstruktiven Dialog' mit der Landesregierung. Dreyer sagte, sie sei froh, dass die katholische und die evangelische Kirche in Fragen der Demografie mit der Landesregierung kooperierten. Die Kirchen hätten 'ein großes Potenzial, die Fragen der Gesellschaft im demografischen Wandel gut zu bearbeiten', sagte die Ministerpräsidentin. Sie beglückwünschte Dieter Skala zu seiner neuen Aufgabe. Die Landesregierung freue sich darauf, die langjährige vertrauensvolle und kooperative Zusammenarbeit mit ihm als neuem Leiter des Katholischen Büros fortzusetzen."

Ja, das stimmt, die „langjährige vertrauensvolle und kooperative Zusammenarbeit" zwischen katholischer Kirche und Landesregierung, egal, welche Partei den Ministerpräsidenten stellte, katholisch sind sie allemal.

*Evangelisches Büro.* Eine Besonderheit ist, dass die drei Landeskirchen (Pfalz, Rheinland und Hessen-Nassau) ein gemeinsames Büro mit dem Diakonischen Werk Rheinland-Pfalz eingerichtet haben. Die Adresse ist Große Bleiche 47 in Mainz. Das sind, in gerader Linie, 400 Meter zum Platz der Mainzer Republik, wo sich sowohl der Landtag wie die Staatskanzlei befinden. Das ist exakt die gleiche Entfernung, die das Büro auch vorher schon, vor seinem Umzug von der Rheinstraße 101 zu Landtag und Staatskanzlei hatte.

☐ *Dr. Jochen Buchter:* Theologe (Jg. 1945), von Juli 1989 bis zu seiner Pensionierung im Juni 2010, also 21 Jahre, Beauftragter der evangelischen Kirchen im Land Rheinland-Pfalz. Er war vorher Landespfarrer für die Polizeiseelsorge der evangelischen Kirche im Rheinland. Eine kleine Episode aus dem Jahr 1989 verdeutlicht, warum man keine Universitätstheologen als Beauftragte einsetzt – die durchaus zum Fabulieren neigen –, sondern Theologen aus der politischen Praxis.

Es geht um eine Anhörung des Innenausschuss des Landtags von Rheinland-Pfalz (am 22.8.1989) über eine Änderung des Polizeigesetzes zum „Todesschuss" oder wie er von den Befürwortern genannt wird, „Rettungsschuss". Eingeladen sind auch ein Professor der Theologie und der damals noch als Landespfarrer für Polizeiseelsorge tätige Dr. Jochen Buchter, der den Todesschuss aus pragmatischen Gründen und einem „Kneippschen Wechselbad protestantischer Ethik" befürwortet. „Buchter sah bei einer Geiselnahme, bei der der Täter unannehmbare Forderungen stellt, nicht nur das Recht des Staates, 'sondern auch die moralische Pflicht, die Geisel durch einen Schuß auf den Täter aus ihrer lebensgefährlichen Lage zu befreien, auch wenn dabei mit an Sicherheit grenzender Wahrscheinlichkeit der Tod des Täters eintritt'. Er halte es für eine Frage der Glaubwürdigkeit und der Ehrlichkeit, 'das Kind beim Namen zu nennen und diese ultima ratio (den Todesschuß, Red.) auch in das Polizeigesetz zu schreiben'."

Die verschiedenen Facetten einer solchen Tätigkeit als Kirchenpolitiker in Rheinland-Pfalz ziehen sich durch die Jahre: Kindertagesstätten (1999), Weltkulturerbe (2002), Sozialfonds (2008), „Exportartikel" (2012)...

Zu den Kindertagesstätten gibt es im Frühjahr 1999 ein Spitzengespräch beim Ministerpräsidenten. Bei diesem Gespräch wurde beschlossen, die freien Träger von Kitas von 1999 bis 2001 um jährlich jeweils 15 Mio. DM zu 'entlasten'. Es entsteht die Frage, ob die Kirchen gleichsam mit der Autorität einer staatlichen 'Mittelbehörde' agieren, da sie direkt mit den Kommunalen Spitzenverbänden verhandeln und gemeinsam ein Controllinginstrument zur Evaluation entwickeln.

Es heißt dann abschließend: „Dieses Controllinginstrument [...] wurde von einer Arbeitsgruppe der katholischen Bistümer und der evangelischen

Landeskirchen, des Städtetages und des Landkreistages unter Beratung des Ministeriums für Kultur, Jugend, Familien und Frauen verfasst. Die Landesregierung hat hiervon zustimmend Kenntnis genommen [...]." Es folgen die Unterschriften von Dr. Jochen Buchtner (Ev. Büro), Bernhard Nacke (Kath. Büro), Burkhard Müller (Landkreistag) und Dr. Gunnar Schwarting (Städtetag).

Wie engagiert die Beauftragten sich für die kommunale Vernetzung 'vor Ort' engagieren, darauf verweist (2002) der 'kirchliche Schweinsgalopp', unter das Dach des „Weltkulturerbe Mittelrhein" zu kommen.

Die Landesregierungen von Rheinland-Pfalz und Hessen hatten Ende 2000 bei der UNESCO in Paris für das Mittelrheintal das Gütesiegel eines „Weltkulturerbes" beantragt. Im Frühsommer 2002 bekommen die Beauftragten die Information (von dem für das Anerkennungs-Verfahren zuständigen Kultur-Staatssekretär), dass diese Anerkennung als nahezu sicher gilt. Es wird also Zeit und vierzehn Tage vor der UNESCO-Entscheidung, die das Mittelrheintal als „Weltkulturerbe" anerkennt, kommen Kirchenvertreter zusammen, um sich gemeinsam „für den Erhalt und die Weiterentwicklung der religiösen Dimension ihrer Kulturlandschaft" zu engagieren. Eingeladen dazu hatten die beiden kirchlichen Büroleiter.

Es wird eine Arbeitsgruppe aus Fachvertretern der Diözesen und Landeskirchen gebildet, die ökumenische Pilgerführer, Veranstaltungskalender und eine Internetseite entwickeln sollen. Und die Kirchen gehen in Schulterschluss mit den Kommunen und den Bürgervereinen vor Ort.

Mit der Wirtschaft des Landes wird zwar primär Wein und Sekt verbunden, aber der Industrieanteil der Exporte ist höher als im Bundesdurchschnitt. Und es gibt einen speziellen 'Exportartikel', was allerdings nicht ganz so bekannt ist, aber anlässlich des 50-jährigen Jubiläums (September 2012) deutlich wurde: den evangelischen Staat-Kirche-Vertrag. „Als 'Exportschlager deutschen Rechts' hat der Trierer Verfassungs- und Kirchenrechtler Gerhard Robbers das System der Staatskirchenverträge bezeichnet. Die Verträge seien Ausdruck religiöser Pluralität und Freiheit, die sich auch auf nichtchristliche Religionsgemeinschaften ausgeweitet hätten."

□ *Dr. Thomas Posern:* Pfarrer (Jg. 1954). Studium der Theologie und Philosophie in Mainz und München, Stipendiat der hessischen Lutherstiftung, 1986 bis 1997 Gemeindepfarrer in Wiesbaden, hatte er dann verschiedene innerkirchliche Aufgaben und arbeitete seit 2001 im Zentrum für Evangelische Verantwortung der EKHN. Seit Juli 2010 ist er der Beauftragte der Evangelischen Kirchen im Land Rheinland-Pfalz.

Kurz nach den Feierlichkeiten zum 50-Jahre-Schulterschluss, spricht der Beauftragte zum Jahresempfang der Evangelischen Kirche im Hochtaunus. Sein Thema lautet: „Was hält unsere Gesellschaft zusammen?" Dazu sagt er u. a.: „Dabei möge uns auch das schöne Wort aus Gal 5,1 beflügeln, in dem es heißt: 'Zur Freiheit hat uns Christus befreit' – mit diesem Wort von der Freiheit und seiner biblisch völlig eindeutigen Bindung an Gerechtigkeit und Solidarität können wir die Aufgaben angehen, die vor uns liegen, ganz befreit von dem Leistungsdruck und der Angst, ob wir das alles aus eigener Kraft schaffen können. Wir tun alles, was wir können – und legen in Gottes Hand getrost alles, was wir in unserer Schwachheit und Begrenztheit nicht können. Eine solche Haltung mag auch die Welt und unsere Gesellschaft zusammenhalten."

☐ *Institutionalisierte Kontakte.* Neben den Kontakten auf der ministeriellen 'Arbeitsebene', der Alltagsaufgabe des evangelischen Beauftragten, gibt es regelmäßige Kontakte auf „höchster Ebene".

Die Treffen der evangelischen Kirchen mit dem rheinland-pfälzischen Ministerrat „haben eine gute Tradition". Das sind dann die Gelegenheiten, wo man sich gegenseitig 'in die Tasche lügt'. So hieß es (2006) zum Mitgliederrückgang der evangelischen Kirche: „Einigkeit herrschte zwischen Kirchen und Ministerrat, dass trotz des Mitgliederrückgangs – hervorgerufen durch den demografischen Wandel – das sozial-diakonische Engagement der Kirchen auch in Zukunft gesichert werden müsse."

Der demografische Wandel dürfte die geringste Ursache für das stärker werdende Desinteresse an der evangelischen Kirche sein. Aber es ist ja einen Trost, hatte doch zuvor der Kirchenpräsident der Pfalz die Landesregierung gelobt: „Die Politik der Landesregierung im Bereich der Kindertagesstätten ist in unseren Augen im Bundesmaßstab einfach vorbildlich."

So geht es durch die Jahre, man ist gemeinsam gegen Rechtsextremismus und Armut und erfüllt sich gegenseitig kleine Wünsche. Der Reformationstag wird 2017, so versicherte es Ministerpräsidentin Malu Dreyer (bei dem Treffen im Mai 2013), einmalig ein gesetzlicher Feiertag. „Kirche und Politik: „Konsens in vielen Bereichen". Und (im Juni 2014) betont die Ministerpräsidentin: „Vertrauensvolle Zusammenarbeit wird fortgesetzt. [...] Durch den ständigen Dialog auf verschiedenen Ebenen zwischen den Kirchen und der Landesregierung sind immer wieder einvernehmliche Lösungen möglich."

Des Weiteren gibt es (im Juni 2014) zum siebten Mal den Parlamentarischen Abend der evangelischen Landeskirchen, zu dem auch die katholische Ministerpräsidentin zu erscheinen hat.

Der neue Beauftragte Posern 'tritt auf's Gaspedal' weiterer Vernetzung: „Evangelische Kirche und Gewerkschaft fordern Reform des Arbeitsmarktes" (April 2013). Ab Juni 2013 geht es hinaus auf's flache Land, die Wahlkreise der Landtagsabgeordneten besuchen und Kontakte zwischen Kirche und Politik auch vor Ort zu intensivieren.

Und gibt es noch gesellschaftliche Organisationen, mit denen man bisher noch nicht kooperiert hat? Ja natürlich, die Götter des Fußballs und des Sports. Das wird im Oktober 2013 begonnen.

Ende Januar 2014 wird eine weitere, vierte, Kirche-Staat-Kontaktschiene bekannt: „Fraktionen treffen Kirchen – Gespräche über gesellschaftspolitische Fragen in Mainz". „Die offenen und konstruktiv verlaufenden Gespräche sollen künftig regelmäßig stattfinden."

Aber auch in Rheinland-Pfalz 'klopft die Säkularisierung an die Tür': die Mitgliederzahlen sinken, die Kirchenbindungen der Mitglieder werden schwächer – also braucht es neue 'Verankerungen', nicht an der Basis, politikbezogene Netze von Funktionseliten werden gestärkt.

Wenn sich die Spitzenfunktionäre von Staat, Parteien, Sport, Gewerkschaften und Kirchen in Rheinland-Pfalz schon so „offen und konstruktiv" 'in den Armen liegen', wie sieht es dann in dem noch katholischeren, neben Rheinland-Pfalz liegenden Saarland aus?

## 3.5.10. Saarland / Saarbrücken

Von der Bevölkerung sind 62 Prozent römisch-katholisch, 19 Prozent evangelisch und 19 Prozent „Sonstige". Falls jemand gemeint haben sollte, Bayern wäre das 'katholischste' Bundesland, der irrt, dort sind nur noch 54 Prozent der Bevölkerung katholisch.

Im Saarland ist man so katholisch, dass sogar die Sozialisten in der Kirche sind – in der katholischen Kirche. Oskar Lafontaine, der „Saar-Napoleon", war von 1985 bis 1998 Ministerpräsident des Saarlandes, 2005 bis 2009 einer der Fraktionsvorsitzenden der Linksfraktion im Bundestag und 2007 bis 2010 einer der beiden Parteivorsitzender der Partei Die Linke. Er ist römisch-katholisch getauft, besuchte als Schüler ein katholisches Internat (das Bischöfliche Konvikt in Prüm/Eifel) und studierte als Stipendiat des bischöflichen Cusanuswerks in Bonn und Saarbrücken Physik.

Es ist eine Situation, in der es die Evangelischen nicht unbedingt einfach haben. Eine Schilderung 'vor Ort': „Gut katholisch sein und ausgiebig feiern bei Rostwurst, Bier und Blasmusik gehören im Saarland untrennbar zusammen. Selbst unter der Woche vergeht kein Tag im 'Land der Griller und Schwenker', an dem nicht irgendwo ein Volksfest stattfindet. Wie das Familienfest 'Auf Höchsten' in Lebach-Dörsdorf im Kreis Saarlouis, wo sich an einem sommerheißen Augustvormittag auf einer Anhöhe nach der heiligen Messe an der Wallfahrtskapelle die Menschen an Wurstbuden und Bierständen drängeln. Eine Kapelle mit Pensionären in Bergmannsuniform bläst dazu die alten Weisen. Und wie es sich unter gläubigen Saarländern gehört, gehen die Einnahmen des Schlemmerfestes natürlich 'an die Mission'."

Die beiden Kirchenlobbyisten sind häufig gemeinsam aktiv. Zu den Aktionen der Ökumenischen Koalition zählt vorrangig die Betreuung der Bergleute. Die Kirchen, insbesondere die katholische Kirche, ist mit dem Bergbau verwoben: durch Wallfahrten, Traditionsverbände, gesegnete Fahnen – die Arbeit der Bergmänner ist trotz moderner Technik immer noch riskant – und da war es 'unter Tage' beruhigend, einen Schutzpatron über sich 'zu wissen'.

In eben diesem Jahr 2012, sechs Wochen vor Schließung des letzten Förderschachts, pilgern 1.200 Bergleute – voran, in 'vollem Wichs', eine uniformierte Bergmannskapelle und die Fahnen- und Standartenträger von mehreren Dutzend Vereinen aus dem Landesverband der Bergmanns-, Hütten- und Knappenvereine des Saarlandes – zur Heiligen-Rock-Ausstellung nach Trier. Kirchenrat Hofmann und sein katholischer Kollege Prälat Prassel sind mit dabei.

„Schon früh am Morgen hatten sich die Barbara-Bruderschaften und die Berg- und Hüttenarbeitervereine an der Porta Nigra getroffen um danach mit Musik und mit ihren traditionellen Fahnen und einer großen Figur der heiligen Barbara durch Trier zum Gottesdienst zu ziehen. Mit dabei auch die saarländische Ministerpräsidentin Annegret Kramp-Karrenbauer, DGB-Vorsitzender Eugen Roth, RAG-Werksleiter Friedrich Breinig, Klaus Hiery, Präsident der saarländischen Berg-, Hütten- und Knappenvereine und Martin Becker, stellvertretender Betriebsratsvorsitzender des Bergwerks Saar."

Also, die 'ganze große Familie': Heilige Barbara, Kirchen, Ministerpräsidentin, Gewerkschaften, Ruhrkohle AG und Traditionsvereine.

Als dieser Abschnitt der Geschichte des Saarlandes zu Ende ging – im Juni 2012 – waren auch die Kirchen 'an der Seite' der Bergleute: „Die Glocken vieler saarländischer Kirchen haben am Samstag um 20.15 Uhr zum Abschied vom Kohlebergbau im Saarland geläutet. Mit einem Festakt und einer abendlichen Mettenschicht wurde am 30. Juni 2012 auf dem Gelände der Grube Ensdorf das offizielle Bergbau-Ende im Saarland begangen."

Entsprechend haben die Kirchen zwei Sitze im Kuratorium des Fördervereins des Erbes der Bergleute *BergbauErbeSaar e.V.* Und ebenso finden sich Traditionsvereine, Staatskanzlei und die kirchlichen Beauftragten wieder zusammen, wenn es in den Folgejahren zu den zentralen Barbarafeiern geht.

Und wenn es im Februar 2014 heißt: „Hier wird Politik gemacht", ist es die Auftaktveranstaltung der Gesprächsreihe „Protestantische Profile treffen politische Positionen" des Evangelischen Büros Saarland zum Themenjahr „Reformation und Politik". Inhalt: „Nach der Besichtigung des Landtagsgebäudes geht es bei einem Frühstücksgespräch mit Landtagspräsident Hans Ley um das Thema 'Als Christ in der Politik'. Anmeldung erforderlich beim Ev. Büro Saarland."

Das Gespräch ist hochrangig und christlich korrekt besetzt, denn der langjährige Landtagspräsident Hans Ley ist nicht nur katholisch, sondern war Tholeyer Sängerknabe, arbeitete früher als Diözesanreferent der Christlichen Arbeiterjugend im Dienst des Bistums und ist, nach Darstellung der *Saarbrücker Zeitung* (2014), „seit Jahren Verbindungs- und Kontaktmann der Landesregierung zur katholischen Kirche".

Wie diese Ökumenischen Koalitionen sich erweitern lassen, dafür zwei Beispiele.

2012 schreiben das „Katholische Büro Saarland. Kommissariat der Bischöfe von Speyer und Trier" und „Der Beauftragte der Evangelischen Kirchen für das Saarland" zusammen mit dem Saarländischen Städte- und Gemeindetag an den damaligen Bildungsminister wegen der weiteren Finanzierung und Kostenübernahme von Kooperationsjahren in Kindergärten. Unterschrieben ist hierarchisch („Hierarchie" = Heilige Ordnung): zuerst der katholische Prälat, dann der evangelische Kirchenrat und schließlich Oberbürgermeister Klaus Lorig, als Präsident des Saarländischen Städte- und Gemeindetages.

2013 wird die 15. Aktion des „Autofastens" durchgeführt – man solle sein Auto stehen lassen und öfter öffentliche Verkehrsmittel benutzen –, getragen von den evangelischen Landeskirchen und den katholischen Bistümern wird die Aktion von den Landesregierungen und diversen Umweltschutz- und Fahrradverbänden unterstützt.

Diese Ökumenischen Koalitionen funktionieren offensichtlich wie automatisch und die Vizepräsidentin des Deutschen Bundestages, Katrin Göring-Eckardt (Bündnis90/DieGrünen), Präses der Synode der EKD, ist (2012) „begeistert von Saarbrücker Netzwerken".

*Katholisches Büro.* Seit Februar 1971 besteht das Katholische Büro Saarland, Kommissariat der Bischöfe von Speyer und Trier. Sitz ist in Saarbrücken, Ursulinenstraße 67 – immerhin 1,7 km vom Landtag entfernt und 1,4 km von der Staatskanzlei; bis zum Kultusministerium sind es sogar 2,8 km.

Von 1997 bis Oktober 2008 war Prälat Warnfried Bartmann Leiter des Kommissariats, seit Oktober 2008 ist es Prälat Dr. Peter Prassel.

□ *Warnfried Bartmann:* (Jg. 1932), 1957 zum Priester geweiht, Religionslehrer, Pfarrer, Regionaldekan, wird kurz nach seiner Amtsübernahme (er ist 65 Jahre alt) zum Päpstlichen Ehrenprälaten ernannt.

Es besteht ein gegenseitiges freundliches Einvernehmen. Anlässlich der Verabschiedung von Bartmann in den Ruhestand (Oktober 2008) erläutert der Trierer Diözesanadministrator Weihbischof Robert Brahm die Aufgaben des Katholischen Büros, betont das Primat der Politik, behauptet, dass die Kirchen viele Einrichtungen 'unterhalten', und verweist schließlich auf die großen Themen der Landespolitik: „Diese kirchliche Einrichtungen seien, wie andere auch, auf eine 'auskömmliche' Finanzierung angewiesen. Hier habe das Katholische Büro die Aufgabe der Lobbyarbeit. Gleichzeitig stehe es für christliche Werte, wie die Würde des Menschen oder die großen Themen Gerechtigkeit, Frieden und Bewahrung der Schöpfung. Hier sei es die Aufgabe Anwalt zu sein. Dabei gehe es sehr schnell auch um heiß umstrittene Politikthemen wie Sterbehilfe, Stammzellenforschung, Chancengerechtigkeit oder Klimawandel."

Ministerpräsident Peter Müller ist voll des Lobes und überreicht dem Geehrten ein besonderes Geschenk: „Als kleines Dankeschön für die Verdienste, die sich Bartmann in den letzten elf Jahren um das Saarland erworben habe, überreichte der Ministerpräsident gleich zwei Flaschen des äußerst seltenen 'Kabinett-Weines', zu dem die Ministerrunde selbst die Trauben gelesen hatte. 'Unserem Bundespräsidenten haben wir nur eine Flasche geschenkt', betonte Müller den Grad der Wertschätzung. Den neuen Leiter Monsignore Prassel begrüßte der Regierungschef als 'global player', der gut zum weltoffenen Saarland passe, und versprach gute Zusammenarbeit.

□ *Dr. Peter Prassel:* Priester (Jg. 1950), Rheinländer. Er war vor seiner Ernennung zum Leiter des Katholischen Büros (als Monsignore) 2002 Leiter des Auslandssekretariat der Bischofskonferenz, ist seit 2008 Leiter des Katholischen Büros im Saarland, und seit 2010 Prälat.

Zum Willi-Graf-Empfang des Katholischen Büros erscheinen natürlich der Landtagspräsident und die Ministerpräsidentin.

Es bleibt auch Zeit (2014), in Stellvertretung des Bischofs, Lehrerinnen und Lehrern die Missio Canonica für den katholischen Religionsunterricht zu überreichen oder im (2015) neu geschaffenen Medienrat der Landesmedienanstalt die katholische Kirche als stellvertretendes Mitglied zu vertreten.

*Evangelisches Büro.* In der Ökumenischen Koalition ist die evangelische Kirche der Juniorpartner. Was in der Politik geht, geht auch unter Kirchen. Doch ganz so dramatisch ist es nun auch wieder nicht. Zwar ist die Ministerpräsidentin Anne Kramp-Karrenbauer (CDU) nicht nur katholisch und Mitglied im Zentralkomitee der deutschen Katholiken, ebenso wie der SPD-Spitzenpolitiker Heiko Maas katholisch (und seit November 2013 Bundesjustizminister) ist – aber der Bildungsminister Ulrich Commerçon (SPD) ist evangelisch, sogar sehr evangelisch: „Am 12. Oktober [2014] predigt der saarländische Bildungsminister Ulrich Commerçon (SPD) in einem Radiogottesdienst aus der Martinskirche in Köllerbach über das Thema 'Die Jugend recht bilden ist etwas mehr als Troja erobern'." Er ist zudem seit Oktober 2012 berufenes Mitglied der Landessynode der Evangelischen Kirche im Rheinland.

Und wenn die Welt einmal aus den katholischen Fugen geraten könnte, wie bei der Frage der Homo-Ehe, rückt das die Ministerpräsidentin wieder zurecht. „Wenn wir diese Definition öffnen in eine auf Dauer angelegte Verantwortungspartnerschaft zweier erwachsener Menschen, sind andere Forderungen nicht auszuschließen: etwa eine Heirat unter engen Verwandten oder von mehr als zwei Menschen. Wollen wir das wirklich?"

Das ist starker Tobak, gleichgeschlechtliche Ehen mit Inzest oder Polygamie in Verbindung zu bringen.

□ *Frank-Matthias Hofmann:* Pastor (Jg. 1959), Pfälzer, Studium in Norddeutschland und den Niederlanden, wurde 1989 Gemeindepfarrer in Ludwigshafen. Seit 2006 Kirchenrat und Beauftragter der Evangelischen Kirchen im Saarland bei Landtag und Landesregierung, 2014 auf weitere acht Jahre in diesem Amt bestätigt.

Das Büro des evangelischen Beauftragten befindet sich in Saarbrücken, Am Ludwigsplatz 11. Von dort bis zum Landtag sind es 750 m. Auf dem Ludwigsplatz steht, wie der Name sagt, die Ludwigskirche und wenn man an der vorbei geht, liegt die Staatskanzlei des Saarlandes direkt gegenüber dem evangelischen Büro, keine 100 m entfernt.

In einem Portrait skizziert der *Saarkurier* (2011) das Selbstverständnis von Kirchenrat Frank-Matthias Hofmann: „An der Nahtstelle zur Politik betreibt er Lobbyarbeit für eine Kirche, deren 'Loyalität Jesus Christus gehört'. Die Kirche müsse dem Staat ein verlässlicher Partner sein und gemeinsam mit ihm für eine menschliche und gerechte Gesellschaft eintreten, sagt Hofmann, der 2006 seinen Dienst als 'Beauftragter der Evangelischen Kirchen im Saarland am Sitz der Landesregierung in Saarbrücken' angetreten hat. [...] In Zeiten der Sparzwänge sei kirchliche Lobbyarbeit kein leichtes Unternehmen. Dennoch sei es beispielsweise gelungen, den neuen saarländischen Krankenhausplan zugunsten einer kirchlichen Trägervielfalt zu beeinflussen. 'Als Kirche haben wir die Aufgabe, in den grundlegenden ethischen Fragen das Gewissen zu schärfen und für die Schwachen und Stummen unsere Stimme zu erheben', sagt der 52-Jährige, der von 1989 bis 2006 Gemeindepfarrer in Ludwigshafen war. [...] 'Den Finger in die Wunde legen, aber nicht so tun, als wären wir die Lehrmeister der Nation', ist Hofmanns Überzeugung. Als Beauftragter müsse er 'auch mal das Gras wachsen hören', viele Gespräche 'zwischen Tür und Angel' führen, Lobbyarbeit betreiben, beispielsweise, um Zuschüsse für kirchliche Arbeit zu sichern."

‚Alleingänge' außerhalb der ökumenischen Koalition haben allerdings gewisse Tücken. Im Jahr 2007, also erst kurz im Amt, hatte Kirchenrat Hofmann beim Landtag angefragt, ob dort nicht ein „Raum der Stille" eingerichtet werden könne. Grüne, SPD und Piraten sind bereit, darüber zu diskutieren, CDU und Linke – ein seltener politischer Gleichklang – lehnen das ab. „Tobias Hans, CDU-Geschäftsführer im Landtag, sagte, grundsätzlich sei es sicherlich richtig, im zeitweise sehr hektischen Tagesbetrieb die Möglichkeit zu bieten, innezuhalten. Dennoch lehnte Hans einen Andachtsraum im Landtag ab. 'Im Saarland sehe ich keinen Bedarf für einen solchen Raum. Alle 51 Abgeordneten fahren am Abend nach Hause, können dort, oder in Saarbrücken, jederzeit beispielsweise in eine Kirche gehen', erklärte Hans. Zudem gebe es im Landtag keinen Raum, der über die notwendige würdevolle Ausstattung verfüge."

Auch die Linksfraktion lehnt einen 'Raum der Stille' ab und verweist darauf, dass 'in fußläufiger Entfernung vom Landtag Gotteshäuser sind, die aufgesucht werden können'."

Merke: Lobbyismus geht nur, wenn die Angesprochenen es auch wollen. Ansonsten geht gar nichts.

### 3.5.11. Baden-Württemberg / Stuttgart

In Bundesländern wie Baden-Württemberg – und auch in Bayern, NRW, Rheinland-Pfalz und im Saarland – könnte man sich fragen, warum es überhaupt kirchliche Büros braucht. 36 Prozent der Bevölkerung sind Mitglied in der katholischen Kirche, 32 Prozent in der evangelischen und 32 Prozent werden unter „Sonstige" subsumiert.

Ministerpräsident Winfried Kretschmann, MdL/Die Grünen – ein „grüner Schwarzer", wie es heißt, also katholisch – ist Mitglied im Zentralkomitee der deutschen Katholiken (ZdK) und im Diözesanrat der Erzdiözese Freiburg. Während seines Studiums war er Korporierter in der katholischen Studentenverbindung *Carolingia* Hohenheim.

Landtagspräsident Guido Wolf, MdL/CDU, aufgewachsen in einer katholisch geprägten Kaufmannsfamilie, ist Burschenschafter einer schlagenden Verbindung. Bei der Übergabe des „Friedenslichts" der Vereinigung Christlicher Pfadfinder im Landtag sagte er: „Das Friedenslicht setzt ein Zeichen der Solidarität, indem es jene Dunkelheit erleuchtet, die durch Intoleranz, Hass, Gewalt und Krieg über den Menschen liegt. Gleichzeitig weist es auf die Geburt Jesu hin und spendet so Hoffnung."

Landtagsvizepräsidentin Brigitte Lösch, MdL/Die Grünen, ist berufenes Mitglied der Synode der Evangelischen Landeskirche Württemberg (Fraktion / Ev. Vereinigung der Offenen Kirche) und Stiftungsmitglied in der Samariterstiftung *Zeit für Menschen* – einer der großen Anbieter sozialer Dienstleistungen – im Diakonischen Werk.

Neben dem christlichen Spitzenpersonal ist auch noch etwas anderes zu erwähnen, eine – um es mit militärischen Kategorien zu benennen – christliche Aufrüstung im Politikbereich, genauer, im Landtag zu Stuttgart.

Im 28. Jahrgang erscheint der *Landtagsspiegel 2014 – Landtag Baden-Württemberg*, eine Art Selbstdarstellung mit vielen Informationen zu den Abgeordneten, der politischen Arbeit etc. Berichtet wird auch auf mehreren Seiten über politisch wichtige Termine. Darunter auch zwei Veranstaltungen, die man dem Brauchtum zurechnen müsste und die somit wohl schon seit 'ewigen Zeiten' gepflegt werden. Das trifft jedoch nicht zu. Die Tanne zur „Advents- und Weihnachtszeit" im Foyer des Plenarsaals wird dort erst seit dem Jahr 2000 platziert, und erst seit 2010 überbringen die christlichen Pfadfinder ihr „Friedenslicht aus Bethlehem".

Also, wie im Bundestag und bei der Bundesregierung, Facetten der Re-Evangelisierung in Staatsgebäuden.

Die herzliche Verbundenheit zwischen Landesregierung, Landtag und Kirchen zeigt sich auch in dem bereits erwähnten offiziellen „Landtagsspiegel", in dem der Landtag seine Arbeit vorstellt – die Finanzen, Fraktionen, Abgeordneten, Ausschüsse etc. –, und (2014) auch die „Seelsorger und Brückenbauer zwischen Kirche und Politik", die freundlich lächelnd nebeneinander sitzen. In dieser offiziellen Publikation werden die beiden Kirchenpolitiker dargestellt, als seien sie Teil der Struktur des Landtages und damit Teil des Staatsaufbaus. Das sind klare Grenzüberschreitungen.

Das ist immerhin beachtlich, wenn man bedenkt, dass in Deutschland Staat und Kirche getrennt sind. Inwiefern es sich dann auch um eine „hinkende Trennung" handelt, wird dann gleich anfangs im Text deutlich. Da geht es nicht um Sachinformation, sondern um Emotionen: „Im Rosengartenzimmer, einem kleinen Raum neben dem Plenarsaal im Kunstgebäude, wird jeweils am zweiten Plenartag eine ökumenische Andacht angeboten. Regelmäßig nehmen Abgeordnete daran teil, aber auch Mitarbeiterinnen und Mitarbeiter der Landtagsverwaltung. Vielen ist das ein Bedürfnis. Der Raum ist meist gut gefüllt, wenn Steinbrecher und Neudecker die Andachten gemeinsam leiten. Auf einem Tisch steht eine brennende Kerze, Orgelmusik dringt durch den Raum, es wird gesungen und gebetet, bei Schriftlesung, Ansprache und Segen sollen die Gäste Kraft und Orientierung holen."

Die 'Anstifter' dazu kommen u.a. aus der SPD, wie Ingo Rust, Staatssekretär im Ministerium für Finanzen und Wirtschaft, seit 2006 kirchenpolitischer Sprecher der SPD-Landtagsfraktion und Mitglied des Kuratoriums der *Stiftung Jugend-Bibel-Bildung des Evangelischen Jugendwerks Württemberg*.

In Nachfolge der Berliner Sammlung von Politikern und der von ihnen geschätzten Bibelstellen, gibt es eine derartige „Abgeordnetenbibel" auch für Landtagsabgeordnete Baden-Württembergs und ihre Bibelstellen.

Die Ausgangsthese der beiden Kirchenpolitiker ist recht keck und hundertprozentig enggeführter Lobbyismus: „Nach welchen Kriterien sollen denn Politiker Gesetze machen, die das Zusammenleben der Menschen, die Solidarität in der Gesellschaft, den Umgang mit Geld oder die Bewahrung der Natur und der überlebenswichtigen Ressourcen positiv regeln? Diese Ziele, die unterschiedlich akzentuiert in allen Parteiprogrammen oder Grundsatzerklärungen zu finden sind, haben ihre Wurzeln in der biblischen Überlieferung." Belege dafür werden nicht genannt. Wie auch?

Insgesamt 83 der 138 Landtagsabgeordneten geben sich öffentlich – auf der Internetseite ist oben das Staatswappen gesetzt – als Christen zu erkennen. Sie haben nicht nur eine Bibelstelle ausgewählt und das mehr oder minder ausführlich begründet, sondern tragen das auch noch in einem Video-Clip persönlich vor. Da geht es dann um Güte, Mitmenschlichkeit und Fröhlichkeit. Sachfragen? Keine.

*Katholisches Büro.* Seit dem 1.9.1974 besteht das Katholische Büro Stuttgart in der Stafflenbergstraße 14. Neben dem Leiter arbeitet im Büro noch ein Jurist, mit einem gemeinsamen Sekretariat.

Leiter waren u. a. von 1996 bis November 2004 Prälat Paul Kopf, von November 2004 bis Mai 2013 war es Prälat Dr. Bernd Kaut, seitdem ist es Dr. Gerhard Neudecker.

□ *Paul Kopf:* Historiker (Jg. 1930), Dekan in Ludwigsburg und Bistumshistoriker. Das *Konradsblatt* zitiert anlässlich des 'Stabwechsels' im Katholischen Büro in Stuttgart Bischof Fürst, der sagte, Kopf sei „ein Vertreter und Garant der christlichen Anliegen", der sein Amt ehrte, „durch gewissenhafte Pflichterfüllung an der Seite meines Bischofs".

Die damalige Kultusministerin Anette Schavan charakterisiert Kopf als „Vermittler", „Brückenbauer" und „Aufklärer".

□ *Dr. Bernd Kaut:* Priester (Jg. 1946), war fünf Jahre lang Leiter der deutschen katholischen Gemeinde in Washington, D.C./USA, 1979 bis 1982 Referent für Afrika und Missionsfragen der Deutschen Bischofskonferenz, 1982 bis 1992 Generalsekretär des katholischen Hilfswerks *missio*. 1997 erhält er das Bundesverdienstkreuz. Sein „Lebenslauf erlaubte es ihm, sowohl Suaheli wie Schwäbisch zu lernen" (Bischof Fürst).

Der Festakt seiner Verabschiedung fand – ebenso wie bei seinem Vorgänger Kopf – in der Lobby des Landtages statt.

□ *Dr. Gerhard Neudecker:* Jurist und Kirchenrechtler (Jg. 1964), arbeitete vor seiner Ernennung als Pfarrer in Reutlingen und war 2005 bis 2011 stellvertretender Leiter des bischöflichen Gerichts (Offizialat) der Diözese Rottenburg-Stuttgart. Seit Mai 2013 Leiter des Büros.

*Verbindungsbüro zum Verband Region Stuttgart.* 1994 wurde durch ein Landesgesetz der politische Verband Region Stuttgart geschaffen, mit einer direkt gewählten Regionalversammlung. In der Region werden rund 30 Prozent der Wirtschaftsleistung Baden-Württembergs erbracht. In 179 Städten und Gemeinden leben rund 2,7 Millionen Menschen und neben dem Wirtschaftsstandort besteht auch kulturell „eine hochkarätige und vielfältige Lebenswelt".

1998 zog die katholische Kirche mit der Gründung eines Regionalbüros in Stuttgart parallel. Als regionale Basis besteht dafür seit 1999 eine „Kooperationsgemeinschaft der katholischen Dekanate im Raum Stuttgart". Die Verbindungsstelle hat ihren Sitz im Haus der katholischen Kirche in der Stauffenbergstraße 3. Der Landtag ist 400 m entfernt.

Auf Initiative der Kirchen wurde zudem ein ökumenisches „Dialogforum" begründet. Aufgabe ist es, wie auch bei den katholischen Büros, die Kirchen als 'Akteur' im politisch-gesellschaftlichen Kontext präsent zu halten, sei es durch Veranstaltungen, Vorträge oder Stellungnahmen.

*Evangelisches Büro.* Diese christlichen Aktivitäten dürfen aber nicht darüber hinwegtäuschen, dass der Evangelische Beauftragte ganz konkrete Aufgaben hat, kirchliche Interessen in der Gesetzgebung unterzubringen, und zwar für zwei Landeskirchen. Beamtenrechtlich ist es eine „Landeskirchliche Sonderpfarrstelle".

Die Dienststelle des „Beauftragten der evangelischen Landeskirchen in Baden und Württemberg bei Landtag und Landesregierung, Stuttgart", kurz: Evangelisches Büro, befindet sich in der Friedrichstraße 10. Zum Landtag ist es eine Strecke von 1,1 km.

Beauftragter 2001 bis 2010 war Kirchenrat Wolfgang Weber, seit 2011 ist es Kirchenrat Volker Steinbrecher.

Die kirchlichen Büros werden als einzige nicht-parlamentarische Organisationen im Handbuch des Landtages genannt und haben das Recht, an allen Landtagssitzungen teilzunehmen.

◻ *Wolfgang Weber:* Theologe (Jg. 1947). Studium in Heidelberg und Basel, Gemeindepfarrer, 1982 Landeskirchlicher Beauftragter für die Seelsorge an Aussiedlern, Ausländern und Flüchtlingen im Kirchenamt (dem Evangelischen Oberkirchenrat) Karlsruhe, ab 1998 Mitarbeit in der Kommission des Rates der EKD für Ausländerfragen und ethnische Minderheiten. Seit Juli 2001 Beauftragter der beiden Landeskirchen in Baden-Württemberg bei Landtag und Landesregierung. In seine Amtszeit fiel unter anderem der neue Staat-Kirche-Vertrag von 2007, der die Beziehungen zwischen den beiden Kirchen und dem Land Baden-Württemberg regelt. Wolfgang Weber starb überraschend am 4. November 2010.

□ *Volker Steinbrecher:* Pastor (Jg. 1963 in Schleswig-Holstein), Studium der Theologie in Hamburg, kommt über seine Frau – eine Schwäbin – nach Baden-Württemberg und nach einer Zeit als Gemeindepfarrer von 2001 bis 2011 ist er Studienleiter an der Evangelischen Akademie Bad Boll sowie Sportbeauftragter der württembergischen Landeskirche.

Volker Steinbrecher bekundete eine „riesige Vorfreude" auf sein Amt und seine neuen Aufgaben: „Aktuell zum Beispiel in Sachen Bildung: 'Hier haben die Landeskirchen ein großes Interesse, dass auch in Zukunft religiöse und ethische Inhalte im Bildungsplan verankert sind. Gerade beim Thema Bildung werden die Kirchen auch gerne von der Politik gehört', weiß Steinbrecher zu berichten. Er glaubt, dass die Kirchen auf vielen Gebieten ein wichtiger Partner für die Politik sein können, etwa wenn es um soziale Fragen geht. Dabei möchte er Türen öffnen und nicht zuschlagen: 'Ich habe vor, Menschen zu überraschen und zu verblüffen, wie Kirche sein kann'."

Anlässlich seiner Amtseinführung, mit einem Gottesdienst in der Stuttgarter Schlosskirche, wird er auch vom Ministerpräsidenten Kretschmann beglückwünscht, der gleichzeitig klar macht, dass er von laizistischen Ideen (der Trennung von Staat und Kirche) überhaupt nichts hält: „'Je nach Anlass wünsche ich ihm dafür offene Ohren, versiegelte Lippen, ein weites Herz und einen wachen Geist.' Die Landesregierung sei dankbar dafür, dass ihr die Kirchen mit Volker Steinbrecher einen festen Ansprechpartner zur Verfügung stellten. 'Wir leben in einem säkularen, aber nicht laizistischen Staat miteinander und schätzen den partnerschaftlichen Dialog mit den Kirchen', so Kretschmann."

Anlässlich eines Empfangs im Landtag Baden-Württemberg drückt die Landtagsvizepräsidentin Brigitte Lösch (Grüne) nicht nur ihre Erleichterung darüber aus, dass das Evangelische Büro – nach 11 Monaten Vakanz – wieder besetzt ist, sondern wünscht Steinbrecher, als Vertreterin eines Staatsamtes, „Gottes Segen" und gutes Gelingen.

Und nicht zu vergessen: „Auch Ministerpräsident Winfried Kretschmann wird den neuen Kirchenbeauftragten bald näher kennen lernen. Die beiden haben sich schon zum Kaffeetrinken verabredet."

Fragen der politischen Positionierung der Evangelischen Kirchen begleiten Volker Steinbrecher bei seinen öffentlichen Auftritten. Die Diskussionen und Demonstrationen um „Stuttgart 21" haben Kerben geschlagen.

Im Herbst 2012 ist er gleich zweimal dazu Gast in Heidelberg. Ende Oktober geht es in der Universitätskirche Heidelberg um „protestantische Positionen". Im Dezember 2012 wollen die Evangelischen Studierenden der ESG an der Universität Heidelberg Genaueres darüber wissen, was Steinbrecher im Landtag tut. Im Januar 2014 kehrt er an seinen früheren Arbeitsplatz, die Akademie Bad Boll, zurück und führt, im Rahmen einer Tagung zur Lutherdekade „Reformation und Politik", ein Abendgespräch mit Mitgliedern des Landtags Baden-Württemberg. Es geht um die wieder neu gestellte Frage: Was kann die Gesellschaft und die Politik von der Kirche erwarten?

Auf die Frage der Mitarbeiterzeitschrift der Landeskirche Baden „Wann sollte sich Kirche politisch eher zurückhalten?" antwortet Steinbrecher (im April 2014) parteipolitisch diplomatisch, denn „Kirchliches Handeln ist immer politisch". Aber gleicher Abstand zu allen Parteien und: „Ich halte auch nichts davon, wenn Kirche tagespolitische Entscheidungen kommentiert, oder wenn Kirchenleitende meinen, dass sie die besseren Politiker seien. Politik erwartet, dass Kirche sich zu großen und wichtigen gesellschaftlichen Fragen äußert, dass sie Werte diskutiert und einbringt, aber sie wehrt sich gegen eine besserwisserische kirchliche Belehrungshaltung."

### 3.5.12. Bayern / München

Bayern ist mit 54 Prozent Katholiken zwar immer noch überwiegend katholisch, aber die Nicht-Christlichen (26 Prozent) sind mittlerweile häufiger als die evangelischen Kirchenmitglieder (20 Prozent).

*Katholisches Büro.* Seit dem 1.6.1993 besteht das Katholische Büro Bayern in München. Sitz: Dachauer Straße 50 in der Maxvorstadt. Im gleichen Gebäude befinden sich auch der Katholische Medienverband, die Katholische Frauenseelsorge, der Sozialdienst Katholischer Frauen und weitere Dienststellen des Ordinariats des Erzbistums. Der Stiglmaierplatz und der Löwenbräukeller sind nur 'über die Straße', zum Landtag (Maximilianeum) sind es 3,2, zur Staatskanzlei 2,2 km und zum Kultusministerium 1,5 km. Neben dem Leiter des Kommissariats (Theologe) arbeiten im katholischen Büro eine Juristin als Stellvertreterin, zwei Referenten und zwei Sekretärinnen.

Diese, in der alten Bundesrepublik zeitlich letzte Gründung eines Katholischen Büros, war Ausdruck der sich ändernden politischen Strukturen in Bayern. Zum einen sei der direkte Kontakt zur Landesregierung schwächer geworden, und in den 1990er Jahren begannen die Diskussionen zur Abschaffung des Bayerischen Senats, einer ständestaatlichen Zweiten Kammer neben dem Landtag, die von 1946 bis 1999 bestand. Von den 60 Mitgliedern wurden auch fünf Vertreter von den Religionsgemeinschaften ernannt und fünf weitere von Wohltätigkeitsorganisationen.

Von seiner Konzeption her wird das Katholische Büro bewusst klein gehalten und soll sich der bereits der seit langem in Bayern bestehenden Organisationen und Einrichtungen bedienen. Es hat vor allem Koordinierungsaufgaben.

Mit der Einrichtung des Katholischen Büros, die ja vergleichsweise recht spät erfolgte, ist, so kann man das sehen, die Besonderheit der „Ära der politischen Prälaten im Bayerischen Landtag" beendet worden.

Im Reichskonkordat von 1933 war den katholischen Priestern die politische Betätigung untersagt worden. Obwohl die Ausführungsbestimmungen dazu vom Papst niemals umgesetzt wurden, hielt man sich außerhalb Bayerns an diese Bestimmung, um keine Diskussion über das Reichskonkordat zu entfachen. Da der Freistaat Bayern ein eigenes Konkordat hat (von 1924), in dem es solche Bestimmungen nicht gab, wurde die Tradition der Zentrumspartei der Weimarer Republik, in der die katholischen Prälaten das Sagen hatten, in Bayern fortgesetzt.

☐ *Dr. Lorenz Wolf:* Jurist (Kirchenrechtler), Theologe (Jg. 1955) ist seit 2010 Leiter des Katholischen Büros. Studium in München, 1982 zum Priester geweiht.

Im August 2012 wurde er „für seine Dienste um das Gemeinwohl" mit dem Verdienstkreuz am Bande des Verdienstordens der Bundesrepublik Deutschland dekoriert. Diese Dienste beziehen sich auf die „vertrauensvolle Zusammenarbeit von Staat und Kirche" – in Bayern. Es ist allerdings überraschend, dass die Landesregierung des Freistaates Bayern, die doch immer so großen Wert auf ihr „Mia san Mia" legt, ihn nicht mit dem Bayerischen Verdienstorden dekoriert hat. Allerdings erhielt er 2014 die Bayerische Verfassungsmedaille in Silber.

Prälat Wolf übt u. a. folgende Funktionen aus: Leiter Katholisches Büro Bayern, München / Katholischer Schulkommissar in Bayern / Offizial der Erzdiözese München und Freising / Domdekan des Metropolitankapitels München / Rundfunkratsvorsitzender des Bayerischen Rundfunks / Mitglied im Stiftungsrat der Kirchlichen Stiftung „Katholische Bildungsstätten für Sozialberufe in Bayern" / Mitglied im Kuratorium der Hochschule für Philosophie, München / Mitglied der Akademieleitung und des Bildungsausschusses der Katholischen Akademie in Bayern, München / Mitglied im Beirat der Akademie für politische Bildung, Tutzing / Mitglied im Landesplanungsbeirat des Bayerischen Staatsministeriums für Wirtschaft und Medien, Energie und Technologie / Mitglied im Stiftungskuratorium der Stiftung Medienpädagogik Bayern. Eine enggeführte Kombination aus Kirche, Staat und Medien.

Allerdings muss er noch weitaus mehr innerkirchliche Aufgaben übernehmen, da Erzbischof Reinhard Kardinal Marx aufgrund seiner nationalen und internationalen Verpflichtungen häufig unterwegs ist.

*Evangelisches Büro.* Diese Dienststelle wurde 2002 geschaffen. Sitz ist das Landeskirchenamt, Katharina-von-Bora-Str. 11-13, in der Nähe zum Münchener Hauptbahnhof und Karlsplatz (Stachus).
□ *Dieter Breit* ist der „Beauftragte der Evangelisch-Lutherischen Kirche in Bayern für die Beziehungen zum Bayerischen Landtag und zur Staatsregierung sowie für Europafragen". Er hat etwas geschafft, was seinen Lobbyismus als erfolgreich darstellt: Trotz vielfacher öffentlicher Nennung seiner Tätigkeit ist er (bisher) noch nicht mit einem Artikel in der Online-Enzyklopädie *Wikipedia* bedacht worden.

In einer Publikation des Kirchenkreises München über die Regionalbischöfin Breit-Keßler steht nach einer längeren Darstellung ihrer Vita gleichsam als Fußnote: „Susanne Breit-Keßler, die leidenschaftlich gerne kocht und liest, ist seit 1998 mit Kirchenrat Dieter Breit verheiratet, ebenfalls Pfarrer der bayerischen Landeskirche."

Das Ehepaar spielt die bayerische Variante des familiären Amigo-Spiels. Während es im Norden Deutschlands eher heißt: „Ziehst du mich, schieb ich dich!", wird hier gespielt: „Steig ich auf, steigst du mit!" oder „Zieh ich weiter, kommst du mit!"

Bayern hat nur eine Landeskirche, deren geographische Ausdehnung zudem identisch ist mit dem Freistaat Bayern. Nicht ohne Grund hatte es seit 1949 keinen Beauftragten in München gegeben, wo zudem Kirchenleitung, Staatsregierung und Parlament ihren Sitz haben.

Im Januar 2002 war Breit Berichterstatter über ein Spitzengespräch der Kirchen und dem Landesvorstand der CSU, auf dem die Politiker auf die Kirchenlinie eines Verbots der Präimplantationsdiagnostik (PID) eingeschworen werden sollten. Mit dabei, das landeskirchliche Mitglied der Ethik-Kommission der Staatsregierung, Susanne Breit-Keßler.

Im Oktober 2003, nun bereits Politik-Beauftragter der Landeskirche, bewertet Dieter Breit den Sparkurs der Regierung zwar als „grundsätzlich richtig", es brauche aber eine „Folgenabschätzung". Kirche und Diakonie seien zur konstruktiven Mitarbeit bereit.

Das geht jetzt auch alles einfacher. Seine Ehefrau ist als Regionalbischöfin Mitglied der Kirchenleitung, als deren Beauftragter Breit nun agiert. Da kann sie ihm schon spätestens beim Frühstück sagen, was anliegt.

Dieter Breit ist in der Öffentlichkeit bei offiziellen Anlässen häufig mit einem evangelisch-lutherischen grauen Kollarhemd (mit Priesterkragen) zu sehen, ein Zeichen seiner Zugehörigkeit zum Klerus. Für einen evangelischen Pastoren zwar nicht normal, aber nicht ungewöhnlich. Im katholischen Bayern zudem als Positionierung eine klare optische Ansage.

Im Gottesdienst (zusammen mit Landesbischof Johannes Friedrich) zum Buß- und Bettag im November 2005 mahnt Breit klare Worte an, denn: „Unredliche Sprache in Wirtschaft und Politik [ist die] Hauptursache für Vertrauensverlust und Resignation in der Gesellschaft."

Ob solche Worte auf 'fruchtbaren Boden fallen', ist ungewiss, denn in einem Bericht – drei Wochen später – über „Gottes nette Handlanger" schreibt Max Hägler in der *taz* – anlässlich der Feier des 60. Geburtstages der CSU in der Mariahilf-Kirche in München –, dass Markus Söder (CSU-Generalsekretär, Jg. 1967, also damals 38 Jahre alt) vom Alter her auffiel: „Kinder sind nicht zu sehen, Zwanzigjährige auch nicht, beinahe der Jüngste ist wohl Markus Söder. Und vielleicht zeigt sein Verhalten den politischen Paradigmenwechsel an, den ein Generationswechsel mit sich bringt: Er ist der Erste, der zum Aufbruch aus der Kirche drängt, als der Segen gesprochen ist."

Zu den normalen Facetten der Tätigkeit eines landeskirchlichen Politikbeauftragten gehört auch die positive Kommentierung des Gesetzentwurfs zur Novellierung des bayerischen Bestattungsgesetzes, in dem vorgesehen ist, dass Fehlgeburten und Embryonen individuell bestattet werden können.

Und wenn der Landesbischof (im April 2007) mit der CSU-Landtagsfraktion über die Zukunft der Hauptschulen, den Ladenschluss u. a. m. spricht, dann darf Kirchenrat Dieter Breit nicht fehlen.

2008 war die Landeskirche elektrisiert, als im Juni eine Landesdelegiertenversammlung von Bündnis 90/Die Grünen einen Beschluss gefasst hatte, wonach alle religiösen Symbole aus der Schule verbannt werden sollen. Am 1. August fand eine Begegnung der Spitzenvertreter von Partei und Landeskirche im Landeskirchenamt statt. Als die Grünen die Möglichkeit einer 'Nachbesserung' zusagten, war man zufrieden. So berichtet es zumindest Ulrike Gote, MdL/Grüne, Landtagsvizepräsidentin und kirchenpolitische Sprecherin der grünen Fraktion, römisch-katholisch und Stipendiatin des katholischen Cusanuswerks.

Auf dem CSU-Parteitag 2008 war es für Kirchenrat Breit wieder angesagt, wie in einem Königsdrama von Shakespeare zu agieren, als „Drei Tote im Dom" saßen. „Zorn ist die Begierde, den Schmerz zu vergelten, sagt Kirchenrat Dieter Breit. Die Zornigen, an die das geistliche Wort gerichtet ist zu Beginn des CSU-Parteitags, sitzen in der ersten Reihe wie auf den Tod verfeindete Recken in einem Shakespeare'schen Königsdrama im Dom zu Canterbury. Edmund Stoiber stumm neben denen, die ihm seine Ämter genommen hatten und denen er nun ihre Ämter genommen hat: versteinert Erwin Huber, mit tränengeschwollenen Lidern Günther Beckstein. Politisch betrachtet hat jeder jeden umgebracht. Dazwischen, fast amüsiert, derjenige, der an den Ämtern schon gescheitert war und sie nun doch noch gewonnen hat: Horst Seehofer."

Grundsätzlicher wird es dann wieder, wenn – wie im November 2011 – in der Evangelischen Stadtakademie München der Frage nachgegangen wird: „'Hinkende Trennung' zwischen Staat und Kirche – Was muss sich ändern im Staatskirchenrecht?" Kirchenrat Breit trägt die Position der Landeskirche vor. Grotesk wird es bei der abschließenden Darstellung zu den Staatsleistungen und der Frage, warum diese Zahlungen bisher nicht abgelöst wurden. Erwähnt werden nicht die kirchlichen Drohungen an Parteien – die ich selbst erlebt habe –, dass es die Parteien reichlich Wählerstimmen kosten wird, wenn sie ihre Finger nicht davon lassen würden, sondern das Ganze wird wiederum ins Gegenteil verdreht, dass diese Tatsache ein „beachtliches Signal der Wertschätzung" für die Kirchen erkennen lasse.

Zu derartigen Positionierungen ist es dann passend, dass der Erweiterungsbau des Bayerischen Landtags (im Mai 2012) gleich doppelt gesegnet wird und für die Landtagsabgeordneten gebetet wird, „dass das Leben in unserem Staat gelingt".

Und in der Predigt im Gottesdienst zum Buß- und Bettag (November 2013) forderte Kirchenrat Breit, sich von Lebenslügen zu verabschieden – allerdings nur von denjenigen, die den Weg zur Seligkeit versperren. Nicht eingeschlossen in die Aufforderung an die Politiker, „notwendige Konflikte nicht zu scheuen", wurden die Staatsleistungen und deren Ablösung.

Ein besonderes 'Schmankerl' ist auch die „Ansprache von Kirchenrat Dieter Breit im Bayerischen Landtag zur Weihnachtsgeschichte von Matthäus" (Weihnachten 2013), in der er, sicherlich ungewollt, Gesetze der Bibel mit der Scharia gleichsetzt.

Als Abschluss dieser Ansprache im Landtag kommt Kirchenrat Breit doch wieder in der Realität an und er watscht abschließend die ab, die an dem EKD-Familienpapier Kritik üben (an dessen Erstellung seine Ehefrau, die Regionalbischöfin, mitgearbeitet hat, was er allerdings nicht erwähnt): „Zur eigenen Demut sei nochmals betont: Nicht nur in anderen Religionen, sondern auch im Christentum gibt es fundamentalistische Gruppierungen. Das hat zuletzt auch die Diskussion über die EKD-Orientierungshilfe zu Ehe und Familie gezeigt, bei der sich – neben durchaus berechtigter Sachkritik – auch viel gnadenlose Polemik zu Wort meldete. Ja, es gibt sie auch in unserer Mitte: Jene, die mit eherner Härte auf einem Leben in festgelegten Rollen bestehen und Abweichler mit glühendem Eifer verfolgen."

Die internen Diskussionen bzw. Streitigkeiten um das EKD-Familienpapier müssen also heftiger gewesen sein, als es sowieso bereits nach außen gedrungen war. Aber im Landtag ist zumindest Ruhe. Und die SPD?

Anlässlich des Katholikentages in Regensburg (Mai 2014) präsentieren Markus Rinderspacher, Vorsitzender der SPD-Landtagsfraktion, Dieter Breit, Beauftragter der Evangelisch-Lutherischen Kirche in Bayern für Landtag und Staatsregierung, Franz Maget, früherer SPD-Vorsitzender, Dr. Lorenz Wolf, Leiter des Katholischen Büros in Bayern, und Michael Volk, Verleger, das Buch: „'Kirche und SPD. Von Gegnerschaft zu Gemeinsamkeiten.' Mit Aufsätzen von führenden Repräsentanten beider christlicher Kirchen wie Reinhard Kardinal Marx, Erzbischof Ludwig Schick und Landesbischof Heinrich Bedford-Strohm wie auch von sozialdemokratischen Politikern wie Hans-Jochen Vogel, Wolfgang Thierse, Frank-Walter Steinmeier und Andrea Nahles, zeigt es nicht nur die Veränderungen in den beiderseitigen Beziehungen auf, sondern ist selbst ein lebendiger Beitrag zur weiteren Vertiefung und Annäherung."

### 3.5.13. Thüringen / Erfurt

Thüringen hat nur eine christliche Minderheit in der Bevölkerung von 23,6 Prozent Evangelischen und 7,8 Prozent Katholiken. Trotz mehr als zwei Dritteln Konfessionslosen (68,6 Prozent) hat es seit 1990 nur christliche Ministerpräsidenten gegeben.

Die Voraussetzungen für die Arbeit der kirchlichen Lobbyisten waren von Anfang an mehr als günstig, war doch Bernhard Vogel erster Ministerpräsident des Landes, dem die Anliegen der Religionsgemeinschaften, vor allem seiner katholischen Kirche, eine „Herzensangelegenheit" waren.

In einem Festvortrag (im November 2012) anlässlich der Verabschiedung des Bischofs von Erfurt, Joachim Wanke, blickt Bernhard Vogel zurück und ist zufrieden, was er vor 20 Jahren geleistet hat. „Schon im April 1992, also zwei Jahre bevor es eine Landesverfassung gab, beschloss das Landeskabinett den Religionsgemeinschaften den Abschluss von Staats-Kirchen-Verträgen anzubieten. [...] Der 17. September 1994 dürfte zu den für Bischof Wanke besonders erfreulichen Tagen seiner langen Amtszeit zählen. Das 742 von Bonifatius gegründete, bald darauf allerdings für mehr als ein Jahrtausend dem Erzbistum Mainz unterstellte Bistum war wieder erstanden."

Gibt es sprechendere Beispiele einer 'vorauseilenden Geflissenheit' von Politikern für ihre Kirche?

Der Rundfunkrat des MDR (Mitteldeutscher Rundfunk) hat unter seinen 43 Mitgliedern auch zwei Vertreter der Amtskirche, Stephan Rether (Leiter des Katholischen Büros Sachsen-Anhalt) und eben auch Winfried Weinrich, für die katholische Kirche in Thüringen.

*Evangelisches Büro.* Das Büro befindet sich in der Augustinerstraße 10 in der Altstadt von Erfurt. Bis zum Landtag sind es 2,4 km, bis zum Kultusministerium 3,2 km und bis zur Staatskanzlei 1,2 km.

□ *Dr. Thomas A. Seidel:* Theologe und Historiker (Jg. 1958), 1996 bis 2005 Direktor der Evangelischen Akademie Thüringen, 2005 bis 2010 der evangelische Beauftragte bei Landtag und Landesregierung. Seit September 2010 ist er als Oberkirchenrat der Beauftragte der Thüringer Landesregierung zur Vorbereitung des Reformationsjubiläums „Luther 2017", dem Kultusminister als Stabsstelle zugeordnet. Er sitzt sozusagen an beiden Seiten des Luther-Tisches, an der kirchlichen wie der staatlichen.

Der seinerzeitige Berliner Bevollmächtigte, Prälat Dr. Felmberg, war extra zur Verabschiedung Seidels anlässlich seiner 'Rochade' ins Staatsamt nach Erfurt gekommen und wünschte ihm, in seiner staatlichen Aufgabe, als Missionar im doppelten Sinn unterwegs zu sein. „Natürlich werden wir Sie im Kreis der kirchlichen Beauftragten sehr vermissen, aber wir freuen uns auch mit Ihnen über diesen Wechsel ins staatliche Lager, und Sie dürfen weiterhin mit unserer Unterstützung und Zusammenarbeit rechnen. [...] Sie werden als Missionar im doppelten Sinn unterwegs sein: als Missionar für die kirchliche, gesellschaftliche und politische Bedeutung des Reformators weit über die Grenzen Deutschlands hinaus. Zugleich werden Sie auch als Missionar Ihrer Kirche in der Welt wirken."

Prälat Felmberg scheint, wie manche andere hohe Kirchenfunktionäre, das Prinzip der staatlichen Neutralität noch nicht richtig verstanden zu haben.

Mit seiner Frau Cornelia Seidel zusammen ist Dr. Thomas Seidel einer der Initiatoren des ökumenischen Collegiatsstifts St. Peter und Paul (2009), für das die Ministerpräsidentin a. D. Christine Lieberknecht als Botschafterin unterwegs ist. „Mit einem augenzwinkernden Blick auf die '5er Sätze' der Collegiatsregel und das 5-Bausteinekonzept" spendete Bundespräsident Joachim Gauck (2011) für die Stiftung 5.555 Euro.

Seidel ist Mitglied bei den Rotariern und für das Rotary Magazin für Deutschland schriftstellerisch vielfältig aktiv. Im Rotary Club Erfurt, der sich jede Woche dienstags im Hotel Radisson Blu trifft, kommt eine bemerkenswerte Runde zusammen. Unter anderem:

Der ehemalige, langjährige Oberbürgermeister von Erfurt (römisch-katholisch, CDU), der Geschäftsführer der Zeitungsgruppe Thüringen, ein Oberfinanzpräsident a. D., zwei Professoren und Chefärzte des Katholischen Krankenhauses, drei Professoren der Katholischen Theologischen Fakultät (Kirchenrecht, Bibelwissenschaft bzw. Dogmatik), der Domorganist am Erfurter Dom St. Marien, ein Staatssekretär a. D. des Thüringer Ministeriums für Soziales, Familie und Gesundheit, ein Ordinariatsrat a. D. für kirchliches Bauwesen, ein Ministerialdirigent des Thüringer Ministeriums für Bildung, Wissenschaft und Kultur, der Geschäftsführer der Thüringer Tourismus GmbH, der Direktor des Landesfunkhauses Thüringen des MDR und der Dr. theol. Oberkirchenrat Thomas Seidel vom Thüringer Ministerium für Bildung, Wissenschaft und Kultur.

Ein Evangelischer unter lauter Katholiken? Nein, alles Ökumene.

□ *Christhart Wagner:* Theologe (Jg. 1955), Landesjugendpfarrer, Superintendent, Oberkirchenrat und Leiter des Bildungs-Dezernats der Evangelischen Kirche Mitteldeutschlands. Seit Anfang 2011 evangelischer Beauftragter.

Das Thema der (vorgeblichen) Gemeinsamkeiten von Staat und Kirche beherrscht auch er: „Demografischer Wandel stellt Kirche und Gesellschaft vor gemeinsame Herausforderungen". Dass die Alterspyramide unter den Kirchenmitgliedern sich verändert – „besonders viele ältere Gemeindemitglieder und besonders wenig jüngere" – dürfte für den Staat wohl keine „gemeinsame" Herausforderung sein.

Diese Missverständnisse beruhen vermutlich darauf, dass die Thüringer Staatskanzlei (2013) die Predigt der Pastorin/Ministerpräsidentin anlässlich des Adventsempfangs der Evangelischen Kirchen als offizielle Staatsangelegenheit verbreitet: „Kirchen sind Garanten für das Menschliche".

Ein lobbyistischer 'Schlag in Gesicht' der konfessionslosen Mehrheit der Bürger Thüringens.

In die gleiche Kerbe schlägt auch die Landtagspräsidentin Birgit Diezel, die betont, wie wichtig die seelsorgerische Arbeit der Kirchen für alle Bürgerinnen und Bürger sei.

Anscheinend bestehen in Thüringen besondere christliche Parallelwelten? Nein, es ist eine Wahrnehmung direkt aus der Mitte des Landtages, denn im März 2015 beginnt im Foyer des Thüringer Landtages die Ausstellung „Bis hier und weiter" über die kirchliche Kinder- und Jugendarbeit. Christhart Wagner ist dabei.

Es geht also, wie so häufig, letztendlich um staatliche Steuergelder für kirchliche Zwecke.

*Katholisches Büro.* Nach Wiederbelebung des Landes Thüringen und dem Beginn der parlamentarischen Arbeit kam es am 01.01.1991 auch zur Gründung des Katholischen Büros. Noch vor der Gründung des Bistums Erfurt, 1994.

☐ *Winfried Weinrich:* Diplom-Chemiker, Theologe (Jg. 1954), arbeitete von 1987 bis 1990 als Referent der Berliner Bischofskonferenz, wurde 1991 von Bischof Dr. Joachim Wanke als Referent des Katholischen Büros Erfurt ernannt und 1992 als Ordinariatsrat zu dessen Leiter bestimmt.

Wenn er seine Uniform anzieht, dann wird aus dem Leiter des Katholischen Büros der Malteser-Landesleiter Winfried Weinrich.

An Stellungnahmen mangelt es nicht. Doch es zeigt sich, dass das Katholische Büro, als Sprecher der Katholischen Kirche, sich von der Lebenswelt der Mehrheit der Bürger auch mental weit entfernt hat und stehen geblieben ist auf Früherem. Als Beispiel die Erklärung des Katholischen Büros Erfurt (vom 18.6.2013): „Kirchliche Kritik am Bestattungswaldkonzept einiger Abgeordneter des Thüringer Landtages": „Seitens des Katholischen Büros Thüringen wird dieses Bestattungswaldkonzept für rechtlich bedenklich gehalten, weil der Bestattungsbereich des Waldes nicht eingefriedet und deshalb nicht eindeutig als Friedhof erkennbar ist. [...] Aus kirchlicher Sicht wird außerdem durch das Bestattungswaldkonzept die Tendenz einer Anonymisierung von Bestattungen verstärkt. [...] Liegt einem Bestattungswaldkonzept die naturphilosophische Vorstellung eines Aufgehens des Verstorbenen in die Natur zugrunde, wäre kein Raum für religiöse Symbole, die jedoch eng mit der tradierten Friedhofskultur verbunden sind und auch den Bedürfnissen der Angehörigen von Verstorbenen entsprechen können."

Entweder traditionell christlich oder gar nicht? Das klingt wie ein Soldat, der sieht, dass die Schlacht verloren geht und für den nur noch eines wichtig ist: mit 'Haltung' zu sterben.

Das Katholische Büro, stellvertretend für die Katholische Kirche, hat anscheinend vergessen, dass die Kirche dadurch 'groß' geworden ist, dass sie alle fremden Kulturen, die sie nicht vernichten konnte, assimiliert und integriert hat. Die ewige Weisheit „Nichts ist beständiger als der Wandel" ist anscheinend einer Verweigerung gewichen, die beklagt, dass nicht mehr alles so ist, 'wie früher'.

### 3.5.14. Sachsen / Dresden

Es hat schon seine eigene Qualität wenn – bildlich gesprochen – die beiden größten Parteien des Freistaates den Kirchen rechts (CDU) und links (SPD) auf dem Schoß sitzen.

Sachsen, ein früher überwiegend evangelisches Land, hat eine historische Besonderheit, dass das Königshaus – seit der Konversion von Kurfürst August („dem Starken"), um König von Polen werden zu können – katholisch ist. Daran hat sich auch nach 1989 nicht viel geändert: der erste Ministerpräsident Kurt Biedenkopf war ein westdeutscher Katholik, sein Nachfolger Georg Hermann Milbradt (2002 bis 2008) ist ebenfalls Katholik, aus Münster, und der (seit 2008) amtierende Ministerpräsident, Stanislaw Tillich, ist Sachse und katholischer Sorbe.

Und wenn der (seit 2008) Staatsminister und Chef der Staatskanzlei Dr. Johannes Beermann jährlich in den Sommerpausen den Jakobsweg durch Sachsen abläuft, natürlich in Begleitung des Leiters des katholischen Büros Christoph Pötzsch, so ist das nicht verwunderlich, denn Beermann war in seinem vorherigen katholischen 'West-Leben' 2002 bis 2003 Leiter des Malteser Hilfsdienstes in der Diözese Limburg. Und der Landtagspräsident Iltgen war bis 1990 als Mitarbeiter des Bischöflichen Ordinariats in Dresden tätig.

Alle vierzehn Tage, so wurde mir berichtet, treffen sich die Spitzen des Bistums und obere Ministeriale im Lions-Club Dresden. Das reicht, um das Wesentliche zu besprechen und für die Details gibt es schließlich die Referenten.

Aber das ist nicht die einzige Kontaktbörse. Die folgende Aufzählung soll dabei verdeutlichen, wie sehr die Kirchen auch Mitglied in den regionalen Elitenetzwerken aus Wirtschaft, Politik und Medien sind. Nach einer Aufstellung des *Spiegels* sind 2,6 Prozent der Rotary-Mitglieder Geistliche. In diesem „Filz mit Nadelstreifen" der „Service-Clubs" werden sie Teil eines Netzwerks, in dem man nicht von sich aus Mitglied werden kann, sondern dazu eingeladen wird.

Neben den vier Lions-Clubs in Dresden gibt es auch vier Rotary-Clubs (RC). Im RC Dresden sind 2012 u. a. Mitglieder:

Der Chef der Staatskanzlei, der Programmchef MDR1 Radio Sachsen, der Kantor des Dresdner Kreuzchors, der Bundesminister des Innern, der Direktor der Sächsischen Landeszentrale für Politische Bildung, der Direktor des St.-Benno-Gymnasiums, der Vorstandsvorsitzende der Dresdner Sparkasse. Im RC Dresden-Blaues Wunder sind u. a. Mitglied: der ev. Landesbischof a. D., der Chefredakteur der *Dresdner Neuesten Nachrichten*, der Hauptgeschäftsführer der Handwerkskammer, der Kaufm. Direktor der Staatlichen Kunstsammlungen, der Staatssekretär der Sächsischen Staatskanzlei, ein MdL und ehem. Landesminister, ein evangelischer Oberlandeskirchenrat, eine Redakteurin des *Deutschlandradios*, der Ministerpräsident des Landes Sachsen, der Geschäftsführer der Stiftung Frauenkirche, der Finanzdirektor des Bistums Dresden-Meißen. Im RC Dresden-Canaletto sind u. a. Mitglied: der ehem. Präsident des Sächsischen Verfassungsgerichtshofs, die Direktorin des Evangelischen Kreuzgymnasiums, der Leiter des Bildungswerks der Konrad-Adenauer-Stiftung Dresden, die Präsidentin des Verfassungsgerichtshofs des Freistaates Sachsen, der Superintendent der Ev.-Luth. Landeskirche, die Landeskonservatorin des Landesamts für Denkmalpflege, der Universitätskanzler der TU Dresden. Im RC Dresden-Goldener Reiter sind u. a. Mitglied: der ehemalige Ministerpräsident Milbrandt, der Geschäftsführer des Christlichen Sozialwerks, der Vorstandssprecher der Dresdner Volksbank, der Bischof em. des Bistums Dresden-Meißen.

Um es noch einmal zu vergegenwärtigen: Laut Zensus 2011 verteilt sich die Konfessionszugehörigkeit in Sachsen auf 20 Prozent Evangelische, 3,6 Prozent römische Katholiken und 76,4 Prozent „Sonstige, keine und ohne Angabe". Mit anderen Worten: Weniger als ein Viertel der Bevölkerung ist Mitglied in einer der beiden christlichen Großkirchen. Das zeigt sich nicht im gesellschaftlichen und politischen Leben.

Und was macht man, wenn die Menschen nicht mehr in die Kirchen kommen? Schulterschluss und hinaus in die Natur, wo die Menschen sind. Es werden Radwegekirchen installiert. Oder die „Via Sacra", die von der *Marketing-Gesellschaft Oberlausitz-Niederschlesien mbH* beworben wird. Alte Handelswege, Teile der „via regia" (Handelswege, die unter dem

Schutz der königlichen Zentralgewalt standen) umzuetikettieren als „Heilige Straße", das ist bereits recht gewagt. Aber das ist ein noch nicht hinreichend erschlossenes Gebiet und so gibt es einen „spirituellen Tourismus" oder „Kirche und Tourismus in Sachsen", was die beiden Beauftragten mit befördern, vorangebracht durch das Evangelisch-Lutherische Landeskirchenamt, gefördert mit Europa-Geldern.

Und beide Beauftragte sondieren gemeinsam 'neues' Terrain, wenn sie (im Dezember 2007) erstmalig mit der Linksfraktion im Landtag sprechen. Es gibt Gemeinsamkeiten und Unterschiede.

Das mit der ökumenischen Zusammenarbeit ist noch etwas ungeübt, was sich auch darin zeigt, dass ein gemeinsames Schreiben (im April 2013) an das Kultusministerium – wegen der, aus Sicht der Kirchen, mangelnden Finanzierung ihrer Schulen – keinen gedruckten Doppelkopfbriefbogen hat, wie die Bundesbüros, sondern nur so getippt ist.

Erfolgreicher ist es schon, dass beide Kirchenvertreter zu den Experten gehören, die 2013 in die Expertenkommission „25 Jahre Friedliche Revolution und Deutsche Einheit" nachnominiert werden.

Und ganz auf eigenem Terrain sind die kirchlichen Beauftragten (wie im September 2014), wenn sie zum Ökumenischen Gottesdienst anlässlich der Konstituierung des 6. Sächsischen Landtages in die Dresdner Dreikönigskirche einladen: „Es predigen Landesbischof Jochen Bohl und Bischof Dr. Heiner Koch. An dem Gottesdienst wirken neben der Ortspfarrerin Margrit Klatte auch die beiden kirchlichen Beauftragten beim Freistaat Sachsen, Oberkirchenrat Christoph Selle vom Evangelischen Büro Sachsen und Ordinariatsrat Christoph Pötzsch vom Katholischen Büro Sachsen, sowie Mitglieder des Landtages mit: Gernot Krasselt und Frank Heidan (beide CDU), Martin Dulig (SPD), Dr. Frauke Petry (AfD) sowie die ehemalige Vorsitzende der Fraktion Bündnis 90/Die Grünen, Antje Hermenau."

*Evangelisches Büro.* Jochen Bohl ist Bischof der Evangelisch-Lutherischen Landeskirche Sachsens. Der gebürtige Westfale ging 1995 in den Osten. „Ich bin Sachse", sagt er heute. „Also die Mission ist eine Aufgabe jeder Kirche. Meine persönliche Einschätzung ist, dass wir erst am Anfang des Weges stehen, der jetzt gegangen werden muss, nämlich sich von tradierten Selbstverständlichkeiten dann auch innerlich zu lösen und stattdessen eine offensive missionarische Aktivität zu entfalten." Auf die Frage, ob er einfach zum Hörer greifen und beim sächsischen Ministerpräsidenten oder an hoher Stelle in Berlin anrufen könne, antwortet Bischof Bohl dennoch kurz und bündig: „Ja, das kann ich".

□ *Jürgen Bergmann:* Theologe (Jg. 1937), Pfarrer, ab 1984 Superintendent des Kirchenbezirks Dresden-Nord, 1991 bis 2000 (Pensionierung) evangelischer Beauftragter.

Anlässlich der 37. Bundestagung des Evangelischen Arbeitskreises der CDU/CSU in Dresden skizziert er die zehn Jahre nach der „friedlichen Revolution": „Ohne den Beitrag der Kirche in Sachsen – die Leipziger Nikolaikirche ist dafür zum Symbol geworden, aber nur ein Beispiel unter vielen – wäre die 'friedliche Revolution' nicht möglich gewesen."

Auch ihm fällt dabei der Widerspruch nicht auf, dass die Rolle der Kirche dabei nicht so wichtig war, wie dargestellt – warum treten die Menschen sonst aus der Kirche aus? Und zum anderen ist die „friedliche Revolution" vorrangig wohl deshalb gelungen, weil die russischen Panzer in den Kasernen geblieben sind.

Er beschreibt dann, wie der Staat die Diakonie 'aufgepäppelt' hat, die 1990 noch 2.000 Mitarbeiterinnen beschäftigte und 2009 bereits 13.000, sich also um mehr als das Sechsfache vergrößert hat. Aber das scheint immer noch nicht genug zu sein, denn ebenso beschreibt er den Ausbau des Religionsunterrichts und der evangelischen Schulen, wobei wieder sein Anspruchsdenken deutlich wird: „Trotz der 90%-Förderung des Staates bedarf es enormer Anstrengungen der evangelischen Träger, diese Schulen zu unterhalten."

Wie die Trennung von Staat und Kirche sich in Sachsen darstellt, das zeigt sich auch 2004, als die „Vereinigung ehemaliger Mitglieder des Sächsischen Landtages" ihr zehnjähriges Jubiläum begeht. Wo? In der Dreikönigskirche, mit dem zünftigen Auftakt einer ökumenischen Andacht durch Oberkirchenrat i. R. Jürgen Bergmann und dem Leiter des katholischen Büros, Prälat Alexander Ziegert.

Nach seiner Pensionierung erhält er im Dezember 2000 die Sächsische Verfassungsmedaille, für seine besonderen Verdienste um die freiheitlich-demokratische Entwicklung des Freistaates Sachsen.

□ *Eduard Berger:* Pfarrer, Bischof (Jg. 1944), 1965 wegen versuchter Republikflucht zu 15 Monaten Haft verurteilt, Ordination 1973, 1983 bis 1990 Superintendent des Kirchenbezirks Meißen, 1991 bis 2001 Bischof der Pommerschen Evangelischen Kirche in Greifswald, seit Februar 2001 Beauftragter in Dresden. Nach Ende seiner Dienstzeit (2009) noch (seit 1998) Beauftragter der EKD für den Bundesgrenzschutz und nachfolgend die Bundespolizei.

Berger steht für eine demokratische, selbstbewusste evangelische Kirche, auch in Zeiten der DDR. In der Frage der Klärung der Verstrickungen von Pastoren, Pröpsten und Bischöfen mit der Stasi, meinte er als Bischof von Pommern: Von den Kirchenleitungen eingesetzte Gremien sollen Belastete vorgeladen und gegebenenfalls „disziplinarrechtliche oder strafrechtliche Schritte veranlassen".

Er versucht das Anliegen seiner Kirchen auch im interreligiösen Dialog voranzubringen, sei es 'extern' in der Diskussion (2006) über „Toleranz unter Weltreligionen – Was sagt uns die Lessing-Parabel heute?" oder 'intern' durch die Teilnahme (im April 2007) an der Jahrestagung des Vereins *Die Wende*, „Aktion zur geistig-kulturellen Erneuerung Deutschlands aus seinen christlichen Wurzeln", die zum rechten politischen Spektrum zu zählen ist.

□ *Christoph Seele:* Pfarrer (Jg. 1964), Ordination 1997, seit 2000 persönlicher Referent des Landesbischofs in der Bischofskanzlei. Im September 2009 wird er in der Dreikönigskirche in das Amt des Beauftragten eingeführt. Die Regierungsorientiertheit der Evangelischen Kirche zeigt sich auch darin, dass nur CDU-Politiker als Teilnehmer genannt werden.

Eine seiner ersten Aktivitäten ist (im November 2009) die Teilnahme an der von dem Landesbeauftragten der CDU-nahen *Konrad-Adenauer-Stiftung*, Dr. Joachim Klose, und dem Pfarrersohn und Kirchenaktivisten sowie Landesbeauftragten für die Stasi-Unterlagen, Michael Beleites, initiierten Aufstellung von sechs Stelen im Dresdner Stadtgebiet zur Erinnerung an „Weg in die Freiheit – Dresden 1989". „Stellvertretend für alle Stelen wurde die Informationstafel vor der Kreuzkirche feierlich eingeweiht." Es regnete.

Im Trockenen und bei Kerzenschein liest Oberkirchenrat Seele dann (im November 2010) in der Christopheruskirche Laubegast aus Axel Hackes *Das Beste aus meinem Leben*. Und im Dezember 2010 heißt es dann: „Weihnachtszeit ist Märchenzeit". Die Sächsische Staatskanzlei öffnet die Türen und Schulkinder können Märchenstunden erleben, u. a. erzählte Oberkirchenrat Christoph Seele 'seine' Märchen.

Im Juni 2011 war der Deutsche Evangelische Kirchentag in Dresden zu Gast, und im August hieß es auch, die Wanderschuhe anziehen, denn der Staatsminister und Chef der Staatskanzlei der Staatsregierung, Dr. Johannes Beermann, setzte seine 2009 begonnene Wanderung auf dem ökumenischen Pilgerpfad fort: von Kamenz nach Königsbrück.

Auch die politische 'Flanke' muss bedient werden. Als der Vorstand des sächsischen Evangelischen Arbeitskreises (EAK) der CDU (im November 2011) neu gewählt wurde, saß auf dem Podium auch Oberkirchenrat Seele und Bundesminister Thomas de Maizière sprach über das Christsein im Spannungsfeld von Friedensethik und Verteidigungspolitik.

Natürlich gibt es auch die Kooperation mit der CDU und so besucht der Beauftragte im Februar 2013 den CDU-Abgeordneten Thomas Schmid in seinem Wahlkreis – mit dem Besuch von zwei Kirchengemeinden, wo sie mit offenen Armen empfangen werden. Im März findet dann der Besuch im Wahlkreis der CDU-Landtagsabgeordneten Uta Windisch statt.

Im April 2014 muss Seele dann – als Landesbeauftragter für die Lutherdekade und das Reformationsjubiläum – am 188. Tourismusfrühstück der *Leipziger Tourismus und Marketing GmbH* teilnehmen, schließlich lautet das Thema „Reformation und Tourismus: Auf den Spuren Martin Luthers in Leipzig und Sachsen".

Kurz darauf wird der „Lutherweg in Sachsen" mit Landesbischof Bohl eröffnet. Die Bezeichnung bedeutet nicht, dass Dr. Martin Luther da gewandert wäre, sondern er verbindet „wichtige Orte und Städte, an denen Martin Luther oder andere Reformatoren tätig waren". Warum der Weg dann nicht „Reformationsweg" heißt, wird nicht erklärt. Das fanden die Tourismusmanager wohl nicht so personifizierbar. Finanziert wird alles sowieso weitgehend von der Europäischen Union, aus den Mitteln für den ländlichen Raum.

Diese Arbeit auf verschiedensten Ebenen wird von der Ansicht getragen, dass weder Kirche und christlicher Glaube aus unserer Gesellschaft wegzudenken seien. Dazu hat Christoph Seele (2014) auch ein Buch verfasst *Christsein in pluralistischer Gesellschaft*, in dem es heißt: „Die Kirchen sind geistliche Heimat für einen großen Teil unserer Bevölkerung, aber auch für nicht- oder andersreligiöse Bürger und Bürgerinnen ist das Christentum ein wichtiger gesellschaftlicher Bezugspunkt."

Der „große Teil unserer Bevölkerung" lässt sich korrekt darstellen: 20 Prozent der Bevölkerung sind evangelisch und 3,6 Prozent römisch-katholisch.

Weitere Praxis: Die Sächsische Landeszentrale hat ein Kuratorium aus 21 Mitgliedern – elf Landtagsabgeordnete und zehn Sachverständige. Vorsitzender ist Oliver Fritzsche, MdL/CDU, stellvertretender Vorsitzender? Ist doch naheliegend: Oberkirchenrat Christoph Seele. Wie heißt es: Business as usual.

*Katholisches Büro.* Es besteht seit Dezember 1990 in Dresden. Sitz ist im Bischöflichen Ordinariat: Käthe-Kollwitz-Ufer 84. Eine schöne Villa am Elbufer. Bis zum Landtag sind es – immer an der Elbe entlang – 4,5 km, zum Ministerium für Kultur 3,7 km und zur Staatskanzlei 3,4 km.

Das Büro in Dresden ist eines derjenigen, bei denen der Sitz in der Landeshauptstadt auch gleichzeitig der Bischofssitz ist. (So noch in Hamburg, Berlin, München, Mainz, Magdeburg und Erfurt).

Der Politikerempfang im Haus der katholischen Kathedrale stand 2006 unter dem Thema: „Kirche und Staat – wird der Graben weiter?" Antwort des damaligen Landtagspräsidenten: Nein. Und: „Der sächsische Umwelt- und Landwirtschaftsminister Stanislaw Tillich sagte in einem Grußwort, er könne sich die Zehn Gebote persönlich als Gesetzesgrundlage als ausreichend vorstellen – 'ich bin aber bei aller 'Entbürokratisierung' skeptisch, ob wir dahin zurückkommen werden.'"

Nun könnte man meinen, dass die gesamte Staatsregierung aus Christen besteht, doch dem ist nicht so. Die Ministerin für Wissenschaft und Kunst, Eva-Maria Stange, ist Atheistin, allerdings in 'biblischer Übereinstimmung'. Und das hört sich (2007) dann so an: Eines Tages bekam sie vom Leiter des Katholischen Büros eine sorbische Bibel überreicht. Dazu wurde berichtet: „Die Bilder aus dem Heiligen Land, die diese Bibelausgabe schmücken, erinnerten die Ministerin an einen Besuch dort. Für sie selber sei die Bibel ein historisch wertvolles Gut und sie achte es, dass Menschen mit der Bibel leben, bezog sie Stellung, als sie gefragt wurde, was ihr die Bibel bedeute. Sie verstehe sich als Atheistin, die aber viele Grundwerte habe, die mit der Bibel übereinstimmten."

Auch die Geselligkeit darf nicht zu kurz kommen, und so besuchen – im Rahmen eines Abteilungs-Betriebsausflugs – Mitarbeiterinnen des Bischöflichen Ordinariats Berlin und treffen (2009) dort, im Bundeskanzleramt den Kanzleramtsminister Thomas de Maizière. Man kennt sich ja aus Dresden. Und nach einer Bootsfahrt auf der Spree geht es in die Hedwigskathedrale.

□ *Christoph Pötzsch:* Jurist (Jg. 1955), 1983 zum katholischen Glauben konvertiert, seit 1991 im Dienst des Bistums Dresden-Meißen, zuständig als Justitiar, Kanzler, Leiter des Personalbüros und Leiter des Katholischen Büros.

Der Leiter des Katholischen Büros muss gelegentlich öffentlich Position beziehen, wenn er (beides 2010) den Erhalt des Buß- und Bettages als

Feiertag in Sachsen fordert und sich einer Ausweitung der Ladenöffnungszeiten in Sachsen verweigert.

Zu den angenehmen Pflichten dieser Tätigkeit gehört dann (2011), dass Pötzsch der kanadischen Ministerin für Internationale Beziehungen, Monique Gagnon-Tremblay, bei einem Rundgang die Dresdner Hofkathedrale erläutert. Und apropos Kirchen: Im November 2011 fand eine Fachtagung „Kirche und Tourismus" statt und da reichten sich Staat und Kirche hinsichtlich den Chancen eines „spirituellen Tourismus" nicht nur die Hände, sondern fielen sich geradezu in die Arme: „Nach Ansicht von Ordinariatsrat Christoph Pötzsch (Bistum Dresden-Meißen) habe Sachsen mit seinen Kirchen, Klöstern und historischen Plätzen in Bezug auf spirituelle Orte ein großes Angebot zu machen. 'Das Leben bestehe nicht nur aus dem Alltäglichen', betont er. Allerdings hat diese Erkenntnis seit geraumer Zeit auch die Tourismusforschung erreicht, die aus wissenschaftlicher Sicht die Begrifflichkeit klären, Nachfragestrukturen im spirituellen Tourismus darstellen und in einer Studie für den sächsischen Bereich zusammenfassen will. [...] Daraus ergeben sich für Prof. Freyer mit einer stärkeren Verknüpfung kirchlicher und privatwirtschaftlicher Angebote und einer Professionalisierung kirchlicher Marketingaktivitäten im Tourismus perspektivisch die Antworten für den spirituellen Tourismus in Sachsen."

Aber die „Relation Religion und Politik" funktioniert auch in aktuelleren Fragen. Seit' an Seit', bei der gemeinsamen Reise (April 2012) als Geburtstagsbesuch beim Papst, mit Musik: „Vom 19. bis 21. April 2012 weilte eine sächsische Regierungsdelegation unter Leitung des Ministerpräsidenten Stanislaw Tillich in Rom und im Vatikan. Anlass war der 85. Geburtstag des Heiligen Vaters, der mit einem Konzert des Leipziger Gewandhausorchesters beschenkt wurde."

Das gleiche gilt dann auch für das Knüpfen von wirtschaftlichen, wissenschaftlichen, politischen und kulturellen Kontakten mit dem Nachbarstaat Tschechien. Im Juni 2012 wurde in Prag ein „Sächsisches Verbindungsbüro", eine Art Botschaft, eröffnet. Welche Rolle spielt die Kirche dabei? Eine mehrfache: „Am Montag, 18. Juni, wurde das Verbindungsbüro des Freistaates Sachsen in Prag eingeweiht. 'Es bezieht seine Räume in einem für die Geschichte unseres Bistums bedeutenden Haus, dem ehemaligen Wendischen Seminar unmittelbar an der Karlsbrücke', erklärt Christoph Pötzsch, Leiter des Katholischen Büros Sachsen. Das Gebäude des Wendischen Seminars befand sich von 1706 bis 1922 im Eigentum des Domkapitels St. Petri und diente als Ausbildungsort vorwiegend sorbischer Priester. [...] Sachsens Ministerpräsident Stanislaw Tillich und Tschechiens

Ministerpräsident Petr Necas lobten in ihren Grußworten den hohen Stand der Beziehungen beider Länder und wünschten dem neuen Verbindungsbüro Erfolg und Gottes Segen."

Das waren nur einige Termine, an denen der Leiter des Katholischen Büros in Dresden teilgenommen hat. Eine überschaubare Arbeit – wie zur Zeit des Kurfürsten 'August des Starken', der Sachsen – ein evangelisches Land – mit einer katholischen Elite regierte, vor allem den katholischen Sorben. Und so ist der Leiter des Katholischen Büros in Dresden auch als Historischer Stadtführer bekannt, der dafür eine eigene Internetseite betreibt.

### 3.5.15. Sachsen-Anhalt / Magdeburg

Sachsen-Anhalt hat den höchsten Anteil aller Bundesländer mit Nicht-Christen (82,6 Prozent). Evangelisch sind 13,9 Prozent der Bevölkerung, sowie 3,5 Prozent Katholiken. Die Beziehungen von Staat und Kirchen sind durch den evangelischen „Wittenberger Vertrag" (1993) und das Konkordat (1998) geregelt, die weitestgehend die westdeutschen Regelungen auf die östlichen Bundesländer übertragen haben, obwohl die rechtlichen Voraussetzungen dafür dort nicht mehr bestehen. Alles geht seinen Gang.

2013 krachte es jedoch – es ging ums Geld, viel Geld. Im laufenden Haushaltsjahr fehlten 161 Millionen und das Land hatte durch den früheren Finanzminister von Rheinland-Pfalz, Ingolf Deubel, ein Gutachten erstellen lassen: Bis 2020 müsse das Land 2,2 Milliarden Euro einsparen. Deubel hatte die Ausgaben des Landes in verschiedenen Bereichen mit den Ausgaben in anderen Bundesländern verglichen und sah überall Einsparpotential, auch bei den Staatsleistungen für die Kirchen. Der Ärger ließ nicht lange auf sich warten.

„Die Kirchen in Sachsen-Anhalt kritisierten diesen Vorschlag. Der Leiter des Katholischen Büros in Sachsen-Anhalt, Stephan Rether, sagte der 'Volksstimme', er vermisse eine faire Einschätzung der Kirchenleistungen, die der gesamten Gesellschaft zugute kämen. Der Beauftragte der Evangelischen Kirchen bei Landtag und Landesregierung, Albrecht Steinhäuser, sagte, beim Sparen dürften nicht die Schäden vergessen werden, die damit angerichtet werden könnten. Ferner erklärte Steinhäuser, wer Staatsleistungen in Frage stelle, verfüge entweder über eine erschreckende Unkenntnis oder wolle ein kirchenfeindliches Klima erzeugen."

Ein Schmuckstück lobbyistischer Diffamierung: „Erschreckende Unkenntnis" bzw. „Kirchenfeind". Dabei hatte Ingolf Deubel nur ganz einfach die bekannten Zahlen verglichen.

Auch der Kirchenpräsident Joachim Liebig vergriff sich dabei kräftig in der Klaviatur seiner Bewertungen. „Vor allem sollten die Christen auf die Diskussionen mit 'protestantischer Daseinsgelassenheit' reagieren. Die freilich Liebig selbst nur mit Mühe behalten kann, wenn etwa der ausgesprochene Kirchenkritiker Carsten Frerk mit seinen nachweislich falschen Zahlen und Schlussfolgerungen in mitteldeutschen Medien als Fachmann in Sachen Kirchenfinanzierung hofiert werde. 'Das hat etwas von Kirchenfeindlichkeit', so Liebigs Kommentar." Um es zu verdeutlichen: Die Medien werden als „kirchenfeindlich" diffamiert, nicht ich.

Albrecht Steinhäuser, der evangelische Kollege, mit dem Stephan Rether in dieser Frage gemeinsame Stellungnahmen abgibt, sieht die Debatte öffentlich aber auch gelassen: „Die Staatsleistungen sind Rechtsverpflichtungen." Die Verträge seien nur ablösbar, wenn die Bundesregierung eine spezielle Rechtslage schaffe.

Es wird sich aber in absehbarer Zeit nichts bewegen, da die Hälfte der Mitglieder des Landtages christliche Kirchenmitglieder sind. „Angesichts dieser Verhältnisse überrascht es wenig, dass der Landtag diese Zahlungen seit 20 Jahren nie infrage stellt und selbst regelmäßige Steigerungen ohne Diskussion durchwinkt. Den Widerspruch, dass die Zahlungen des Staates steigen und steigen, Kirchenmitglieder und Einwohner aber stetig weniger werden, interessierte das Parlament nicht."

*Evangelisches Büro.* Sitz: Am Dom 2 in Magdeburg. Bis zur Staatskanzlei sind es 260 m, zum Landtag 450 m, bis zum Kulturministerium 2,6 km.

Nach Darstellung von Oberkirchenrat Albrecht Steinhäuser findet die Praxis der Lobbyarbeit seit dem Wittenberger Vertrag auf verschiedenen Ebenen statt, auch auf der Arbeitsebene „Die Kirchen werden im Legislativverfahren zu Anhörungen eingeladen, darüber hinaus gibt es Kontakte auf der Arbeitsebene. Einmal jährlich findet ein Gespräch mit dem Kabinett statt, das die Einzelkontakte ergänzt. Drei- bis viermal jährlich findet ein 'ökumenisches Kontaktgespräch' der Kirchen in Sachsen-Anhalt statt, bei dem gemeinsame kirchliche Anliegen besprochen werden."

□ *Albrecht Steinhäuser:* Theologe (Jg. 1962), Studieninspektor, Stellvertreter des Bevollmächtigten für die Evangelische Seelsorge der Bundeswehr in den neuen Bundesländern, seit 2000 Beauftragter der Evangelischen Kirchen bei Landtag und Landesregierung Sachsen-Anhalt.

Eine ursprünglich lange Liste der Publikationen seiner Stellungnahmen im Internet hat sich mittlerweile auf wenige reduziert. Will man die politischen Positionierungen der Kirchen verbergen?

2004 beschreibt er die religionspolitische Situation im Land korrekt und fragt dann: Was macht die „Kirche als Gestaltungsfaktor in der Gesellschaft?" Seine Antwort: „Zunächst einmal ganz schlicht – die in diesem Land politisch wie gesellschaftlich Verantwortlichen sind zu einem großen Teil selbst Mitglied einer der Kirchen im Lande. Zu beobachten ist, dass der Anteil der Christen unter den Abgeordneten deutlich überproportional zum Querschnitt der Gesellschaft ist. Das mag seine Ursache zum einen in dem Umstand haben, dass unmittelbar nach der politischen Wende 1989 es vor allem Christen waren, die unbelastet von Verstrickungen in das untergegangene System zur Übernahme politischer Verantwortung bereit waren." Das sehen andere Beteiligte allerdings anders.

Hat das Konsequenzen? Ja. Seit April 2011 ist der Beauftragte des Rates der EKD in Wittenberg (Reformationsjubiläum und Lutherdekade), Prälat Stephan Dorgerloh, neuer Kultusminister von Sachsen-Anhalt, für die SPD.

Der damalige EKD-Ratsvorsitzende Nikolaus Schneider ist voll des Lobes über diese Verquickung von Staat und Kirche.

*Katholisches Büro.* Es hat seinen Sitz in der M.-J. Metzger-Straße 1 in Magdeburg, mit einem Leiter und Sekretariat. Bis zum Landtag sind es 500 Meter, bis zur Staatskanzlei ebenfalls nur 500 Meter, zum Kultusministerium 2,8 km. Eine vergleichbare Lage wie das Evangelische Büro.

Derzeitiger „Bevollmächtigter des Bischofs von Magdeburg und des Erzbischofs von Berlin gegenüber dem Land Sachsen-Anhalt" ist Stephan Rether. Er ist Mitglied des MDR-Rundfunkrates.

Einrichtung und Betrieb des Katholischen Büros Sachsen-Anhalt finden ihre Rechtsgrundlage in Art. 2 Abs. 2 und 3 des Konkordats zwischen dem Hl. Stuhl und dem Land Sachsen-Anhalt vom 15. Januar 1998. Dort heißt es: „Bei Gesetzgebungsvorhaben und Programmen auf Sachgebieten, die die Belange der katholischen Kirche unmittelbar betreffen, wird die Landesregierung die katholische Kirche angemessen beteiligen."

Nun, das kann ja nicht viel sein, was die katholische Kirche „unmittelbar" betrifft, denkt der unbefangene Betrachter. Die Realität sieht anders aus: „Die Themenfelder sind überaus vielfältig: Das gesamte Unterrichts-

und Bildungswesen vom Kindergarten bis zur Universität gehört ebenso dazu wie die Bewahrung und Weiterentwicklung der kategorialen Seelsorge, z. B. in den Justizvollzugsanstalten und bei der Polizei. Auch die familien- und sozialpolitischen gemeinsamen Aufgaben von Staat und Kirche, z. B. im Bereich der Beratungsstellen, sind Gegenstand der Arbeit."

Mit anderen Worten, das gesamte Bildungswesen und ebenso die Familien- und Sozialpolitik. Und natürlich die Kontrolle darüber, dass alle Vereinbarungen des Konkordats eingehalten werden.

# 4. Lobbyismus von innen

*Seitenwechsel / „Dunstkreis der Korruption" / Öffentlicher Dienst – Dienstgeheimnisse – Beteiligte / Amtsverschwiegenheit / „Gekaperter Staat"?*

Innerhalb der Ministerien auf Bundes- und Länderebene, der Parteien und Fraktionen gibt es, wie geschildert, den christlichen Lobbyismus in beachtlich vielen Varianten („Inside-Lobbyismus"). Während Verbindungen im Bereich der politischen Parteien und der Parlaments-Fraktionen normalerweise öffentlich direkt genannt werden, sind die Loyalitäten zwischen Ministerialbeamten und Kirchen weitestgehend der Öffentlichkeit entzogen.

Rudolf Speth hat beschrieben, warum die Ministerialbürokratie generell die „erste Adresse für Lobbyisten" darstellt. „Die Referenten der Ministerien (einschließlich der Minister und Staatssekretäre) gelten als die ersten und wichtigsten Ansprechpartner der Lobbyisten in der Politik, zu denen immer auch persönlicher Kontakt bestehen muss. Die Fachebene der Ministerien steht an zweiter Stelle der bevorzugten Kontaktpartner für Unternehmenslobbyisten; an dritter Stelle folgen die Fachreferenten in den Fraktionen, denn auch sie bereiten Gesetzesvorhaben vor. Die Exekutive ist damit der begehrteste Ansprechpartner für Lobbyisten, während das Parlament – mit Ausnahme von Fachreferenten der Fraktionen und einzelner Abgeordneter, die Experten in wichtigen Fachgebieten sind – eher eine Nebenrolle spielt." [Speth, 2006, 100]

Zur Einleitung für dieses Kapitel soll kurz verdeutlicht werden, wie der Wirtschaftslobbyismus 'hohe Wellen' schlägt, wenn die Informationen darüber in die Öffentlichkeit gelangen.

„Seitenwechsel". Ein besonderes Programm zur Institutionalisierung des Inside-Lobbyismus auf Bundesebene realisierte die erste rot-grüne Bundesregierung unter Bundeskanzler Gerhard Schröder (SPD) – im Regierungsprogramm „Moderner Staat – moderne Verwaltung" – was verdeutlicht, warum er auch der „Kanzler der Bosse" genannt wurde: Er ließ den

Wirtschaftslobbyisten ihre Schreibtische gleich direkt in den Bundesministerien aufstellen. Das ganze nannte sich „Seitenwechsel".

Nach Auskunft der Bundesregierung arbeiteten von 2002 bis 2006 insgesamt 100 Externe als „Leihbeamte" in den verschiedenen Bundesministerien. Im Bundesministerium der Finanzen waren es u. a. fünf Mitarbeiter deutscher Großbanken und einer der BASF AG.

„2006 sagte der Verwaltungsrechtler Hans Herbert von Arnim: 'Es ist für mich etwas ganz Neues und Überraschendes. Die Betreffenden sind zwar in die Ministerien eingegliedert, ihre Loyalität gehört aber denen aus der Wirtschaft, die sie bezahlen, und die tun das nicht für Gotteslohn, sondern weil sie sich davon etwas versprechen, nämlich die Förderung ihrer Interessen, die bevorzugte Information, die sie auf diese Weise bekommen. Das ist eine besonders gefährliche Form des Lobbyismus, ja es bewegt sich sogar im Dunstkreis der Korruption.'" [Hartmann, 2010, e-book]

Die Kirchen brauchten in dieses „Personalaustauschprogramm" nicht einbezogen werden, da sie bereits seit Beginn der Bundesrepublik Deutschland in den diversen Bundesministerien, im Bundeskanzleramt und Bundespräsidialamt gleichsam ihre 'Schreibtische' stehen haben. Man könnte das auch 'Inkorporierter Lobbyismus' nennen, da diese Interessenvertretung anscheinend so sehr 'verinnerlichter' Teil der Ministerialbürokratie geworden ist, das es gar nicht mehr zu erkennen ist.

Dabei sind zwei unterschiedliche Personengruppen genau zu unterscheiden. Zum einen sind es die Ministerialbeamten, die 'immer schon' im Ministerium arbeiten. Über diese Personengruppe ist öffentlich kaum etwas bekannt. Zum anderen sind es die „Seitenwechsler" von der Kirche zum Staat. „Kirchlicher Dienst ist öffentlicher Dienst" heißt es in den Staat-Kirche-Verträgen und Konkordaten, und so wird u. a. munter zwischen „kirchlichem Dienst" und „öffentlichem Dienst" hin- und hergewechselt – ohne dass es anscheinend jemanden interessieren würde.

Ein Aspekt aus dem weiter oben genannten Kommentar von Prof. Hans Herbert von Arnim ist dabei einer weiteren Erwähnung wert: „Dunstkreis der Korruption".

Dieser „Dunstkreis der Korruption" verweist auf einen der Öffentlichkeit verborgenen Dunkelbereich von Patronage, Postenschiebereien, Beförderungen und Positionswechseln, bei denen es oft genug um die ökonomischen Interessen und die Besitzstandswahrung der Kirchen geht.

„Dunstkreis der Korruption". Aber bereits die Umschreibung „Dunstkreis" verweist darauf, dass der Begriff, d. h. der Tatbestand der Korruption nicht so eindeutig ist, wie man vielleicht meint. Normalerweise wird Korruption mit Bestechung, meist Geldzahlung, gleichgesetzt.

Auch das Bundeskriminalamt hat sich mit Fragen der Korruption beschäftigt. Der seinerzeitige Leiter der kriminalistisch-kriminologischen Forschungsgruppe des BKA, Dr. Ernst-Heinrich Ahlf, kommt dabei zu folgender Einschätzung: „Im allgemeinen Sprachgebrauch werden mit dem Sammelbegriff 'Korruption' (lateinisch currumpere = verderben / vernichten / bestechen) außerordentlich unterschiedliche Felder umschrieben. Die Bandbreite reicht von der Beamtenbestechung über den politischen Machtmißbrauch bis hin zum allgemeinen Sittenverfall. Mit der Korruption sind folgende Wörter sinnverwandt: Einfluß, Überredung, Begünstigung, Protektion, Beziehungen, Interesse, Ränke, Machenschaften, Intrige, Schmiergeld, Erpressung, Empfänglichkeit, Verführbarkeit, Anstiftung, Druck, Reiz, Willenslenkung, Versuchung, Käuflichkeit der Gesinnung, Schwarzarbeit und Verletzung von Normen schlechthin. [...] Unstreitig ist Korruption – zumindest in Deutschland und im westlichen Ausland – kein Begriff des Strafrechtes, denn dort geht es um Bestechung, Bestechlichkeit, Vorteilsannahme und Vorteilsgewährung. Korruption ist vielmehr ein sozialwissenschaftlicher Typusbegriff, der mit Brünner folgende drei Elemente aufweist: (1) das anvertraute (öffentliche) Amt, (2) das der Amtsträger ausnutzt, um private Vorteile zu erlangen, (3) wobei seine Tathandlungen / Unterlassungen einvernehmlich geheim gehalten werden. [...] Das Ausmaß der Korruption hängt allerdings entscheidend von den jeweiligen politischen und gesellschaftlichen Rahmenbedingungen, den moralischen Standards, insbesondere der Eliten, sowie den rechtlichen und organisatorischen Strukturen ab." [Ahlf, 1998, 5 f.]

Diese differenzierende Sichtweise, auch in der Betonung des öffentlichen Amtes / Mandats, wird jedoch üblicherweise – auch wenn der weitere Bezugsrahmen gesehen wird – primär auf die ökonomische Facette verkürzt.

◻ *Nordrhein-Westfalen.* In der öffentlichen Verwaltung ist inzwischen jedoch eine größere Sensibilität vorhanden, da die öffentliche Hand z. B. für Bau- und Infrastrukturaufgaben als wirtschaftlicher Akteur handelt. Entsprechend hat das Bundesland Nordrhein-Westfalen (zum 20.8.2014) in einem Runderlass „Verhütung und Bekämpfung von Korruption in der öffentlichen Verwaltung" Korruptionspraktiken und Korruptionsdelikte beschrieben. Ausdrücklich wird dabei darauf hingewiesen, dass es im deutschen Strafrecht „keine übergreifende Korruptionsvorschrift" gibt, aber ein mit Korruption verbundenes Unrecht. „Kennzeichnend für korruptive Praktiken sind vor allem der Missbrauch einer amtlichen Funktion und die Erlangung bzw. das Anstreben von (persönlichen) Vorteilen unter in der Regel gleichzeitiger Verschleierung dieser Handlungsweisen." Auch hier liegt der Schwerpunkt auf den finanziellen Aspekten. Aber es werden ebenfalls Straftatbestände genannt, die eindeutig nicht nur ökonomisch sind. Die „Verletzung von Dienstgeheimnissen" (§353b StGB) ist so eine Situation.

Diese besondere Rechtsstellung und die Variationen im Begriff der „öffentlichen Stellen", d. h. des öffentlichen Dienstes, zeigen sich auch in anderen Zusammenhängen.

Bereits 2004 hatte Nordrhein-Westfalen das „Gesetz zur Verbesserung der Korruptionsbekämpfung und zur Errichtung und Führung eines Vergaberegisters in Nordrhein-Westfalen (Korruptionsbekämpfungsgesetz – KorruptionsbG) verabschiedet und durch Artikel 1 des Gesetzes vom 19. Dezember 2013 geändert. In § 1 „Geltungsbereich" heißt es: „§ 1 (1) Dieses Gesetz regelt, soweit im Einzelnen nichts anderes bestimmt ist, die Korruptionsbekämpfung und die Errichtung und Führung eines Vergaberegisters für: 1. öffentliche Stellen und für die in diesen Stellen Beschäftigten, auf die das Beamtenrecht, das Tarifrecht des öffentlichen Dienstes oder Dienstvertragsrecht Anwendung findet, [...] (2) Öffentliche Stellen sind [...] 5. die juristischen Personen und Personenvereinigungen, bei denen die absolute Mehrheit der Anteile oder die absolute Mehrheit der Stimmen den öffentlichen Stellen zusteht oder deren Finanzierung zum überwiegenden Teil durch Zuwendungen solcher Stellen erfolgt, [...]."

Mit diesem Punkt 5 werden alle kirchlichen Organisationen, die überwiegend öffentlich finanziert werden – also die gesamte Caritas und Diakonie, Einrichtungen der Erwachsenenbildung, kirchliche Kitas etc. – in den Geltungsbereich dieses Gesetzes mit einbezogen. Sollte man denken, wenn da nicht jemand daran 'gedreht' hätte, denn im Absatz (3) wird das für die Kirchen generell wieder aufgehoben: „(3) Die Regelungen gelten nicht für die Kirchen, Religionsgemeinschaften und Weltanschauungsgemeinschaften."

Es folgt immer der gleichen Anspruchslogik, dass dort, wo die Kirchen 'in die Pflicht' genommen werden könnten, sie nicht mehr „Öffentlicher Dienst" sind, was sie sich ansonsten staatskirchenrechtlich haben festschreiben lassen.

Und um jedes Missverständnis, welche Organisationen mit „Kirche" gemeint sein könnten, wird 2013 'nachgebessert'. In der Gesetzesänderung heißt es: „Der bisherige Absatz 2 wird Absatz 3 und wie folgt geändert: Nach dem Wort 'Weltanschauungsgemeinschaften' werden die Wörter 'und die ihnen zugehörigen Körperschaften, Anstalten und Stiftungen' eingefügt."

Also: Die Kirchen (und die ihnen zugehörigen Körperschaften, Anstalten und Stiftungen) sind weder Lobbyisten, noch sind sie, was Korruption anbelangt, zur Transparenz in der Korruptionsbekämpfung verpflichtet. Das hat Tradition und gehört zu den jahrzehntelangen Absicherungsstrategien der Kirchen. Wozu hat man seine Lobbyisten?

*Öffentlicher Dienst / Dienstgeheimnisse / Beteiligte.* Es muss hier, in aller Kürze, verdeutlicht werden, was „öffentlicher Dienst" in Deutschland bedeutet.

Der „öffentliche Dienst" sind die Menschen in den Dienst- und Verwaltungsstellen, Ministerien und Behörden, durch deren Handeln der Staat als „Exekutive" die Gesellschaft rechtlich organisiert.

Der Staat ist die „Heimstatt aller Bürger", so das Bundesverfassungsgericht, und die Grundrechte im Grundgesetz haben stets die gleiche Regelungsabsicht, dass niemand aufgrund individueller Merkmale bevorzugt oder benachteiligt werden darf. Es besteht Meinungsfreiheit, Religionsfreiheit, Wissenschaftsfreiheit ... mit anderen Worten, staatliches Handeln ist, im Grundsatz, der Allgemeinheit und der Rechtmäßigkeit verpflichtet.

Staatliches Handeln trifft aber auf eine gesellschaftliche und ökonomische Realität verschiedenster, sich teilweise gegensätzlich ausschließender Interessen, die sich organisieren und versuchen, auf eben dieses staatliche Handeln in ihrem ureigensten Interesse Einfluss zu nehmen.

Wohl wissend um diese alltägliche Gefährdung staatlichen Handels gibt es für den öffentlichen Dienst einige Regeln. Schon allein die Tatsache ihrer Existenz verweist auf ihre Notwendigkeit.

☐ *Amtsverschwiegenheit*: Die Verschwiegenheit von Beamten gegenüber Dritten ist ein altes Rechtsgut, dessen Nichteinhaltung als „Verletzung von Dienstgeheimnissen" bewertet wird und das sich in Deutschland bis ins 17. Jahrhundert zurückverfolgen lässt.

Das wirft aber die Frage auf: Was geschieht im politischen Alltag? Wenn im Parlament eine öffentliche Anhörung von eingeladenen Fachleuten und Lobbyisten über einen Gesetzentwurf der Regierung stattfindet, dann hat das seine Transparenz und Korrektheit. Dass dort auch die Kirchenlobbyisten eingeladen werden und ihre Standpunkte darlegen, hat seine Logik in der Berücksichtigung eines gesellschaftlichen Pluralismus und der Kirchen als Fachverband und Betroffene in vielen Fragen.

Wenn es jedoch üblich ist – und wie es im Verlauf des Textes bereits belegt wurde –, dass die internen Gesetzentwürfe von Ministerialbeamten bereits im Stadium der vorläufigen Erstformulierung an die Katholischen und Evangelischen Büros, gleichsam automatisch, hinübergereicht werden, mit der Bitte um Stellungnahme, d. h. Einflussnahme und Textformulierung im Sinne der kirchlichen Interessen, dann ist das – und nicht nur aufgrund der Trennung von Staat und Kirche in Deutschland – als Verletzung eines Dienstgeheimnisses zu bewerten. Ein Korruptionsverdacht ist nahe liegend.

Diese Verschwiegenheitspflicht wird auch vorrangig genutzt, um Außenstehende weiterhin 'außen' zu halten und keinen Einblick in die personalen und institutionellen Netzwerke gewohnheitsmäßiger – aber illegaler – Absprachen zu ermöglichen.

Verschiedene Referenten im Bundeskanzleramt, im Bundesjustizministerium, im Bundesverteidigungsministerium, im Bundesinnenministerium etc. antworteten auf meine Anfragen gar nicht, lehnten ein Gespräch ab oder 'leiteten mich um' zur Pressestelle z. B. des BMI, der ich schriftlich Fragen vorzulegen hatte. Ein anderer Referent des BMI bestätigte mir jedoch, dass es in der individuellen Entscheidung des Referenten liege, mit wem er direkt redet und wen er über die Pressestelle 'ausbremst' bzw. sich davor schützt, etwas 'Falsches' zu sagen.

Für diesen Bereich der Absprachen und Einflussnahmen im staatlichen Bereich wurde in jüngerer Zeit der Begriff der „Endemischen Korruption" entwickelt. „'Endemische (griechisch endémos: einheimisch) Korruption' wird meist synonym mit 'systemischer Korruption' sowie in Zusammenhang mit der Thematisierung einer sog. 'Kultur der Korruption' oder eines 'Klimas der Korruption' verwendet, wodurch metaphorisch veranschaulicht werden soll, dass die komplette Gesellschaft von korrupten Praktiken durchzogen ist."

Was das im Alltag heißt, heißen kann, das verdeutlicht wiederum die Studie des BKA: „Die Besonderheit der endemischen Korruption besteht darin, daß auch der Vorteilsgeber nicht aus der Privatwirtschaft/Gesellschaft, sondern vielmehr auch aus dem 'öffentlichen Raum' stammt. Das korruptive Verhalten erfolgt regelmäßig auch offen, jedoch unter einem falschen Vorwand oder gar auf Bestellung. Es handelt sich dabei um folgende Phänomene: Da werden 'wissenschaftliche' Veranstaltungen organisiert, bei denen für oft überflüssige Reden enorme Honorare gezahlt werden, da werden von interessegeleiteten staatlichen Institutionen unnötige Honoratioren-Zusammenkünfte veranstaltet, deren Ergebnisse regelmäßig unbekannt bleiben, da werden Dienstreisen 'bestellt' oder entsprechende Einladungen ausgesprochen, wobei der Zweck der Dienstreise nebulös bleibt usw."

Und es gibt eine weitere Beobachtung des BKA, die sich auf das Unrechtsbewusstsein der beteiligten Beamten bezieht – sie haben keines.

„Trotz der öffentlichen Ächtung der Korruption kommt ein Selbsteingeständnis überführter Täter (Vorteilsnehmer / Beamten) höchst selten vor und auch das Unrechtsbewußtsein ist bei den Vorteilsnehmern kaum anzutreffen. Seitens der käuflichen Amtsträger wird vielmehr durchgängig auf die für das Gemeinwohl nützliche Gefälligkeit, auf selbstverständliche Usancen, auf tolerierbare Verhaltensweisen oder auf die vermeintliche Sozialadäquanz ihrer Diensthandlung abgestellt. [...] Dieses Phänomen des fast durchgängig fehlenden Unrechtsbewußtseins sollte nicht als bloße Schutzbehauptung oder starre Uneinsichtigkeit eigensüchtiger Bediensteter beiseite geschoben werden, sondern dieses Phänomen dürfte auch auf etwas aufmerksam machen, was Brünner mit der *'emotionalen Dimension menschlicher Existenz'* oder von Alemann/Kleinfeld mit der *'allgemeinen anthropologischen Konstante von Korruption als Bestandteil der conditio humana'* umschrieben haben. Denn mit der zurzeit in Deutschland ausschließlich auf Antikorruptionsmaßnahmen fokussierten Diskussion darf die emotionale Dimension menschlicher Beziehungen nicht ausgeklammert werden. Sympathie, Freundschaft, Zuneigung, Hilfsbereitschaft usw. müssen auch unter den gegenwärtigen Antikorruptionskampagnen möglich sein. Ein völlig korruptionsfreies Klima, wie es von manchen so einfach und plausibel befürwortet wird, könnte leicht in blanke Sauberkeitsideologie umschlagen, ohne dabei die beteiligten Menschen zu berücksichtigen." [Ahlf, 1998, 7 f.]

Hinsichtlich der Frage, ob die beständige und nicht-öffentliche Einflussnahme der beiden Kirchen auf die staatliche Gesetzgebung für die beteiligten Beamten als „Verletzung von Dienstgeheimnissen" zu bewerten ist, lässt aufgrund der geschilderten Erfahrungen das gleiche fehlende Unrechtsbewusstsein gegenüber dem kirchlichen Lobbyismus annehmen. Es hat doch Tradition, man ist doch christlich erzogen, die Kirche hat doch ein „Wächteramt", die Vorgesetzten wollen das so, es wäre für die eigene Karriere nicht förderlich, sich dagegen zu wehren, man kennt sich doch gut über die Jahre, und wenn die kirchliche Lobbyist dann auch noch als

Seelsorger tätig sind, teilt man mit ihm ggf. die persönlichsten Geheimnisse – das 'verbindet', zum eigenen oder gegenseitigen Vorteil.

☐ *„Gekaperter Staat"?* In der Lobbyismus-Literatur ist in den vergangenen Jahren dargestellt worden, wie die Finanzbranche den Staat 'gekapert' habe. *LobbyControl* hat das ausführlich beschrieben.

Wie das 'Kapern des Staates' durch die Kirchen geschieht, kann man verstehen, wenn man in dem folgenden Text von *LobbyControl* das Wort „Finanzbranche" durch das Wort „Kirchen" ersetzt.

„Einige Grundlagen für den Einfluss der Finanzbranche
- Ökonomische Macht: die Macht über große Vermögen, viele Arbeitsplätze und die zentrale Stellung für die gesamte Wirtschaft verleihen der Finanzbranche enormen Einfluss. [...]
- Kontrolle über Expertise und informelle Netzwerke: Finanzregulierung wurde lange als technisches Problem gesehen und die Expertise kam von der Branche selbst. Insbesondere auf internationaler Ebene dominierten informelle Netzwerke aus Aufsichtsbehörden, staatlichen Entscheidungsträgern und Finanzbranche. Wichtige Personen wechselten dabei häufig zwischen den Seiten hin und her.
- Dominanz in den politischen Kräfteverhältnissen: die finanziellen Ressourcen und die Kontrolle über wichtige Expertise spiegeln sich auf politischer Ebene in einem deutlichen zahlenmäßigen Übergewicht der Finanzlobbyisten gegenüber anderen gesellschaftlichen Interessen(gruppen). [...]
- Ideologie und Zeitgeist: in den Jahren vor der Krise konnte der Finanzsektor darauf bauen, dass weite Teile der politischen und gesellschaftlichen Eliten ihre Vision von freien Finanzmärkten und der Selbstregulierung der Branche teilten. Dieses kulturelle Kapital ist nicht zu unterschätzen."

Alles ist für die Kirchen genauso gegeben:
- die ökonomische Macht ihres (immer noch weitestgehend verschwiegenen) Milliarden-Vermögens und die Verfügung über rund 1,8 Millionen Arbeitsplätze;
- die Kontrolle der Expertise durch die Juristen des Staatskirchenrechts und das oft klerikal entscheidende Bundesverfassungsgericht, das den Kirchen einen verfassungsrechtlich unhaltbar weiten Raum rechtseigener Selbstbestimmung zuspricht, ohne jemals dieses viel zitierte „Selbstbestimmungsrecht der Kirchen" historisch, rechtsdogmatisch und rechtsanalytisch im Rahmen des Art. 137 WRV präzise analysiert zu haben;
- die Dominanz gegenüber anderen gesellschaftlichen Gruppen (wie z. B. den Gewerkschaften);
- die Ideologie und der Zeitgeist einer Elite, die die Kirchen immer noch für die Schaffung gesellschaftliche Werte als wesentlich erachtet.

Und, was noch fehlt, das Erpressungspotential der Kirchen, ihre Kirchenmitglieder zu einer bestimmten Stimmabgabe bei politischen Wahlen zu veranlassen – was außerhalb der Möglichkeiten der Finanzbranche liegt.

Beiden Akteursgruppen (Bankern sowie Kirchen) ist es dabei im Grunde egal, welche Parteien politisch 'an der Macht' sind, solange sie die bestehenden Zustände nicht antasten oder zu ihren Ungunsten verändern wollen. Dafür lassen sich in diesem Text (und in anderen Publikationen von mir) entsprechende Belege finden.

## 4.1. Minister gehen, Ministerialbeamte bleiben

*Fachbruderschaften / Ministerialbeamte und Kirchliche Büros / Kirchlicher Dienst ist Öffentlicher Dienst / Bundespräsidialamt / BMI / BMI-Islamreferat / BMI-Aussiedlerfragen / Korruptionsprävention / Bundeskanzleramt / Referat 333 / „Gottes Segen" / BMJ-II B 2 / BMFSFJ-Zivildienst / BMZ-Referat Kirche / BMF /BMBF / AA*

Die in der Öffentlichkeit bekannten Bundes- und Landesminister, über die gerne diskutiert und berichtet wird, bleiben häufig nur eine Legislaturperiode auf ihrem Posten, bis sich dann nach der Wahl das Personalkarussell wieder dreht. (Kanzler sind dabei anscheinend die Ausnahme an Amtszeitdauer bzw. es ist in der Ämterhierarchie die oberste Spitze und wer einmal Kanzler oder Kanzlerin war, kann danach – hierarchisch gesehen – kein niedrigeres politisches Amt antreten.)

Weitestgehend öffentlich unbekannt sind jedoch die Mitarbeiter in den Ministerien, die über viele Jahre im Hause arbeiten und, wenn sie es beabsichtigen, in der Hierarchie aufsteigen, vom Ministerialrat bis zum Ministerialdirigenten oder beamteten Staatssekretär: die „Arbeitsebene".

Rund drei Viertel aller Gesetzesvorlagen werden nicht im Parlament formuliert, sondern in den dafür zuständigen Ministerien erarbeitet. Für einen erfolgreichen Lobbyismus gilt es, bereits in der Entstehung von Formulierung Einfluss zu nehmen, um 'in aller Stille' etwas zu erreichen oder auch zu verhindern.

*„Fachbruderschaften":* Vereinfacht gesagt gibt es die verschiedenen Bundesministerien mit ihren Fachgebieten. Das Bundespräsidialamt und das Bundeskanzleramt 'spiegeln' in ihren Häusern die Bundesministerien mit entsprechenden eigenen Referaten. Und ebenso 'spiegeln' die kirchlichen

Verbindungsstellen die Bundesministerien im Fachbezug. Dadurch entsteht ein Netzwerk von Akteuren, die sich im Laufe der Zeit und der gemeinsamen langen Dienstjahre gegenseitig kennen lernen und miteinander kommunizieren.

Für diesen Aspekt der Ministerialbürokratie hat sich der Begriff der „Fachbruderschaft" eingebürgert. In einem ähnlichen Sinne wie „Fachbruderschaft" werden auch die Begriffe „Seilschaften" und „Ressortkumpanei" verwendet.

Eine der wesentlichsten Positionen sind dabei die Referatsleiter (Ministerialräte), die für ihr Themengebiet die Papiere für die Unterabteilungsleiter (Ministerialdirigenten) vorbereiten, die sie dann an die jeweiligen Abteilungsleiter (Ministerialdirektoren) und dann an die Staatssekretäre weiterreichen.

„Federführend" in Kirchenfragen sind dabei das Bundesinnenministerien bzw. (meistens) die Kultusministerien (der Länder), die für Kirchen und Religionsgemeinschaften zuständig sind. Das hat Tradition.

So hat es (1986) der damalige Leiter des Katholischen Büros in Bonn, Prälat Paul Bocklet, in der Einleitung einer Broschüre (zu Ehren des ersten Büroleiters in Bonn, Prälat Wilhelm Böhler) beschrieben, in der Dr. Carl Gussone auf die Gründungsphase des Büros und das Wirken Böhlers zurückblickt. Der Autor, Ministerialdirigent Dr. Carl Gussone, wird von ihm so beschrieben: „Wer könnte einen solchen Rückblick auf die Gründungsphase und auf den Mann, um den sich die Aufbauarbeit auf katholischer Seite so eindrucksvoll kristallisierte, besser geben, als Ministerialdirigent a. D. Dr. Carl Gussone, seinerzeit Referent in der Kulturabteilung des Bundesinnenministeriums, zuständig für das Verhältnis zwischen Staat und Kirche, mit den Problemen also auch von der praktischen Seite her bestens vertraut, im übrigen auch so etwas wie der Verbindungsmann für die Beamten der Bundesministerien."

Einfacher gesagt: Kardinal Frings sprach 'en gros' mit Adenauer, Prälat Böhler 'en detail' mit Gussone, der dann die klare katholische Linie für alle zuständigen Beamten in den anderen Bundesministerien umsetzte.

*Neubildung von Fachbruderschaften:* Wie sich diese Fachbruderschaften auch neu bilden, das verdeutlicht ein Bericht über die alljährlichen gemeinsamen Arbeitstagungen zwischen Kirchen und Bezirksregierungen in Westfalen, hier als Beispiel aus dem Jahr 2011. Dabei wurden verschiedene Themen besprochen, auch die Frage der Integration und dazu werde man regelmäßige „Fachgespräche zwischen den Integrationsbeauftragten der

Kirchen und der Bezirksregierungen initiieren". Was die christlichen Kirchen qualifiziert, sich um die Integration von Angehörigen nicht-christlicher Glaubensgemeinschaften bzw. generell von Zuwanderern zu kümmern, wird nicht erläutert.

Aber die grundsätzliche Frage lautet doch: Was ist da verfassungsrechtlich („Es besteht keine Staatskirche") eigentlich geschehen, wenn zwischen Staat und Kirche derartige „grenzüberschreitende" Fachbruderschaften ohne weiteres vereinbart werden? Jegliches religionsverfassungsrechtliche Verständnis scheint den hochkarätigen Fachbrüdern auf beiden Seiten abhanden gekommen zu sein.

*Ministerialbeamte und Kirchliche Büros:* Der seinerzeitige Leiter des Katholischen Büros hat bereits 1975 beschrieben, inwiefern die Ministerialbürokratie immer mehr in den Focus kommt: „Ein Problem für die Tätigkeit des Katholischen Büros Bonn ergibt sich daraus, daß die Orte politischer Entscheidung nicht ein für allemal feststehen, sondern in gewissem Sinne einer 'Wanderungsbewegung' unterliegen. Politisch wichtige Entscheidungen des Gesetzgebers fallen in aller Regel nicht erst im Plenum des Bundestages und heute oft auch nicht mehr in den Bundestagsausschüssen, sondern verlagern sich in steigendem Maße in die Bundesministerien, die oft allein über die entsendenden Daten und Informationen verfügen. Diesem Phänomen bei der Vorbereitung und Vorberatung von Gesetzen, die kirchliche Interessen berühren, gerecht zu werden, ist den Kirchen oft nur unter großen Schwierigkeiten möglich. Dies stellt besondere Anforderungen an die Flexibilität der Arbeitsweise in den kirchlichen Verbindungsstellen, da der bescheidene Apparat, der den Kirchen in dieser Hinsicht zur Verfügung steht, mit den Mitteln, über die der Staat und einige gesellschaftliche Großgruppen verfügen, auch nicht annähernd vergleichbar ist." [Wöste, 1975, 291]

Es hat beinahe kabarettistische Züge, wenn Prälat Wöste von dem „bescheidenen Apparat" der katholischen Kirche spricht und versucht, den katholischen Giganten als Zwerg darzustellen.

Nun lassen sich die Lobbyisten ja nicht gerne in die Karten gucken. Woher bekommt man also Informationen darüber? Es ist ein Glücksfall in der Recherche, wenn es zu Ehren eines Kirchenpolitikers so etwas wie eine Festschrift gibt. Denn in einem solchen „Buch der Freunde" melden sich dann viele seiner politikbezogenen Wegbegleiter zu Worte.

So eine Quelle ist die Festschrift für Dr. Joachim Gaertner, anlässlich des 65. Geburtstages und seiner Pensionierung: „Im Dienste der Sache.

Liber amicorum für Joachim Gärtner. Herausgegeben von Ricarda Dill, Stephan Reimers und Christoph Thiele." 2003, 768 Seiten.

Das umfangreiche „Buch der Freunde" enthält 95 Beiträge von 'Weggefährten' dieser Jahre. Es ist plausibel, dass eine große Anzahl der Beiträge von Kirchenfunktionären stammen (40 Artikel); zwölf Artikel sind aus der Feder von Mitarbeitern der evangelischen und katholischen Büros. Die weiteren 'Freunde' sind jetzt aber die für diese Recherche interessanteren. Es sind zwei Gruppen.

Die eine Gruppe sind sechs Mitarbeiter der kirchlichen Verbindungsstellen/Büros, die entweder vor oder nach ihrer dortigen Tätigkeit in anderen Politikbereichen tätig waren, also sozusagen als Seitenwechsler 'von innen und außen' agieren. Die andere Gruppe des 'Buchs der Freunde' sind die in unserer Fragestellung ebenso interessanten 38 Akteure aus dem „Staatslager", die mit dem Stellvertreter des evangelischen Bevollmächtigten zumindest soweit Kontakt hatten und sich ihm verbunden fühlen, dass sie einen Artikel für seine Festschrift verfassten. Diese 38 Personen stehen stellvertretend für die vielen Kontakte des Büros des evangelischen Bevollmächtigten zu Ministerien, Justiz und Medien. Für das katholische Büro gilt Vergleichbares.

Auffallend ist dabei die häufigere Nennung des Bundesministeriums des Innern und des Bundesministeriums der Justiz, aber es kommen so gut wie alle Bundesministerien vor, einschließlich Wirtschaft sowie Verteidigung, ebenso wie das Bundespräsidialamt und das Bundeskanzleramt.

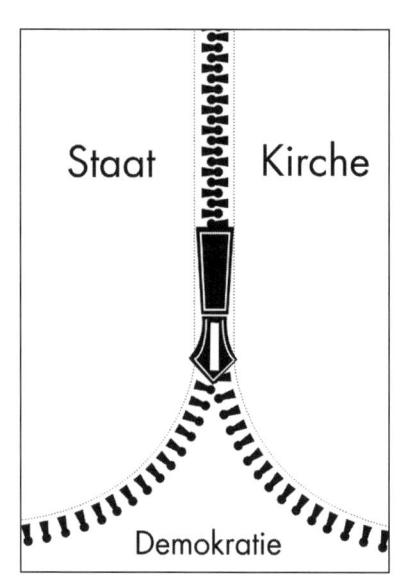

Alle Parteien (außer Die Linke) sind genannt, bemerkenswert ist die Häufigkeit der Nennung des Evangelischen Arbeitskreises (EAK) der CDU/CSU, was allerdings beim evangelischen Bevollmächtigten wiederum nicht überraschend ist.

Die wichtigste Information dieser langen Auflistung besteht in der Häufigkeit des Wechsels von Mitarbeitern des Öffentlichen Dienstes in kirchliche Dienste und umgekehrt. Es geht also um eine erstaunlich hohe Anzahl von „Seitenwechslern", bei denen der Lobbyismusverdacht per se gegeben ist.

☐ *Kirchlicher Dienst ist öffentlicher Dienst:* zu dieser Thematik seien aus einer Vielzahl von Beispielen nur wenige Personen genannt, in unterschiedlichen Seitenwechseln.

Der Chef des Bundespräsidialamtes, Staatssekretär *David Gill*, war ursprünglich im Öffentlichen Dienst tätig, anschließend leitender Kirchenjurist und Oberkirchenrat der EKD in Berlin. Als Joachim Gauck Bundespräsident wurde, kam er als Beamter in den Öffentlichen Dienst zurück.

Auch der Nachfolger von Oberkirchenrat David Gill als stellvertretender Bevollmächtigter der EKD (seit Juni 2012), der Jurist und Oberkirchenrat *Dr. Stephan Iro*, hatte vorher im Staatsdienst gearbeitet. Nach einer Attaché-Ausbildung im Auswärtigen Amt arbeitete er im Bundeskanzleramt, war an der deutschen Botschaft in Moskau tätig, bis er 2011 ins Auswärtige Amt zurückkam und 2012 in den kirchlichen Dienst wechselte.

*Anne Gidion*, Theologin, erst persönliche Referentin des Bevollmächtigten des Rates der EKD, danach Referentin für die Kontakte zu Kirchen und Religionsgemeinschaften im Bundespräsidialamt, anschließend Pastorin in Hamburg.

*Heidrun Tempel*, Juristin, Europareferentin der Evangelischen Landeskirche in NRW, Oberkirchenrätin und Leiterin der Außenstelle des evangelischen Bevollmächtigten des Rats der EKD in Brüssel, danach Leiterin des Referates „Verbindungen zu Kirchen und Religionsgemeinschaften" im Bundeskanzleramt Berlin, heute Botschafterin in Aserbaidschan.

*Hans-Joachim Kiderlen*, Gesandter an der Deutschen Botschaft Neu-Delhi, danach Leitung der Vertretung der EKD bei der Europäischen Union in Brüssel.

*Jörg-Holger Behrens*, Verwaltungsjurist im niedersächsischen Kultusministerium, danach Leiter der Geschäftsstelle der Konföderation evangelischer Kirchen in Niedersachsen.

Es wird also auf allen Ebenen hin- und hergewechselt, auf Landesebene, Bundesebene und international.

Dem problemlosen 'Seitenwechsel' liegen dabei fünf Wörter zugrunde, die meist unverstanden bleiben. So heißt es beispielsweise im Evangelischen

Kirchenvertrag des Landes Schleswig Holstein: „Artikel 2 (2) 1 Die Kirchen, Propsteien, Kirchengemeinden und aus ihnen gebildeten Verbände sind Körperschaften des öffentlichen Rechts. 2 Ihr Dienst ist öffentlicher Dienst."

Mit dieser Formulierung übernimmt die Kirche alle Regelungen des staatlichen Beamtenrechts und auch des Beamtenversorgungsrechts. In der Arbeitsgemeinschaft der Zusatzversorgungskassen des Bundes/Länder und der Kommunen sind auch die kirchlichen Zusatzversorgungskassen Mitglied und so ist für kirchliche wie staatliche Mitarbeiter gewährleistet, dass sie wechseln können, egal in welche Richtung, sie behalten alle ihre Versorgungsansprüche.

Und was sagt der Jurist dazu? Antwort: Die drei Zusatzversorgungskassen des Bundes/Länder, der Kommunen und der Kirchen sind alle rechtlich selbstständig. Dass sie Vereinbarungen untereinander geschlossen haben, wie die Ansprüche übergeleitet werden, erzeugt keine Einheit, sondern kann jederzeit wieder 'gekündigt' werden.

Die zugrunde liegende Logik ist dabei die parallele Etablierung von Beamtenstrukturen im staatlichen und im kirchlichen Bereich, die in der Praxis bedeutet, dass bei Besoldungsfragen im kirchlichen Dienst schlicht auf die Bundesbeamtenbesoldungsgesetze bzw. die Ländergesetze verwiesen wird. Die kirchliche Begründung dafür ist „natürlich". So schreibt der seinerzeitige Beauftragte der Konföderation evangelischer Kirchen in Niedersachsen: „Natürlich muss sich die Kirche auch dafür einsetzen, dass ihre Organisation so erhalten bleibt, dass sie ihren breit gefächerten Auftrag in Verkündigung, Seelsorge, Bildung und Diakonie wahrnehmen kann. Deswegen haben sich die Beauftragten in Bund und Ländern für die Anerkennung des kirchlichen Dienstes als öffentlichen Dienst eingesetzt, um für qualifizierte Mitarbeiter den Wechsel zum Staat und vom Staat zu den Kirchen zu erleichtern." [Behrens, 2003, 31]

Eine weitere Begründung, warum das für den Staat von Vorteil sei, nennt er nicht. Unrechtsbewusstsein? Null.

Bildlich gesprochen ist dieses Prinzip wie ein Reißverschluss, mit dem zwei Organisationen miteinander 'verzahnt' und fest miteinander verbunden werden – was aber auch wieder einfach getrennt werden kann – wenn man will.

„Dazu gehören immer zwei" ist auch hier richtig. Würden die Ansprüche der Kirchen nicht durch Politiker/Staatsbeamte akzeptiert werden, dann wären es nur 'fromme Wünsche'.

Wie sehr jedoch die Politik einen Kotau vor den kirchlichen Ansprüchen macht, zeigt z. B. der maßgebliche Loccumer Vertrag (1955), in den die Landesregierung den „Öffentlichkeits*auftrag*" der Kirchen hineinschreiben lässt und nicht als das belässt, was es aus staatlicher Sicht ist, nämlich ein Öffentlichkeits*anspruch*.

Der Aspekt des Erhalts der Ansprüche der jeweiligen Zusatzversorgungskasse beim Wechseln wurde oben bereits benannt. Und natürlich nehmen diese 'Wechsler' alle ihre persönlichen und politischen Kontakte mit. Der Kopf und die Person bleiben schließlich gleich. So schreibt der bereits zuvor zitierte Beauftragte der niedersächsischen Konföderation: „Herr Dr. Gaertner [seit 1977 Mitarbeiter, 1994 bis 2003 stellvertretender Bevollmächtigter des Rats der EKD bei Bundesregierung und Europäischer Union] ist ein lebender Beweis für diese Fähigkeiten. Er ist ein hervorragend ausgebildeter, präziser Jurist, der im Bundeswirtschaftsministerium vor seiner Zeit als kirchlicher Beamter das Wirken der Exekutive und Legislative hautnah miterlebt hat und auf Grund seiner Kenntnisse viele Türen für die Kirchen aufschließen konnte."

Offensichtlich reiht sich also das „viele Türen für die Kirchen aufschließen" in den kirchlichen Auftrag ein.

Und über das Wie und Wozu Dr. Gaertner vom Staatsdienst in den Kirchendienst gewechselt ist, schreibt der seinerzeitige Bevollmächtigte der EKD, Prälat Dr. Stephan Reimers: „Bei den wichtigen Verhandlungen zur Steuerreform – aber auch sonst – haben Einsatzbereitschaft und Ideenreichtum von Joachim Gaertner die Durchsetzungskraft unserer Dienststelle wesentlich gestützt. Niemals hat es die EKD bereut, Herrn Gaertner im Jahr 1977 aus dem Wirtschaftsministerium abwerben zu können. Seine guten Kenntnisse von Struktur und Arbeitsweise eines Bundesministeriums waren in vielen Zusammenhängen hilfreich." [Reimers, 2003, 21]

Das Stichwort ist: abwerben. Das, so wurde mir berichtet, passiert auch in westdeutschen Diözesen, wenn qualifizierte Beamte im Staatsdienst – die nichts dagegen haben, bei der katholischen Kirche zu arbeiten – mit der Einstufung zwei Gehaltsstufen höher als im Staatsdienst, motiviert werden, mit ihren Kenntnissen im katholischen Ordinariat zu arbeiten.

Wechselt ein Beamter aus dem Staatsdienst in den Kirchendienst, dann zahlt der Staat den Kirchen das Geld für den jeweiligen „Versorgungsausgleich". Und umgekehrt.

Wer hat ein größeres Interesse an einer solchen „Verbindung", der Staat oder die Kirchen? Der Staat eigentlich nicht, da er auf eine Äquidistanz zu allen Religionsgemeinschaften zu achten hat. Insofern sind es die „öffentlich-rechtlichen Religionsgemeinschaften", die sich in dieser Weise mit dem Staat verbinden und personell vernetzen.

Hinsichtlich dieser problemlosen Wechselei, unter Beibehaltung aller jeweiligen erworbenen beamtenrechtlichen Ansprüche, hat sich eine kritiklose Praxis organisiert, bei der – eine Frage der Perspektive – die Kirchen Teil des Staatsaufbaus sind bzw. Teile der Staatsorganisationen eine Abteilung der Kirchenstrukturen sind.

Diese „Ausrichtung" wird natürlich verschwiegen, weil der öffentliche Dienst neutral, unparteiisch zu sein hat. So schreibt das Bundesministerium des Innern zu „Regelungen der Integrität" im öffentlichen Dienst: „Diese strenge Trennung zwischen privaten Interessen und dienstlichen Aufgaben müssen Sie ohnehin – unabhängig von einer Korruptionsgefahr – bei Ihrer gesamten dienstlichen Tätigkeit beachten. Ihre Dienststelle, jeder Bürger und jede Bürgerin haben Anspruch auf Ihr faires, sachgemäßes, unparteiisches Verhalten."

In den folgenden Abschnitten, die sich mit den Bundes- und Landesbehörden beschäftigen, lässt sich eine „Brückenkopf"-Funktion in der Vertretung kirchlicher Interessen, als religiöse Lobbyisten, durchgehend belegen.

### 4.1.1. Bundespräsidialamt, Leitung

Bundespräsident Joachim Gauck ist als ehemals ordinierter Pastor und aktiv bekennender Christ keine Ausnahme im Amt. Die letzten Bundespräsidenten waren alle überzeugte Christen. Dazu drei Beispiele.

Bundespräsident Horst Köhler (2004 bis 2010) hielt eine Antrittsrede, bei der manche meinten, ein Priester sei Bundespräsident geworden, denn Horst Köhler beendete seine Rede mit den Worten „Gott segne unser Land". Und 2010, als Horst Köhler der erste Bundespräsident wird, der von seinem Amt zurücktritt, schreibt der Kirchenreferent in der Staatskanzlei von Nordrhein-Westfalen, Dr. Matthias Schreiber: „Ein großer Präsident ist zurückgetreten", mit der Unterzeile: „Selten hat sich ein Staatsoberhaupt so sehr zum christlichen Glauben bekannt wie Köhler".

Bundespräsident Christian Wulff eröffnet am 1. Juni 2011 den Evangelischen Kirchentag in Dresden und sagt dabei u.a.: „Dafür ist der Kirchentag da. Dass wir bekennen, dass wir einander brauchen, dass wir die Begleitung des anderen brauchen, und dass wir die Kraft des Glaubens und des Evangeliums brauchen."

Überlegungen, welche religiösen Überzeugungen Bundespräsident und Pastor a. D. Joachim Gauck haben könnte, erübrigen sich.

Bei solchen Bundespräsidenten könnte man den Aspekt 'Kirche' den Chefs selber überlassen, aber natürlich müssen auf der Arbeitsebene Kontakte verknüpft, Reden geschrieben, Briefe beantwortet werden etc. etc. Dazu sind die Mitarbeiter schließlich da.

Ein anderer Aspekt verdeutlicht, dass die Kirchenebene im Bundespräsidialamt derzeit in den drei obersten Etagen beheimatet ist. Die oberste Ebene, der Bundespräsident, ist bekannt. Nun die Führungsebene.

☐ *David Gill:* Der Chef des Bundespräsidialamtes war vor seiner Berufung ins Bundespräsidialamt neun Jahre lang als Oberkirchenrat und leitender Jurist der stellvertretende Bevollmächtigte des Rates der EKD bei der Bundesrepublik Deutschland und der Europäischen Union.

Es gab 2012 keinerlei Irritationen darüber, dass ein aktiver ranghoher Kirchenpolitiker in ein hohes Staatsamt als beamteter Staatssekretär wechselte. Die politikbezogene Ausrichtung seiner langjährigen Arbeit für die Interessen der EKD war noch nicht einmal eine Fußnote wert. Die Überschriften der Pressemeldungen waren u. a. „Klempner mit Bibelkenntnissen" (*taz*), „Gaucks erster Diener" (*Cicero*), „Bundespräsident Gauck holt Vertrauten an seine Seite" (*Hamburger Abendblatt*) und nur eine der publizistischen Werbetrommeln der Evangelikalen titelte: „Gauck beruft Oberkirchenrat David Gill zum Staatssekretär" (*pro-medienmagazin*).

Dass die kirchlichen Bindungen bei Gill erhalten bleiben, dafür zwei Beispiele. Im Januar 2013 kehrt David Gill an seine theologische Ausbildungsstätte, das Theologische Konvikt in Berlin, zurück und referiert zum Thema „Vom Konvikt ins Bundespräsidialamt". Als der Konvent des Kirchenkreises Burgwedel Langenhagen (30 Pastorinnen und Pastoren, Kirchenmusiker, Diakoninnen und Diakone) im September 2013 auf Berlin-Besuch waren, kamen sie auch bis in das „Vorzimmer des Bundespräsidenten" und wurden von David Gill persönlich begrüßt.

☐ *Dr. Christoph Braß:* Seit Anfang 2014 Abteilungsleiter der Abteilung 1 (Inland und Grundsatzfragen) des Bundespräsidialamtes. Seit 2005 ist er einer der Vizepräsidenten des Zentralkomitees der deutschen Katholiken. So sind beide Kirchen hochrangig im Bundespräsidialamt präsentiert.

Frage an den Juristen: Gibt es da keine Interessenkonflikte? Antwort: Nein, denn der Vizepräsident des ZdK ist ein Ehrenamt und hat insofern keine formale Bedeutung einer Kompetenz oder Repräsentanz. Und dass er als Vizepräsident an den Gesprächen des ZdK mit der Parteiführungen, z. B. der CDU (inkl. Bundeskanzlerin Dr. Angela Merkel) teilnimmt? Keine Bedeutung.

Braß war bereits von 2006 bis 2009 Ministerialrat im Bundespräsidialamt und Leiter des (Kirchen-)Referats 10 (Grundsatzfragen der Innenpolitik, Föderalismus, Integration und Migration, Kirchen und Kultur, Medien).

Als Adresse hatte er auf der Internetseite des ZDKs noch im Juli 2014 die Hannoversche Straße 25 angegeben, das ist der Berliner Amtssitz des Bundesministeriums für Bildung und Wissenschaft, seit August 2014 ist er nun umgezogen, neue Adresse ist Spreeweg 1 in Berlin. Kundige wissen, dass es die Adresse des Bundespräsidialamtes ist. Gibt es dort auch Wohnungen? Es ist zwar eventuell verständlich, dass ein hochrangiges Mitglied des ZdK nicht seine Privatadresse öffentlich machen möchte, aber warum wird dann nicht die Adresse des ZdK verwendet, Hochkreuzallee 246, 53175 Bonn? So entsteht der Eindruck, dass Herr Braß als Beamter des Bundespräsidialamtes in das ZdK gewählt worden ist, was nicht zutrifft, da er als früherer Vorsitzender und jetzt als hinzu gewähltes Mitglied des Katholikenrats im Bistum Speyer Sitz im ZdK hat. Insofern wäre der Katholikenrat im Bistum Speyer, Webergasse 11 in 67346 Speyer eine korrekte Adresse. Braß scheint aber diesen Stil zu mögen.

Als er, während seiner früheren Tätigkeit als Kirchenreferent im Bundespräsidialamt (Referat 10), die Abschiedsrede auf den in Pension gehenden Direktor des katholischen Gymnasiums in Speyer hält, auf dem er selbst zur Schule gegangen ist, ist der Text nicht mit 'ehemaliger Schulsprecher' oder anderem unterzeichnet, sondern mit „Dr. Christoph Braß, Leiter des Grundsatzreferates im Bundespräsidialamt Berlin". Hat er dort also im Auftrag des Bundespräsidenten gesprochen? Mitnichten, es ist die immer wieder zu beobachtende eigene Überhöhung im kirchlichen Bereich durch die Benennung des ausgeübten Staatsamtes.

Diese 'aufgeblasene' Darstellungsweise steht im Widerspruch dazu, dass er der einzige Vizepräsident des ZdK ist, von dem es in der Online-Enzyklopädie Wikipedia keinerlei Eintrag gibt.

Dr. Christoph Braß ist ein Beispiel einer stromlinienförmigen Bilderbuchkarriere im Zusammenhang von Religion und Politik auf der ministeriellen Arbeitsebene. Seine Karriere kann man mit zwei Schuhen vergleichen, einem kirchlichen 'Schuh' und einem 'ministeriellen' – macht der eine einen Schritt 'vorwärts', was in diesem Zusammenhang 'aufwärts' bedeutet, folgte der nächste Schritt aufwärts.

Er stammt aus Homburg (Jg. 1967). Mitglied in der Kolpingjugend und katholisches Gymnasium sind selbstverständlich, der Direktor der Schule gehört zu den Hiltruper Herz-Jesu Missionaren.

Seit 1986 Mitglied der Kolpingfamilie Homburg-Bruchhof-Sanddorf, Studium der Neueren Geschichte und Germanistik an der Universität des Saarlandes. 1993 Magisterarbeit. 1998 (bis 2008) Vorsitzender des Katholikenrats des Bistums Speyer, d. h. er wird mit 31 Jahren zum Sprecher der katholischen Laienorganisationen des Bistums. 2002 Promotion an der Universität Saarbrücken. Mitglied im Zentralkomitee der deutschen Katholiken (ZdK), im Hauptausschuss und medienpolitischer Sprecher. 2002 bis 2006 Leiter des Planungsreferates im Staatsministerium Baden-Württemberg in Stuttgart. Zuständig u. a. für Wissensmanagement und Fragen der Förderung und Begleitung des Ehrenamtes.

Seit April 2005 Vizepräsident des ZdK. 2006 bis Oktober 2009 im Bundespräsidialamt in Berlin Leiter des Referat 10 (Grundsatzfragen der Innenpolitik, Föderalismus, Integration und Migration, Kirchen, Kunst und Kultur, Medien). Das „Referat 10 ist das Grundsatzreferat in Fragen der Innenpolitik. Es ist zuständig für alle Termine und Veranstaltungen des Bundespräsidenten in den Bereichen Bund, Länder und Gemeinden, für das Zusammenspiel der Institutionen in unserem föderalen Staat sowie die Themen Sport, Brauchtum, Integration, Erinnerungs- und Gedenkkultur, Angelegenheiten der Parteien, Fraktionen des Deutschen Bundestags und politischen Stiftungen sowie Kirchen und Religionsgemeinschaften, Kunst, Kultur und Medien." So die offizielle Darstellung des Bundespräsidialamtes. Im Mai 2006 ist Braß Mitglied der Programmkommission des 96. Katholikentages in Saarbrücken.

In diesen Jahren – als Referatsleiter im Bundespräsidialamt und Vizepräsident des ZdK – ist er als Katholikenratsvorsitzender im März 2008, neben dem Vorsitzenden der Bischofskonferenz Erzbischof Zollitsch und den Ministerpräsidenten Beck (Rheinland-Pfalz) und Müller (Saarland), einer der Redner bei der Amtseinführung des neuen Bischofs von Speyer. Im Juli 2008 referiert er auf einem Studientag der Katholischen Akademie in Berlin über „Die Rolle des Bundespräsidenten in der Deutschen Politik".

Seit 2009 im Bundesministerium für Bildung und Forschung, BMBF (Bundesministerin Annette Schavan war vorher Bildungsministerin von Baden-Württemberg in Stuttgart, man kennt sich). Karriere im BMBF vom Ministerialrat bis zum Ministerialdirigenten.

Im BMBF ist er, als Leiter der Unterabteilung 12: Strategische Grundsatzfragen der Bildungs- und Forschungspolitik, auch zuständig für die

Schüler-Bundeswettbewerbe. Just seit 2009 ist der Versicherungskonzern *Generali Deutschland Holding* der Hauptsponsor des Bundeswettbewerbs Mathematik.

Die *Generali* ist *die* 'katholische' Versicherung Deutschlands, beispielsweise der Haftpflicht- und Unfallversicherer für alle Mitgliedsverbände der *Deutschen Katholischen Jugend* (BDKJ). Die *Generali* hat sich in Deutschland, u. a. durch Kauf verschiedenster Versicherungsunternehmen (wie Volksfürsorge, Aachener und Münchener Versicherung, Advocard, Central Versicherung, Cosmos Versicherung) zum zweitgrößten Erstversicherer 'gemausert'. Als die *AMB Generali* Ende 2007 ihren Firmensitz von Aachen nach Köln verlegte, nur drei Minuten Fußweg von der Domplatte entfernt, schenkte sie der katholischen Kirche die Kosten der nächtlichen Beleuchtung des Kölner Doms, der bis dahin nur bis nachts bis 1.00 Uhr beleuchtet wurde. Im November 2002 wurde der frühere deutsche Bundeskanzler Helmut Kohl in den Aufsichtsrat berufen.

Im November 2012 ist Braß (als ZdK) Teilnehmer der *Adveniat*-Studientagung zum Thema Laienverantwortung in der Gemeinde, im Mai 2013 (als BMBF) Teilnehmer der Deutschen Islam Konferenz, im Juli 2013 ist er (als ZdK) Referent bei seiner Kolpingfamilie, im September 2013 spricht er in Grußwort (als BMBF) bei „60 Jahre Europäischer Wettbewerb für Schüler" des Netzwerks Europäische Bewegung Deutschland des Auswärtigen Amtes, im Oktober 2013 sitzt er (als ZdK) in der *Phoenix*-Runde zum Thema Limburg.

Am 22.11.2013, mittlerweile im BMBF zum Ministerialdirigenten aufgestiegen, wird er erneut zum Vizepräsidenten des ZdK gewählt. Am 27.11.2013 meldet „Politik & Kommunikation": „Neue Abteilungsleiter im Bundespräsidialamt" – Dr. Christoph Braß übernimmt ab Januar 2014 die innenpolitische Abteilung. Und: „Gründe für die personellen Veränderungen wurden nicht angegeben."

*Referat 10 bzw. 15.* Nun muss es ja auch Mitarbeiter geben, die für die 'Tagesarbeit' zuständig sind: Post sortieren, Briefe beantworten, Informationen aufbereiten... dafür gibt es im Bundespräsidialamt für „Kirchen und Religionsgemeinschaften" – nein, „Weltanschauungsgemeinschaften" werden dort nicht bearbeitet – das frühere Referat 10 „Kirche, Kultur und Medien", das 2006 bis 2009 Dr. Christoph Braß innehatte, das jetzige Referat 15: „Gesellschaftspolitische Grundsatzfragen, Kirchen und Religionsgemeinschaften, Integration und Migration, Kunst und Kultur, Engagementpolitik".

Die offizielle Aufgabenstellung des Referates „Kirchen, Kultur und Medien" umfasste (in einer Ausschreibung 2008): Mitarbeit an Entwürfen von Reden und Grußworten des Bundespräsidenten zu den Themen Kirchen und Religionsgemeinschaften / inhaltliche Vorbereitung und Planung von Terminen des Bundespräsidenten aus diesem Themenbereich / Verfassen von Vorlagen für die konzeptionelle und planerische Gestaltung des Arbeitsbereichs / Bearbeitung von Eingaben an den Bundespräsidenten. Insbesondere die letztgenannte Aufgabe, kann offensichtlich 'an die Nerven' gehen.

◻ *Anne Gidion:* (Jg. 1971). Eine katholische Laieninitiative „Geschenk des Lebens" – Sitz: Waldesruh 66, 84130 Dingolfing – die vor einigen Jahren „Briefaktionen zum uneingeschränkten Lebensschutz" organisierte und alle möglichen kirchlichen und politischen Amtsträger mit langen Briefen bedachte, schrieb 2001 einen langen Brief (21.654 Zeichen) an Bundespräsident Johannes Rau, dessen Referentin für Kirchenthemen, Anne Gidion, lakonisch antwortete: „Sie haben mit Ihren Ausführungen zu Fragen des Schwangerschaftsabbruch und des Schutzes ungeborenen Lebens Probleme berührt, die auch dem Bundespräsidenten wichtig sind. Mit freundlichen Grüßen und guten Wünschen für Ihre Arbeit, Anne Gidion."

Die Theologin Anne Gidion ist direkt aus dem Büro des Bevollmächtigten des Rates der EKD in Berlin in das Bundespräsidialamt gewechselt.

◻ *Dr. Michael Kinnen:* Nachfolger der evangelischen Pastorin Gidion wird als Referent „Kirchen, Kultur und Medien" (im Oktober 2008, in der Amtszeit von Bundespräsident Horst Köhler) der Katholik Dr. Michael Kinnen, der seit 2003 als Persönlicher Referent des Mainzer Bischofs, Karl Kardinal Lehmann, tätig gewesen war.

Theologe (Jg. 1977), mit einer studienbegleitenden Journalistenausbildung am katholischen *Institut zur Förderung publizistischen Nachwuchses* in München (ifp), wurde Kinnen 2001 Redakteur in der Privatfunkredaktion des Bistums Mainz. Er war regelmäßiger Autor der Verkündigungssendungen der Katholischen Kirche im Hessischen Rundfunk, Saarländischen Rundfunk, Südwestrundfunk sowie Freier Mitarbeiter der Kirchenzeitungen *Paulinus* (Trier) und *Glaube und Leben* (Mainz). Nach dem Ende seiner Tätigkeit im Bundespräsidialamt (2010) geht er zurück nach Mainz und arbeitet wieder nebenberuflich als Theologe und Journalist für Verkündigungssendungen im Radio.

☐ *Horst Wieshuber:* Kirchenreferent im Referat 10 war von März 2010 bis Januar 2015 der Katholik Horst Wieshuber. Dipl.-Theologe (geb. 1976 in Mühldorf am Inn), nach Ausbildung zum examinierten Krankenpfleger, zweijähriger Freiwilliger Sozialer Dienst in Bolivien, Studium der Theologie und Philosophie in Regensburg, München, Luzern und Potsdam, 2007 bis 2010 Wissenschaftlicher Mitarbeiter am „Institut M.-Dominique Chenu – Espaces Berlin" und Doktorand (Kirchenrecht) an der Universität Potsdam. Wieshuber ist ein OPL (Ordo Praedicatorum – Laiengemeinschaft/ Laity) im Laienzweig des katholischen Ordens der Dominikaner. Seit März 2010 – also noch unter Bundespräsidentschaft des katholischen Christian Wulff eingestellt – Referent für Kirchen, Religionen und Weltanschauungen im Bundespräsidialamt. Im Juli 2013 legt er seine Profess ab, als dominikanischer Laie bis zum Lebensende.

Bei dem Besuch des evangelischen Konvents Burgwedel-Langenhagen im September 2013 übernimmt Wieshuber den inhaltlichen Part des Gesprächs und benennt seine Haupttätigkeit: „Er schilderte das Vorsortieren von Wünschen, die in großer Zahl an den Bundespräsidenten gerichtet werden, als den umfangreichsten Posten seiner Tätigkeit; daneben nähmen Strategieprozesse zur Identifizierung anstehender Themenfelder einigen Raum ein. 'Das Amt des Bundespräsidenten ist sicher das politische Amt, das am stärksten von der Persönlichkeit des Inhabers geprägt wird', stellte Wieshuber fest. Auch Joachim Gauck drücke diesem Amt seinen ganz persönlichen Stempel auf: 'Man merkt im menschlichen Umgang deutlich, dass der Bundespräsident Pfarrer ist.' Dennoch wahre Gauck bewusst Distanz zu explizit kirchlichen Themen; er wolle das Wort vom 'Pastor der Nation' nicht noch zusätzlich befördern."

Sicherlich nicht zum Nachteil seiner Karriere ist die Tatsache, dass Horst Wieshuber auch „Alemanne" und Korporierter im *Kartellverband katholischer deutscher Studentenvereine* KV ist. Anlässlich des 125. Stiftungsfests der Alemannia München hat er (2006) als Mitglied und Bundesbruder den Vorsitz des Festes.

Der *Kartellverband katholischer deutscher Studentenvereine* KV verlieh 2008 seinen *Carl-Sonnenschein-Preis* an Wieshuber für die Arbeit zum Thema: „Die Leitidee der Subsidiarität im europäischen Einigungswerk".

☐ *Prof. Dr. Julia Helmke*: Seit Februar 2015 ist Dr. Julia Helmke (Jg. 1970) die auch für Kirchenfragen zuständige Referatsleiterin im Bundespräsidialamt. Sie ist Theologin und ordinierte Pastorin, Beauftragte für Kunst &

Kultur der Landeskirche, mit einer Professur für christliche Publizistik am Fachbereich Theologie der Universität Erlangen-Nürnberg.

In der zweiten Januarhälfte 2015 hieß es dann: „Julia Helmke geht nach Berlin" und dass sie kurzfristig das Referat 15 im Bundespräsidialamt übernimmt, allerdings begrenzt auf die Amtsdauer von Bundespräsident Joachim Gauck und insbesondere zuständig für das Reformationsjubiläum 2017. Sie wurde dazu von der evangelisch-lutherischen Landeskirche Hannovers beurlaubt.

### 4.1.2. Bundesministerium des Innern, „Kirchenreferat"

Die Religionsangelegenheiten wurden auf Bundesebene lange Jahre (bis 1991) im Referat des Innenministeriums bearbeitet, das für den (ehemals) Preußischen Kulturbesitz zuständig war; so berichtet Juliane Kalinna, die selbst von 1993 bis 2009 (also 17 Jahre lang) Referatsleiterin im Bundesinnenministerium war. Diese eigenartige frühere Zuordnung des Kirchenreferats hatte wohl auch mit einer seiner inhaltlichen Ausrichtungen zu tun (finanzielle Stützung der Kirchen in der DDR).

Ein Bundesminister, der meint, dass Deutschland sehr viel ärmer sein würde ohne den christlichen Glauben, und „der gesellschaftliche Zusammenhalt wäre geringer, als er ohnehin schon ist", warnt: „Eine Gesellschaft, die im Streben nach einem falsch verstandenen Laizismus die Religiosität ins Private verbannen wollte, legt die Axt an ihre eigenen Wurzeln", dieser protestantische Bundesinnenminister, Wolfgang Schäuble, richtete 1991 im Bundesinnenministerium das bis dahin nicht extra geführte Referat „Kirchen und Religionsgemeinschaften" ein, kurz „V6" genannt.

Der stellvertretende Leiter des Katholischen Büros wusste (2003), was er an seinem 'Religionsminister' Schäuble hatte: „In der Evangelischen Akademie Loccum hat sich Wolfgang Schäuble vor gut 15 Jahren [im Juli 1987] in einer Grundsatzrede ausführlich mit dem Thema: 'Die Macht der Religion in der Politik' befasst. Er führte damals aus, dass die Kirchen trotz aller Säkularisierungstendenzen in der Politik noch Macht hätten, sofern man diesen Begriff nicht eng im Sinne von Befehlsmacht interpretiere; unser Schöpfungs- und Weltverständnis, unser Menschenbild und unsere Wertauffassungen seien in so nachhaltiger Weise von der Religion des Christentums geprägt, dass eine Verständigung über zentrale Verfassungs- und Rechtsprinzipien nur möglich sei, wenn die christlichen Wurzeln solcher Prinzipien und Grundwerte mit einbezogen würden." [Lendermann, 2003, 491]

Die Leiterin dieses Kirchenreferates des BMI, Juliane Kalinna, bilanzierte entsprechend 2007: „Seit Bestehen der Bundesrepublik wurden alle großen politischen Themen auch zwischen dem Staat und den Kirchen besprochen." [J. Kalinna, 2003, 387]

Das selbständige „Kirchenreferat" im BMI entstand zwar 1991 'unter' Bundesinnenminister Wolfgang Schäuble aber im Hintergrund „[...] vornehmlich auf Betreiben des [2002] verstorbenen Parlamentarischen Staatssekretärs Dr. Horst Waffenschmidt. Der engagierte Protestant sah es stets als seine Aufgabe an, den engen Kontakt zwischen Staat und Kirche zu pflegen. Er hatte gute Beziehungen zu allen christlichen Konfessionen, nicht zuletzt zur Russisch-Orthodoxen Kirche, der er als Beauftragter für Aussiedlerfragen besondere Aufmerksamkeit widmete."[J. Kalinna, 2003, 387]

Als Grundansicht von Dr. Horst Waffenschmidt schreibt Hermann Gröhe, MdB/CDU (einer seiner Nachfolger im Geiste): „Gemeinschaft mit anderen Christen ermöglicht nicht nur Offenheit und Korrektur. Im Mittelpunkt steht vielmehr die ständige Erinnerung daran, dass wir nicht alleine sind. Christen glauben an einen Gott, der uns auf unserem Weg begleitet, der in der Geschichte handelt und der sein Heilswerk am Ende der Zeit vollendet. Zu diesem Gott dürfen wir rufen und erfahren, dass er reagiert. 'Wer betet', so hat es Horst Waffenschmidt immer wieder gesagt, 'verbindet seine begrenzten Möglichkeiten mit den unbegrenzten Möglichkeiten Gottes'. Und Bundeskanzler Kohl erklärte: 'Nicht nur politische Entscheidungen, sondern auch Gebete bewegen die Entwicklung der Welt'." [Gröhe, 2001, 33]

Zu Dr. Horst Waffenschmidt schreibt die Konrad-Adenauer-Stiftung: „'Betet für Bonn, betet für Deutschland': Waffenschmidts Lebensmovens ist sein Glaube, offen bekennt er: 'Ich bin ein Pietist'. Nicht nur als Politiker, sondern auch als Christ wird er vom Vorbild seines Vaters geprägt, der der Rheinischen Gemeinschaftsbewegung angehört hat."

Es ist deutlich, dass es Waffenschmidt vorrangig um eine Aufwertung der Kirchen im Politikbetrieb ging, was die spätere Referatsleiterin bestätigt. Es gab dabei eine Parallelität zwischen der „Auflösung des Bundesministeriums für innerdeutsche Beziehungen" (BMB) und der Bildung des Kirchenreferats im Bundesinnenministerium. Juliane Kalinna war selbst von 1987 bis 1991 Referatsleiterin für Kirchen und Kultur im BMB gewesen und betreute das „Kirchenbauprogramm des Bundes für die marode kirchliche Bausubstanz in der ehemaligen DDR".

Diese ausgeprägte 'Kirchenfreundlichkeit' des BMB und des Bundesinnenministeriums hat dabei nicht nur eine politikgewollte Seite, sondern auch eine persönliche. Die Ministerialrätin Juliane Kalinna ist mit dem Oberkirchenrat i.r. Hermann E. J. Kalinna verheiratet, der von 1966 bis (zu seiner Pensionierung) 1994 Oberkirchenrat in Bonn und von 1977 bis 1994 der Stellvertreter des Bevollmächtigten des Rates der EKD bei der Bundesrepublik Deutschland war. (Das ist praktisch, wenn kirchenpolitische Fragen zwischen Ministerium und EKD am häuslichen Frühstückstisch besprochen werden können und nicht per Telefon von Amt zu Amt.) Seit 1977 war Hermann Kalinna auch Vorsitzender des Hauptausschusses „Hörfunk und Fernsehen" im *Gemeinschaftswerk der Evangelischen Publizistik* (GdEP) und 1981 bis 1985 Vorsitzender des Programmausschusses des Deutschlandfunks.

Da passt dann alles zusammen, denn Frau Kalinna ist nicht nur Mitglied im evangelischen Kreissynodalvorstand in Godesberg und Synodalälteste, sie ist auch Mitglied und Beisitzerin im Ortsverband CDU-Villenviertel in Bad Godesberg. Seit 2007 ist sie stellvertretende Vorsitzende im Vorstand der Stiftung Christliche Privatschulen.

1998 wird mit einem Organisationserlass des Bundeskanzlers die Kultur aus dem Bundesinnenministerium herausgelöst und direkt dem Bundeskanzleramt als Dienststelle „Beauftragte(r) der Bundesregierung für Kultur und Medien" angegliedert, geleitet von einem Staatsminister. Eine noch höhere Aufwertung geht nicht, da Kultur Angelegenheit der Bundesländer ist und es deshalb im Bund kein Kulturministerium geben kann.

Das Referat für Kirchen und Religionsgemeinschaften verbleibt im Bundesinnenministerium und wird in die Abteilung „Leitung und innenpolitische Grundsatzfragen" verschoben.

Die Begründung, dass das Kirchenreferat „wegen der politischen Bedeutung des Themas von dieser Änderung ausgenommen" wurde (so Juliane Kalinna), will aber nicht recht überzeugen, da es sich ja um eine Aufwertung handelte und die Kirchen wohl nichts gegen die weitere Integration als Kultur eingewendet hätten. Im Gegenteil, behaupten sie doch von sich, finanziell einer der wesentlichsten Kulturträger zu sein. Der einfache Grund dafür könnte eher sein, dass es im Bundeskanzleramt bereits eine Verbindungsstelle zu Kirchen und Religionsgemeinschaften gab, das heutige Referat 333.

Otto Schily, seit 1998 Bundesinnenminister, hatte auch seinen Spaß als „Kirchenminister". Bereits in den 1980er und 1990er Jahren war er häufig als Gast auf Tagungen der Evangelischen Akademie Loccum. Und er 'tummelte' sich anscheinend nicht ungern in kirchlichen Bezügen, wie es seine Referatsleiterin Kalinna beschreibt: „Minister Schily, die Staatssekretäre und Staatssekretärinnen nahmen Einladungen der christlichen Akademien an, besuchten kirchliche Veranstaltungen der EXPO 2000 in Hannover und hielten Grußworte zum 'Tag der offenen Moschee'. Sie würdigten bei zahlreichen Veranstaltungen die jüdische Gemeinschaft in Deutschland und nahmen zu Fragen des Antisemitismus Stellung. [...] Minister Schily nahm in Rom an der Kardinalserhebung des Mainzer Bischofs Lehmann teil und an einer Heiligsprechung (‚nicht meiner eigenen', wie er danach zu sagen pflegte)." [J. Kalinna, 2003, 389]

In dieser Beschreibung sind schon viele der Aufgaben des Referates benannt. Eine Reduzierung auf die beiden großen christlichen Kirchen in Deutschland wäre also eine Verkürzung. Aber dennoch, alleine schon die Bezeichnung des Referates: „Kirchen und Religionsgemeinschaften", zeigt das Herausgehobene der beiden christlichen Kirchen, denn mit dieser Bezeichnung sind sie im Grundgesetz nirgendwo benannt. Dort ist nur von „Religionsgesellschaften" die Rede.

Insofern sind der Kontakt und die Kommunikation mit den christlichen Kirchen auch primäres Handlungsfeld. Dazu schreibt die Leiterin des Referates im BMI: „Die beiden am Sitz der Bundesregierung von der evangelischen und der katholischen Kirche eingerichteten Verbindungsbüros sind die wichtigsten Ansprechpartner aller Bundesstellen. Das Bundesministerium des Innern hat gemeinsam mit den beiden christlichen Kirchen einen Gesprächskreis eingerichtet, den 'Jour Fixe Staatskirchenrecht', der sich auf Arbeitsebene zweimal im Jahr trifft. Hier werden Entwicklungen innerhalb von Staat und Kirche, anstehende Gesetzesvorhaben, die die Belange der Kirchen berühren, und andere gemeinsam interessierende Themen erörtert. Einbezogen sind das Kirchenreferat [des BMI] und das Referat für grundsätzliche Verfassungsangelegenheiten, das Bundesministerium der Justiz und das Presse- und Informationsamt der Bundesregierung. Darüber hinaus wird in vielen Einzelfragen der direkte Kontakt gesucht. In den Jahren hat sich eine gegenseitige Vertrauensatmosphäre aufgebaut." [J. Kalinna, 2003, 391]

Es ist jedoch grundsätzlich zu beachten, dass das BMI nur ein Ansprechpartner der kirchlichen Büros ist. Neben den zweimaligen 'offiziellen' Treffen des Kirchenreferates des BMI mit den beiden Büros, werden sogar Kontakte möglichst vermieden, um nicht in den 'Verdacht' zu geraten, dort Einfluss zu nehmen. Das katholische und das evangelische Büro bevorzugen direkte Kontakte zu den jeweiligen Fachreferenten und wollen nicht „durch ein Nadelöhr" geführt werden, sie bevorzugen einen „*many-entry-points-approach*". [Schnabel, 2014, 160]

Mein direkter Telefonanruf bei ihrem Nachfolger – wozu stehen denn sonst die Telefonnummern der Referenten in den Organigrammen der Ministerien – brachte seinen Unwillen über derartige „telefonischen Überfälle" zutage, aber immerhin gab er mir seine Mailadresse. Eine längere Mail von mir, mit Vorstellung meiner Person und Schilderung meines Anliegens, wurde von der Pressestelle des BMI dahingehend beantwortet, dass ich doch in Zukunft nur über sie schriftlich kommunizieren solle. Die folgende schriftliche Anfrage (am 21. Januar 2015) über die Pressestelle des BMI, an den Leiter des Referats G I 4, Ministerialrat Hubertus Rybak, erbrachte folgende Informationen: Das Referat hat drei Mitarbeiter, die nicht bestimmten Themen zugeordnet seien. Sofern innerhalb der Bundesregierung Koordinierungsbedarf zu Kirchenfragen besteht, nimmt diese Aufgabe das BMI wahr. Die Besprechungen der Kirchenreferenten der Bundesländer und der Bundesministerien dienen dem Meinungsaustausch, bindende Beschlüsse werden nicht gefasst. Es finden zweimal im Jahr Gespräche mit den beiden Büros der Kirchen statt, bei der aktuelle Anliegen der Kirchen zur Sprache kommen.

Ministerialrat Rybak ist der Vertreter des BMI im Lenkungsausschuss der „Lutherdekade" – einem besonderen 'Schmuckstück' staatlich-kirchlicher Kooperation.

Im Ministerium ist Rybak nicht aufstiegsorientiert. Er ist nicht nur Mitglied und Kandidat der *Alternative für Deutschland* (AfD) bei der Landtagswahl 2014 in Brandenburg, sondern auch stellvertretender Vorsitzender im AfD-Landesverband. Zudem berichtete der Landesvorsitzende Dr. Alexander Gauland auf dem Landesparteitag im Mai 2014: „Das Programm hat ganz entscheidend unser Parteifreund Hubertus Rybak entwickelt und formuliert. Er wird es auch im Einzelnen vorstellen." Das bedeute in einem „schwarzen" (CDU-)Ministerium, so sagte man mir, automatisch Laufbahnsperre.

☐ *BMI – Islamreferent im Kirchenreferat:* Die Terroranschläge am 11. September 2001 in New York City, als von den vier von Islamisten entführten Passagierflugzeugen zwei in die beiden Türme des World Trade Centers flogen und sie zum Einsturz brachten – mit 3.000 Toten – setzten das Thema „Islam!" in das Zentrum politischer Aufmerksamkeit – insbesondere unter dem Aspekt der eigenen Bedrohung, zumal einige der Terroristen vorher in Hamburg gelebt hatten. Bereits Ende 1999 hatte das Kirchenreferat des BMI eine Große Anfrage der CDU/CSU-Bundestagsfraktion – mit mehr als 100 Fragen – sehr ausführlich beantwortet. Nun geschah weiteres:

Das Kirchenreferat erhielt aus den Finanzmitteln für die Anti-Terror-Pakete „einen nennenswerten Betrag zur Förderung des interreligiösen und interkulturellen Dialogs. Zum anderen wurde im Referat ab Januar 2002 ein neuer Referent eingestellt, Herr Dr. Lemmen, ein ausgewiesener Kenner des Islam in Deutschland." [J. Kalinna, 2003, 395]

Von 2002 bis 2007 war Dr. Thomas Lemmen als Islamreferent im Bundesministerium des Innern tätig, dann wechselte er wieder zurück zum Erzbistum Köln. Er ist insofern ein weiteres Beispiel dieses Wechselns im 'öffentlichen Dienst' zwischen Staat und Kirche.

Zu Dr. Thomas Lemmen: 1981 bis 1991 Studium der katholischen Theologie in Bonn und Sankt Augustin mit missionstheologischer Spezialisierung, dann u. a. 1992 bis 1996 Leiter eines Integrationsprojektes für muslimische Familien in Dormagen; 1995/96 Mitarbeiter für interreligiösen Dialog des Erzbistums Köln. 1996 bis 1999 Stipendiat des Graduiertenkollegs der Universität Bonn und Promotionsstudiengang in katholischer Theologie über Muslime in Deutschland als Herausforderung für Kirche und Gesellschaft. 2000 bis 2002 freiberuflicher Publizist und ehrenamtlicher Geschäftsführer der *Christlich-Islamischen Gesellschaft e.V.*; 2002 bis 2007 Islamreferent im Referat Kirchen, Religionsgemeinschaften und interreligiöser Dialog des Bundesinnenministeriums in Bonn, 2003 Gründungsmitglied des Koordinierungsrates des christlich-islamischen Dialogs (christliche Vorsitzende wurde seine Ehefrau), seit Oktober 2007 Referent im Referat Dialog und Verkündigung des Erzbistums Köln.

Es ist an sich schon bemerkenswert, wenn ein katholischer Theologe Islamreferent wird, aber es zeigt die Eingebundenheit der Integrationsdebatte in einen kirchlichen Zusammenhang des interreligiösen Dialogs, denn es geht auch um die „bundesweite Vernetzung christlich-islamischer Dialogstrukturen" für die Projektgelder des BMI bereitgestellt wurden.

Es sind Facetten der Bemühungen des Bundesinnenministeriums 'den Islam' in Deutschland zu integrieren. Dazu dient auch die *Deutsche Islam Konferenz* (DIK), die 2006 von Bundesinnenminister Schäuble initiiert worden war. Auf dem Kirchentag 2010 hatte „Bundesinnenminister de Maizière die christlichen Kirchen dafür kritisiert, dass sie unter Verweis auf die staatliche Islamkonferenz auf eigene Anstrengungen im Dialog mit den Muslimen verzichteten." 2014, Thomas de Maizière ist wieder Bundesinnenminister, wird ein neuer Anlauf genommen, die *Deutsche Islam Konferenz* wiederzubeleben: „Nach den Worten des Ministers soll die DIK künftig ein 'großes Gesprächsforum mit dem Islam und für den Islam in unserer Gesellschaft sein'. Als Themen nannte der Minister die Wohlfahrt und die Seelsorge. Dabei strebt der DIK die Gründung eines muslimischen Wohlfahrtsverbandes an, analog zu Caritas, Diakonie oder Arbeiterwohlfahrt. [...] Dabei empfahl der Minister, zur Frage des Wohlfahrtsverbandes auch Sachverständige der kirchlichen Verbände zu berufen. Dies könne zudem den christlich-muslimischen Dialog fördern."

Nachdem mehrere seit 2002 vom BMI in Auftrag gegebene Untersuchungen und Gutachten geklärt hatten, dass es in Deutschland zwar eine Anzahl gewaltbereiter Islamisten gibt, aber das Bedrohlichste an den jungen muslimischen 'Machos' eher die Lautstärke ihrer Lautsprecherboxen in den Autos seien, legte sich die Nervosität wieder und es brauchte keinen Islamreferenten mehr. Das Thema konnte auf den interreligiösen Dialog sowie auf den Verfassungsschutz und den Bundesnachrichtendienst zurückverlegt werden.

Spätestens seit Sommer 2014 hat sich die Situation geändert. Es geht dabei nicht nur um die fundamentalistischen muslimischen Kämpfer des *Islamischen Staats* (IS), die im Raum Irak und Syrien ein „Kalifat" errichtet haben, sondern es wird vermutet, dass sich mittlerweile in Deutschland rund 1.000 „Salafisten" aufhalten, die gewaltbereit seien.

□ *BMI – Beauftragter für Aussiedlerfragen:* Am 28. September 1988 richtete die Regierung unter Bundeskanzler Helmut Kohl das Amt eines Beauftragten für Aussiedlerfragen ein. Die Amtsleiter sind seitdem stets Abgeordnete des Deutschen Bundestages und in der Hierarchie des Ministeriums hoch angesiedelt, als Abteilungsleiter und Parlamentarische Staatssekretäre. Der erste Beauftragte für Aussiedlerfragen (und seit 2002 auch für nationale Minderheiten) war der bereits genannte Dr. Horst Waffenschmidt (CDU).

Er war von 1972 bis 1998 Mitglied des Deutschen Bundestages und von Oktober 1982 bis Mai 1997, also 15 Jahre lang, in leitender Tätigkeit als Parlamentarischer Staatssekretär im Bundesinnenministerium tätig. Was in seiner Charakterisierung als „engagierter Christ" beschrieben wird, lässt sich aus dem Nachruf der *Deutschen Evangelischen Allianz* präziser erschließen: „Über Jahrzehnte hinweg hat er uns neu den Blick geöffnet für die politische Verantwortung, die wir auch als Evangelikale wahrzunehmen haben. Er hat uns den Blick dafür geöffnet, dass die Fürbitte für die Politiker, die erste Christenpflicht im Hinblick auf politische Verantwortung ist."

Diese Vermischung einer politischen Arbeit als Aussiedlerbeauftragter der Bundesregierung und der parallelen Aufforderung an seine evangelikalen Glaubensbrüder hinsichtlich dieses Klientel missionarisch tätig zu werden, ist bemerkenswert, steht aber offensichtlich nicht im Widerspruch zu seinem christlich-evangelikalen Glauben. Zur Familientradition passt dann auch, dass sein Sohn, Christoph Waffenschmidt, seit 2007 als Geschäftsführer des evangelikalen Hilfs- und Missionswerk *World Vision* tätig ist. Wiederum nicht verwunderlich ist, dass diese US-amerikanische Organisation Mitglied im deutschen Spenden-Bündnis *Deutschland hilft* ist.

Seit 1988 sind rund drei Millionen Menschen als Aussiedler bzw. Spätaussiedler nach Deutschland gekommen. Die Arbeit des Aussiedlerbeauftragten hat dabei zwei Aspekte. Zum einen, alle, die in Russland bleiben wollen, zu unterstützen, und zum anderen die Aussiedler zu integrieren, die nach Deutschland gekommen sind.

Und beinahe sieht es so aus, als ob es – unter den CDU/CSU-Bundesinnenministern – ein gleicher 'Erbhof' der Kirchen sei, wie der Zivil-/Freiwilligendienst und die Entwicklungspolitik.

Dem ersten, bereits skizzierten Beauftragten, Dr. Rolf Waffenschmidt (1988 bis 1998), folgten dann unter Bundesinnenminister Otto Schily (SPD, 1998 bis 2005) zwei SPD-Abgeordnete, die kein kirchliches Profil hatten.

Nach Beginn der Großen Koalition (November 2005) wurde es wieder wie früher. Unter den CDU/CSU-Bundesinnenministern (Wolfgang Schäuble, 2005 bis 2009, Thomas de Maizière, 2009 bis 2011, Hans-Peter Friedrich, 2011 bis 2013, Thomas de Maizière, seit 2013) wurde die Position des Beauftragten wieder mit zwei explizit religiösen CDU-Abgeordneten besetzt.

Dr. Christoph Bergner, MdB, war vom 1. Februar 2006 bis zum 8. Januar 2014 Beauftragter der Bundesregierung für Aussiedlerfragen und nationale Minderheiten. 1993 bis 1994 Ministerpräsident des Landes Sachsen-Anhalt, Mitglied der CDU seit 1971, war er 1995 bis 1998 stellvertretender Bundesvorsitzender. Mitglied des Bundestages seit 2002; November 2005 bis Dezember 2013 Parlamentarischer Staatssekretär beim Bundesminister des Innern. Bergner ist evangelisch.

Besonders eine Vereins-Mitgliedschaft hat ihm öffentliche Aufmerksamkeit beschert, denn „LEO e.V. ist eine interkonfessionelle christliche Selbsthilfegemeinschaft". Sein – in eigener Darstellung – „besonderes Anliegen ist es, interessierten und hilfesuchenden Menschen aus überkonfessioneller christlicher Verantwortung heraus Lebensorientierung und Lebenshilfe anzubieten".

Was damit gemeint ist, das hat die Süddeutsche Zeitung im Januar 2014 so getitelt: „Töpfern, backen, Schwule heilen." Und: „Bei einer Wahlkampfveranstaltung in Halle, sagte Bergner im Sommer 2009, dass die höhere Selbstmordrate bei Homosexuellen auf Störungen in der Persönlichkeitsentwicklung zurückzuführen sei."

Das ist schon eine rechte christliche Gesinnung und, wenn man die Termine hinsichtlich „Kirche", die Dr. Christoph Bergner auf seiner persönlichen Internetseite nennt, betrachtet, könnte man meinen, er sei der Kirchenbeauftragte der Bundesregierung.

Seit dem 8. Januar 2014 ist Hartmut Koschyk Beauftragter der Bundesregierung für Aussiedlerfragen und nationale Minderheiten. Von Oktober 2009 bis Dezember 2013 war Koschyk Parlamentarischer Staatssekretär im Bundesministerium der Finanzen.

Hinsichtlich seiner religiösen Aktivitäten schließt sich der Kreis zum ersten Beauftragten, Dr. Rolf Waffenschmidt, denn wie er hat auch Hartmut Koschyk eine Verbundenheit zur evangelikalen *Deutschen Evangelischen Allianz*.

### 4.1.3. Bundeskanzleramt

Im Bundeskanzleramt bestehen seit Gründung der Bundesrepublik Deutschland amtsinterne Verbindungen zu den Kirchen.

Ein Überblick über die Geschichte der Organisation des Bundeskanzleramtes hinsichtlich dieser Verbindung zeigt die Veränderungen, die schließlich dazu führen, dass die „Verbindung zu Kirchen und Religionsgemeinschaften" ein eigenes Referat wird, das letztendlich in dieser Alleinstellung seit 1992 unter Bundeskanzler Kohl besteht. Das ist in etwa zeitgleich bzw. nachfolgend mit der Bildung des einzeln gestellten Kirchenreferats im Bundesministerium des Innern (1991).

Im Juli 1992 entstand das Referat 515 „Verbindung zu den Kirchen". Leitung: Regierungsdirektor Vogt. Es ist das erste Mal, dass den Verbindungen zu den Kirchen ein eigenes Referat gewidmet und von den Themen Kunst und Kultur getrennt wurde. Als Grund dafür wird vorrangig die wichtige Rolle genannt, die für Bundeskanzler Dr. Helmut Kohl die Kirchen haben. Das allerdings wird 1995 wieder geändert, indem unter dem „Kultur-Gruppenleiter in der Ära Kohl", Dr. Volkhard Laitenberger, innerhalb der Gruppe 52 „Kulturelle Angelegenheiten, Kirchen, politische Bildung" das Referat 521 „Verbindung zum Bereich von Kunst und Kultur sowie zu den Kirchen" gebildet wurde. Das minderte jedoch nicht seine Aufgaben.

Für die gesellschaftlichen Kooperationen werden die intensiven Kontakte zu den Kirchen (Deutsche Bischofskonferenz, Rat der Evangelischen Kirche in Deutschland) als besonders wichtig beschrieben.

Als wesentlichste Aufgabe der Referate des Bundeskanzleramtes wird dabei die Koordinierungsfunktion gesehen. Dazu stehen sie – hinsichtlich Informationsbeschaffung und -verarbeitung – im permanenten Kontakt zu den Fachressorts der Bundesministerien. [Knoll, 2004, passim]

Unter Bundeskanzlerin Angela Merkel (seit 2005 im Amt) erfolgt dann die bisher letzte Umgruppierung, indem innerhalb der Gruppe 33 „Gesellschaftspolitik, Bildung und Forschung, Angelegenheiten der Neuen Länder" das bisherige Referat 315 als Referat 333 „Verbindung zu Kirchen und Religionsgemeinschaften, Sonderaufgaben" geführt wird.

□ *Referat 333,* „Verbindung zu den Kirchen und Religionsgemeinschaften, Sonderaufgaben"; wird seit Februar 2008 von Ministerialrat Dr. Rudolf Teuwsen M.A. geleitet.

Die französische Übersetzung des Aufgabenbereichs des Referats ist durchaus amüsant und bezeichnend? „Bureau de liaison...". Es fragt sich nur, wer in welcher Weise mit wem verbunden ist.

Dr. Rudolf Teuwsen war zuvor Leiter der Geschäftsstelle des Deutschen Ethikrates und ist – nach einem Studium an der katholischen Hochschule für Philosophie in München und Berlin – auf ethische Fragen, insbesondere auf Bioethik spezialisiert.

Zu seinen „Sonderaufgaben" im Bundeskanzleramt gehört beispielsweise die „Geschäftsstelle der Ethik-Kommission Sichere Energieversorgung im Bundeskanzleramt", die im Mai 2011 ein Papier vorlegte zu „Deutschlands Energiewende – Ein Gemeinschaftswerk der Zukunft". Allerdings fragt man sich, was denn Dr. Ulrich Fischer (Landesbischof von Baden), Alois Glück (Vorsitzender des Zentralkomitees der deutschen Katholiken) und Dr. Reinhard Kardinal Marx (Erzbischof von München) dazu befähigt, Mitglieder dieser Kommission zu sein und zu Fragen der sicheren Energieversorgung in Deutschland etwas Qualifiziertes beitragen zu können?

Eine mögliche Begründung wird deutlich, wenn man sich vergegenwärtigt, was Ministerialrat Dr. Rudolf Teuwsen auf einer Tagung in Trier im November 2008, die unter dem Thema: „Ethik ohne Religion?" stand, in der Zusammenfassung zu seinem Referat „Von der Bioethik zur Biopolitik

– Normenfindung und Normenbegründung im pluralen Staat" zusammenfassend formuliert hat: „Der Erfolg als demokratischer Staat genügt nicht als alleinige Begründung der Gesetze. [...] Entsprechend ist das Mehrheitsprinzip notwendige, aber nicht hinreichende Bedingung für Rechtsnormen. Dies gilt insbesondere für die Bioethik, mit der sich der nationale Ethikrat der Bundesregierung beschäftigt hat. Entsprechend erarbeiteten Fachwissenschaftler zusammen mit philosophischen und religiösen Ethikern Empfehlungen für den Gesetzgeber, jedoch keine einstimmigen Gesetzesvorlagen."

Nach dem Studium promovierte er 1987 in Melbourne/Australien in Philosophie (auf Englisch) über „Aquina's account of substance terms and the theory of direct reference" (1998 auf deutsch: „Familienähnlichkeit und Analogie: Zur Semantik genereller Termini bei Wittgenstein und Thomas von Aquin"). Er war dann Assistent am Lehrstuhl des Philosophen Prof. Dr. Ludger Honnerfelder (in der Theologischen Katholischen Fakultät der Universität Bonn) und 1999 bis 2002 Geschäftsführer des Referenzzentrums für Ethik in den Biowissenschaften, Bonn. Von 2003 bis Ende Januar 2007 Leiter der Geschäftsstelle des Deutschen Ethikrates, die bei der Berlin-Brandenburgischen Akademie der Wissenschaften in Berlin angesiedelt ist.

Auch in seiner Freizeit ist Dr. Rudolf Teuwsen im weiteren Sinne kirchlich-konservativ aktiv. Er fertigt eine Übersetzung aus dem Amerikanischen von Michael J. Sandel, *Plädoyer gegen die Perfektion. Ethik im Zeitalter der genetischen Technik* an. Prof. Sandel ist nicht nur einer der derzeit bekanntesten Harvard-Professoren – er lehrt Politische Philosophie – sondern ist auch Schüler des Philosophen Charles Taylor, der 2007 den Templeton Prize verliehen bekam. Der sehr hoch dotierte Templeton Prize wird vergeben für „außergewöhnliche Beiträge zur spirituellen Dimension des Lebens".

Zudem ist Teuwsen Präsident des Rotary Club Berlin International. Dazu heißt es in einer Reportage: „Auch Rudolf Teuwsen ist gekommen. Er trägt einen dunklen Anzug und scheint auf den ersten Blick in die falsche Veranstaltung geraten zu sein. Doch Teuwsen, Referatsleiter im Bundeskanzleramt, ist öfter hier. An so manchen Wochenenden kümmert er sich in der Bahnhofsmission um Wohnungslose, verteilt Kleidung, schenkt Kaffee aus oder hört ihnen einfach zu. Teuwsen ist Mitglied im Rotarier-Club. 'Einmal die Woche treffen wir uns morgens um acht zum Frühstück in der Austernbar am Hauptbahnhof', sagt er. Irgendwann beschlossen sie, dass sie sich sozial engagieren wollen. Seitdem unterstützen sie neben einem Leseprojekt einer Grundschule in Moabit die Bahnhofsmission."

Zudem ist er als persönlicher Berater der HUK-Coburg ansprechbar, die Versicherung die als Tochterunternehmen der Bruderhilfe (Pfarrer-Kraftfahrer Vereinigung e.V.) gegründet wurde und als Haftpflichtversicherung für Pastoren und Lehrer tätig war.

Er ist Beisitzer im Vorstand des CDU-Ortsverbandes Düppel (bei Berlin) und an seine Studienstätte, der katholischen Hochschule für Philosophie München, als Lehrbeauftragter für Politische Ethik zurückgekehrt.

Auf eine persönliche Anfrage von mir (per Briefpost) wegen eines Gesprächstermins reagiert er erst einmal gar nicht. Nach zwei Wochen und einer Nachfrage, lässt er über sein Sekretariat übermitteln, dass „in absehbarer Zeit kein Termin möglich sei". Ein diplomatisches Nein und passend zur Mentalität von Eingrenzung und Ausgrenzung. Mit katholischen und konservativen Besuchergruppen spricht er, mit Anderen nicht.

Das fügt sich nahtlos in seinen Auftritt auf der Kontakt- und Netzwerker-Plattform im Internet *Xing*, wo er – als „Referatsleiter Bundeskanzleramt" zwar ein Konto hat, seine Gesprächskontakte aber für die Öffentlichkeit gesperrt sind und er nur in zwei Kreisen aktiv ist, einem Kontakt-Kreis der katholischen Hochschule für Philosophie in München (wo er studiert hat und nun als Gastdozent tätig ist) sowie einem Kontaktkreis der Rotarier International in Berlin.

Dieser letzte Kontakt – als Präsident der Sektion „Rotarier Club International" in Berlin, mit Kommunikationssprache Englisch und Einladungen gerne auch an Botschafter – führt offensichtlich dazu, dass er – als Referatsleiter nur Rang fünf in der Hierarchie Minister, Staatssekretär, Abteilungsleiter, Unterabteilungsleiter, Referatsleiter, Referent – zum 'Handverlesenen' abendlichen Sommerempfang des Aspen-Präsidenten Berlin eingeladen wird und dort ein bisschen als wichtige Führungspersönlichkeit herumstehen darf.

□ *„Gottes Segen":* Dass man auch innerkirchlich nicht unbedingt zimperlich miteinander umgeht, darauf verweist eine öffentlich gewordene Kleinigkeit. Auf dem 33. Deutschen Evangelischen Kirchentag (DEKT), Juni 2011, war auch über Umweltthemen diskutiert und die Generalsekretärin des DEKT schreibt – im Auftrag der Arbeitsgemeinschaft der Umweltbeauftragten der Gliedkirchen in der EKD (AGU) – an das Bundeskanzleramt mit der Bitte, dass Bundeskanzlerin Merkel mehrere Resolutionen zur „Bewahrung der Schöpfung – keine Genehmigung für unkonventionelle Erdgasförderung (Fracking)" mitzeichnen möge.

Das Antwortschreiben an die Generalsekretärin des Deutschen Evangelischen Kirchentages, Dr. Ellen Ueberschär, wird von den (offensichtlich frustrierten Umweltbeauftragten der Gliedkirchen der EKD) auf ihrer Internetseite veröffentlicht. „Sehr geehrte Frau Dr. Ueberschär, die Bundeskanzlerin dankt Ihnen für Ihr Schreiben vom 11. Juli 2011, mit dem Sie im Auftrag der Teilnehmenden des 33. Deutschen Evangelischen Kirchentages mehrere Resolutionen übermitteln. Sie hat mich gebeten, Ihnen zu antworten. Die Bundeskanzlerin weiß den Evangelischen Kirchentag als Ort der Begegnung und des intensiven Austauschs sehr zu schätzen. Sie ist deshalb auch gerne dieses Jahr nach Dresden gekommen, um das Thema einer neuen Weltordnung zu diskutieren. Ich bitte jedoch um Verständnis dafür, dass die Bundeskanzlerin ihrer Bitte nicht nachkommen kann, die übermittelten Resolutionen zu beantworten. Sie erhält eine solche Vielzahl vergleichbarer Anfragen, dass es ihr unmöglich ist, allen diesen Wünschen zu entsprechen. Ich wünsche Ihnen für Ihre Arbeit auch weiterhin viel Erfolg und Gottes Segen. Mit freundlichen Grüßen, im Auftrag, Stephanie Zwanger."

Ein Schreiben aus dem Bundeskanzleramt mit der Abschluss-Grußformel „... und Gottes Segen" – das dürfte ungewöhnlich sein. Es sei denn, eventuell, Adressatin und Schreibende sind beides Theologinnen der EKD? Was in diesem Fall stimmt. Und dennoch auf dem dienstlichen Briefbogen des Bundespräsidialamtes wohl unpassend.

Die Mitarbeiterin des Referats „Verbindung zu Kirchen und Religionsgemeinschaften, Sonderaufgaben", Stephanie Zwanger, beide Eltern sind evangelische Theologen, ist auch selbst studierte Theologin und Pfarrerin aus Tübingen. 2007/2008 war sie bereits von ihrer Landeskirche für ein Jahr „an den Sitz des Bevollmächtigten der Evangelischen Kirche Deutschlands ausgeliehen worden". Sie machte sich dort auch als Predigerin im Andachtsraum des Deutschen Bundestages nützlich, wenn – kurz vor 8.40 Uhr – das Kölner Domgeläut – elektronisch gespeichert und abgespielt – zur Morgenandacht bis 8.55 Uhr rief. Sie ist gut vorbereitet, „Gestik, Sprache, Tonfall und Strahlkraft sitzen". Ihre Predigt zum Bibelwort „Alles zu seiner Zeit" besagt, dass es zu „Alles zu jeder Zeit" umgedeutet worden sei. „Ihr direkter Vorgesetzter, Oberkirchenrat Volker Faigle [seit 2003 Theologischer Referent beim Bevollmächtigten des Rates der EKD], wird sie dafür später tüchtig loben."

Auch am Verfassungstag, dem „Tag des Grundgesetzes" (im Mai 2008), hält sie die Predigt beim Ökumenischen Gottesdienst in der Kaiser-Wilhelm-Gedächtniskirche in Berlin. 2008 geht sie zurück nach Ulm und sammelte dort als Dienstaushilfe vor Ort reichhaltige Praxiserfahrung. Mittlerweile mit einem griechisch-orthodoxen Christen verheiratet, wird sie „gemäß § 50 Württ. Pfarrergesetz mit Wirkung vom 14. März 2011 zur Übernahme einer Referentenstelle im Bundeskanzleramt in Berlin beurlaubt".

Die staatskirchenrechtliche Formulierung „Kirchlicher Dienst ist öffentlicher Dienst" könnte man anscheinend auch umdrehen: Öffentlicher Dienst ist kirchlicher Dienst. Und der interreligiöse Dialog gehört auch zu ihren Dienstaufgaben im Bundeskanzleramt.

### 4.1.4. Bundesministerium der Justiz / Referat II B 2

Im Bundesministerium der Justiz bestehen „mitprüfende Referate", deren Aufgabe darin besteht, Regelungsentwürfe anderer Bundesressorts auf ihre Vereinbarkeit mit dem Grundgesetz (vor allem den Grundrechten) sowie deutschem und europäischem Recht zu prüfen, eine „Rechtsförmlichkeitsprüfung" im Vorfeld politischer Entscheidungen.

Seit Juni 2001 war die Regierungsdirektorin Kerstin Lubenow Leiterin des Referates III B 2 „Bioethik, Bildung, Forschung, Kultur und kirchliche Fragen". Nach abgeschlossenem Jurastudium war sie Richterin in Dortmund und Münster (OLG), arbeitete als Referentin im Büro von Ministerpräsident Rau und als wissenschaftliche Mitarbeiterin am Bundesverfassungsgericht; seit 1999 im Bundesministerium der Justiz, erst als Redenschreiberin, seit 2001 als Referatsleiterin III B 2, danach als Ministerialrätin des Referates Z A 3 zuständig für Personal (außer höherer Dienst). Wie lange Frau Lubenow ihre Tätigkeiten jeweils ausübt(e) ließ sich nicht klären. Das Bundesministerium der Justiz und für Verbraucherschutz übermittelte auf eine Anfrage mit der Bitte um entsprechende Sachinformation, dass man „zu konkreten Personalvorgängen in unserem Haus keine Stellungnahme abgeben kann".

Was heißt nun Bioethik und haben kirchliche Fragen etwas damit zu tun? Ja.

Anlässlich einer Tagung „Biowissenschaften und Lebensschutz – Wissenschaften und Kirchen im Dialog" (September 2013 in Rom) hat Kurienerzbischof Gerhard Ludwig Müller, als Präfekt der Glaubenskongregation des Vatikans, dazu Grundsätzliches verfasst, aus dem der zentrale Stellenwert deutlich wird und es sich zeigt, dass Bioethik kirchlich auch „Lebensethik" heißt: „Zu den aktuellen Problembereichen der Biowissenschaften gehören insbesondere: der Bereich der Fortpflanzungsmedizin mit seinen Folgen, etwa der Leihmutterschaft und überzähligen Embryonen; der Bereich der humangenetischen Forschung am Embryo (Pränataldiagnostik, Präimplantationsdiagnostik) und am erwachsenen Menschen; der Bereich der Zellbiologie (Stammzellforschung, Gentherapie, Klonen). [...] Was haben nun Theologie und Kirche mit sittlichem Handeln bzw. der Ethik zu tun? Der Theologie als Rede von Gott und seiner Geschichte mit den Menschen geht es um eine reflexive und argumentative Auslegung des christlichen Glaubens im Verstehenshorizont der jeweiligen Gegenwart. Das Thema Sittlichkeit ist für den christlichen Glauben insofern zentral, als die biblische Botschaft, auf die der Glaube sich gründet, zur Umkehr und zu einem neuen Leben auf die zuvorkommende befreiende Zuwendung Gottes aufruft."

Was hat das nun mit dem Bundesministerium der Justiz und dem Referat III B 2 und der Referatsleiterin zu tun? Einiges. Die zitierten Äußerungen des obersten katholischen Glaubenswächter lassen sich sozusagen eins zu eins übertragen.

Einen Text „Ethik und Recht – einige Gedanken zur aktuellen bioethischen Debatte" beginnt die Regierungsdirektorin mit der Zitierung von Bischof Huber und lässt ihn mit einem „Wort Gottes" enden: „'Im Hinblick auf Leihmutterschaft, Embryonenversuche, Organtransplantationen oder Sterbehilfe muss das Vorhaben, Ethik und Recht aseptisch voneinander getrennt zu halten, scheitern', so Wolfgang Huber 1996 im Vorwort seines Buches 'Gerechtigkeit und Recht'. [...] Allein die Tatsache, dass eine Meinung mit ethischen Argumenten unterlegt wird, verleiht dieser nicht per se den Status verantwortlichen Abwägens. Vom Wort Gottes heißt es im Hebräerbrief, dass es durchdringend und schärfer denn ein zweischneidiges Schwert sei, ein Richter der Gedanken und Sinne des Herzens. Eine Ethik vom richtigen Leben braucht, ob sie sich an das Wort Gottes gebunden weiß oder ihre Weisheit aus anderen Quellen schöpft, auch einen durchdringenden Charakter, um Klärung zu schaffen, Grenzen zu ziehen und eine Richtung für politische Entscheidungen und rechtliche Regelungen aufzeigen zu können." [Lubenow, 2003, 515, 521]

Dieser religiöse Bezug zieht sich bei der Regierungsdirektorin wie ein roter Faden durch ihre Auftritte bei Tagungen im kirchlich-religiösen Umfeld. Im April referiert „RinOLG Kerstin Lubenow, BMJ" auf einer Tagung der Evangelischen Akademie Meißen, im Juni 2004 hält sie den Johannisvortrag „Aktuelle Fragen der Bioethik" auf Einladung der Theologischen Fakultät der Universität Greifswald, im Oktober 2006 referiert sie auf dem

Regionaltreffen Berlin-Brandenburg der Akademiker-SMD (evangelikale Studentenmission in Deutschland e.V.) in der Veranstaltungsreihe „Missionarisch am Arbeitsplatz" über „Von den Grenzen des Lebens". Seit 2009 ist sie berufenes Mitglied der Dritten Landessynode der Evangelischen Kirche Berlin-Brandenburg-Schlesische Oberlausitz.

Wie ihre „Rechtsförmlichkeitsprüfungen" hinsichtlich „kirchlicher Fragen" ausgefallen sind, kann man sich denken. Juristisch korrekt.

### 4.1.5. Bundesfamilienministerium / Zivildienst

Von 1970 bis 2011 gab es im Bundesfamilienministerium (Bundesministerium für Familie, Senioren, Frauen und Jugend) einen Bundesbeauftragten für den Zivildienst. Er wurde auf Vorschlag der zuständigen Ministerin ernannt.

Es gab vier Bundesbeauftragte und diese Position ist seit 1983 als 'Erbhof' der Kirchen zu betrachten. Das hat insofern seine inhaltliche Begründung, da wesentliche Anteile des Zivildienstes in den kirchlichen Einrichtungen von Caritas und Diakonie sowie bei den evangelischen Johannitern und katholischen Maltesern absolviert wurden, und, obwohl staatlich finanziert, den Kirchen als Leistung gut geschrieben werden.

Ein Beispiel zur Frage Zivildienstleistende im kirchlichen Bereich? Und die stolze Antwort der evangelischen Diakonie: „Rund eine Million junge Männer – von insgesamt etwa 2,5 Millionen Zivildienstleistenden bundesweit – haben in den vergangenen 50 Jahren ihren sozialen Ersatzdienst in verschiedenen Einrichtungen von Diakonie und evangelischer Kirche geleistet." Da die Caritas ähnlich groß ist, haben rund 80 Prozent der jungen Männer ihren Zivildienst in kirchlichen Einrichtungen absolviert.

Der erste Bundesbeauftragte, Hans Iven (1970-1983), war Gewerkschaftler und MdB der SPD. Seine Ernennung fällt in die Phase der SPD-geführten Bundesregierungen, als auch das Bundesministerium für Jugend, Familie und Gesundheit von Frauen aus der SPD geleitet wurde (Käte Strobel, Katharina Focke, Antje Huber und Anke Fuchs).

Mit dem Wechsel des Ministers (seit Oktober 1982 Heiner Geißler, CDU) erfolgte auch bald der Wechsel des Bundesbeauftragten. *Hans Iven* wurde „im Ministerium 'kaltgestellt'. Die Regierung Kohl/Genscher entließ ihn dann nach einer einjährigen Schamfrist, um Platz zu machen für den jungen und vermeintlich aufgeschlossenen Pfarrer Peter Hintze." Der erst 33 Jahre alte Pastor Hintze wechselte im Dezember 1983 (bis 1991) direkt von seiner Pfarrstelle ins Bundesfamilienministerium. Ein Bundestagsmandat erhielt er erst 1990. (Seine weiteren Karriereschritte waren dann Parlamentarischer Staatsekretär im Bundesfamilienministerium, CDU-Generalsekretär, Parlamentarischer Staatssekretär im Bundeswirtschaftsministerium und derzeit Bundestagsvizepräsident.)

1991 bis 2006 war *Dieter Hackler* der Nachfolger von Hintze. Wie sein Vorgänger ebenfalls dem Evangelischen Arbeitskreis der CDU verbunden, ebenfalls Theologe und Pastor, wechselte auch er direkt von seiner Pfarrstelle in das Amt der Bundesbeauftragten. Auch während der SPD-Ministerinnen Christine Bergmann und Renate Schmidt (1998-2005) blieb er Abteilungsleiter.

2006 (bis 2011) folgte ihm der evangelische Theologe und Jurist *Dr. Jens Kreuter*, der von Bundesministerin Ursula von der Leyen (CDU, aus Niedersachsen) ernannt wurde und eine beispielhafte Karriere aufweisen kann. „Als angehender Theologe hätte Kreuter nach dem Abitur 1985 keinen Wehr- oder Zivildienst leisten müssen. Er bewarb sich trotzdem für den 'Anderen Dienst im Ausland'. 18 Monate verbrachte Kreuter in Nes Ammim, einer christlichen Siedlung im Norden Israels: 'Was ich an kulturellen und religiösen, aber auch an menschlichen und sozialen Erfahrungen mitgenommen habe, prägt mich bis heute', sagt er."

2012, als Konsequenz der Aussetzung des Wehrdienstes und damit auch des Zivildienstes, wird Kreuter mit dem Aufbau des Bundesfreiwilligendienstes betraut und erhält schließlich die ministerielle Zuständigkeit für alle Freiwilligendienste. Was er da zu verantworten hat, hört sich erst einmal sehr sachlich an: „Außerdem regelt das Bundesministerium die Zusammenarbeit mit den Verbänden der freien Wohlfahrtspflege, die den größten Teil der Bundesfreiwilligendienststellen bereit stellen und regelt u. a. die Geld- und Sachbezüge, Heilfürsorge, Unterhaltssicherung, Familienheimfahrten und Fortbildung für die Bundesfreiwilligendienstleistenden."

Die Formulierung „Zusammenarbeit mit den Verbänden der freien Wohlfahrtspflege" verdeckt in ihrer Allgemeinheit, dass die beiden kirchlichen Verbände, Caritas und Diakonie, rund zwei Drittel der Beschäftigten und Einrichtungen der Verbände der freien Wohlfahrtspflege in ihrer Befugnis haben. Dort werden also die kirchlichen 'Claims' abgesteckt.

Die Auftritte von Dr. Jens Kreuter in offizieller Funktion beim Verein *Freiwillige soziale Dienste im Erzbistum Köln* oder bei Einrichtungen der Marienhaus GmbH im Bistum Trier sprechen ebenso für sich wie die Rede von Bundesfamilienministerin Manuela Schwesig (SPD) am 7. April 2014 zum 50-jährigen Jubiläum der gesetzlichen Regelung des Freiwilligen Sozialen Jahres. Darin heißt es u. a.: „Das Freiwillige Soziale Jahr war die Idee eines evangelischen Pfarrers in der bayerischen Gemeinde Neuendettelsau. Er rief 1954 junge Frauen dazu auf, ein Jahr ihres Lebens für das Dienen in der kirchlichen Gemeinde zu geben. Es gab und gibt in der Kirche andere Begriffe, für das, was ich als Solidarität bezeichnet habe.

Aber die christliche Idee, bewusst 'Ja' zum Leben zu sagen und Verantwortung für die Menschen in seinem unmittelbaren Umfeld zu übernehmen, die hängt doch eng mit dem Gedanken der Solidarität zusammen. [...] Diese Engagementlandschaft ist nicht ohne viel Hege und Pflege entstanden. Ein wichtiger Partner für die Politik und vor allem auch für die engagierten Bürgerinnen und Bürger waren in all den Jahren die Kirchen, die Wohlfahrtsverbände und die anderen Trägerorganisatoren der Freiwilligendienste. Sie haben die konkreten Einsatzmöglichkeiten geschaffen!"

Da bleibt doch zusammen, was zusammen sein will. Die jetzige Bundesfamilienministerin Schwesig ließ sich im Juli 2010 evangelisch taufen.

Und so ist es dann auch kein Zufall mehr, dass ihre Amtsvorgängerin, Dr. Kristina Schröder, im Mai 2011 eine Broschüre herstellen ließ: „Chancen von Freiwilligendiensten für Kirchengemeinden", mit einem Vorwort von ihr selbst, einem des Vorsitzenden des Rats der EKD und einen weiteren von dem Vorsitzenden der Deutschen Bischofskonferenz.

Und wen wundert es noch, dass bei den vom Ministerium gelisteten Anlaufstellen für das Freiwillige Soziale Jahr auch christliche Organisationen genannt werden, von denen man eine staatliche Förderung nicht erwarten würde? Beispielhaft: Arbeitsgemeinschaft Evangelikaler Missionen e.V., Ring Missionarischer Jugendbewegungen, Christusträger Bruderschaft, Deutscher Jugendverband „Entschieden für Christus", Ring Missionarischer Jugendbewegungen u. a. m.

Christliche Missionierung ist keine Staatsaufgabe.

### 4.1.6. BMZ – Referat Kirche

Im Bundesministerium für wirtschaftliche Zusammenarbeit und Entwicklung (BMZ) besteht ein Referat, dass für die kirchliche Entwicklungsarbeit nicht unwesentlich ist, da es im Haushalt dieses Bundesministeriums einen 'Kirchentitel' gibt, der sich kontinuierlich, auch wenn anderswo gespart wird, erhöht. 2012 waren es 228 Mio. Euro, die hälftig für die evangelische und die katholische Zentralstelle für Entwicklungspolitik zur Verfügung gestellt wurden. Als Globalzuweisungen, ohne Kontrolle der Mittelverwendung.

Im April 2014 kursierte eine Meldung durch die Medien: „Der frühere Bevollmächtigte des Rates der EKD bei der Bundesregierung, Bernhard Felmberg, wechselt offenbar in ein staatliches Amt. Er soll Unterabteilungsleiter in der Abteilung 'Kirchen und private Träger' im Bundesministerium für wirtschaftliche Zusammenarbeit und Entwicklung werden, berichtet die *Frankfurter Allgemeine Zeitung* (Ausgabe 2. April). [...] Laut dem Bericht sorgt die Berufung im Ministerium für Ärger. Die Zeitung zitiert eine kritische Stimme mit den Worten: 'Da wird ein Prälat zum Unterabteilungsleiter gemacht, der noch nie im Ministerium gearbeitet hat.'"

Das hieße, den 'Bock zum Gärtner zu machen', denn Felmberg war (bis Oktober 2013) auch Vorsitzender der *Evangelischen Zentralstelle für Entwicklungspolitik* (EZE), das heißt der Vorsitzende einer der beiden Empfängerorganisationen des „Kirchentitels" des Bundesministeriums. Es würde allerdings Umwege und Telefonate sparen, wenn Geber und Empfänger derselbe sind.

Es wäre in dieser Kombination ein, in christlicher Ausdrucksweise, demokratischer Sündenfall, da bei einem derartigen Seitenwechsel das generelle Prinzip der Gewaltenteilung missachtet wird.

Das geschah dann. In einem weiteren Artikel „Krach um Postenschieberei" wird bestätigt, Felmberg habe sich „in einem großen Bewerberumfeld durchgesetzt und werde Unterabteilungsleiter für Zivilgesellschaft, Kirchen und Wirtschaft. Minister Müller begrüße es, dass mit Felmberg ein ausgewiesener Experte in Kirchenfragen für dieses wichtige Politikfeld zur Verfügung stehe."

Seit 1. Mai 2014 ist Felmberg Unterabteilungsleiter im BMZ. Im Organisationsplan des Ministeriums (vom 8. Juni 2014) wird Felmberg als Unterabteilungsleiter 11 genannt (zuständig für „Zivilgesellschaft; Kirchen und Wirtschaft in der Entwicklungszusammenarbeit" und ist u. a. Vorgesetzter des Referats 111 „Kirchen, Politische Stiftungen; Sozialstrukturförderung"). 'Dienstgrad'-Beamtenstufe eines Unterabteilungsleiters ist Ministerialdirigent oder auch, selten, Ministerialrat – bei Dr. Bernhard Felmberg steht: OKR (= Oberkirchenrat). Als Oberkirchenrat im Staatsdienst? Wird er weiter von der EKD bezahlt? Das Referat 111 ist zudem als N. N. genannt = unbesetzt.

Ende September 2014 ist Felmberg im Organigramm des Ministeriums ohne OKR, aber auch ohne einen ministeriellen 'Arbeitsdienstgrad', nur:

Dr. Bernhard Felmberg. Und, er ist der einzige der elf UnterabteilungsleiterInnen des BMZ, der kein Vorzimmer hat.

Ab Frühsommer 2015 ist die Verbeamtung komplett. Dr. Felmberg ist MinDirig (Ministerialdirigent) und hat ein Vorzimmer. Das Referat 111 ist mit MinR Michael Fiebig besetzt, einem Afrika-Experten.

In seinem aktualisierten „Lebenslauf und Werdegang" nennt Felmberg diese berufliche Veränderung und neun „Mitgliedschaften im Rahmen der Tätigkeit als EKD-Bevollmächtigter 2009-2013", verschweigt aber seine zeitgleiche Tätigkeit als Vorsitzender der *Evangelischen Zentralstelle für Entwicklungspolitik* (EZE). Die EZE ist „Vertragspartnerin des Bundesministeriums für wirtschaftliche Zusammenarbeit und Entwicklung (BMZ)" und insofern kann sich Felmberg jetzt in seinem Büro gleichsam vor einen Spiegel setzen und quasi mit sich selbst verhandeln. Allerdings: Seit Amtsantritt (1.10.2013) ist Prälat Dr. Martin Dutzmann, in seiner Funktion als Bevollmächtigter der EKD, Vorsitzender der EZE.

Und was sagt der Jurist dazu? Antwort: Das ist alles völlig unerheblich, da Felmberg nur ehrenamtlich der Vorsitzende der EZE ist oder war. Der formal korrekte Ansprechpartner ist der EZE-Geschäftsführer Tilman Henke. Wenn Felmberg in den Spiegel schaut, dann sieht er niemanden. Außer sich selbst.

## 4.1.7. Bundesministerium der Finanzen (BMF)

Ein Mitarbeiter des Bundesfinanzministeriums beschrieb mir die weltanschauliche Situation im Ministerium – in Kurzform – wie folgt: Minister Wolfgang Schäuble (CDU, Jg. 1942, evangelisch) ist gläubiger Christ und hat spezielle Redenschreiber für religiöse Themen; alle Abteilungsleiter sind gläubige Christen; sie zeigen durchweg eine 'Traditionsblindheit', die dem Grundsatz folgt: „Ist doch alles gut so"; spätestens beim Abteilungsleiter würden kirchenkritische Stellungnahmen 'gestoppt' und beendet. Insofern ist es nicht überraschend, dass beispielsweise die Stellungnahme des Wissenschaftlichen Beirates beim BMF zur „Reform der Grundsteuer" vom Dezember 2010 unerledigt bleibt und nicht umgesetzt wird. Im Fazit dieser Stellungnahme heißt es: „Das Hebesatzrecht muss uneingeschränkt erhalten bleiben, damit die Grundsteuer ein starkes Element der gemeindlichen Finanzautonomie bleibt. Eine Reform der Grundsteuer bietet darüber hinaus die Chance, die pauschale Befreiung öffentlicher Einrichtungen sowie gemeinnütziger und kirchlicher Träger von der subjektiven Grundsteuerpflicht aufzugeben."

Im Ministerium ist die Abteilung IV für Steuern zuständig und das Referat IV C 4 (Ministerialrat Alfried Reusch) ist zuständig für „Einkommensteuer (Ehe und Familie, Sonderausgaben, außergewöhnliche Belastungen), Kindergeld, Familienkassenkonzentration, Spenden- und Gemeinnützigkeitsrecht, Zuschlagsteuern (Solidaritätszuschlag, Kirchensteuer)".

☐ *Staat gegenüber Kirchen in der Bringschuld.* Wie das Bundesministerium der Finanzen sein Verhältnis zu den finanziellen Interessen der Kirchen sieht, lässt sich an einem Beispiel aus der Einführungsphase der Abgeltungsteuer auf Kapitalerträge erläutern, und hier an der Regelung des Kapitalertragssteuerkirchensteuerverfahrens.

In einem „Bericht [der Bundesregierung an den Bundestag] über die Auswirkungen des vorläufigen Verfahrens der Erhebung der Kirchensteuer auf die Kapitalertragsteuer sowie dessen Überprüfung mit dem Ziel der Einführung eines umfassenden verpflichtenden Quellensteuerabzugs auf der Grundlage eines elektronischen Informationssystems 2010" (BT-Drucksache 17/2865) heißt es im Grundsatz: Alle Regelungen sind „mit den Kirchen als Steuergläubiger abgestimmt". Im Detail: „Es ist derzeit ein signifikantes Missverhältnis zwischen dem Kapitalertragsteueraufkommen und dem Aufkommen an Kirchenkapitalertragsteuer festzustellen. Das Aufkommen der Abgeltungsteuer auf Zins- und Veräußerungserträge für 2009 betrug 12.442.160.000 Euro. Dem gegenüber steht das Aufkommen der Kirchenkapitalertragsteuer für 2009 in Höhe von 113.785.606,55 Euro (0,91 Prozent bezogen auf die Abgeltungsteuer). Das Kirchensteueraufkommen ist damit unstreitig zu niedrig. So wird beispielsweise in der Literatur von einem Anteil in Höhe von 6 Prozent der Abgeltungsteuer ausgegangen."

Statt der für die Kirche (2009) eingenommenen 113 Mio. Euro an Kirchenkapitalertragssteuer belaufen sich die ursprünglichen Erwartungen also auf 6 Prozent von 12,4 Mrd. Euro Abgeltungssteuern und das wären 747 Mio. Euro an Kirchenkapitalertragssteuern. Das ist immerhin eine um 634 Mio. Euro geringere Einnahme als erwartet und beruht vermutlich darauf, dass die Steuerpflichtigen eine gewisse (so im Text) „Zurückhaltung gegenüber dem neuen Verfahren zeigen". So nett ist Kirchensteuerhinterziehung selten beschrieben worden. Was ist also zu tun?

„Hinsichtlich der Bewertung des Übergangsverfahrens unter dem Aspekt des Datenschutzes ist festzuhalten, dass die dem Steuerpflichtigen eingeräumte Wahlmöglichkeit den datenschutzrechtlichen Anforderungen an den Schutz des als besonders sensibel zu qualifizierenden personenbezogenen Datums 'Religionszugehörigkeit' Rechnung trägt. Der Steuerpflichtige hat es in der Hand, seine Religionszugehörigkeit freiwillig dem Kirchensteuerabzugsverpflichteten mitzuteilen. Aus Sicht des Datenschutzes sollte daher das Übergangsverfahren in die Prüfung im fortgesetzten Verfahren weiter einbezogen werden. Insoweit ist der verfassungsrechtliche Aspekt der Vermeidung eines Vollzugsdefizits zu berücksichtigen."

Vollzugsdefizit (!?) des Staates gegenüber den Kirchen? (Diese Formulierung wird zudem vier weitere Male in der Bundestags-Drucksache genannt.)

Und was sagt der Jurist dazu? Antwort: Das ist so völlig in Ordnung. Wenn der Staat dieses Inkasso vertraglich vereinbart, so werden damit die Kirchen als Vertragspartner zu Gläubigern des Staates und der Staat ist in der Rolle des Schuldners, der die vereinbarte Leistung in korrekter Höhe zu erbringen hat. Falls nicht, entsteht das benannte Vollzugsdefizit.

Die Bundesländer, die ja eigentlich für Kirchensteuerfragen zuständig sind, seien zudem dabei, einen (so wörtlich) „Kirchensteuer-scharfen Religionsschlüssel" zu erarbeiten, der beim Bundeszentralamt für Steuern abrufbar sein soll.

Und als Anmerkung: Die Kirchen, die diese rund 750 Mio. Euro Kirchenkapitalertragssteuern bekommen werden, zahlen selbst keine Kapitalertragsteuern, da sie als gemeinnützige, wohltätige bzw. kirchliche Organisationen nach §§ 43-44a Einkommensteuergesetz davon befreit sind bzw. sie zurückerstattet bekommen. Bei einem geschätzten Kapitalvermögen der Kirchen im dreistelligen Milliardenbereich, also einer Mindestgröße von 100 Mrd. Euro, verzichtet der Staat auf die darauf entfallenden 25 Prozent Kapitalertragssteuer. Das sind – bei 1 % Zinsen – pro Jahr 250 Mio. Euro als 'Geschenk' des Staates an die Kirchen.

### 4.1.8. Bundesministerium für Bildung und Forschung (BMBF)

Die letzten drei Bundesministerinnen für Bildung und Forschung zeigen deutlich den Unterschied zwischen CDU und SPD. Es waren/sind: Edelgard Bulmahn (10/1998 bis 11/2005), Annette Schavan (11/2005 bis 2/2013) und Johanna Wanka (seit Februar 2013).

☐ *Edelgard Bulmahn:* (SPD, Jg. 1951, konfessionslos bzw. Amtseid als Ministerin ohne religiöse Schlussformel) Kind aus einer Arbeiterfamilie, Studium der Politikwissenschaft und der Anglistik, Studienrätin in Hannover, Bundestagsabgeordnete mit Spezialgebiet Bildungs- und Forschungspolitik. Ihr Selbstbild: „Mein wichtigstes bildungspolitisches Ziel war und ist es, allen jungen Menschen unabhängig von ihrer Herkunft und dem Geldbeutel ihrer Eltern eine gute Bildung und Ausbildung zu ermöglichen. Deshalb habe ich den Ausbau der Ganztagsschulen vorangetrieben und die Qualität der beruflichen Bildung verbessert. Deshalb lehne ich Studiengebühren ab und habe 2000 das BAföG wieder zu einer echten Förderung ausgebaut." Ihr Verhältnis zur Religion ist sachlich.

□ *Annette Schavan:* (CDU, Jg. 1955, katholisch) Sie hat die eine Hälfte ihres Arbeitslebens im kirchlichen Dienst (Cusanuswerk; Generalvikariat), die andere Hälfte im Staatsdienst (Kultusministerin in Baden-Württemberg, Bundesministerin und Botschafterin) verbracht und hat, wie es heißt, geräuschlos und effizient, als Ministerin das Bundesbildungsministerium teilweise 'rechristianisiert'. Ihre Personalpolitik bestand beispielhaft u. a. darin, den Bundesvorsitzenden des Evangelischen Arbeitskreises der CDU/CSU zum parlamentarischen Staatssekretär und die Direktorin der Katholischen Akademie in Berlin zur Leiterin der wichtigen Strategieabteilung ihres Ministeriums zu ernennen.

1974 bis 1980 Studium der katholischen Theologie, Philosophie und Erziehungswissenschaft; 1980 bis 1984 Referentin bei der Bischöflichen Studienförderung Cusanuswerk; 1984 bis 1987 Abteilungsleiterin Außerschulische Bildung im Generalvikariat des Bistums Aachen; 1987 bis 1988 Bundesgeschäftsführerin der Frauen-Union der CDU; 1988 bis 1991 Geschäftsführerin der Bischöflichen Studienförderung Cusanuswerk; 1991 bis 1995 Leiterin der Bischöflichen Studienförderung Cusanuswerk; 1995 bis 2005 Ministerin für Kultus, Jugend und Sport in Baden-Württemberg; 1998 bis 2012 stellvertretende Vorsitzende der CDU Deutschlands; 2001 bis 2005 Mitglied des Landtages von Baden-Württemberg; 2005 bis 2013 Bundesministerin für Bildung und Forschung; 2005 bis Juni 2014 Mitglied des Deutschen Bundestages; Juli 2014 Dienstantritt als designierte Botschafterin der Bundesrepublik Deutschland beim Heiligen Stuhl; 8. September 2014 Übergabe des Beglaubigungsschreibens an Papst Franziskus.

Ihre Ernennung als deutsche Botschafterin beim Vatikan kann man auch als Anerkennung ihrer Verdienste um die katholische Sache in Deutschland bewerten.

☐ *Prof. Dr. Johanna Wanka* (CDU, Jg. 1951, evangelisch), Diplom in Mathematik und 1993 bis 2000 Professorin für Ingenieurmathematik an der FH Merseburg, 1994 bis 2000 Rektorin der FH Merseburg. Sie gilt als 'Entdeckung' des früheren Ministerpräsidenten von Brandenburg, Manfred Stolpe, der sie, damals noch parteilos, als Leiterin des neu zu besetzenden Wissenschaftsministeriums vorgeschlagen haben soll. 2000 bis 2009 war sie Brandenburgische Ministerin für Wissenschaft, Forschung und Kultur, 2010 bis 2013 Ministerin für Wissenschaft und Kultur in Niedersachsen, seit Februar 2013 Bundesministerin für Bildung und Forschung. Seit 2010 ist sie stellvertretende Vorsitzende der *Konrad-Adenauer Stiftung*.

Ihr schlichtes 'evangelisch', ist von aktiver politischer Qualität. Im Juli 2008, als sie zur Landesvorsitzenden Berlin-Brandenburg des Evangelischen Arbeitskreises der CDU gewählt wurde, sagte sie u. a. „in ihrer Vorstellungsrede, dass sie es angesichts des schwindenden Vertrauens in demokratische Institutionen für wichtig halte, Menschen auf unterschiedlichen Ebenen zu erreichen. 'Vor diesem Hintergrund erlangt die Aufgabe der Kirchen, Werte zu vermitteln, eine noch größere Bedeutung.'" Sie erhoffe sich, den bereits begonnenen Dialog (mit den Kirchen) zu intensivieren.

Und, im September 2009, als weitere kantige evangelische Profilierung: „Anlässlich des Beginns der Unterschriftenaktion für das Volksbegehren zur Einführung eines ordentlichen Religionsunterrichtes in Berlin erklärt die Landesvorsitzende des Evangelischen Arbeitskreises der CDU in Berlin und Brandenburg (EAK BB), Ministerin Prof. Dr. Johanna Wanka MdL: 'Trotz des massiven Widerstandes des rot-roten Berliner Senats hat in dieser Woche eine weitere, entscheidende Unterschriftenaktion für das Volksbegehren zur Einführung eines ordentlichen Religionsunterrichtes in Berlin begonnen. Der Evangelische Arbeitskreis der CDU in Berlin und Brandenburg ruft hiermit alle Christinnen und Christen in der Hauptstadt auf, durch ihre Unterschrift in den nächsten Wochen dieses zentrale bildungspolitische Anliegen tatkräftig zu unterstützen. Der Lernort Schule braucht ein qualifiziertes Angebot an religiöser Bildung. Wer unseren Kindern das Recht auf religiöse Bildung aus ideologischen Gründen versagt, beraubt sie in ihrer Entwicklung entscheidender Sinn- und Lebenshorizonte. Die vorsätzliche und anhaltende Diskriminierung des Unterrichtsfaches 'Religion' durch PDS, SPD und auch von Bündnis 90/Die Grünen in Berlin ist darum nicht länger hinnehmbar. Zusammen mit den großen Kirchen in Berlin unterstützen wir daher die weitere Arbeit der Initiative 'ProReli'."

Von einer „vorsätzlichen und anhaltenden Diskriminierung des Unterrichtsfach 'Religion'" kann in Berlin überhaupt keine Rede sein. Es wird als freiwilliges Wahlfach staatlich finanziert.

Dass es sich bei solchen Stellungnahmen zudem nicht nur um vereinzelte 'positionierende' Statements handelt, das zeigt sich auch in ihrer Rede als Bundesministerin anlässlich der Auftaktveranstaltung des Forschungsprojektes „Religion und Dialog in modernen Gesellschaften" der Akademie der Weltreligionen an der Universität Hamburg am 6. Februar 2014. Darin heißt es u. a.: „Unsere Gesellschaft wird zunehmend säkularer. Das bedeutet aber nicht, dass das Thema Religion an Bedeutung verliert oder in der Bedeutungslosigkeit verschwindet, ganz im Gegenteil. Wir leben in einer Welt, die sehr schnelllebig und in vielen Punkten auch nicht einfach zu verstehen ist, weil sie sehr differenziert ist. Und gerade in einer solchen Welt ist man auf der Suche nach einem festen Halt. Nicht nur die Jüngeren, auch die Älteren mit Lebenserfahrung fragen nach Maßstäben und Werten, weil sie Orientierung brauchen. Und dabei werden Antworten sehr oft im Religiösen und im Glauben gesucht. [...] Wir [die Große Koalition, C.F.] wollen, dass Religion einen Platz im wissenschaftlichen Diskurs findet, und dass der interreligiöse Dialog reiche Früchte trägt."

Und wenn es zum Schluss heißt: „Vor wenigen Wochen haben wir den Koalitionsvertrag unterzeichnet. Darin steht zum Verhältnis zur Kirche und zu den Religionsgemeinschaften: 'Wir werden den Dialog mit den christlichen Kirchen, Religionsgemeinschaften und religiösen Vereinigungen sowie den freien Weltanschauungsgemeinschaften intensiv pflegen'", dann kann man dazu nur sagen, dass die freien Weltanschauungsgemeinschaften davon bisher nicht viel mit bekommen haben.

*Führungsebene.* Die beiden beamteten Staatssekretäre sind römisch-katholisch: Cornelia Quennet-Thielen und Georg Schütte. Die beiden Parlamentarischen Staatssekretäre römisch-katholisch und evangelisch.

☐ *Cornelia Quennet-Thielen:* Die Juristin (CDU, Jg. 1957, römisch-katholisch) folgte im November 2008 ihrem Ehemann auf die Position des beamteten Staatssekretärs. (Es bleibt also alles in der Familie und gewährleistet einen kuscheligen Übergang.) Ihr Ehemann, Michael Thielen, war Generalsekretär der *Konrad-Adenauer-Stiftung* geworden und seine Ehefrau nahm den Platz als Amtschefin ein.

Cornelia Quennet-Thielen hatte zuvor, seit 2004, als Abteilungsleiterin und stellvertretende Amtschefin im Bundespräsidialamt gearbeitet; seit ihrer langjährigen Tätigkeit im Bundesumweltministerium (1987-2008) ist sie mit Bundeskanzlerin Dr. Angela Merkel bekannt, die vom November 1994 bis Oktober 1998 Bundesministerin für Umwelt, Naturschutz und Reaktorsicherheit (BMU) gewesen war.

☐ *Dr. Georg Schütte:* Der Journalist und promovierte Kommunikations- und Medienwissenschaftler (parteilos, Jg. 1962, römisch-katholisch) war von 2001 bis 2003 geschäftsführender Direktor der Deutsch-Amerikanischen Fulbright-Kommission in Berlin, 2004 bis 2009 Generalsekretär der *Alexander von Humboldt-Stiftung* in Bonn, bis er im Dezember 2009 zum Staatssekretär berufen wurde. Sein fachlicher Zuständigkeitsbereich umfasst u. a. die europäische und internationale Zusammenarbeit in Bildung und Forschung.

☐ *Stefan Müller:* Seit Dezember 2013 ist der gelernte Bankfachwirt Müller (MdB CSU, Jg. 1975, römisch-katholisch) Parlamentarischer Staatssekretär im BMBF. März bis Oktober 2009 war er bildungs- und forschungspolitischer Sprecher der CDU/CSU-Bundestagsfraktion und 2009 bis 2013 Parlamentarischer Geschäftsführer der CSU-Landesgruppe im Bundestag.

Er forderte (2006 in der *Bild*) die Einführung eines Arbeitsdienstes für Arbeitslosengeld-II-Empfänger. Müller unterstützt ausdrücklich die Vorratsdatenspeicherung und hat die üblichen konservativ-katholischen Einstellungen zur gleichgeschlechtlichen Ehe.

☐ *Thomas Rachel:* Der 'dienstälteste' Staatssekretär (seit November 2005) ist Thomas Rachel (MdB CDU, Jg. 1962, evangelisch), Stipendiat der *Konrad-Adenauer-Stiftung*; Studium der Politikwissenschaft, Geschichte und Staatsrecht, mit Abschluss M.A., ist er seit seiner Jugendzeit ehrenamtlich im Rahmen der Evangelischen Kirche aktiv, seit 2003 stellvertretendes Mitglied der Synode der EKD und ebenfalls seit 2003 Bundesvorsitzender des Evangelischen Arbeitskreises (EAK) der CDU/CSU. Insofern hat Ministerin Prof. Johanna Wanka ihren Bundesvorsitzenden als 'Untergebenen', denn sie selbst ist seit 2008 Landesvorsitzende des EAK in Berlin-Brandenburg.

Anlässlich der Europawahl 2014 und der Äußerung des Spitzenkandidaten der Sozialdemokraten, Martin Schulz, dass die öffentlichen Räume in Europa frei von religiösen Symbolen sein sollten, also auch frei von Kruzifixen, erklärte Rachel im Mai 2014: „Einmal mehr zeigt sich, dass allein die Union der politische Garant für die Bewahrung des bewährten Staats-Kirchen-Rechtes und der christlichen Wertgrundlagen in Deutschland ist. Es ist mehr als entlarvend, wenn der SPD-Spitzenkandidat für die Europawahlen in provokanter Weise andeutet, dass religiöse Symbole, wie z. B. Kreuze, nichts in öffentlichen Räumen zu suchen hätten."

*Leitungsebene:* Das Hin- und Hergeschiebe zwischen den verschiedenen Leitungsfunktionen im christlich-konservativen Bereich durch Bundesministerin Annette Schavan sei auch an der Abteilung für Strategie und Grundsatzfragen (Abteilung 1, Amtssitz Berlin) im BMBF erläutert. Die Arbeitsebene ist normalerweise in ihren Aktivitäten öffentlich nicht sichtbar.

□ *Susanna Schmidt* (Jg. 1963, katholisch) war bis 2005 die Leiterin der Katholischen Akademie in Berlin (Hannoversche Straße 5) und wechselte dann 'über die Straße' als Abteilungsleiterin ins BMBF (Hannoversche Straße 28). Ihr Ehemann, Joachim Hake, folgte ihr als Direktor des Katholischen Akademie in Berlin.

In Bamberg geboren, studierte sie Germanistik und Katholische Theologie. Von 1990 bis 1996 Referentin in der Bischöflichen Studienförderung Cusanuswerk, wechselte sie 1997 bis 1998 als Stellvertretende Direktorin an die Katholische Akademie in Berlin, von 1999 bis 2006 war sie die Direktorin. Anschließend, 2006 bis 2014, war sie Abteilungsleiterin für Strategie und Grundsatzfragen im Bundesministerium für Bildung und Forschung, Amtssitz Berlin. Ende 2013 ging der Leiter der Hauptabteilung Begabtenförderung und Kultur der *Konrad-Adenauer-Stiftung*, Prof. Dr. Günther Rüter, in Pension und Susanne Schmidt wurde ab 2014 seine Nachfolgerin in St. Augustin.

Bemerkenswert ist dabei, dass sie beinahe die gleiche Zeit als Referentin beim Cusanuswerk arbeitete, wie die damalige Leiterin des Cusanuswerks (1991 bis 1995) Annette Schavan, die danach (1996) Kultusministerin in Baden-Württemberg wurde und nach weiteren beruflichen Stationen Bundesministerin für Bildung und Forschung (2005 bis 2013). Es dürfte kein Zufall sein, dass Dr. Susanna Schmidt nur ein Jahr nach dem Dienstantritt von Frau Schavan als Bundesministerin von ihr als Abteilungsleiterin ins Ministerium geholt wurde.

Während ihrer mehrjährigen Arbeit im BMBF hatte sie natürlich eine Fülle sachbezogener Bildungs- und Forschungs-Themen zu bearbeiten und öffentlich zu vertreten. Woran zeigt sich nun das spezifisch christliche bzw. katholische ihres Handels? Ein paar Beispiele, die sich wie ein feiner roter Faden durch die Jahre ziehen.

2006: Im Oktober spricht sie ein Grußwort zur Verleihung des ersten IMEW-Preises – ausdrücklich als Abteilungsleiterin im Bundesministerium für Bildung und Forschung: „Nur ein Land, das sich seiner kulturellen Grundlagen und Werte vergewissert, wird die Zukunft erobern. In diesem Sinne bin ich froh, dass das Institut Mensch, Ethik und Wissenschaft seine Stimme erhebt, den politischen Diskurs anregt und die Interessen der Kranken, Abhängigen und Behinderten vertritt. Das ist nicht nur ein notwendiges Lobbying im Feld der Biopolitik, in dem unterschiedliche Interessen aufeinander stoßen, sondern es ist die Offenhaltung einer anderen Perspektive jenseits von Machbarkeit und Autonomie: die Perspektive der Anerkennung der Abhängigkeit. Dafür danke ich Ihnen herzlich!"

Zur Erläuterung: Im Kuratorium des IMEW (Institut Mensch, Ethik, Wissenschaft) befinden sich nicht nur die ehemalige Gesundheitsministerin (und bekennende Christin) Andrea Fischer, sondern auch der Professor für Heilpädagogik an der (anthroposophischen) Freien Hochschule am Goetheanum, Prof. Dr. Rüdiger Grimm, ebenso der Jurist Prof. Dr. Gerhard Robbers (Präsident des 34. Deutschen Evangelischen Kirchentages 2013 in Hamburg) wie auch Dr. Michael Wunder, Psychotherapeut und seit 1998 Leiter des Beratungszentrums der Evangelischen Stiftung Alsterdorf. Im Beirat sitzen u. a. eine katholische Theologin, zwei Professorinnen der Evangelischen Fachhochschule Rheinland-Westfalen-Lippe, ein Psychiater und Professor an der anthroposophischen Privat-Universität Witten/Herdecke und ein Professor der Kirchlichen Hochschule Wuppertal-Bethel. Fragen?

2009-2010: Abschluss der zweiten Runde des 14-monatigen Karriereförderprogramms des Cusanuswerks für Frauen. „Mit einem zweistündigen Festakt im [evangelischen] Dietrich-Bonhoeffer-Haus Berlin fand am 12.12.2010 nun bereits der zweite Durchlauf des [katholischen] cusanischen Karriereförderprogramms für Frauen ein feierliches Ende. Das Grußwort zur Veranstaltung sprach Dr. Susanna Schmidt, Leiterin der Abteilung für Strategie und Grundsatzfragen im Bundesministerium für Bildung und Forschung. Sie dankte dem Cusanuswerk für die wiederholt erfolgreiche Durchführung des Programms, das das Potential habe, sich im Sinne einer guten Tradition zu verstetigen und ermunterte die anwesenden Frauen, ihren viel versprechenden Weg in Richtung Führungsposition auch weiterhin so engagiert und zielorientiert zu verfolgen."

Erst im erläuternden Schlussabsatz der Pressemitteilung wird deutlich, dass es sich um einen Etikettenschwindel handelt, da das Cusanuswerk nur der ausführende Träger eines BMBF-Programms ist, das allen Studierenden offen steht und nicht nur den Stipendiaten des Cusanuswerks: „Teilnehmen können (Alt-)Stipendiatinnen aller deutschen Begabtenförderwerke mit Studienziel/-abschluss Diplom, Master, Promotion oder Post-Doc, deren Abschluss nicht weiter als 6 Monate voraus und nicht länger als 12 Monate zurück liegt."

Und schließlich: Bereits während ihrer Zeit als Abteilungsleiterin im BMBF war Dr. Susanna Schmidt, neben Kardinal Woelki, Generalvikar Przytarski u. a. m., Mitglied des Kuratoriums der Katholischen Hochschule für Sozialwesen in Berlin.

Gleichzeitig auf der Seite (im Ministerium) zu sitzen, wo Gesetze, Förderungsrichtlinien u. a. m. formuliert werden, die auch die katholische Hochschule betreffen, und zeitgleich im Kuratorium einer davon betroffenen Hochschule eine Funktion zu haben, das ist ein illegitimer Interessenkonflikt.

### 4.1.9. Auswärtiges Amt – Kirchenreferat

Was hat das Auswärtige Amt mit den Kirchen zu tun, schließlich gehören die als „Kultus" doch zu den Kulturangelegenheiten der Bundesländer? Ja. Und: Im Haushaltsplan des Auswärtigen Amtes sind im Titel 687 17-024 „Internationale Aktivitäten gesellschaftlicher Gruppen und deutsch-ausländischer Kultureinrichtungen im Inland und Ausland" für das Jahr 2013 vorgesehen: 1. Kulturelle Auslandsarbeit der Kirchen, 1.1. Kirchliches Außenamt der Ev. Kirche in Deutschland: 740.000 EUR, 1.2. Katholisches Auslandssekretariat: 740.000 EUR; 1.3. Evangelisches Missionswerk: 249.000 EUR; 1.4. Deutscher Katholischer Missionsrat: 249.000 EUR, 1.5. Zuwendungen und Spenden an kirchliche Einrichtungen. 0 EUR, 1.6. Pflege deutscher Friedhöfe oder Einzelgräber im Ausland (soweit nicht Kap. 0502-685 01): 22.000 EUR. Summe Nr. 1.1 bis 1.6.: Zwei Millionen Euro.

Anmerkung: Die Zuwendungen aus Erläuterungsnummern 1.1 bis 1.4 werden als Festbeträge zu den Haushalten der Zuwendungsempfänger gewährt. Mit anderen Worten, da prüft kein Rechnungshof, wofür das Steuergeld ausgegeben wird. Und: Mission als Staatsaufgabe?

Aber nicht nur im Ausland selbst wird das Auswärtige Amt aktiv, auch in die Attaché-Ausbildung sind die Kirchen eingebunden – schließlich sollen die Attachés frühzeitig lernen, im Ausland mit den Kirchen zusammenzuarbeiten.

Auch im Oktober 2011 fand die alljährliche Attaché-Tagung der Katholischen Auslandsseelsorge (KAS) statt. Tagungsort: Das recht noble christliche Hotel *Haus Chorin* im ehemaligen Kloster Chorin in der Schorfheide, 50 Kilometer nordöstlich von Berlin. Der Bericht zeigt die enge Zusammenarbeit zwischen dem Auswärtigen Amt und den Kirchen: „Wie in jedem Jahr, so fand auch in diesem Oktober in der Nähe des früheren Zisterzienserklosters Chorin in der Uckermark nördlich von Berlin die sog. Attaché-Tagung statt. [...] Der Vormittag des ersten Tages stand unter dem Schwerpunkt 'Geschichte und Verständnis von Staat und Kirche in Deutschland' sowie 'Arbeit der Kirchen im politischen und parlamentarischen Raum'. Frau Katrin Gerdsmeier (Katholisches Büro in Berlin) erläuterte in einem von den Teilnehmern sehr positiv aufgenommenen Grundsatzreferat die Grundlagen des Staatskirchenrechts, während Prälat Dr. Felmberg (Bevollmächtigter des Rates der EKD bei der Bundesrepublik Deutschland und der EU) eindrücklich die konkrete Arbeit der Kirchen in Berlin darstellte."

Am Abend stand dann noch das Thema „Zur Situation der Kirchen in Deutschland – Kirchen und geistiges Leben" auf dem Programm. Dazu war der Ratsvorsitzende der EKD, Bischof em. Prof. Dr. Dr. h. c. Wolfgang Huber, extra angereist. „Seine Impulse führten zu einer regen und engagierten Diskussion. Der Abend klang dann in der 'Immenstube' des Hotels gemütlich aus."

## 4.2. Kirchenreferenten der Landesregierungen

*Jahreskonferenzen der Kirchenreferenten / Bundesländer: Baden-Württemberg, Bayern, Berlin, Nordrhein-Westfalen, Rheinland Pfalz*

In allen Bundesländern bestehen in den zuständigen Ministerien (normalerweise das Kultusministerium / Ministerien für Kultur, etc.) Referate für Religion und Kirchenfragen. Diese Referenten arbeiten aber nicht nur im Rahmen des jeweiligen Ministeriums, sondern treffen sich jedes Jahr einmal (gelegentlich auch zweimal) zu einer gemeinsamen Konferenz, einer Art 'Bundesrat' der Kirchenreferenten. Es werden dort zwar keine „Beschlüsse" gefasst, aber „Meinungsbildung" kann ja auch zu übereinstimmenden Ergebnissen führen.

*Jahreskonferenzen der Kirchenreferenten.* Das hat alles feste Fahrpläne und langfristig geplante Termine, so dass beispielsweise das Thüringer Ministerium für Bildung, Wissenschaft und Kultur in seinen Haushaltsplan

2013/2014 im Haushaltstitel 04/01-546 02 („Durchführung von Konferenzen regionaler und überregionaler Gremien") einen Mehrbedarf von 1.000 Euro ansetzt „wegen Ausrichtung der Konferenz der Kirchenreferenten der Länder" in 2014. Erläuterung dazu: „Die Ausgaben dürfen in einem angemessenen Rahmen für Speisen und Getränke geleistet werden".

Gelegentlich wird öffentlich bekannt, worüber beraten und wie entschieden wurde.

So stellte die SPD-Fraktion im Landtag von Baden-Württemberg im Dezember 1998 eine Große Anfrage „Religiöse Unterweisung muslimischer Kinder". Darin wurde u. a. gefragt: „Welche Vorschläge für die religiöse Unterweisung muslimischer Kinder hat das Kultusministerium seit der Ankündigung im März letzten Jahres erarbeitet und wann bzw. wie werden diese konkret in den Schulen umgesetzt?" Antwort der Landesregierung: „Das Thema 'Einführung von islamischem Religionsunterricht an öffentlichen Schulen' ist mit Unterstützung des Kultusministeriums in die Tagung der Kirchenreferenten der Länder eingebracht worden und wurde am 12./13. Juni 1997 in Stuttgart und am 4./5. Mai 1998 in Würzburg vertieft erörtert. Im Blick auf die Vielzahl schwieriger schulrechtlicher, verfassungsrechtlicher und tatsächlicher Probleme haben die Kirchenreferenten eine Arbeitsgruppe mit der Bezeichnung 'Abstimmungsfragen zum Religionsunterricht' eingesetzt. In dieser Arbeitsgruppe wirkt das Kultusministerium Baden-Württemberg mit. Arbeitsergebnisse liegen noch nicht vor."

Im April 2002 legte die Landesregierung von Schleswig-Holstein einen „Bericht über die Aktivitäten zur Bekämpfung der Fremdenfeindlichkeit und des Rechtsextremismus", in dem ein ganzes Bündel verschiedenster Maßnahmen genannt wird und es unter Punkt 2.8. „Kirchlicher Bereich" heißt: „Fragen zum Themenbereich Fremdenfeindlichkeit und Extremismus werden schwerpunktmäßig unter dem Gesichtspunkt Integrationsmöglichkeiten in den Tagungen der Kirchenreferenten der Länder (ein- bis zweimal jährlich) behandelt. Hieraus resultieren Impulse, die in Zusammenarbeit mit den Bereichen 'Schule' und 'Weiterbildung' Entscheidungsprozesse beeinflussen, auch im Hinblick auf mögliche Förderung der in Schleswig-Holstein lebenden Muslime."

In jahrelangem Rechtsstreit durch alle Gerichtsinstanzen hatten die Zeugen Jehovas schließlich erreicht, dass sie im Februar 2006 im Land Berlin als Körperschaften des öffentlichen Rechts anerkennt wurden. Anschließend haben die Zeugen Jehovas im Juli 2006 auch in den übrigen Bundesländern den Antrag auf Zweitverleihung gestellt. Das wurde nur zögerlich angenommen.

„Bereits im Oktober 2006 hatten sich jedoch die Kirchenreferenten der Länder dahingehend abgestimmt, dass die Entscheidung in Berlin für die Zweitverleihung in den übrigen 15 Bundesländern nicht bindend sein solle; vielmehr solle ein eigenes Anerkennungsverfahren durchgeführt werden. Das ist rechtlich überaus fragwürdig [...] mag jedoch mit erklären, warum erst ab Frühjahr 2009 nach und nach die Anerkennungsbescheide erstellt wurden."

Im Juni 2012 erfolgte die Anerkennung schließlich in Rheinland-Pfalz. In Baden-Württemberg, Bremen und Nordrhein-Westfalen steht die Entscheidung immer noch aus.

Dass es (mittlerweile?) auch anders geht, darauf verweist das Beispiel der Anerkennung der Mormonen aus dem August 2013: „Rheinland-Pfalz hat als drittes Bundesland nach Hessen und Berlin die Mormonen als Körperschaft des öffentlichen Rechts anerkannt. Die Religionsgemeinschaft, die sich offiziell als Kirche Jesu Christi der Heiligen der Letzten Tage bezeichnet, habe am Montag eine entsprechende Verleihungsurkunde erhalten, teilte ihr Sprecher Ralf Grünke mit. Nach Angaben des zuständigen rheinland-pfälzischen Kulturministeriums hatten sich die Kirchenreferenten der Länder zuvor grundsätzlich auf die Anerkennung geeinigt. Auch in den anderen Ländern stehe eine Anerkennung unmittelbar bevor. Hessen und Berlin hatten der Religionsgemeinschaft diesen Status bereits in den 1950er Jahren verliehen."

Man hat zwar keine Beschlüsse gefasst, sich aber „grundsätzlich geeinigt". Den Unterschied kennen wahrscheinlich nur Juristen.

2011 schrieb die *Humanistische Union* an die Ministerpräsidenten aller Bundesländer wegen der Ablösung der Staatsleistungen:

„Die Humanistische Union vertritt die Auffassung, dass die erfolgten Zahlungen es rechtfertigen, von weiteren Staatsleistungen bereits jetzt gänzlich abzusehen. Aber auch wenn man diese Auffassung nicht teilt, ist eine öffentliche Diskussion und politische Initiative überfällig mit dem Ziel, die Ablösung nunmehr, notfalls gegen eine angemessene Entschädigung, zu bewirken. [...] Daher haben wir die Bundesregierung (Bundeskanzlerin und Bundesinnenminister) und die Fraktionen des Bundestages gebeten, alsbald die Initiative für ein Gesetz über die Grundsätze der Ablösung von Staatsleistungen nach Artikel 138 Abs. 1 Satz 2 der Weimarer Reichsverfassung zu ergreifen."

Die Antwort wurde dann auf der Tagung der Kirchenreferenten der Länder und des Bundes am 20. und 21.10.2011 im Priesterseminar Osnabrück formuliert: „Das Schreiben der Humanistischen Union vom 12.10.2011, mit dem deren Entwurf eines 'Gesetzes über die Grundsätze zur Ableistung der Staatsleistungen an die Kirchen' vorgelegt wurde, liegt inzwischen den meisten Ländern und dem Bund vor. Nach Abfrage der beabsichtigten Reaktionen wurde überwiegend die Auffassung vertreten, dass das Schreiben keine Gründe enthielte, die die bisher vertretene Haltung der Länder in Frage stellen könnte, zumal bei dem immer wieder zitierten Ablösungsfaktor vom 25-fachen der Jahresleistung. Auch vor dem Hintergrund der, wohl vielfach falsch verstandenen Äußerungen des Heiligen Vaters bei seinem Deutschlandbesuch im Hinblick auf die staatlichen Unterstützungen der Kirche, sind in den Ländern keine Bestrebungen erkennbar, die Staatsleistungen erneut zu verhandeln."

Nicht nur der Tagungsort der Staatsbediensteten, das Priesterseminar in Osnabrück, sondern auch die Sichtweise des „Heiligen Vaters" sprechen in ihrer Intention für sich selbst, dass da die Kirche federführend mit 'am Tisch' saß und die beabsichtigten Reaktionen 'abgefragt' hat.

Es wurden zumindest drei Aspekte deutlich. Erstens, die Kirchenreferenten sind keine weltanschaulich neutralen Staatsbediensteten sondern vertreten vorrangig die Interessen der beiden großen christlichen Kirchen. Zweitens, sie sind ein religionspolitisches Frühwarnsystem für alle Bundesländer, die sich umgehend gegenseitig informieren. Drittens ist zu fragen, wie weit der Föderalismus der Bundesrepublik und die Kulturhoheit der Bundesländer, die ja durchaus zu jeweils unterschiedlichen Regelungen führt, beispielsweise in der Schulpolitik, in Kirchenfragen gleichsam gleichgeschaltet wird und nicht mehr vorhanden ist.

Insofern arbeitet die Fachbruderschaft der Kirchenreferenten auf fragwürdigem Terrain.

*Bundesländer.* Die folgenden Skizzierungen sollen beispielhaft für einige ausgewählte Bundesländer beschreiben, welchen Aufgaben sich die staatlichen Kirchenreferenten gegenübersehen und wie sie damit umgehen.

Schon diese ersten Annäherungen verdeutlichen eine Gemeinsamkeit, dass staatliche Beamte es als Dienstaufgabe haben, Kirchen und Religionen in ihrer Wirksamkeit zu befördern, d. h. 'anzuheben'.

Dabei spielt der Aspekt einer Integration keine Rolle, das ist die Aufgabe anderer Dienststellen, es geht um staatliche Dienstleistungen zugunsten von Religionsgemeinschaften.

## 4.2.1. Baden-Württemberg

Der Kirchenbeauftragte der Landesregierung war lange Zeit der Leiter der Staatskanzlei. Im Juli 2007 berief Ministerpräsident Oettinger Hubert Wicker (CDU) zum Staatssekretär und Leiter der Staatskanzlei innerhalb des Staatsministeriums, der es auch 2010 unter Ministerpräsident Mappus blieb. Mit dem „Grünen Schwarzen" Winfried Kretschmann als Ministerpräsidenten und Mitglied im Zentralkomitee der deutschen Katholiken, machte dieser die Funktion als Kirchenbeauftragter zur „Chefsache" und bezog sie auf seine eigene Person. Hintergrund dafür soll aber sein, dass der neue Chef der Staatskanzlei den Kirchen nicht genehm war.

Neben dem christlichen Ministerpräsidenten gibt es weitere 'Kontaktstellen' auf der Arbeitsebene. Im Ministerium für Kultus, Jugend und Sport Baden-Württemberg ist Ministerialrätin Dr. Barbara Lichtenthäler seit 1999 die Referatsleiterin des Bereichs Religionsangelegenheiten und Staatskirchenrecht. Der Bereich ist als Stabsstelle dem Amtschef des Ministeriums zugeordnet, der die bildungspolitischen Reformen im Ministerium begleitet. Besonderes Anliegen dieser Stabsstelle ist die Einführung eines Islamischen Religionsunterrichts in Baden-Württemberg.

Seit dem Sommer 2002 wird in einigen Bundesländern versucht, islamischen Religionsunterricht zu etablieren – doch die muslimischen Verbände, mit denen man kooperieren will, sperren sich. Die Kirchenreferenten und christlichen Religionsvertreter sitzen an 'Runden Tischen' – mit Ausnahme der Evangelikalen, die Islamunterricht rundweg ablehnen. Unklarheit besteht über die muslimischen Verhandlungspartner. Und es besteht ein Dilemma: „Der Islamwissenschaftler Rainer Glagow von der CSU-nahen Hanns-Seidel-Stiftung bringt das Problem auf den Punkt: 'Das Dilemma der Deutschen ist, darauf vertrauen zu müssen, dass der Islam seinen Absolutheitsanspruch als Religion und Gesetz aufgibt. Das Dilemma der Moslems ist, dass ihre Religion das im Grunde genommen nicht kann.' Die Bemühung um einen islamischen Religionsunterricht – die versuchte Quadratur des Kreises?"

Dieses Bemühen um 'Abgleichung' zwischen den Bundesländern wird auch in einer Publikation der Hamburger Behörde für Bildung und Sport aus dem Jahr 2006 deutlich. Im „Bildungspolitischen Forum" von „Hamburg macht Schule", der „Zeitschrift für Hamburger Lehrkräfte und Elternbeiräte" kommt erst Oberkirchenrat Matthias Otto von der EKD zur Wort: „Religionsunterricht für muslimische Schülerinnen und Schüler – aber wie? Thesen aus den Reihen der EKD".

Der Lobbyismus der EKD wird deutlich, wenn er schreibt: „Angesichts der Globalisierung und der multikulturellen und multireligiösen Lebenszusammenhänge wird religiöse Bildung immer wichtiger – für die eigene Verwurzelung und Identität der Kinder und Jugendlichen, für religiöse Urteilsfähigkeit, für Sinnfindung und Orientierung in der Welt sowie für Verständigungsfähigkeit und Toleranz. Religiöse Bildung braucht ein eigenes Schulfach Religion, und dieser Religionsunterricht ist eine Aufgabe der staatlichen Schule und des freiheitlich-demokratischen Staates."

Das könnte man als Lobbyismus in eigener Sache ja durchaus so stehen lassen – allerdings ist die Frage zu stellen, ob staatliche Schulen über eine religionskundliche Wissensvermittlung hinaus etwas mit einer unspezifischen „religiöser Bildung" zu tun haben sollten, was sich nach Glaubensunterweisung anhört.

Keck wird der EKD-Vertreter aber gleich anschließend, wenn er andere politische Regelungen der Verfassung als nicht verfassungsgemäß abqualifiziert: „Die Erfahrungen mit den Regelungen zum Religionsunterricht in den Bundesländern Berlin, Brandenburg und Bremen sind im Vergleich durchweg schlechter. Der Art. 141 GG, der seitens der Begründer unserer Verfassung auf eine besondere historisch gewachsene Situation in Bremen Rücksicht nimmt, liefert jetzt und in Zukunft kein Modell für eine angemessene Gestaltung des Religions- und Ethikunterrichts, die den Intentionen unserer Verfassung entspricht."

Das Ausmaß seiner Realitätsfremdheit zeigt sich dann in den Erwartungen an die muslimischen Verbände. „So wie im Evangelischen Religionsunterricht evangelische Kirchen verschiedenen Bekenntnisses (z. B. lutherisch, uniert, reformiert, teilweise auch evangelisch-freikirchlich) gemeinsam den Evangelischen Religionsunterricht mitverantworten, stehen auch islamische Gruppen und Vereinigungen vor der Aufgabe, sich in den einzelnen Bundesländern als Religionsgemeinschaften relevanter Größe gemeinsam auf die Inhalte und die Beauftragung der Lehrenden eines Religionsunterrichts für muslimische Schüler und Schülerinnen zu einigen." Fromme Wünsche. Von wegen Friede, Freude, Lobgesang?

In dem direkt darauf folgenden Artikel argumentiert Frau Dr. Lichtenthäler aus dem gleichen Grundverständnis und betont noch die religiöse Identität als Element der Integration und des Austausches: „Zum einen sollte das Verständnis wachsen, diese Menschen in unsere Gesellschaft zu integrieren, d. h. uns mit ihnen geistig-kulturell auszutauschen und ihre Präsenz im Sinne einer nicht nur wirtschaftlich zusammenwachsenden Welt als Bereicherung zu empfinden. Zum anderen sind auch sie Träger grundgesetzlicher Rechte und Pflichten, so dass sie beispielsweise auch den verfassungsmäßig gewährleisteten Anspruch auf eigenen Religionsunterricht geltend machen können. Denn Religionsunterricht ist nicht ein Privileg christlicher Kirchen, sondern er steht allen Religionsgemeinschaften offen."

Seit dem Frühsommer 2013 liegen von zwei muslimischen Verbänden in Baden-Württemberg Anträge für einen Islamunterricht vor, ein dritter Antrag wurde nicht zur Kenntnis genommen, da dort auch Milli Görüs organisiert sei, die vom Verfassungsschutz beobachtet werde.

An dem Modellversuch für einen Islamunterricht nimmt auch eine Schule in Schwäbisch Gmünd teil – 60.000 Einwohner, drei Moscheen. Widerstand gab es von unerwarteter Seite, laizistischen Türken: „Das Kollegium willigte ein, die Kirchenvertreter befürworteten sogar die Idee, auch Stadt und Schulamt zogen mit. Am Ende schwierig waren einige türkische Eltern: Aus ihrem laizistischen Denken heraus hatte Religion an Staatsschulen nichts verloren. Sie sahen auch den muttersprachlichen Unterricht gefährdet. Die Schule räumte die Befürchtungen aus – unterstützt von den Moscheegemeinden." Wenn also deutsche Säkulare meinen, sie werden missachtet, dann ist das eine zu verallgemeinernde Erfahrung.

Und es gibt noch Probleme mit den Schulbüchern. Die Verlage seien sich noch unsicher, was sie dort darstellen dürfen, und dann die Illustrationen: „Sie zeigen Kinder mit braunem Teint und schwarzen Haaren. Im Unterricht sitzen aber auch blonde Kinder mit bosnischen oder deutschen Wurzeln sowie schwarzafrikanische Schüler." Ein Anzeichen, wie sehr diese evangelisch-muslimischen Bemühungen an der Realität vorbeigehen.

### 4.2.2. Bayern

Der bayerische Kultusminister Ludwig Spaenle hebt beim traditionellen Jahresempfang der Erzdiözese München-Freising die gute Zusammenarbeit von Freistaat und Kirche in Bayern hervor und betont: „Die Bayerische Staatsregierung schätzt die konstruktive Zusammenarbeit mit den Kirchen sehr und wird den bisherigen gemeinsamen Weg mit den Kirchen fortsetzen – zum Wohl der Menschen in unserem Land". Für Bayern braucht man also nicht zu fragen, ob das Kultusministerium eine Trennung von Staat und Kirche sieht oder als Handlungsgehilfe der Kirchen agiert.

Im Frühjahr 2007 beendete der Leitende Ministerialrat im Bayerischen Staatsministerium für Unterricht und Kultus, Gerhard Stützel, nach 20 Jahren Tätigkeit seine aktive Dienstzeit und es ist nicht verwunderlich, dass bei der Verabschiedung auch Prälat Erich Pfanzelt, der Leiter des Katholischen Schulkommissariats in München, seinen Dank überbrachte. Stützel war 1986 von Staatsminister Prof. Hans Maier berufen worden und als Referatsleiter VI.2 dienstlich zuständig für Naturwissenschaftliche Gymnasien, private Gymnasien, Waldorfschulen sowie für Religionskunde und den Ethikunterricht. Bei seiner Verabschiedung dankte ihm der Vorsitzende des *Verbands der katholischen Religionslehrer und Religionslehrerinnen an den Gymnasien in Bayern e.V.* (KRGB), Max Zißler, mit einem „herzlichen Vergelt's Gott".

Und bald danach (März 2007) machte der KRGB, in Begleitung von Studiendirektor Thomas Gottfried, dem Leiter der Abteilung II im Schulreferat der Erzdiözese München, dem neuen Leiter des Referates VI.2, Oberstudiendirektor Heinz-Peter Kempf, ihre Aufwartung. Er war bis dahin stellvertretender Vorsitzender der Bayerischen Schuldirektorenvereinigung.

Als Ministerialrat hat Kempf schöne Aufgaben. Bei Schuljubiläen ein Grußwort des Kultusministers zu überbringen, ebenso bei der Verabschiedung des Dompropstes des Bistums Eichstätt, der für den Religionsunterricht zuständig war, oder bei Grundsteinlegungen dabei zu sein. Bei dem Erweiterungsbau der St. Marien-Schulen der Schulstiftung der Diözese Regensburg (Sommer 2008) hört sich dann so an: „Bischof Dr. Gerhard Ludwig Müller hielt den Wortgottesdienst. Er sprach von der guten Kooperation zwischen Staat und Kirche, von der Liebe, ohne die Pädagogik nicht gelingen könne und von Christus, 'Grund- und Eckstein', Quelle aller Gnaden. Als Gebete gesprochen und die Urkunde im Grundstein versenkt war, wurden Segenswünsche formuliert – vom Bischof, Schulstiftungsdirektor Johannes Neumüller, Schulleiter Dr. Hans Lindner (Gymnasium) und Peter Tezzele (Realschule), Ministerialrat Heinz-Peter Kempf, Bürgermeister Joachim Wolbergs, Oberin Gundula Bonell und Architekt Ulrich Dotter. Es gab Grund zur Freude. Vor der offiziellen Grundsteinlegung fand im Saal der St.-Marien-Schulen der erste Teil des Festakts statt. Ehrengäste genossen die musikalischen Beiträge der Schülerinnen und sprachen Grußworte, gemeinsamer Nenner: Die kirchliche Schulen stehen für Werteerziehung auf christlicher Grundlage – von diesem speziellen Profil profitiert die Allgemeinheit."

## 4.2.3. Berlin

Seit April 2009 ist Hartmut Rhein im Amt: „Der Berliner Beauftragte für Kirchen, Religions- und Weltanschauungsgemeinschaften pflegt und regelt im Auftrag des Senates die Beziehungen des Landes zu einzelnen Religions- und Weltanschauungsgemeinschaften. Dazu zählen die Gewährung von Zuschüssen und Zuwendungen, die Finanzierung des freiwilligen Religionsunterrichtes, die Verhandlung von Staatsverträgen und Vereinbarungen und Verfahren zur Anerkennung als Körperschaft öffentlichen Rechts."

Eine Anfrage von mir per Mail mit Kurzvorstellung und Anfrage wegen eines allgemeinen Informationsgesprächs – telefonieren ohne schriftliche 'Vorwarnung' oder gegenseitiges Kennen geht auf der Arbeitsebene gar nicht – erbrachte als Ergebnis: nichts. Die erneute Anfrage per Mail, ob die erste Mail vielleicht verloren gegangen sei, erbrachte eine Antwort: „[...] haben Sie vielen Dank für Ihre Anfrage und Ihr Interesse an unserer Arbeit. Leider muss ich Ihnen mitteilen, dass ich Ihnen für einen Gesprächstermin derzeit nicht zur Verfügung stehen kann." Auf meine schriftliche Rückfrage: „[...] das ist eine für meine Arbeit interessante Mitteilung. Darf ich nach dem Grund fragen?" bekam ich keine Antwort. Nun ja, keine Antwort ist auch eine Antwort.

Zur religiösen und weltanschaulichen Situation in Berlin schreibt der Senat, dass Berlin wohl eine Sonderstellung aufgrund der großen Pluralität von Religions- und Weltanschauungsgemeinschaften einnehme: „Die beiden mitgliederstärksten Gemeinschaften sind die Evangelische Kirche Berlin-Brandenburg-schlesische Oberlausitz und das Erzbistum Berlin der Katholischen Kirche. Die drittgrößte Gruppe bilden die Menschen muslimischen Glaubens, gefolgt von den Jüdinnen und Juden. Darüber hinaus gibt es in Berlin zahlreiche buddhistische und hinduistische Gemeinschaften, orthodoxe, freikirchliche und andere christliche Gemeinden, Bahá'í- und Sikh-Gemeinden. Neben den Gemeinschaften der großen Weltreligionen besteht in Berlin eine Vielzahl kleinerer Religionsgemeinschaften. Schätzungen gehen davon aus, dass gegenwärtig über 250 Religions- bzw. Weltanschauungsgemeinschaften in Berlin aktiv sind. Verschiedene Vereine, Projekte und Initiativen arbeiten erfolgreich zum Teil seit vielen Jahren im Bereich des Dialogs und der Zusammenarbeit zwischen Angehörigen unterschiedlichen Glaubens.

Andererseits sind viele Berlinerinnen und Berliner konfessionell nicht gebunden. Einige von ihnen haben sich in Weltanschauungsgemeinschaften zusammengeschlossen, die Träger bzw. Anbieter von sozialen und kulturellen Einrichtungen und Projekten sind. Die größte Weltanschauungsgemeinschaft in Berlin ist der Humanistische Verband Berlin Brandenburg e.V."

Bereits diese Beschreibung zeigt die Schieflage und 'Phantasielosigkeit' der Situation. Nach dem Prinzip der Verbändedemokratie reden staatliche Stellen nur mit organisierten Verbänden. Die am Schluss, wie in einem Nachsatz, in der zitierten Darstellung „vielen ... konfessionell nicht gebunden" sind allerdings die absolute Mehrheit in der Bevölkerung: 60 Prozent der Berliner sind konfessionslos, 21,5 Prozent sind evangelisch, 9,3 katholisch, 6,5 Prozent Muslime und 0,6 Prozent gehören einer anderen Religion an. Die muslimischen Großgruppen sind wiederum die Sunniten, Schiiten oder Aleviten, von den 0,6 Prozent in weiteren 250 verschiedenen Glaubensgemeinschaften ganz zu schweigen.

Der Vorgesetzte des Referenten Rhein, der Kulturstaatssekretär, bringt es (2013) fertig, auf einer kirchlichen Tagung „Religionsgemeinschaften als Avantgarde einer gerechten Stadtgesellschaft" [!] zu sagen: „Seien Sie als religiöse Menschen, als Angehörige von Religionsgemeinschaften in dieser Stadt selbstbewusst. Sie haben aus Ihren religiösen Überzeugungen, aus Ihren Überlieferungen und Traditionen, aus Ihren Theologien viel zum besseren Zusammenleben beizutragen." Was, das erläuterte er allerdings nicht. Und ebenso wird der katholischen Kirche (im November 2013) die Gelegenheit geboten, im großen Festsaal der Berliner 'Staatskanzlei' einen „Vorhof der Völker" zu veranstalten – eine Missionsveranstaltung zur Neuevangelisierung Deutschlands.

Die Reihenfolge der Aktivitäten ist wie die Bezeichnung der Dienststelle, erst die christlichen Kirchen, dann die Religionsgemeinschaften und, wenn es sich nun gar nicht mehr vermeiden lässt, werden auch Gespräche mit den Weltanschauungsgemeinschaften vereinbart. Das kann allerdings Jahre dauern.

Bereits 2012 hatte der Senat angekündigt, einen gemeinsamen Dialog der Religionen und Weltanschauungsgemeinschaften zu organisieren, daraufhin geschehen war nichts. Im Sommer 2014 stellte der Abgeordnete Martin Beck (Grüne) die schriftliche Anfrage: „Welche Gründe sprechen aus Sicht des Senats dagegen, in Berlin einen gemeinsamen Dialog der Religionen und Weltanschauungsgemeinschaften zu organisieren?" Die Senatskanzlei verweist auf die katholische Evangelisierungsveranstaltung „Vorhof der Völker – Freiheitserfahrungen mit und ohne Gott" und behauptet wahrheitswidrig, dass es seitens der Weltanschauungsgemeinschaften „keine Resonanz" gegeben habe. (Es waren mehrere Personen aus säkularen Organisationen anwesend und säkulare Medien haben darüber berichtet.) Zudem, so die Senatskanzlei, sei kein Bedarf vorhanden.

„Etablierte Foren des Austausches und der Zusammenarbeit verschiedener Weltanschauungsgemeinschaften sind bisher nicht bekannt. Mit Ausnahme des Humanistischen Verbandes Deutschlands, Landesverband Berlin-Brandenburg, hat bisher keine der Berliner Weltanschauungsgemeinschaften Bedarf für einen durch den Staat moderierten Dialog geäußert."

Der Bedarf für „einen durch den Staat moderierten Dialog" – sind wir hier im Kindergarten? – wird staatlich dadurch erkannt, dass die Organisationen sich beim Senat melden. Ansonsten scheint man überrascht zu sein, dass sakuläre Verbände kein Interesse an einem „interreligiösen Dialog" haben.

Im Herbst 2014 gab es dann ein erstes Gespräch mit den säkularen Weltanschauungsgemeinschaften. Es ist eine freundliche, interessierte Atmosphäre, man könnte auch sagen Neugier, denn das ist offensichtlich: die säkularen Organisationen, ihre Standpunkte und Unterschiede, ihre Gemeinsamkeiten und Abgrenzungen, sind den Beamten nicht bekannt. Es ist Neuland für sie.

Die Beamten wollen ihrem Dienstleistungsaspekt entsprechen, Religionsgesellschaften und Weltgemeinschaften gesellschaftlich besser partizipieren zu lassen, untereinander und miteinander. Dass sie bislang nur Erfahrungen mit Religionsgesellschaften haben, das wird deutlich, denn die Frage lautet: Wie können Religionen und Weltanschauungen zusammenarbeiten? Die Einsicht, dass das im Einzelnen, problembezogen durchaus geht, aber generell weder Ziel noch Möglichkeit ist, fällt ihnen schwer einzusehen.

Als Verwaltung wollen sie nicht 'von oben' eingreifen, keine Ziele vorgeben, was sich für einen (theoretisch) religionsneutralen Staat auch nicht geziemen würde.

Es ist der Beginn eines Weges, indem die Senatsverwaltung für Kultur sich vergegenwärtigt, was es eigentlich weltanschaulich heißt, dass zwei Drittel der Bevölkerung konfessionslos sind. Es kann, nach langen Jahren der Religionsfixierung, der Beginn von Fragen sein, auf die es noch keine Antworten gibt. Man wird es sehen.

## 4.2.4. Nordrhein-Westfalen

*Beauftragter / Begegnungstagung für Politiker / Staatskirchenrechtliches Symposium 2014 / Spitzentreffen Kirchen – Bezirksregierungen*

Religionsfragen sind in Nordrhein-Westfalen 'Chefsache', also in der Staatskanzlei angesiedelt. Dort ist „Beauftragter für den Kontakt zu Kirchen und Religionsgemeinschaften": der evangelische Theologe Dr. Matthias Schreiber.

Jg. 1963, Studium der Politikwissenschaft und Theologie in Bethel, Heidelberg und Bochum. 1990 Promotion zum Doktor der Theologie, 1991 bis 1993 Vikar in Marl, 1993 bis 1994 Pastor in Waltrop, 1994 bis 1995 Dozent für Systematische Theologie an der Waldenser Fakultät in Rom, 1995 bis 2000 Gemeindepfarrer in Wetter/Ruhr. Dann kommt der Wechsel in die Politik.

1995 bis 2000 Referatsleiter: Verbindung zu Kirchen und Religionsgemeinschaften, Kultur und Medien für den Ministerpräsidenten von Nordrhein-Westfalen, 2000 bis 2001 Referatsleiter in gleicher Funktion im Bundespräsidialamt.

Dann ein fünfjähriger Zwischenwechsel zurück zur Kirche: 2001 bis 2006 Öffentlichkeitsdezernent im Landeskirchenamt der Evangelischen Kirche im Rheinland in Düsseldorf. Anschließend wieder der Seitenwechsel auf die Staatsseite – in Düsseldorf geblieben – ist er seit 2007 „Beauftragter für den Kontakt zu Kirchen und Religionsgemeinschaften" in der Staatskanzlei.

Was nicht heißt, dass er – von seinem Beruf als Pfarrer derzeit freigestellt – kirchlich abstinent geworden sei, im Gegenteil. So sitzt er in der Jury für den „Predigtpreis", den der evangelikale Verleger und EKD-Synodale Norman Rentrop im Jahr 2000 gestiftet hat. 2010 schreibt er für die Fundamentalisten von *kath.net/idea.de* einen Kommentar zum Rücktritt von Bundespräsident Horst Köhler: „Ein großer Präsident ist zurückgetreten", mit der Unterzeile: „Selten hat sich ein Staatsoberhaupt so sehr zum christlichen Glauben bekannt wie Köhler: In den Tagen nach dem Rücktritt des Bundespräsidenten bleibt indes Köhlers Bitte: 'Gott schütze dieses Land!' Und er schütze Horst und Luise Köhler, die angetreten sind, ihm zu dienen."

Und 2012 ist er Hauptreferent bei einer Veranstaltung der Friedrich-Ebert-Stiftung, die allerdings von den vier evangelischen Kirchenkreisen der Region sowie dem katholischen Dekanat mitgetragen wird. Es geht um die Frage: Warum gehen Christen in die Politik? „Hauptreferent Dr. Matthias Schneider antwortet mit Luther: 'Christen sind in der Politik, weil die Frucht des Glaubens in die Verantwortung führt.'"

Und so ermuntert der Ministerialbeamte aus der Staatskanzlei die anwesenden Christen, sich in die Politik einzumischen. Der Bericht zu dieser Veranstaltung ist überschrieben mit: „Wenn Christen klare Kante zeigen". Aber dann zeigt sich gleich das Dilemma, denn Rezepte dafür gibt es doch nicht – außer natürlich die Nächstenliebe: „Referent Dr. Matthias Schreiber von der NRW-Staatskanzlei wollte Impulse, keine Rezepte geben. Gläubige mischen sich aus Nächstenliebe ein, so sein Statement. Davon gebe die Bibel bereits im Alten Testament Zeugnis – und verschweige auch nicht, dass solches Engagement auch in die Löwengrube bringen könne. Und Christen stehen sich bei Streitfragen manchmal auch gegenüber. Einen politischen Fahrplan hätten Christen nicht zu bieten, machte Schreiber mit provokanten Beispielen deutlich: 'Ist Gott für die 35-Stunden-Woche? Heißt Ostern feiern, sich für den Klimaschutz einzusetzen?' Wenn Christen mehr gesellschaftlichen Einfluss reklamieren, müssten sie sich auch fragen lassen, wie groß ihre Schar überhaupt noch sei. Zumal der Gottesdienstbesuch nur noch bei 2,9 Prozent liege. Der gesellschaftliche Wandel biete aber ein breites Feld mitzudiskutieren: über Familie, Medien, Heimat oder den Sonntagsschutz. Schreiber: 'Ich wünsche mir von der Kirche mal die klare Haltung: Den Sonntag lasse ich mir nicht nehmen.'"

Kollege in der Staatskanzlei (als Referent für Umweltfragen), mit dem Matthias Schreiber auch zusammen ein Buch veröffentlicht hat (*Führungskräfte der Bibel. Management mit Noah, Mose und Paulus*, Holzgerlingen, 2009), ist Dr. Claudius Rosenthal, katholisch.

Aus welcher Region er stammt, zeigt ein Bericht zur Messfeier anlässlich seiner Weihe als ständiger Diakon – mit Männergesangsverein und einer Fahnenabordnung des St. Elisabeth-Schützenvereins: „In einer besonderen Symbolik verdeutlichte Pfarrer Vornholz, dass Dr. Claudius Rosenthal als Diakon ein breites Aufgabenspektrum habe. Mit einer Hand sollte der 1972 geborene Dr. Rosenthal seine Frau und seine zwei Kinder halten. Damit brachte Pfarrer Vornholz zum Ausdruck, dass die Priorität des verheirateten Diakons ganz bei der Familie liege. Die Familie sei der 'Ernstfall der Nächstenliebe'. In der anderen Hand hielt Dr. Rosenthal ein Evangelienbuch. Symbolisch stand es für den Dienst am Altar. Zudem überreichte Vornholz dem frisch geweihten Diakon, der sich in seinem neuen Messgewand präsentierte, eine Osterkerze, die das ewige Licht spenden soll. Das an die Fußwaschung erinnernde Handtuch repräsentierte, dass ein

Diakon auch den am Boden liegenden Menschen auf Augenhöhe begegnen solle."

Und falls die beiden einmal nicht wissen sollten, 'wo es langgeht', dann können sie sich auf kurzem Weg mit Sigrid Beer, der Parlamentarischen Geschäftsführerin der Fraktion Bündnis 90/Die Grünen im Landtag besprechen. Sie hat nicht nur u. a. Theologie studiert, sondern war auch Religionslehrerin und ist seit 2010 (nebenamtliches) Mitglied der Kirchenleitung der Evangelischen Kirche von Westfalen.

□ *Begegnungstagung für Politiker auf Landesebene.* Das Tätigkeitsfeld des Kirchenbeauftragten der Staatskanzlei bezieht sich aber nicht nur auf Religionen, sondern stellt auch den Verbund her zu den Kirchenbeauftragten der Fraktionen des Landstags her. Derartige Begegnungen gibt es offiziell als jährliche Begegnungstagung für Politikerinnen und Politiker der Evangelischen Kirche von Westfalen im Tagungszentrum Haus Villigst in Schwerte.

So auch 2012. „Über hundert geladene Gäste, darunter zahlreiche Mitglieder des Landtages, des Bundestages und des Europaparlaments, nehmen noch bis Samstag daran teil. Das Thema lautet: 'Was hält die Gesellschaft zusammen? Die Bedeutung der Religionen zur Entwicklung der Gesellschaft'."

Die Kirchenbeauftragten der Landtagsfraktionen sind auch anwesend und Wolfram Kusche (MdL, SPD) versichert den Kirchenfunktionären: „Sie können sicher sein: Politik hört auf Kirche." Sonst hat jeder seine Wünsche, was die Kirche für sie tun solle. „Aufgabe der Kirche ist es, so der Präses, 'an Gott und seine Gerechtigkeit zu erinnern'. Im Gespräch mit den kirchenpolitischen Sprecherinnen und Sprechern der NRW-Landtagsfraktionen wurde deutlich, dass sich diese Gerechtigkeit nicht immer mit dem staatlichen Recht decken muss. Sigrid Beer (Grüne) erwartet von ihrer Kirche, dass sie sich zum Beispiel in Fragen des Bleiberechts positioniert. 'Wir müssen fragen: Ist das geltende Recht gerecht?', sagte Beer, die auch der westfälischen Kirchenleitung angehört.

Auch Wolfram Kuschke (SPD) hat die Erwartung, dass die Kirche gegenüber der Politik 'benennt, was richtig und was falsch ist'. Den Kirchenvertretern versicherte der Landtagsabgeordnete: 'Sie können sicher sein: Politik hört auf Kirche.' Bärbel Beuermann (Linke) forderte eine klare Position der Kirchen gegen Rüstungsexporte. Angela Freimuth (FDP) lud die Kirchen zur Mitwirkung ein, das Recht auf parlamentarischem Wege zu ändern. Der CDU-Politiker Christian Möbius erhofft sich von den Kirchen 'wertorientierte Leitplanken'."

Und wo die kirchenpolitischen Sprecher der Fraktionen auftraten, da darf der Kirchenbeauftragte der Landesregierung nicht fehlen.

Als Kirchenbeauftragter der Staatskanzlei stellte Dr. Matthias Schreiber den Begriff der Freiheit in den Mittelpunkt. „Freiheit habe wenig mit Selbstverwirklichung zu tun, aber viel mit Verbindlichkeit und Verantwortung. 'Wir müssen unseren Kindern neu vorleben, was es heißt, ein Versprechen gegeben zu haben.' Er mahnte auch, den Lehrern den Rücken zu stärken. Sie seien 'die Diamantenschleifer unserer Kinder'."

Kinder, die „geschliffen" werden müssen? Eine eigenartige Wortwahl und Sichtweise. Doch eher ein Terminus aus der vordemokratischen Militärideologie, als die Rekruten im Drill zu Soldaten „geschliffen" wurden.

□ *Staatskirchenrechtliches Symposium 2014.* Zum 16. Juni 2014 hatten das Katholische und das Evangelische Büro in den Landtag von Nordrhein-Westfalen zu einem Staatskirchenrechtlichen Symposium eingeladen.

Die kompletten kirchlichen Eliten hatten sich im Plenum des Landtags versammelt. Katholisch: ein Erzbischof, drei Bischöfe, der Diözesanadministrator des Erzbistums Köln, mitsamt ihrer Generalvikare und Mitarbeiter der Leitungsebene. Evangelisch: drei Präsiden der Landeskirchen, inklusive von Kirchenräten. Dazu auf der politischen Seite Spitzenpolitiker der Landesregierung und des Landtages, inklusive der Ministerpräsidentin. Die Selbstvergewisserung christlicher klerikaler und politischer Eliten, dass sie unverbrüchlich beieinander stehen? Gerade jetzt!

Planungszeitraum war ein Jahr, bezahlt haben es, so die Auskunft, allein die Kirchen. Der Saal des Plenums war, wohlwollend geschätzt, zu etwa zwei Dritteln besetzt, die PR der Veranstalter sprach von einem vollen Haus.

Zur Eröffnung sprach der 1. Vizepräsident des Landtags NRW, Eckhard Uhlenberg (CDU). Die berechtigte Frage, ob der Landtag ein geeigneter Ort für ein Symposium der Kirchen sei, stellte sich als Rhetorik dar, denn seines Erachtens ist der Landtag „das Haus aller Bürger NRWs." Und: „Das Christentum hat in NRW einen festen Ankerplatz". Uhlenberg äußerte sich als „bekennender Christ" und: „Was uns als Mensch und Gesellschaft hält, das Wichtigste ist Religion und Glaube." „Ohne Religion keine Grundsätze des Zusammenlebens." Sowie: „Christen haben die Pflicht, sich politisch zu beteiligen."

Die kirchlichen Büros seien „treue Partner der Politik", „Berater und Kritiker der Politik". Staat und Kirche bilden ein „geschätztes, partnerschaftliches Nebeneinander." Zur Tagung der Kirchen meinte er: „Das Symposium soll ein Aufbruch sein." Und abschließend, vom Rednerpult des Landtages, als Politiker: „Für den Erfolg wünsche ich Gottes Segen".

Die weitere politische Weihe erfolgte dann durch die Ministerpräsidentin des Landes, Hannelore Kraft. Sie sprach von einem „ökumenischen Symposium", vom guten Verhältnis zu den Kirchen, aber: „Auch ein gutes Verhältnis muss stets weiter entwickelt und justiert werden." Ihre Feststellung: „Die Stimmen werden lauter, die eine striktere Trennung von Staat und Kirche fordern" (Staatliches Inkasso, Staatsleistungen, Kirchliches Arbeitsrecht...") konterkarierte sie selbst, indem sie sagte: „Wehren wir uns gegen eine Verkürzung der Kirchen auf die finanziellen, monetären Aspekte. Kirche ist mehr, weitaus mehr!" Denn, beispielsweise, werde der Art. 1 GG, die „Menschenwürde", zuverlässig von der Kirche verteidigt. (Eine überraschende Darstellung. Nachfrage: Seit wann?)

Sie betonte, dass Kirche und Staat es mit denselben Menschen zu tun haben – was aber auch als unzutreffend bezeichnet werden kann, da der Staat sich um alle Bürger, die Kirchen aber nur um die Teilmenge ihrer Kirchenmitglieder zu kümmern haben. Aber immerhin traf sie auch die Feststellung: „Konfessionslose sind keine schlechteren Menschen!"

Schlusswort: Armin Laschet, der Vorsitzende der CDU-Landtagsfraktion, lobte die Zusammenarbeit mit Kirchen und verwies auf die derzeit beratende Verfassungskommission. Seine Beruhigung an die Kirchen: „Durch diese Verfassungskommission wird das Staat-Kirche-Verhältnis in NRW nicht verändert werden."

Entsprechend waren die Schlussworte der beiden kirchlichen Beauftragten bei der Landesregierung, das sich im Verlaufe des Symposiums geklärt habe, dass sich nichts verändern wird. Abschlusswort 1: „Danke!", Abschlusswort 2: „Danke, Danke!"

☐ *Spitzentreffen Kirchen – Bezirksregierungen.* Aber nicht nur im Landtag finden derartige Begegnungen statt, auch die Bezirksregierungen von Westfalen gehen alljährlich in den 'Schulterschluss' mit den Kirchen. Einmal laden die Bezirksregierungen ein, das andere Mal eine Diözese/Landeskirche.

Berichtet wird über diese Treffen nicht, es sei denn, wie für das Jahr 2011, als der Pressesprecher der Bezirksregierung Arnsberg seine Informationsaufgabe wahrnahm und berichtete: „Zu ihrer jährlichen gemeinsamen

Arbeitstagung trafen sich am 7. Februar auf Einladung von Regierungspräsident Dr. Gerd Bollermann, Regierungspräsidentin Marianne Thomann-Stahl aus Detmold und Dr. Peter Paziorek aus Münster mit den Vertretern der katholischen Bistümer und der evangelischen Kirche in Westfalen. [...] Breiten Raum nahm die Diskussion zum Thema Integration ein, die in der öffentlichen Debatte in der Vergangenheit stets an Bedeutung gewonnen hat. Nicht zuletzt durch die Verabschiedung des Zuwanderungsgesetzes 2005, verschiedene Integrationsgipfel und den unter anderem damit zusammenhängenden öffentlichen Diskurs ist erkennbar geworden, dass die Integration von Menschen mit Migrationshintergrund ein zentrales gesellschaftliches Zukunftsthema ist, bei dem sich sowohl staatliche Stellen wie die Bezirksregierungen als auch die Kirchen in der Verantwortung fühlen. Beide Seiten haben daher vereinbart, den Dialog zwischen den Integrationsbeauftragten, die es sowohl auf Seiten der Kirchen als auch bei den Bezirksregierungen gibt, als Fachgespräch zu initiieren, um in einem Dialog konkrete Handlungsfelder zu erarbeiten. Ziel ist es, die zahlreichen Aktivitäten von Kirchen und staatlichen Institutionen für eine möglichst nachhaltige und zukunftsfähige Integrationsarbeit zu bündeln."

Was die Kirchen dazu befähigt, eine Integration von nicht-christlichen Migranten zu befördern, bleibt ungesagt.

### 4.2.5. Rheinland-Pfalz

Über die „rechtzeitige Kontaktaufnahme' zwischen Staat und Kirche in Rheinland-Pfalz schreibt der Leiter des Katholischen Büros Mainz, anlässlich des 30-jährigen Bestehens des dortigen Katholischen Büros: „Im Rückblick auf die ersten zehn Jahre des Bestehens des KBM im Jahre 1978 hat der Leiter der Abteilung für Kirchenangelegenheiten im Mainzer Kultusministerium, Ministerialdirigent Dr. Günter Sofsky, als besondere Aufgabe und bis dahin gelungene Leistung des KBM hervorgehoben, dass es 'durch rechtzeitige Kontaktaufnahme mit den Ressorts der Landesregierung in einem sehr frühen Stadium die Belange und Vorstellungen der Kirchen verdeutlicht habe'.

Er hatte dabei nicht nur regelmäßige Gespräche im Auge, sondern auch den informellen und 'sonstigen Gedankenaustausch'. Ich erinnere mich: Tatsächlich fand in der ersten Dekade des Bestens des KBM mit seinen maßgeblichen Partnern ein auch persönlich gepflegter Austausch über viele Sachfragen statt. Im kleinen romantischen Innenhof des KBM am Mainzer Ballplatz trafen sich bei (Trierer) bischöflichen und anderen guten rheinland-pfälzischen Weinen öfter Vertreter der verschiedenen Ministerien mit kirchlichen Gästen unserer Diözesen, unter ihnen allen durchaus auch einmal der Ministerpräsident selbst, Kultsminister Dr. Bernhard Vogel oder Sozialminister Dr. Heiner Geißler, um persönliche Fäden zu knüpfen, die dann zu leichterer dienstlicher Erörterung verhalfen." [Ries, 1998, 56]

## 4.3. Bundestag

*"Gottesfraktion" / Bundestagsausschüsse / BT-Finanzausschuss / BT-Haushaltsausschuss / BT-Ausschuss für wirtschaftliche Zusammenarbeit / Mandat und Befangenheit*

Der Bundestag ist im Staatsaufbau, nach dem Prinzip der Gewaltenteilung, die Gesetzgebende Versammlung.

□ *„Gottesfraktion"*. Mit diesem Begriff wird korrekt beschrieben, was u. a. die Aufgabe des evangelischen und katholischen Büros ist, nämlich die Sammlung der evangelischen und katholischen Abgeordneten, über alle Partei- und Fraktionsgrenzen hinweg.

Die Abgeordneten dieser „Gottesfraktion" votieren und agieren normalerweise auf ihrer jeweiligen Parteilinie. Wird jedoch über Fragen debattiert und abgestimmt, in denen Anliegen und Interessen der Religionen bzw. der Kirchen berührt sind, votieren sie im Kircheninteresse. So seinerzeit die SPD-Generalsekretärin, Andrea Nahles, die sich für den Gottesbezug in der EU-Verfassung aussprach.

Die schematische Grafik soll dabei verdeutlichen, in welchen Parteien die Anteile dieser 'Meta-Fraktion' stärker oder schwächer vorhanden sind.

Die eigentliche politische Fach-Arbeit der Legislative findet jedoch nicht im Plenum des Plenarsaales statt – was häufig darin sichtbar wird, dass nur die Mindestzahl von Abgeordneten überhaupt zu Abstimmungen anwesend ist – sondern in den Ausschüssen des Bundestages, in denen (normalerweise hinter verschlossener Tür) detailliert verhandelt wird.

*Bundestagsausschüsse.* Jedes MdB ist gehalten in (mindestens) einem BT-Ausschuss Mitglied zu sein, entsprechend der jeweiligen fachlichen Qualifikation bzw. Interessenlage. Für die Vielzahl der Ausschüsse seien nur drei

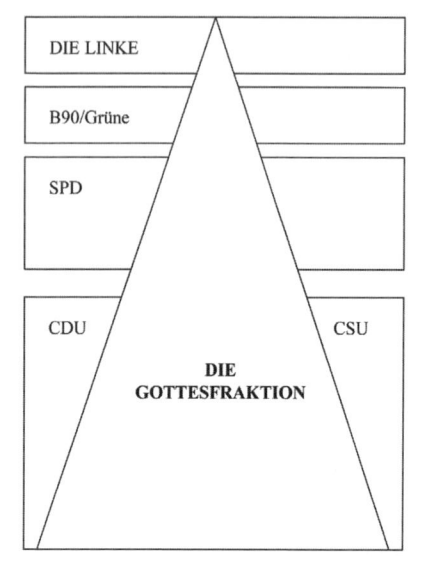

```
DIE LINKE

B90/Grüne

SPD

CDU                    CSU
        DIE
   GOTTESFRAKTION
```

ansatzweise skizziert, mit einer daraus resultierenden generellen Problematik.

□ *BT-Finanzausschuss:* Ingrid Matthäus-Meier (MdB/SPD) war lange Jahre Mitglied des Deutschen Bundestages. Als Vorsitzende des Finanzausschusses hat sie erlebt, wie die Kirchen Einfluss auf die Politik nehmen.

„Sie haben sich bei allen Steuerpaketen aktiv gemeldet, haben einen besucht, haben schriftlich Forderungen erhoben. Der schlimmste Fall, den ich miterlebt habe, war ein Versuch, das Kindergeldsystem zu ändern. Durch die Umstellung wäre den Kirchen Kirchensteueraufkommen verloren gegangen. Sie haben (fast hätte ich gesagt wie Berserker) massiv gegen diese Reform Stellung bezogen, um zu verhindern, dass ihre Kirchensteuereinnahmen sinken. Da ging's um Heller und Pfennig. Und nicht mit Gott."

Bei der angesprochenen Umstellung ging es darum, das Kindergeld, das bisher über die Arbeitsämter ausgezahlt wurde, über die Finanzämter verrechnen zu lassen, es also in einer Verwaltungsvereinfachung mit der Steuerberechnung zusammenzufassen. Da jedoch die Kirchensteuer eine Annexsteuer zur Einkommensteuer ist, wären die Kirchensteuern gesunken. Dagegen setzten die Kirchen sich – erfolgreich – zur Wehr.

Ingrid Matthäus-Maier hat auch in anderen Zusammenhängen immer wieder verdeutlicht, wie sehr die Kirchen ihre Finanzinteressen mithilfe der ihnen zugeneigten Politiker verteidigen, bis hin zur Verhinderung von Steuersenkungen für Kleinverdiener, um ja nicht ihre eigenen Einnahmen zu gefährden.

„In die Steuerpolitik z.B. mischen sich die Kirchen schon immer kräftig ein, weil die Kirchensteuer sich nach der Lohn- und Einkommensteuer richtet. Aus meiner Zeit als Vorsitzende des Finanzausschusses des Bundestages kann ich ein Lied davon singen, dass die Kirchen bei Steueränderungen sich nicht schämten, Steuersenkungen für Kleinverdiener und Kinder zu torpedieren: ihr Kirchensteueraufkommen würde dann ja auch sinken! Neuestes Beispiel: die Kapitalertragssteuer. Da im Unterschied zur Lohnsteuerkarte bei den Kreditinstituten, Versicherungen, Bausparkassen, Fonds usw. die Religionszugehörigkeit des Sparers nicht vermerkt ist, haben die Kirchen die Politik heftig bedrängt, das zu ändern, weil viele Kirchenmitglieder ohne den automatischen Abzug ihre Kirchensteuer nicht zahlten. Eilfertig hat die Bundesregierung Anfang des Jahres einen Gesetzentwurf vorgelegt, wonach die genannten Institute einmal im Jahr beim Bundeszentralamt für Steuern abfragen können, ob der Schuldner der Kapitalertragssteuer kirchensteuerpflichtig ist. Es gab einen Sturm der Entrüstung in der interessierten Öffentlichkeit und eine Intervention des Datenschutzbeauftragten. Der wies darauf hin, dass dann für 90 Millionen (!) Konten die Kreditinstitute die Religionszugehörigkeit oder die Nichtzugehörigkeit der Kontoinhaber erfahren würden. Das wäre ein eindeutiger Verstoß gegen den Datenschutz. Der Entwurf wurde dann so geändert, dass die Kreditinstitute vor der Abfrage beim Bundeszentralamt für Steuern den Kontoinhaber auf die bevorstehende Datenabfrage und auch auf sein Widerspruchsrecht hinweisen müssen. Hier konnte also das Schlimmste verhindert werden, nämlich die automatische Abfrage. Aber Unsinn ist und bleibt es trotzdem. Und zeigt erneut, wie beflissen die Politik auf Wünsche der Kirchen reagiert."

☐ *BT-Haushaltsausschuss:* Dieser wichtige Ausschuss ist ebenfalls bevorzugte Anlaufstelle für Kirchenlobbyisten. Die Vorsitzende des Haushaltsausschusses in der laufenden (18.) Legislaturperiode, Gesine Götzsch (MdB/Die Linke), berichtet über die Aktivitäten der Kirchen und das 'Anbahnen von der Seite'.

„Die Kirchen laden zu ganz, ganz vielen unterschiedlichen Veranstaltungen ein, wo man eben zusammensitzt beim Frühstück oder in anderen Diskussionsrunden sich befindet. Kirche ist viel Wort, es wird viel gesprochen, und auch in einer Weise, die für viele Menschen sehr eindringlich ist. Zuerst werden gerne Mitarbeiter angesprochen, weil ja jeder weiß, dass die eigentlichen Entscheidungen von den Mitarbeitern auch mit vorbereitet werden. Das ist ja auch eine beliebte Methode, sich erstmal dem Umfeld zu nähern."

☐ *Bundestagsauschuss für wirtschaftliche Zusammenarbeit.* Dieser Ausschuss gehört zu denen, der direkt einem Bundesministerium 'vorsteht' und sich mit seinen Aufgaben befasst.

Für die Kirchen ist dieses Ministerium insofern wichtig, da dort der „Kirchentitel" im Haushalt steht, d. h. die staatliche Finanzierung kirchlicher Entwicklungsprojekte, mehr als 200 Mio. Euro jährlich, die pauschal, ohne Verwendungskontrolle, bereitgestellt werden. Bedingung: Seelsorge, und damit auch Mission, darf damit nicht finanziert werden.

Das wird alles im Ausschuss für wirtschaftliche Zusammenarbeit vorbereitet, abgesichert. Empfänger dieser Steuergelder sind (in etwa hälftig) die *Katholische Zentralstelle für Entwicklungspolitik e.V.* (KZE), angesiedelt bei *Misereor*, und die *Evangelische Zentralstelle* (EZE), angesiedelt bei *Brot für die Welt*.

Über die Mittelverwendung entscheidet bei der Katholischen Zentralstelle der Vorstand. Schaut man sich die Mitglieder dieses Vorstandes an, kommt man aus dem Staunen nicht heraus. Vorstand sind der Leiter des katholischen Büros, Dr. Karl Jüsten, die Fachreferentin des katholischen Büros, Katrin Gerdsmeier, und der ehemalige stellvertretende Leiter des katholischen Büros, Heiner B. Lendermann, sowie zwei Geschäftsführer von *Misereor*. Mitglieder sind u. a. Dr. Gerhard Albert (Hauptgeschäftsführer von *Renovabis*), Dr. Franz Markus (Vorstandsmitglied des Kindermissionswerks *Die Sternsinger*), Dr. Rudolf Solzbacher (Erzbistum Köln, Leiter *Weltkirche – Weltmission*), also von Missionswerken – und das bei einem Verein, der *Katholischen Zentralstelle für Entwicklungspolitik*, dem die Seelsorge / Missionierung ausdrücklich untersagt ist.

Mitglieder sind in der 17. Legislaturperiode (2009 bis 2013) auch fünf MdBs. Von diesen fünf Bundestagsabgeordneten sind drei auch Mitglieder im Ausschuss für wirtschaftliche Zusammenarbeit (Dr. Barbara Hendricks/SPD, Dr. Christian Ruck/CSU und Marina Schuster/FDP.) Ein weiterer Abgeordneter (Peter Weiß/CDU) ist auch stellvertretendes Mitglied im BT-Haushaltsausschuss und im BT-Ausschuss für Menschenrechte und Humanitäre Hilfe. (Zudem ist er noch Sprecher des Sachbereichs 9 „Weltkirchliche Solidarität und Entwicklungszusammenarbeit" des Zentralkomitees der deutschen Katholiken.)

Das geht nun gar nicht: Mittelgeber (Bundestag) und Mittelempfänger (KZE) vertreten durch teilweise identische Personen. Wo ist die unabhängige Kontrolle der Mittelverwendung?

In der aktuellen (18.) Legislaturperiode ist dann bemerkenswert, dass drei MdBs, die den missionierenden Evangelikalen zugeordnet werden (Frank Heinrich/CDU, Peter Selle/CDU und Sibylle Pfeiffer/CDU) Mitglieder des BT-Ausschusses für wirtschaftliche Zusammenarbeit sind. Frank Heinrich (Heilsarmee) ist zudem Obmann für den BT-Ausschuss für Menschenrechte und Humanitäre Hilfe. Und ebenso: Claudia Maria Lücking-Michel, seit 2013 MdB/CDU. Sie ist Mitglied im Bundestags-Ausschuss für Bildung, Forschung und Technikfolgenabschätzung sowie stellvertretendes Mitglied im Bundestags-Ausschuss für wirtschaftliche Zusammenarbeit und Entwicklung. Ihr beruflicher Werdegang hatte folgende Stationen: Ab 1982 Studium der Katholischen Theologie und Geschichte, 1987 Diplom in Theologie, 1988 Staatsexamen für das Lehramt in Theologie und Geschichte, 1991 Doktorin der Theologie. 1991 bis 1997 Referentin in der Bischöflichen Studienförderung des Cusanuswerks, 1997 bis 2004 Leiterin der Abteilung für Bildungs- und Pastoralarbeit im Bischöflichen Hilfswerk *Misereor*, 2004 bis 2013 Generalsekretärin des Cusanuswerks.

Sie ist also in den beiden Ausschüssen des Deutschen Bundestages Mitglied, für dessen Themengebiete sie vorher für die katholische Kirche gearbeitet hat: Bildung und Entwicklungshilfe. Zudem ist sie seit 2005 Vizepräsidentin des Zentralkomitees der Deutschen Katholiken. Seit 2012 ist sie Vorstandsvorsitzende (ehrenamtlich) der *Arbeitsgemeinschaft für Entwicklungshilfe e.V.* (AGEH), dem Personaldienst der deutschen Katholiken für Entwicklungszusammenarbeit.

Welche Interessen wird sie also in die parlamentarisch-politische Arbeit der Mittelverteilung einbringen?

Innerhalb der *Katholischen Zentralstelle* (KZE) sind in der 18. Legislaturperiode die parlamentarischen Mitglieder – entsprechend der Großen Koalition – der bereits benannte Peter Weiß, MdB/CDU, und die katholische Anwältin Sonja Steffen, MdB/SPD. Beide sind (stellvertretendes und ordentliches) Mitglied des Haushaltsausschuss. Das reicht wohl auch, wenn mittlerweile der Prälat und Oberkirchenrat a.D. Dr. Bernhard Felmberg sich als Ministerialdirigent im BMZ um den „Kirchentitel" kümmert.

Für die Evangelische Zentralstelle für Entwicklungshilfe (EZE) gibt es dazu keine Angaben. Das Umbauen und Verschachteln verschiedener Organisationen und Zuordnungen stiftet zudem eher Verwirrung.

*Mandat und Befangenheit:* Insbesondere bei dem letztgenannten BT-Ausschuss wird eine bemerkenswerte Art von 'Nebentätigkeit' der MdBs sichtbar, die eine grundsätzliche Frage aufwirft: Geht es, dass ein MdB Mitglied in einem Ausschuss ist, in denen Finanztransfers für Organisationen beschlossen werden, in denen der MdB dann wiederum auch Mitglied ist? Kann ein MdB also gleichzeitig auf der Geberseite (des Bundestages) und der Empfängerseite (der Organisation) sitzen? Sind solche Abgeordneten nicht befangen, da die Organisationen bestimmte (vor allem auch finanzielle) Interessen haben, die über den MdB dann ihren politischen Weg und ihre Wirkung in die Ausschussberatungen 'finden'?

Werden das demokratische Prinzip der Gewaltenteilung und das der unparteiischen Mittelkontrolle staatlicher Leistungen dadurch nicht grundsätzlich in Frage gestellt? Ja sicher, wird jeder Normalbürger antworten. Das Prinzip 'Eine Hand wäscht die andere' wird so doch geradezu perfektioniert und der Staat zu einer Art finanzieller Selbstbedienungsladen von Organisationen, wenn es sich dann auch noch um identische Personen auf beiden Seiten handelt. Sie befinden sich damit – ob sie es wollen oder nicht – im „Dunstkreis der Korruption".

Und was sagt der Jurist dazu? Antwort: Das ist völlig legal. Im Abgeordnetengesetz (§ 44 a AbgG) ist bestimmt, dass der Bundestag zur Wahrung der Unabhängigkeit des Abgeordneten Verhaltensregeln zu erlassen hat. Dabei geht es wieder um berufliche Tätigkeiten. Und generell regelt der Artikel 38 GG „dass Abgeordnete Vertreter des ganzen Volkes, an Aufträge und Weisungen nicht gebunden und nur ihrem Gewissen unterworfen sind. Außerdem heißt es im Artikel 46 GG, dass kein Abgeordneter in irgendeiner Weise gerichtlich, dienstlich oder sonst außerhalb des Bundestages wegen seiner Abstimmung zur Verantwortung gezogen werden kann."

Also, alles ist abhängig vom guten Willen und wer nichts veröffentlichen will, braucht es auch nicht. Aber, Nachfrage an den Juristen: Es gibt doch Regeln für die Befangenheit von Personen im staatlichen Bereich, z. B. bei Verwaltungsverfahren wo nach dem Verwaltungsverfahrensgesetz § 20 Ausgeschlossene Personen sind: 1. wer selbst Beteiligter ist, 2. wer Angehöriger eines Beteiligten ist etc.

Das alles trifft auf MdBs nicht zu. Tatsächlich fehlt in der Geschäftsordnung des Bundestages, anders als in Kommunalparlamenten, eine Regelung, nach der ein Abgeordneter wegen einer Befangenheit an der Beratung oder an der Abstimmung über einen Beratungsgegenstand nicht teilnehmen darf. Allerdings hat ein Abgeordneter nach den Verhaltensregeln für Mitglieder des Deutschen Bundestages (Anlage 1 der GOBT) einen Interessenkonflikt bzw. eine Interessenverknüpfung offen zu legen.

Das Zauberwort für die Bewertung von Tätigkeiten ist dabei „entgeltlich". Ehrenamt zählt nicht. Und dann? Darf er dann dennoch an den Abstimmungen teilnehmen oder nicht? Falls die MdB-Kollegen aufpassen, nein, wenn nicht, ja.

Nachfrage an den Juristen: Und die Moral? Antwort: Moral ist keine juristische Kategorie.

# 5. Medien

Die Medien sind wie ein Schaufenster zur Welt. Erst durch die Medien, seien es die klassischen Printmedien wie Zeitungen oder Magazine, oder die elektronischen Internetportale, erfährt der Interessierte etwas von dem, was außerhalb seines direkten Lebenszusammenhangs geschieht.

Oder, in anderen (christlichen) Worten: „Medienmacher sind Brückengänger der modernen Welt. [...] Sie sind die Propheten von heute und sie heilen durch Verstehen" (Prof. Johanna Haberer, Leiterin der Abteilung Christliche Publizistik an der Universität Erlangen-Nürnberg).

Eine der frühen Maßnahmen des ersten Leiters des katholischen Kommissariats in Bonn, Prälat Böhler, war die Gründung der *Katholischen Nachrichtenagentur* (KNA). 1968, erschreckt durch die unruhigen Studenten, auch die katholischen, gründen die Bischöfe das katholische *Institut zur Förderung des publizistischen Nachwuchses* (ifp). Anschließend werden sie in der *Gesellschaft katholischer Publizisten* (GKP) organisiert. Für die evangelische Kirche gilt Paralleles.

Zum direkten Lobbying gehört es, wenn die rechtlichen Grundlagen der kirchlichen Medienarbeit kirchlich so beschrieben wird: „Die kirchliche Mitwirkung in Hörfunk und Fernsehen ist in der Bundesrepublik verfassungsrechtlich verankert. Das Grundgesetz garantiert in Art. 5 Abs. 1 S. 2 die Rundfunkfreiheit, die Verfassungsrichter verpflichten den Gesetzgeber durch ihre kontinuierliche Rechtsprechung auf einen verfassungsgemäßen rundfunkpolitischen Ordnungsrahmen." Der erste Absatz ist schlicht falsch, d.h. schlechter Lobbyismus, da sich aus Art. 5 GG (Meinungsfreiheit, auch in Presse und Rundfunk) nicht wie automatisch ableiten lässt, dass den Kirchen Senderechte im Rundfunk eingeräumt werden *müssen*.

Der Journalist Ulli Schauen hat in mehreren Artikeln bereits Strukturen und Akteure kirchlicher Medienpolitik benannt. Hochrangige Journalisten, die zwar durchaus fachlich weitestgehend ihrem Ethos, Realität abzubil-

Medien                                                                  283

den, entsprechen, aber dann in kirchlichen und bischöflichen Gremien und Kommissionen als „Medienflüsterer" das Geschäft der Kirchen betreiben.

Eine Durchsicht zeigt, wie viele Rundfunkräte von Kirchenfunktionären geleitet werden. Und, trotz aller anderen Auffassungen in der Bevölkerung, gibt es in den Rundfunkräten immer noch keine Vertreter der Konfessionslosen.

Als erstes Beispiel war schon, bei den Vernetzungen des Leiters des katholischen Kommissariats in Berlin, auf die *Deutsche Welle* – „Die mediale Stimme Deutschlands" – verwiesen worden. Der Intendant gilt als Kirchenlobbyist, Prälat Jüsten ist der Vorsitzende des Rundfunkrats. Sein Vorgänger war Valentin Schmidt, Präsident des Kirchenamtes der EKD.

Zwei weitere Beispiele sollen, in aller Kürze, andeuten, wie sehr die beiden großen Kirchen präsent sind.

*Deutschlandfunk / Deutschlandradio.* Der einzige Rundfunksender der (weitestgehend) deutschlandweit empfangen werden kann. Er hat ein gutes Ansehen und ein anspruchsvolles Programm, nur manchem säkularen Hörer gehen die ständigen Verkündigungssendungen gegen den Strich. Das ist kein Zufall. Seit April 2009 ist Dr. Willi Steul (Jg. 1951, römisch-katholisch, CDU-Mitglied) Intendant. 1973 bis 1975 war er Stipendiat des *Instituts zur Förderung des publizistischen Nachwuchses* (ifp) der katholischen Deutschen Bischofskonferenz in München.

Seine Laudatio zum 10-jährigen Bestehen des *Domradios* Köln (am 3.11.2010) beginnt er mit: „Zunächst einmal: Meinen herzlichen Glückwunsch und Gottes Segen zum 10. Geburtstag." Und dann folgt etwas Bezeichnendes: „Wir – Deutschlandradio – senden täglich besinnliche geistliche Worte am Morgen. Wir haben zum Beispiel auch im Deutschlandfunk eine tägliche Sendung 'Aus Religion und Gesellschaft'. [...] Ich stehe auch ganz persönlich dazu, jenseits staatsvertraglich formulierter Aufträge."

*Radio Berlin-Brandenburg* (RBB) bedient vorrangig ein Sendegebiet, in dem unter den Zuhörern und Zuschauern die Mitglieder der christlichen Amtskirchen in der absoluten Minderheit sind.

Der RBB hat die Besonderheit, dass nicht nur – was bisher in der deutschen Medienlandschaft einmalig ist – zwei Frauen die Führungsspitze bilden – Intendantin und Programmdirektorin – sondern auch, dass beide Frauen katholisch sind.

Die Intendantin Dagmar Reim ist ebenso eine Absolventin des katholisch-bischöflichen *Instituts zur Förderung des publizistischen Nachwuch-*

*ses* (ifp) in München, wie die von ihr vorgeschlagene Programmchefin des RBB, Dr. Claudia Nothelle, die zudem seit 2010 Vorsitzende des Aufsichtsrates des ifp und aktiv im Auftrag der deutschen Bischofskonferenz unterwegs ist.

Die aktuelle Vorsitzende des Rundfunkrates ist die evangelische Pröpstin Friederike von Kirchbach (Stellvertreterin des Bischofs und u. a. Vorsitzende des Missionsrates des Berliner Missionswerkes). In der vergangenen Wahlperiode war der seinerzeitige Leiter des Katholischen Büros Berlin-Brandenburg und jetzige Generalvikar des Erzbistums Berlin, Prälat Tobias Przytarski, stellvertretender Vorsitzende des Rundfunkrats.

# 6. Wissenschaft

*„Eigenproduktion" / Staatskirchenrecht*

Wo kommen alle die Fachleute und Professoren her, die – wie es dokumentiert wurde – den kirchlichen Arbeitskreisen, Ausschüssen und Kammern zuarbeiten und den katholischen und evangelischen Büros als Gutachter zur Verfügung stehen?

*„Eigenproduktion"*. Auch wenn sich die kirchlichen Milieus in den vergangenen Jahrzehnten aufgelöst und keine Bindekraft mehr haben, in der akademischen Elite ist es wie immer geblieben.

In allen Bundesländern bestehen evangelische und – vor allem – katholische Elite-Gymnasien. Wer von den Abiturienten studieren will, kann sich bei den kirchlichen Begabten-Studienförderungswerken um ein Stipendium bewerben (Cusanuswerk, Evangelische Studienstiftung Villingst).

Für besondere Loyalitäten empfiehlt es sich, Mitglied in einer Korporation / Studentenverbindung zu werden. Eher in den nicht schlagenden, also 'unblutigen', denn ein Katholik vergießt sein Blut nur zur Ehre Gottes.

Bleiben die Absolventen nach dem Examen in der Wissenschaft und promovieren, können sie Mitglied in der katholischen Görres-Gesellschaft werden (derzeit rund 3.300 Mitglieder in 20 Wissenschaftssektionen). Wird irgendwo eine Stelle in der Wissenschaft ausgeschrieben, kann die Görres-Gesellschaft gleich mehrere mögliche Kandidaten benennen.

Die Kirchen können darüber nicht nur Karrieren befördern oder bremsen und sich das Personal für die Kirchenpolitikberatung 'ziehen', sie versuchen auch, Veröffentlichungen im kirchengenehmen Sinn zu steuern. Wie das geschieht, haben der Politologe Dr. Göttrik Wever [Wever, 1989] und der Historiker Prof. Dr. Olaf Blaschke [Blaschke, 2009] für die katholische *Kommission für Zeitgeschichte* analysiert: Sie konnten nachweisen, wie die personale Steuerung der erwünschten wissenschaftlichen Themen und

Ergebnisse erfolgt. Für diese akademische Elite ist es von geringer Bedeutung, was an der kirchlichen Mitgliederbasis geschieht. Die Netzwerke für Personalplanung, Mittelvergabe und universitären 'Exzellenzclustern' sind eine eigene Welt.

Wer von den Universitätsabsolventen nicht in die Wissenschaft geht, kann Mitglied in einer der vielen berufsständischen Organisationen werden, die wiederum in der katholischen Kirche vielfältiger und mitgliederstärker sind als bei der evangelischen Kirche.

## 6.1. Staatskirchenrecht

Ein Spezialgebiet innerhalb des Staatsrechts ist das „Staatskirchenrecht", allgemeiner das „Religionsverfassungsrecht". Es ist ein Fachgebiet, in dem statt der wissenschaftlichen Erkenntnis viel zu oft das religiöse Bekenntnis eine Rolle spielt. Ist es doch gleichsam die Rechtsabteilung der Kirchen.

Beide Kirchen haben zwar ihre 'eigenen' kirchenrechtlichen Institute (evangelisch in Göttingen, katholisch in Bonn) – so unbedingt kann man den universitären Staatskirchenrechtlern nicht vertrauen –, aber das ist im Allgemeinen kein Problem, da die „herrschende Meinung" unter diesen Juristen stets kirchengenehm ist.

Es gibt nur wenige unabhängige Fachleute. Einer ist der Jurist und Verwaltungsrichter a. D. Dr. Gerhard Czermak, der mit Artikeln und Büchern eine säkulare Position einnimmt. Seine Bücher sind *Religions- und Weltanschauungsrecht: Eine Einführung* (2008), *Religion und Weltanschauung in Gesellschaft und Recht: Ein Lexikon für Praxis und Wissenschaft* (2009) und *Problemfall Religion. Ein Kompendium der Religions- und Kirchenkritik* (2014).

Die „herrschende Meinung" wird seit 1967 auch in der Katholischen Akademie *Die Wolfsburg* des Bistums Essen formuliert, dort finden die – mittlerweile ökumenischen – *Essener Gespräche* statt. Neben Staats- und Kirchenrechtlern nehmen auch Theologen, Politikwissenschaftler, Philosophen, Soziologen und Historiker teil. Die Einladung erfolgt ausschließlich persönlich. Die Prälaten Dr. Jüsten (katholisch) und Dr. Dutzmann (evangelisch) – die kirchlichen Chef-Lobbyisten in Berlin – sind ständige Gäste und halten 'Heerschau'.

Geht man die Themenliste der Vorträge und Referate durch, so sieht man, dass dort die politikbezogenen Themen etwa ein bis zwei Jahre früher aufbereitet, diskutiert und abgestimmt werden, bevor sie in der 'politischen Arena' präsent sind.

Wie derartige Querverbindungen verlaufen, wurde im April 2013 bekannt: im Bundesministerium des Innern (BMI). In der größten „Einstellungswelle" seit 1989 wurden im Herbst 2012 insgesamt 24 Stellen im BMI für Volljuristen ausgeschrieben. Von den 670 Bewerbungen wurden 80 Bewerber für die engere Auswahl eingeladen. Allerdings waren es, unabhängig von der vergebenen Bewertungs-Punktezahl, Kandidaten mit CDU- und CSU-Parteibuch, Stipendiaten der *Konrad-Adenauer-Stiftung* sowie „Bewerber mit organisatorischer Anbindung an katholisch-konservative Organisationen". Verantwortlich dafür sei der BMI-Zentral-abteilungsleiter Ministerialdirektor Paul Johannes Fietz, von dem es heißt, dass er schon seit geraumer Zeit „ein konservativ-katholisches Juristennetzwerk im BMI" aufbaue und Andersdenkende an die Wand dränge: „Schaut man sich das Querschnittsprofil der Eingestellten an, so fällt auf: Mit Parteibuch und Bibel kommt man leichter ins BMI als ohne."

Wie diese Juristen sich dann in religionspolitischen Fragen – für die das Innenministerium zuständig ist – entscheiden werden, braucht man nicht lange zu raten.

Fietz selber ist nicht nur ehemaliger Referent der CDU/CSU-Bundestagsfraktion und langjähriges Parteimitglied, sondern auch Mitherausgeber des Anti-Abtreibungsbuches „Auf Leben und Tod" sowie Autor der von zwei Dominikanern herausgegebenen Zeitschrift *Die neue Ordnung*. In der *Neuen Ordnung* berichtet er regelmäßig über die *Essener Gespräche* zum Thema Staat und Kirche.

Seine Berichte über die *Essener Gespräche* sind aufschlussreich, da er selbst die Schwerpunkte der berichteten Inhalte setzt.

Anlässlich des 39. *Essener Gesprächs* (2004) „Religionen in Deutschland und das Staatskirchenrecht" geht es um die „Selbstsäkularisierung", die „Furcht der Bischöfe vor dem Fundamentalismusvorwurf" und den „Islam".

Fietz berichtet: Zum Thema „Religionen in Deutschland und das Staatskirchenrecht" hat der frühere Bundesverfassungsrichter Prof. Paul Kirchhof erhebliche Einwände gegen die Beurteilung des Bundesverfassungsgerichts, dass der Staat alle Religionen gleich zu behandeln habe. „Die im Kopftuch-Urteil des Bundesverfassungsgerichts enthaltene Vorgabe, der Staat müsse alle Religionen gleichbehandeln, bezeichnete Kirchhof als falsch. Freiheit heiße, sich unterscheiden zu dürfen. Der Freiheitsgarant Staat aber achte die Freiheit, indem er die Unterschiede zur Kenntnis nehme. So garantiere er beispielsweise Berufsfreiheit, lasse aber nur den medizinisch Qualifizierten zum Arztberuf zu. [...] Ähnliches gelte für das Verhältnis zwischen der gleichen Religionsfreiheit für jedermann und der Behandlung von religiösen Äußerungen und Institutionen. Für den Staat nämlich sei es bedeutsam, 'ob eine Kirche die Verantwortlichkeit des Menschen für Kinder und Familie betont oder vernachlässigt, eine Religion ihren Mitgliedern die Teilnahme an demokratischen Wahlen empfiehlt oder untersagt, jedem Menschen als Ebenbild Gottes die gleiche Würde zuspricht oder den Gegner als Schädling definiert, den es zu vernichten gilt, die Gleichberechtigung von Mann und Frau fordert oder von der Frau lebenslanges Dienen erwartet, für Religionsfreiheit oder Staatsreligion, Individualeigentum oder Volkseigentum, Nächstenliebe oder Egoismus, Frieden oder Krieg eintritt'. Würde der Staat diese Unterschiede gleich behandeln, fehle ihm jegliche Urteilskraft und er würde durch Beurteilungs- und Entscheidungsschwäche seine eigene Zukunft als Verfassungsstaat gefährden."

Ob das allerdings mit der Verfassung im Einklang steht, das darf bezweifelt werden.

Und die Frage des Kopftuchs im öffentlichen Dienst? Das wird von dem Staatsrechtler Prof. Josef Isensee klar beantwortet: nicht erlaubt. Begründung: Es komme darauf an, wie „das Kopftuch auf Schüler, Eltern und die Öffentlichkeit wirke". Es ist „laut Isensee ein 'Kulturimport, der den Frieden mit dem Verfassungsstaat nicht geschlossen hat". Das ist eindeutig: Nur Christen taugen als Vorbild und eine Nonne als Lehrerin in Ordenstracht bestätigt die religiös-weltanschauliche Neutralität und die moralische Zumutbarkeit des Unterrichts.

Zwei Beispiele haben mich bei den Staatskirchenrechtlern besonders beeindruckt. Das eine ist ein Foto, das Dr. Paul Kirchhof (Bundesverfassungsrichter a. D., Professor für Staatsrecht und Steuerrecht an der Universität Heidelberg) bei der Begrüßung durch den Bischof von Essen, Dr. Franz-Josef Overbeck zeigt. Bischof Overbeck steht kerzengrade, während Prof. Kirchhof ihm lächelnd die Hand reicht und sich vor ihm verbeugt. Eine Anmutung wie „Herr und Knecht".

Das andere Beispiel zeigt, wie Religionsverfassungsrechtler nicht aus 'ihrer Haut' können. Während des Staatskirchenrechtlichen Symposiums im Landtag von Nordrhein-Westfalen (im Juni 2014) hatte Prof. Dr. Stefan Korioth, ein anerkannter Religionsverfassungsrechtler, der durchaus als gesprächsfähig und kritisch abwägend gilt, das Impulsreferat zur Frage der

Staatsleistungen gehalten. Fazit: Die Frage der Legalität sei komplett gegeben, die der Legitimität werde immer fragwürdiger. In der Diskussion warf ich ein, dass die 'Weimarer Kirchenartikel' in der unveränderten Form von 1919 in das Grundgesetz inkorporiert worden seien und das deshalb auch für die Ablösung gelte: Verträge und Gesetze sowie 'Preise' auf dem Stand des 11.8.1919 (Verfassungstag) und nicht aufgrund der aktuell gezahlten Staatsleistungen. Korioth antwortete, dass ich zum Teil wohl Recht habe, aber der Katalog von 1919 auch dynamische Komponenten enthielte, wie Beamtenbesoldungen, die natürlich den heutigen Verhältnissen entsprechen müssten – eine Frage, die man klären müsste, inwieweit Haushaltstitel überhaupt Verträge, Gesetze oder andere Rechtstitel sind bzw. waren –, aber überraschend war dann sein Schlusssatz, der besagte, „dass der Staat nicht meinen sollte, er könne die Kirchen mit ein paar Millionen abspeisen".

# 7. Bundesverfassungsgericht

Drei Hinweise auf die Rolle des Bundesverfassungsgerichts (BVerfG) hinsichtlich „Kirche" sollen verdeutlichen, welche Schieflagen bestehen. Das Bundesverfassungsgericht besteht aus zwei Gerichten, die die zu behandelnden Klagen thematisch unter sich aufgeteilt haben. Der Erste Senat, der auch für die Grundrechte zuständig ist, gilt als „rot", der Zweite Senat, auch für Kirchenfragen zuständig, als „schwarz".

*Religionseintrag auf der Lohnsteuerkarte.* 1925 wurden in Deutschland für die Einkommen aus unselbständiger Arbeit Lohnsteuerkarten eingeführt. Diese Lohnsteuerkarten enthielten – entsprechend dem Verfassungsartikel, dass die Religionszugehörigkeit Privatsache sei – keinen Religionseintrag. Unter den Nationalsozialisten wurde dieser Religionseintrag ab 1934 angeordnet und die Kirchensteuer vom Arbeitgeber bei der Berechnung des Arbeitsengelts direkt an die Finanzämter und die Kirchen abgeführt. Über die Gründe der NS-Regierung gibt es noch keine historischen Untersuchungen. Zumindest in diesem Punkt kann man sie als kirchenfreundlich betrachten.

Bei der Überprüfung nach 1945, welche der NS-Gesetze und Anordnungen aufgehoben werden sollten, wurde der Religionseintrag nicht beanstandet. Es wäre aufschlussreich, die Frage zu klären, wer denn die Alliierten dahingehend beraten hat.

Im Grundgesetz wurde die Nicht-Angabe der Konfessionszugehörigkeit grundsätzlich in den Schutzbereich der negativen Religionsfreiheit gemäß Art. 140 GG i. V. m. Art. 136 Abs. 3 inkorporiert: „Niemand ist verpflichtet, seine religiöse Überzeugung zu offenbaren. Die Behörden haben nur soweit das Recht, nach der Zugehörigkeit zu einer Religionsgesellschaft zu fragen, als davon Rechte und Pflichten abhängen oder eine gesetzlich angeordnete statistische Erhebung dies erfordert."

Das ist eindeutig und unmissverständlich. Mit „Rechten und Pflichten" können nur Rechte und Pflichten des Bürgers gegenüber dem Staat gemeint sein. Und bei den Lohnsteuerkarten handelt es sich auch nicht um eine „gesetzlich angeordnete statistische Erhebung". Die verfassungsgerichtliche Darstellung, dass die Kirchensteuerpflicht gegenüber dem staatlichen Fiskus bestehe und nicht gegenüber den Kirchen, ist als eigentümlich juristisch zu betrachten. Zudem wird da etwas getrennt, was so nicht stimmt: „Das Staatsinkasso ist eine moderne und denkbar innige Verbindung von Staat und Kirche." [Mahrenholz, 1969, 106]

In ständiger Rechtsprechung hat der BVerfG alle Klagen auf Streichung dieses Religionseintrages abgelehnt, da es nur ein geringfügiger Eingriff sei und für die Vereinfachung des staatlichen Inkassos wesentlich.

Das ist allerdings realitätsfremd, denn durch diesen Eintrag bekommen alle damit befassten Finanzbeamten, die Buchhalter in den Betrieben, die Arbeitgeber, die Steuerberater u.a.m. Kenntnis der individuellen Religionszugehörigkeit.

Nun ergab es sich, dass ich im Verlauf der Recherche auch beim Bundesverfassungsgericht ankam und mir die Religionszugehörigkeit der Präsidenten und Vizepräsidenten des Gerichts anschaute. Das Ergebnis: Sechs Präsidenten/Vizepräsidenten sind evangelisch, sechs katholisch, drei kein Kirchenmitglied und zwei ohne Angabe. Einer der beiden 'ohne Angabe' ist der amtierende Präsident Prof. Dr. Andreas Voßkuhle. Also fragte ich beim Verfassungsgericht an und bekam die Antwort: „Ich bitte Sie um Verständnis, dass wir keine Auskunft zur Religionszugehörigkeit der Mitglieder des Bundesverfassungsgerichts erteilen. Es handelt sich hierbei um besonders geschützte persönliche Daten, wie sich auch aus Art. 140 GG i.V.m. Art. 136 Abs. 3 WRV ergibt." Für die 'da oben' gelten also andere Regeln als für uns 'da unten'?

*Selbstbestimmungsrecht.* Es war bereits an mehreren Aspekten deutlich geworden, dass ein wesentliches Element der Einflussnahme des kirchlichen Lobbyismus darin besteht, vorhandene Formulierungen politisch, juristisch oder gerichtlich anders „interpretieren" zu lassen.

Im Grundgesetz ist formuliert: „Jede Religionsgesellschaft ordnet und verwaltet ihre Angelegenheiten selbständig innerhalb der Schranken des für alle geltenden Gesetzes. Sie verleiht ihre Ämter ohne Mitwirkung des Staates oder der bürgerlichen Gemeinde" (Art. 140 GG, i. V. mit Art. 137,3 WRV).

Bereits in den Diskussionen um das Betriebsverfassungsgesetz 1951/1952 hatten die Kirchen von einer „Autonomie" der Kirchen gesprochen und sich erfolgreich damit durchgesetzt, dass das Betriebsverfassungsgesetz nicht für die Kirchen galt. Das war sozusagen die 'Weichenstellung' und es wurde deutlich, was mit der Nicht-Übernahme des Art. 135 der WRV („Staatsgesetze haben Vorrang vor Religionsgeboten") in das Grundgesetz bezweckt worden war. Die Kirchen beanspruchten einen rechtseigenen Raum außerhalb der für alle geltenden Gesetze.

Diese Ansicht wurde weiter getrieben und es entstand das kirchliche „Selbstbestimmungsrecht", wie es vom Bundesverfassungsgericht in ständiger Rechtsprechung formuliert, bestätigt und zuletzt im Beschluss zum „Chefarzt-Verfahren" (November 2014) bekräftigt wurde.

In einem Aufsatz hat der Berliner Professor für Öffentliches Recht, Dr. Bernhard Schlink, diese Bestimmung des Grundgesetzes genauer analysiert. [Schlink, 2013]

Die Formulierung „Die Religionsgesellschaften ordnen und verwalten ihre Angelegenheiten selbständig im Rahmen der für alle geltenden Gesetze" stammt ursprünglich aus der Paulskirchenverfassung von 1850. „Eben darum ging es 1850", schreibt Schlink, „den Kirchen Anteil an der Religionsfreiheit zu geben, die sie in der Tradition des landesherrlichen Kirchenregiments nicht hatten. 'Der Staat verzichtet [...] darauf, die Kirche als Staatsanstalt, die kirchlichen Angelegenheiten als Staatsangelegenheiten zu betrachten, oder sie so zu behandeln, als wären sie solche'." Es ging also darum, den Kirchen die gleichen Freiheitsrechte zuzusprechen, wie sie andere gesellschaftliche Gruppen bereits besaßen: „Der Kirchenartikel trat neben die Verbürgung der Religionsfreiheit, nicht um diese für die Kirchen institutionell auszubauen, sondern um klarzustellen, daß auch die Kirchen trotz ihrer Tradition und gegen diese in den Genuß der Religionsfreiheit kommen sollten." Diese Rechtsauffassung wurde in Preußen Gesetz und mit der Weimarer Reichsverfassung bestätigt.

Unter den „eigenen Angelegenheiten" wurden entsprechend nur die Gegenstände der Glaubenslehre, der Liturgie, die Verfassung und Verwaltung der Religionsgesellschaften und ihrer Unterverbände sowie Rechte und Pflichten der Mitglieder der Religionsgesellschaften verstanden. Also alles das, was die Religionsgesellschaften selbst machen können, „ohne andere zu brauchen oder anderen zu begegnen oder sich in deren Leben einzumischen".

Es ist auffallend, dass diese Rechtsprechung vom Bundesverfassungsgericht nicht aufgenommen wurde. Ganz im Gegenteil dazu wurde in einer ersten einschlägigen Entscheidung (1976) die Begriffe der Angelegenheiten der Kirche und ihres Selbstverständnisses „expansiv" ausgelegt (BVerfGE 42, 312). Das Verhältnis von Staat und Kirche wird als nebengeordnet gesehen, da „die Kirchen zum Staat ein qualitativ anderes Verhältnis besitzen als irgend eine andere gesellschaftliche Großgruppe (Verband, Institution); das folgt nicht nur aus der Verschiedenheit, daß jene gesellschaftlichen Verbände partielle Interessen vertreten, während die Kirche ähnlich wie der Staat den Menschen als Ganzes in allen Feldern seiner Bestätigung und seines Verhaltens anspricht und (rechtliche oder sittlich-religiöse) Forderungen an ihn stellt, sondern insbesondere auch aus dem Spezifikum des geistig-religiösen Auftrags der Kirchen."

Daraus wird dann eine „Jedermann-Formel" abgeleitet. Sie anerkennt nur solche Gesetze als Schranke, „die für die Kirche dieselbe Bedeutung haben, wie für den Jedermann". Sofern die Kirchen der Auffassung seien, dass ein Gesetz ihr Selbstverständnis beschränke, d. h. in den geistig-religiösen Auftrag der Kirche nachteilig eingreife, gilt es nicht für die Kirchen, da sie ja nicht wie „Jedermann" davon betroffen seien.

Der Grundsatz der Güterabwägung zwischen den Ansprüchen der Kirchen und den Ansprüchen anderer, sei es der Staat oder Staatsbürger, wurde dann (1980) mit einer weiteren Entscheidung (BVerfGE 53, 366) zugunsten der Kirchen weiter entwickelt, indem dem Einverständnis der Kirchen ein „besonderes Gewicht beizumessen" sei.

Die Kirchen haben mit dieser Auffassung eines Selbstbestimmungsrechts eine Art 'Freifahrtschein'. Sie bewerten selbst, welche Gesetze für sie von Nachteil sind und die sie deshalb nicht betreffen.

Ein derartiges Selbstbestimmungsrecht, auf das Individuum bezogen, findet seine Grenze stets an den Rechten der anderen Individuen, ist also eingeschränkt. Die Kirche hat es jedoch als Korporation – mit stillschweigender Billigung der Politik und der Rechtswissenschaft – zu einer „Kompetenzkompetenz" ausgebaut, d. h. die Kirchen bestimmen selbst, worüber sie selbst bestimmen. Das bedeutet, die Kirchen definieren selbst, was ihr eigener Bereich ist, in dem Staat nichts zu suchen hat. Sie sind entsprechend ein rechtseigener Raum außerhalb der für alle geltenden 'bürgerlichen Rechtsordnung'. Das zeigte sich während der Missbrauchsdebatte u. a. darin, dass die katholische Kirche alle Priester, die in den Verdacht geraten waren, sich an Kindern sexuell bzw. gewalttätig vergriffen zu haben, nicht den Staatsanwaltschaften angezeigt haben, sondern es in aller Verschwiegenheit nur an die Glaubenskongregation nach Rom gemeldet hatten. Dort wurde dann ermittelt und entschieden.

Das sind Elemente – Verschwiegenheit, eigene Gesetze, innerorganisatorische Ermittlung und Be- und Verurteilung in einem staatsfreien Raum – wie sie auch für die organisierte Kriminalität gelten.

In Art. 137 Abs. 3 S. 1 WRV ist explizit nicht davon die Rede, dass die Religionsgesellschaften, die Angelegenheiten selbständig ordnen und verwalten, die *sie* für ihre eigenen halten. So allerdings interpretiert das BVerfG den Art. 137 Abs. 3 WRV. Das hat mit einer Verfassungsinterpretation, bei dem der eigentliche Wortlaut ernst genommen wird, nichts mehr zu tun.

Auffällig ist, dass das BVerfG noch nie in seiner langjährigen Rechtsprechung zu Art. 137 Abs. 3 WRV den Begriff des „Selbstbestimmungsrechtes" historisch gewürdigt, in seiner Entwicklung eingeschätzt und genau untersucht hat. Man fragt sich weiter, warum das BVerfG noch nie die auf der Hand liegende systematische Auslegung des Art. 137 Abs. 3 WRV vorgenommen hat. Art. 137 Abs. 1 WRV enthält die zentrale Grundaussage, nämlich das Trennungsprinzip von Staat und Kirche. Die Folgeabsätze betreffen die verfassungsrechtlich vorgesehenen Verbindungen zwischen Staat und Kirche. Es handelt sich also nach der systematischen Auslegungsmethode unzweifelhaft bei den Folgeabsätzen um Ausnahmen zum eigentlichen Prinzip, nämlich dem Trennungsprinzip. Allgemeiner juristischer Grundsatz ist, dass Ausnahmeregelungen eng auszulegen und zu interpretieren sind. Das Gegenteil hat das BVerfG praktiziert, ohne sich mit dieser Ausnahme zur allgemeinen systematischen Interpretation jemals auseinandergesetzt zu haben.

Kurz: Das BVerfG betreibt nach wie vor mit seiner umstrittenen Rechtsprechung zum Selbstbestimmungsrecht der Kirchen klerikale Interessenjurisprudenz. Es ist nicht mehr „Hüter der Verfassung", sondern diskriminiert mit seiner umstrittenen Rechtsprechung zum Selbstbestimmungsrecht der Kirchen die größte „Konfession" in Deutschland, nämlich diejenigen, die nicht zu den Mitgliedern der beiden Kirchen zählen.

*Päpstliche Dekorationen:* Anfangs war es eher eine Scherzfrage: Welche Mitglieder der folgenden Institutionen haben die meisten päpstlichen Orden bekommen: Das ZDF, die CDU oder das Bundesverfassungsgericht?

Die meisten Befragten tippten auf das ZDF. Das war nicht unbedingt verkehrt, denn von den vier Intendanten, deren Amtszeit beendet ist – man bekommt die Orden weitestgehend nach der Dienstzeit – haben drei einen Gregoriusorden bekommen, zwei mit Großkreuz. Aber damit ist die Frage nicht korrekt beantwortet.

Die meisten päpstlichen Orden haben die Richter des Bundesverfassungsgerichts bekommen. In der Reihenfolge der Wichtigkeit. Das Großkreuz des Pius-Ordens: Gebhard Müller (Präsident 1959 bis 1971), das Komturkreuz mit Stern des Gregoriusordens: Ernst Träger (1977 bis 1989), das Komturkreuz des Gregoriusordens: Ernst-Wolfgang Böckenförde (1983 bis 1996), Gregoriusorden: Willi Geiger (1951 bis 1977), Großkreuz des Silvesterordens: Engelbert Niebler (1975 bis 1987), Komturkreuz mit Stern des Silvesterordens: Ernst-Gottfried Mahrenholz (Vizepräsident 1987 bis 1994) und das Komturkreuz des Silvesterordens: Paul Kirchhof (1987 bis 1999).

Es dürfte nun auch nicht mehr überraschen, dass von den sieben Dekorierten sechs Richter des Zweiten Senats waren: Für die Verdienste um Papst und Kirche. Das Bundesverfassungsgericht.

# 8. Fazit

Den Kirchen laufen die Mitglieder weg, die verbliebenen Mitglieder kümmern sich immer weniger um die geistlichen Angebote und Priester wie Pastoren kämpfen mit dem Burn-out-Syndrom, weil nur doch wenige Ältere sowie ein paar Konfirmanden am Gottesdienst teilnehmen. Volkskirche war einmal. Plakativ, aber in der Tendenz richtig.

Die Kirchen verlieren an Einfluss und gesellschaftlicher Macht, weil ihnen die Basis weg bricht. Falsch.

Das ist alles unerheblich, denn die überaus 'günstige' verfassungsrechtliche Stellung der Kirchen im Grundgesetz und die Interpretationen des Bundesverfassungsgerichts sorgen für den Erhalt der Korporationsrechte der Kirchen.

☐ *Religionsfreiheit:* Das Primat der korporativen Kirchenfreiheit in Deutschland hat zudem zur Folge, dass in Deutschland die individuelle, grundrechtliche Religionsfreiheit der Christen durch die Kirchen selbst eingeschränkt wird. Das wird für andere Länder von den Kirchen und Kirchenpolitikern beklagt, in Deutschland sei es dagegen ihr 'gutes Recht'. Das ist Lobbyismus in Reinkultur.

☐ *Finanzen:* Ebenso bleibt (bisher) die finanzielle Basis erhalten. Abgesehen von einem zeitweiligen Rückgang (1992 bis 2006) ist das Kirchensteueraufkommen kontinuierlich gestiegen und erbringt 2014 rund 11 Milliarden Euro für beide Kirchen. Entsprechend sind die Zahlen der Mitarbeiter in den beiden verfassten Kirchen (also ohne die Beschäftigten bei Caritas und Diakonie) von 108.000 (im Jahr 1960) auf 292.000 (im Jahr 2004) angestiegen. Und diese Mitarbeiter sind weiterhin in Lohn und Arbeit. Sie sind rührig, organisieren Tagungen, telefonieren, schreiben und agieren.

Das geschieht alles weitestgehend ohne Öffentlichkeit, auf der Arbeitsebene – zwischen Fachreferenten der Kirchen und den Beamten in der staatlichen Verwaltung in Landes- und Bundesministerien.

Erfolgreich? Ja, durchaus. So sagte der Leiter des katholischen Kommissariats der deutschen Bischöfe in Berlin, Prälat Dr. Karl Jüsten: „Unser Erfolg beeindruckt manchmal auch die Bankenlobby oder die Atomlobby." Wie erfolgreich die Atomlobby und die Finanzlobbyisten agieren, ist teilweise bekannt und vielfältig thematisiert.

□ *Kirchenrepublik:* Die Feststellungen der Recherche beschreiben eine Doppelstruktur. In Deutschland besteht neben der parlamentarischen Demokratie und dem Staatsaufbau eine 'Nebenregierung' und eine zweite 'Bürokratie', die öffentlich als Kirche auftritt und ihren massiven Lobbyismus entweder verschweigt oder gelegentlich stolz präsentiert – was allerdings die wenigsten Bürger oder Politiker zu stören scheint.

Die Kirchen sind selbstverständlicher Teil des Staates geworden, ohne dass dafür irgendeine Rechtsgrundlage besteht, weder im Grundgesetz noch in Ausführungsgesetzen noch in Geschäftsordnungen. Sie treten mit einem Anspruch auf – gleichberechtigt, auf 'Augenhöhe' mit dem Staat –, dem nicht widersprochen wird. Ihnen freundlich gesonnene Politiker, Parlamentarier, Staatsbeamte lassen sie nicht nur gewähren, sondern stellen sich ihnen zudem persönlich vielfältig zu Diensten.

Zum Erfolg des kirchlichen Lobbyismus trägt nicht nur seine Geräuschlosigkeit bei – das gilt für jeden erfolgreichen Lobbyismus –, sondern vor allem die lobbyistische Camouflage, dass die Kirchen keine eigenen wirtschaftlichen Interessen hätten. Flüchtlingsarbeit ins Rampenlicht, Eigeninteressen hinter den Kulissen.

In der Lobbyarbeit in der Bundeshauptstadt arbeiten die Kirchen, im unaufhebbaren Unterschied zu den ökonomischen Lobbyisten, mit der Doppelspitze eines Theologen (für die seelsorgerische Parlamentsarbeit) und eines Juristen (für die Mitarbeit an den Entwürfen für Gesetzestexte). Insbesondere der Einsatz von Seelsorgern ist ein wesentliches Element der persönlichen Vertrauensgewinnung, der Schaffung von 'Sozialkapital', die 'Türen' öffnet.

Dieser Lobbyismus ist umrahmt von Gesetzen und einer Rechtsprechung, durch die die Kirchen privilegiert werden. Und sie ist eingebettet in soziale Kontroll- und Ausgrenzungen von Bürgern, die sich fragen, ob das alles so in Ordnung ist: Ist Deutschland tatsächlich eine Demokratie?

# Danksagung

Anlass und Ermöglichung dieser Recherche war ein politikwissenschaftlicher Forschungsauftrag des *Internationalen Bundes der Konfessionslosen und Atheisten* (IBKA), verbunden mit einem 20-monatigen Stipendium. Wir hatten das gemeinsame Interesse, die Rolle der Kirchen in Deutschland einmal genauer in der Hinsicht zu untersuchen, wie sie als politische Akteure auftreten und agieren.

Ebenso hat die *Giordano-Bruno-Stiftung* (gbs) ihren finanziellen Anteil zur Realisierung dieses Projektes beigetragen, indem sie die Reise- und Fremdkosten der Recherche übernommen hat.

Besonderen Dank gebührt Evelin Frerk, die monatelang geduldig ertragen hat, dass sie mir die Nächste war, mit der ich diverse Fragen diskutiert habe und die mir im Alltag 'den Rücken freigehalten hat'. Sie hat auch vor mir erkannt, dass wir in Deutschland „de facto" die komplette Trennung von Staat und Kirche haben: Alles, was die Kirchen betrifft, wird ihnen von den Parteien, Parlamenten und Ministerialbeamten weitestgehend zur Regelung überlassen.

Danken möchte ich Ingrid Matthäus-Maier, Michael Schmidt-Salomon und Gunnar Schedel, die mir im Verlauf der Recherche manche Hinweise und Ratschläge gegeben haben.

Ebenso meinen Dank an Eva Creutz, Hellge Haufe und Elke Schäfer, die nicht nur Korrektur gelesen haben, sondern mir, in der Endphase des Schreibens, auch Mut gemacht haben, nicht aufzugeben.

Besonderen Dank auch an Matthias Krause und Heiner Ahlf, die die vorläufige Endfassung mit akribischer Genauigkeit Korrektur gelesen und kommentiert haben.

Jan Hedrich, der zwei Monate seines politikwissenschaftlichen Praktikums neben mir gearbeitet hat, weiß, wie wichtig mir unsere Diskussionen und seine Mithilfe waren.

# Danksagung

Und, last but not least, möchte ich mich bei den Mitarbeitern der kirchlichen Büros, den Bundestagsabgeordneten und weiteren Personen des öffentlichen Lebens bedanken, die bereit waren, mit mir persönlich über dieses Thema zu reden.

Wenn also ein Text entstanden ist, der das Thema „Kirchen als politische Akteure" annäherungsweise und politikwissenschaftlich weitestgehend richtig beschreibt, so ist es nicht nur meine Leistung.

# Literatur

Ahlf, Ernst-Heinrich: Korruption. Hilden: Verlag Deutsche Polizeiliteratur, 1998, 96 Seiten. (= Lehr und Studienbriefe Kriminologie, Bd. 13)

Behrens, Jörg-Holger: Die einheitliche Vertretung gemeinsamer Anliegen der Kirchen gegenüber dem Staat unter besonderer Berücksichtigung der Rolle der Juristen, in: Ricarda Dill et al. (Hrsg.): Im Dienste der Sache. 2003, S. 29-34.

Bergmann, Bernhard / Steinberg, Josef (Hrsg.) in Verbindung mit dem Zentralkomitee der deutschen Katholiken: In Memoriam Wilhelm Böhler. Erinnerungen und Begegnungen. Köln: Bachem, 1965, 175 Seiten.

Blaschke, Olaf: Geschichtsdeutung und Vergangenheitspolitik. Die Kommission für Zeitgeschichte und das Netzwerk kirchenloyaler Katholizismusforscher 1945-2000, in: Thomas Pittrof / Walter Schmitz (Hrsg.): Freie Anerkennung übergeschichtlicher Bindungen. Katholische Geschichtswahrnehmung im deutschsprachigen Raum des 20. Jahrhunderts, Freiburg: rombach catholica 2009, S. 479-521.

Bocklet, Paul: Gott im politischen Alltag zur Sprache bringen. Erfahrungen aus dem katholischen Büro Bonn, in: Susanna Schmidt / Michael Wedell (Hrsg.): „Um der Freiheit willen...". Kirche und Staat im 21. Jahrhundert. Festschrift für Burkhard Reichert. Freiburg u. a.: Herder, 2002, S. 232-238.

Böhler, Wilhelm Johannes: Katholische Kirche und Staat in Deutschland. Erinnerungen, Feststellungen, Grundsätzliches. In: Politische Bildung, Heft 44, 1953, S. 134 ff. Hier zitiert nach: Kommissariat der deutschen Bischöfe (Hrsg.): Prälat Wilhelm Böhler, ein Mann der ersten Stunden, Bonn 1986, Dokumente Nr. 10, S. 46 ff.

Böckenförde, Ernst-Wolfgang: Das Ethos der modernen Demokratie und die Kirchen, in: Hochland, Zeitschrift für alle Gebiete des Wissens und der Schönen Künste. München: Kösel, 50. Jg., Oktober 1957, S. 4-19.

Böckenförde, Ernst-Wolfgang: Die Entstehung des Staates als Vorgang der Säkularisation, in: Säkularisation und Utopie. Ebracher Studien, Ernst Forsthoff zum 65. Geburtstag, Stuttgart u. a.: Kohlhammer, 1967, S. 75-94.

Buchna, Kristian: Ein klerikales Jahrzehnt? Kirche, Konfession und Politik in der Bundesrepublik Deutschland während der 1950er Jahre. Baden-Baden: Nomos, 2014, 613 Seiten.

Collmer, Paul / Kalinna, Hermann / Wiedemann, Lothar (Hrsg.): Kirche im Spannungsfeld der Politik. Festschrift für Bischof D. Hermann Kunst zum 70. Geburtstag. Göttingen: Schwartz & Co, 1978, 356 Seiten.

Dill, Ricarda / Reimers, Stephan / Thiele, Christoph: Im Dienste der Sache. Liber amicorum für Joachim Gärtner. Frankfurt/M. u. a.: Peter Lang, 2003, 768 Seiten. (Schriften zum Staatskirchenrecht, hrsg. von Axel Fhr. von Campenhausen und Christoph Link, Band 8.)

Drobinski, Matthias: Kirche, Macht und Geld. Gütersloh: Gütersloher Verlagshaus, 2013, 255 Seiten.

Drobinski, Matthias: Wofür sollen die Kirchen ihr Geld ausgeben? in: Franz Maget (Hrsg.): Kirche und SPD. Von Gegnerschaft zu Gemeinsamkeiten. München: Volk Verlag, 2014, S. 107-116.

EZA = Evangelisches Zentralarchiv in Berlin, z. B. Akten EZA 87/3 („Bundesarbeitsministerium") oder EZA 742 Handakten Hermann Kunst, etc.

Fitzek, Alfons (Hrsg.): Katholische Kirche im demokratischen Staat. Hirtenworte der deutschen Bischöfe zu wichtigen Fragen der Zeit und zu den Bundestagswahlen 1945 bis 1980. Würzburg: Naumann, 1981, 264 Seiten.

Friesenhahn, Ernst / Scheuner, Ulrich in Verbindung mit Joseph Listl (Hrsg.): Handwörterbuch des Staatskirchenrechts der Bundesrepublik Deutschland, Zweiter Band. Berlin: Duncker und Humblot, 1975, XXXI, 898 Seiten.

Gaertner, Joachim: Der Bevollmächtige des Rates der EKD bei der Bundesrepublik Deutschland und der Europäischen Gemeinschaft, in: Lexikon für Kirchen- und Staatskirchenrecht, hrsg. von Axel Freiherr von Campenhausen. Paderborn u. a.: Schöningh, 2000, Bd. 1, S. 404-406.

Gaertner, Joachim: Der Dienst des juristischen Stellvertreters beim Bevollmächtigten des Rates der EKD bei der Bundesrepublik Deutschland und der Europäischen Union, in: Zeitschrift für evangelisches Kirchenrecht, Tübingen: Mohr Siebeck, Band 51 (2006) S. 190-206.

Gaertner, Joachim: Im Schnittpunkt von Kirche und Politik. Das Evangelische Büro NRW 1961-2011, in: Kirche & Recht, Zeitschrift für die kirchliche und staatliche Praxis (Berlin: Wissenschaftsverlag), Heft 2, 2011, S. 264-284.

Hatzinger, Katrin: Mehr als ein kritisches Gegenüber. Zur Rolle der evangelischen Kirche auf europäischer Ebene, in: Roland Herpich / Patrick R. Schnabel / Andreas Goetze (Hrsg.): Religion. Macht. Politik. Wie viel Religion verträgt der Staat? Berlin: Wichern Verlag, 2015, S. 208-226. (Berliner Reihe für Ökumene, Mission und Dialog, in Kooperation mit dem Berliner Missionswerk.)

Hesse, Konrad: Freie Kirche im demokratischen Gemeinwesen. Zur Gegenwartslage des Verhältnisses von Staat und Kirche in der Bundesrepublik, in: Zeitschrift für evangelisches Kirchenrecht, 11. Band, 4. Heft (Dezember 1965), S. 337-362.

Hönigsberger, Herbert: Der Parlamentarische Arm. Gewerkschafter im Bundestag zwischen politischer Logik und Interessenvertretung. Berlin: edition sigma (im Nomos Verlag), 2008, 179 Seiten. (= Forschung aus der Hans-Böckler-Stiftung, Bd. 95)

Jüsten, Karl: Ethik und Ethos der Demokratie. Paderborn u. a.: Schöningh, 1999, 360 Seiten. (Abhandlungen zur Sozialethik, Bd. 43).

Jüsten, Karl: Der Papst und die Demokratie – begegnen sich zwei Welten? Zum Problem von Wahrheit und Mehrheit in der Konzeption einer „wahren Demokratie", in: Ricarda Dill et al. (Hrsg.): Im Dienste der Sache. Liber amicorum für Joachim Gaertner, 2003, S. 361-371.

Jüsten, Karl / Stephan Reimers (Hrsg.): „Suchet der Stadt Bestes". Politikerbibel. Kiel: Wittig, 2004, 119 Seiten.

Jüsten, Karl: „Nicht Liebediener des Staates". Ein Gespräch mit Prälat Karl Jüsten, dem Leiter des Berliner Katholischen Büros, in: Herder-Korrespondenz, Monatshefte für Gesellschaft und Religion, 61. Jg., 2007, Heft 3, S. 123-126.

Kalinna, Hermann E.J.: Verbindungsstellen zwischen Staat und Kirchen im Bereich der evangelischen Kirche, in: Joseph Listl / Dietrich Pirson (Hrsg.): Handbuch des Staatskirchenrechts der Bundesrepublik Deutschland, Zweiter Band. Zweite, neubearb. Auflage, Berlin: Duncker & Humblot, 1995, S. 181-195.

Kalinna, Juliane: Das Kirchenreferat im Bundesministerium des Innern, in: Ricarda Dill et al. (Hrsg.): Im Dienste der Sache. Liber amicorum für Joachim Gaertner, 2003, S. 385-396.

Klee, Ernst: Persilscheine und falsche Pässe. Wie die Kirchen den Nazis halfen. Frankfurt am Main: Fischer Taschenbuch Verlag, 3. überarb. Auflage 1992, 191 Seiten.

Knoll, Thomas: Das Bonner Bundeskanzleramt. Organisation und Funktionen von 1949-1999. Wiesbaden: Verlag für Sozialwissenschaften, 2004, 446 Seiten.

Kunst, Hermann: Verbindungsstellen zwischen Staat und Kirche – Evangelische Kirche, in: Handwörterbuch des Staatskirchenrechts der Bundesrepublik Deutschland, Zweiter Band. Hrsg. von Ernst Friesenhahn und Ulrich Scheuner in Verbindung mit Joseph Listl. Berlin: Duncker und Humblot, 1975, S. 273-283.

Kunst, Hermann: Kirche und Staat – Persönliche Erfahrungen und Lektionen einer spannungsreichen Beziehung, in: Kunst, Hermann / Aland, Kurt (Hrsg.): Credo Ecclesiam, Vorträge und Aufsätze 1953 bis 1986. Bielefeld: Luther-Verlag, 1987, 244 Seiten.

Liedhegener, Antonius: Macht, Moral und Mehrheiten. Der politische Katholizismus in der Bundesrepublik Deutschland und den USA seit 1960. Baden-Baden: Nomos, 2006, 509 Seiten. (= Jenaer Beiträge zur Politikwissenschaft, Bd. 11)

Listl, Joseph: Das Staatskirchenrecht in der Bundesrepublik Deutschland von 1949 bis 1963, in: Anton Rauscher (Hrsg.): Kirche und Staat in der Bundesrepublik 1949-1963. Paderborn: Schöningh, 1979, S. 9-39.

Mahrenholz, Ernst Gottfried: Die Kirchen in der Gesellschaft der Bundesrepublik. Hannover: Verlag für Literatur und Zeitgeschehen, 1969, 193 Seiten.

Niemeyer, Johannes: Institutionalisierte Kontakte zwischen Kirche und staatlich-politischen Instanzen, in: Anton Rauscher (Hrsg.): Kirche und Staat in der Bundesrepublik 1949-1963. Paderborn: Schöningh, 1979, S. 69-93.

Pöpping, Dagmar (Bearbeitung): „Die Protokolle des Rates der Evangelischen Kirche in Deutschland. Band 5: 1951". Göttingen: Vandenhoeck & Ruprecht, 2005, 647 Seiten.

Reimers, Stephan / Jüsten, Karl: „Lobbying" für Gott und die Welt, in: Susanna Schmidt und Michael Wedell (Hrsg.): „Um der Freiheit willen...". Kirche und Staat im 21. Jahrhundert. Festschrift für Burkhard Reichert. Freiburg u. a.: Herder, 2002, S. 221-231.

Reimers, Stephan: Aufbruch nach Berlin, in: Ricarda Dill et al. (Hrsg.): Im Dienste der Sache. Liber amicorum für Joachim Gaertner, 2003, S. 19-22.

Reimers, Stephan: Tu deinen Mund auf für die Stummen... Aufgaben des Bevollmächtigten des Rates der EKD in Berlin und Brüssel, in: Zeitschrift für Evangelische Ethik, 47. Jg. (2003), S. 293-299.

Ries, Roland: Der Anfang des Katholischen Büros Mainz vor 30 Jahren. Erfahrungen für morgen?, in: Bernhard Nacke (Hrsg.): Kirche in Staat und Gesellschaft. Grundlagen – Erfahrungen – Perspektiven. Mainz: Grünewald Verlag, 1998, S. 51-58.

Schmalz, Gisela: Cliquenwirtschaft. Die Macht der Netzwerke: Goldmann Sachs, Kirche, Google, Mafia & Co. München: Kösel, 2014, 332 Seiten.

Schlink, Bernhard: „Die Angelegenheiten der Religionsgesellschaften", in: Juristen Zeitung, Tübingen: Mohr-Siebeck, 68. Jg., 1. März 2013, S. 209-264.

Schnabel, Patrick Roger: Der Dialog nach Art. 17 III AEUV. „In Anerkennung ihrer Identität und ihres besonderen Beitrags". Tübingen: Mohr Siebeck, 2014. XVII, 348 Seiten. (= Jus Ecclesiasticum 108)

Schnabel, Patrick Roger: Braucht Deutschland ein neues Religionsverfassungsrecht? Ein Plädoyer für den Erhalt der freiheitssichernden Bestimmungen des Grundgesetzes, in: Roland Herpich / Patrick R. Schnabel / Andreas Goetze (Hrsg.): Religion. Macht. Politik. Wie viel Religion verträgt der Staat? Berlin: Wichern Verlag, 2015, S. 127-138.

Turowski, Leopold: Verbindungsstellen zwischen Staat und Kirchen im Bereich der katholischen Kirche, in: Joseph Listl / Dietrich Pirson (Hrsg.): Handbuch des Staatskirchenrechts der Bundesrepublik Deutschland, Zweiter Band. Zweite, neubearb. Auflage, Berlin: Duncker & Humblot, 1995, S. 197-216.

Wever, Göttrik: Politische Funktion und politischer Einfluß der Kirchen – kein Thema für die Politikwissenschaft in der Bundesrepublik?, in: Heidrun Abromeit / Göttrik Wewer (Hrsg.) Die Kirchen und die Politik. Beiträge zu einem ungeklärten Verhältnis. Opladen: Westdeutscher Verlag, 1989, S. 3-48.

Wöste, Wilhelm: Verbindungsstellen zwischen Staat und Kirchen. Katholische Kirche, in: Handbuch des Staatskirchenrechts der Bundesrepublik Deutschland, Zweiter Band, Hrsg. von Ernst Friesenhahn und Ulrich Scheuner in Verbindung mit Joseph Listl. Berlin: Duncker & Humblot, 1975, S. 285-297.

Carsten Frerk
## Violettbuch Kirchenfinanzen
Wie der Staat die Kirchen finanziert
ISBN 978-3-86569-039-5, 270 Seiten, kartoniert, Euro 16.-

Carsten Frerk gibt einen systematischen Überblick, zu welchen Gelegenheiten der Staat von den Kirchen zur Kasse gebeten wird. Er problematisiert versteckte Begünstigungen wie die steuerliche Absetzbarkeit der Kirchensteuer, erläutert die rechtliche und historische Fragwürdigkeit der so genannten Staatsleistungen und stellt die Frage, warum die Allgemeinheit soziale Einrichtungen in kirchlicher Trägerschaft bezuschusst, obwohl dort die Arbeitnehmerrechte weitgehend außer Kraft gesetzt sind. Dabei geht es nicht um Kleinigkeiten: Die Zuwendungen der öffentlichen Hand an die Kirchen übersteigen deren Einnahmen aus der Kirchensteuer beiweitem. Und da die Kirchen steuerbefreit sind, tragen sie nichts zur Finanzierung der gesellschaftlichen Infrastruktur bei, von der sie profitieren.

Carsten Frerk
## Caritas und Diakonie in Deutschland
Durchgesehene Neuauflage
ISBN 978-3-86569-000-5, 370 Seiten, kartoniert, Euro 24.-

Im kirchlichen Sozialbereich arbeiten alles in allem knapp 1,5 Millionen Personen, die einen Jahresumsatz von rund 45 Milliarden Euro erwirtschaften. Carsten Frerk hat über Caritas und Diakonie umfangreiche Zahlen und Fakten zusammengetragen, die es ermöglichen, ihre Rolle im heutigen Sozialsystem einzuschätzen. In Exkursen erörtert er politisch brisante Fragen wie das kirchliche Arbeitsrecht oder die Zukunft des „Dritten Wegs".

Corinna Gekeler
## Loyal dienen
Diskriminierendes Arbeitsrecht bei Caritas, Diakonie und Co.
ISBN 978-3-86569-117-0, 319 Seiten, kartoniert, Euro 22.-

Über eine Million Menschen arbeiten in Deutschland in Einrichtungen in kirchlicher Trägerschaft. Sie alle müssen auf ihre Glaubens- und Gewissensfreiheit und andere Grundrechte verzichten. Die Studie zeigt anhand zahlreicher persönlicher Berichte, wie verbreitet religiös motivierte Diskriminierungen durch kirchliche Träger sind und wie stark sie Bewerbungsprozesse, Arbeitsalltag und Privatleben der Beschäftigten prägen. Sie arbeitet die politischen Ursachen für die Sonderrechte heraus und lässt kritische Stimmen zu Wort kommen.

Gerhard Czermak
## Religion und Weltanschauung in Gesellschaft und Recht
Ein Lexikon für Praxis und Wissenschaft
ISBN 978-3-86569-026-2, 402 Seiten, gebunden, Euro 39.-

Das Lexikon beleuchtet die Rolle der Religion in der Gesellschaft und erläutert das komplexe Verhältnis des Staats zu den Religionsgemeinschaften. In längeren, alphabetisch sortierten Artikeln werden Grundlageninformationen geboten; kontrovers diskutierte Themen werden ausführlicher dargestellt. Das Lexikon ist Nachschlagwerk und zugleich Handbuch.

**Alibri Verlag, Postfach 100 361, 63703 Aschaffenburg**
**Fon (06021) 581 734, www.alibri.de**